Deutsch-Russische Joint Ventures

Europäische Hochschulschriften Recht

European University Studies in Law

Publications Universitaires Européennes de Droit

Band/Volume 6783

Polina Wenig

Deutsch-Russische Joint Ventures

Grundlagenvereinbarung und rechtliche Gestaltung der Unternehmensleitung im paritätischen Gemeinschaftsunternehmen

PETER LANG

Berlin - Bruxelles - Chennai - Lausanne - New York - Oxford

Bibliografische Information der Deutschen Nationalbibliothek
Die Deutsche Nationalbibliothek verzeichnet diese Publikation in der Deutschen Nationalbibliografie; detaillierte bibliografische Daten sind im Internet über http://dnb.d-nb.de abrufbar.

Zugl.: Heidelberg, Univ., Diss. iur., 2023

D 16
ISSN 0531-7312
ISBN 978-3-631-91322-2
E-BOOK 978-3-631-91324-6
E-PUB 978-3-631-91325-3
DOI 10.3726/b21475

Verlegt durch: Peter Lang GmbH, Berlin, Deutschland

info@peterlang.com http: www.peterlang.com

Diese Publikation wurde begutachtet.

Meinen Eltern
Nina und Maik Kadelbach

Vorwort

Die vorliegende Arbeit wurde im Wintersemester 2022/2023 von der Juristischen Fakultät der Ruprecht-Karls-Universität Heidelberg als Dissertation angenommen. Rechtsprechung und Literatur konnten bis einschließlich Juli 2022 berücksichtigt werden.

Ich möchte mich bei allen, die mich während meiner Promotion begleitet und unterstützt haben, herzlich bedanken. Mein besonderer Dank gilt meinem Doktorvater *Herrn Prof. Dr. Dr. h.c. mult. Peter Hommelhoff*, der mir in allen Phasen der Promotion stets unterstützend und motivierend zur Seite stand. *Herrn Prof. Dr. Andreas Piekenbrock* und *Frau Prof. Elena Dubovitskaya* danke ich herzlich für die Anfertigung der weiteren Gutachten.

Meinen größten Dank möchte ich meinen Freunden und meiner Familie aussprechen. Ich danke *Frau Lisa Feth* und *Frau Dr. Sina Wegener* dafür, dass sie mir jederzeit, so auch während der Promotion, mit ihrer Freundschaft sowie Rat und Tat zur Seite stehen.

Meinem Mann *Herrn Christoph Wenig* danke ich für seine unerschöpfliche Geduld und seine tatkräftige Unterstützung. Bei meinem Schwiegervater *Herrn Hans Wenig* möchte ich mich für die präzise Durchsicht des Manuskripts bedanken.

Mein allergrößter Dank gilt meinen Eltern *Nina und Maik Kadelbach*, deren Bemühungen und großzügige Unterstützung mir diese Promotion zum russischen Recht ermöglichten. Ich danke Ihnen für Ihren bedingungslosen und liebevollen Beistand und die stetige Rückendeckung. Ihnen ist diese Arbeit gewidmet.

Inhaltsverzeichnis

Abkürzungsverzeichnis

a.A.	andere(r) Ansicht
ABl.	Amtsblatt
Abs.	Absatz
AEUV	Vertrag über die Arbeitsweise der Europäischen Union
a.F.	alte(r) Fassung
AG	Aktiengesellschaft
AHK Russland	Deutsch-Russische Auslandshandelskammer
AktG RF	Föderales Gesetz vom 26.12.1995 Nr. 208-FZ „Über Aktiengesellschaften"
Alt.	Alternative
Anm.	Anmerkung
Anm.d.B.	Anmerkung der Bearbeiterin
AO	*akcionernoe obščestvo*, russ. Aktiengesellschaft
Art.	Artikel
Aufl.	Auflage
AuslInvG	Föderales Gesetz vom 09.07.1999 Nr. 160-FZ „Über ausländische Investitionen in der Russischen Föderation"
AWG	Außenwirtschaftsgesetz
AWV	Außenwirtschaftsverordnung
Az.	Aktenzeichen
BAFA	Bundesamt für Wirtschaft und Ausfuhrkontrolle
BB	Betriebs-Berater
Bd.	Band
Beck PersGes-HB	Beck'sches Handbuch der Personengesellschaften
Beschl.	Beschluss
BGB	Bürgerliches Gesetzbuch
BGBl.	Bundesgesetzblatt
BGH	Bundesgerichtshof
BGHZ	Entscheidungen des Bundesgerichtshofs in Zivilsachen
BIP	Bruttoinlandsprodukt
BodenGB	Bodengesetzbuch, Föderales Gesetz vom 25.12.2001 Nr. 136-FZ

BRD	Bundesrepublik Deutschland
BRICS-Staaten	Vereinigung aufstrebender Volkswirtschaften (Brasilien, Russland, Indien, China und Südafrika)
B.V.	Niederländische Gesellschaft mit beschränkter Haftung
bzw.	beziehungsweise
ca.	circa
CAATSA	Countering America's Adversaries Through Sanctions Act
Covid-19	Corona Virus Disease 2019
DDR	Deutsche Demokratische Republik
Diss.	Dissertation
d.h.	das heißt
Dok-Nr.	Dokument Nummer
DRJV	Deutsch-Russische Juristenvereinigung
DRRZ	Deutsch-Russische Rechtszeitschrift
EAWU	Eurasische Wirtschaftsunion
EG	Europäische Gemeinschaft
EGRJuL	Einheitliches Staatliches Register Juristischer Personen
EL	Ergänzungslieferung
engl.	englisch
Entsch.	Entscheidung
EU	Europäische Union
EUV	Vertrag über die Europäische Union
EuZW	Europäische Zeitschrift für Wirtschaftsrecht
e.V.	eingetragener Verein
EY	Ernst & Young
f.	folgende/r (Seite/Absatz/Art.)
FAS	Föderaler Antimonopoldienst
FAZ	Frankfurter Allgemeine Zeitung
ff.	folgende
Fn.	Fußnote
G8	Gruppe der Acht
GASP	Gemeinsame Außen- und Sicherheitspolitik
GbR	Gesellschaft bürgerlichen Rechts
Gesellschaftsrechtsreform G	Föderales Gesetz vom 05.05.2014 Nr. 99-FZ

Gesellschaftsrechtsreform 2014	Föderales Gesetz vom 05.05.2014 Nr. 99-FZ
GewO	Gewerbeordnung
GmbH	Gesellschaft mit beschränkter Haftung
GmbHG RF	Föderales Gesetz vom 08.02.1998 Nr. 14-FZ „Über Gesellschaften mit beschränkter Haftung“
GmbHR	GmbH Rundschau
GTAI	Germany Trade & Invest
Habil.-Schr.	Habilitationsschrift
HAGS	Hohe Arbeitsgruppe für Sicherheitspolitik
Hrsg.	Herausgeber/in
Hs.	Halbsatz
i.V.m.	in Verbindung mit
IHK	Industrie- und Handelskammer
InvGesG	Föderales Gesetz vom 28.11.2011 Nr. 335-FZ „Über die Investitionsgesellschaft“
InvStratG	Föderales Gesetz vom 29.04.2008 Nr. 57-FZ
IStR	Internationales Steuerrecht
IWB	Internationales Steuer- und Wirtschaftsrecht
IWRZ	Zeitschrift für Internationales Wirtschaftsrecht
JuS	Juristische Schulung
Kap.	Kapitel
KG	Kommanditgesellschaft
KMU	Kleine und mittlere Unternehmen
lit.	*littera* (Buchstabe)
Lkw	Lastkraftwagen
LLC	Limited Liability Company
MedienG	Föderales Gesetz vom 27.12.1991 Nr. 2124-1 „Über Massenmedien“
MHdB GesR	Münchener Handbuch des Gesellschaftsrechts
MoPeG	Gesetz zur Modernisierung des Personengesellschaftsrechts
Mrd.	Milliarden
MüKoBGB	Münchener Kommentar zum Bürgerlichen Gesetzbuch
MüKoGmbHG	Münchener Kommentar zum GmbHG
m.w.N.	mit weiteren Nachweisen

n. F.	neue Fassung
NJW	Neue Juristische Wochenschrift
NPAO	*nepubličnoe akcionernoe obščestvo*, russ. nichtöffentliche Aktiengesellschaft
Nr.	Nummer
OAO	*otkrytoe akcionernoe obščestvo*, russ. offene Aktiengesellschaft
OHG	Offene Handelsgesellschaft
OLG	Oberlandesgericht
OOO	*obščestvo s ograničennoj otvetstvennoct'ju*, russ. Gesellschaft mit beschränkter Haftung
OWiG	Gesetz über Ordnungswidrigkeiten
PAO	*publičnoe akcionernoe obščestvo*, russ. öffentliche Aktiengesellschaft
Pkt.	Punkt
RdTW	Recht der Transportwirtschaft
RegisterG RF	Föderales Gesetz vom 08.08.2001 Nr. 129-FZ „Über die staatliche Registrierung juristischer Personen und Einzelunternehmer"
RF	Russische Föderation
RIW	Recht der Internationalen Wirtschaft
Rn.	Randnummer
RNotZ	Rheinische Notar-Zeitschrift
Russ. / russ.	Russisch, russisch
RVK	*Rossijskaja venčurnaja kompanija*, russ. Staatsfond und Institut zur Entwicklung des Venture-Markts
S.	Seite
SchiedsVZ	Zeitschrift für Schiedsverfahren
SDN	*Specially Designated Nationals And Blocked Persons List*
Sg.	Singular
sog.	sogenannte
SPIK	*special'nyj investicionnyj kontrakt*, russ. Sonderinvestitionsvertrag
SSI	*Sectoral Sanctions Identification List*
SWIFT	Society for Worldwide Interbank Financial Telecommunication

SZPK	*soglašenie o zaščite i pooščrenii kapitalovloženij*, russ. Vereinbarung über den Schutz und die Förderung von Kapitalinvestitionen
u.a.	und andere/unter anderem/n
UdSSR	Union der Sozialistischen Sowjetrepubliken (Sowjetische Union)
& Co. KG	& Compagnie Kommanditgesellschaft
UPkt.	Unterpunkt
Urt.	Urteil
US	*United States* (Vereinigte Staaten)
USA	*United States of America* (Vereinigte Staaten von Amerika)
v.	von/m
v.a.	vor allem
Var.	Variante
Vestnik VAS RF	*Vestnik Vysšego Arbitražnogo Suda RF*, russ. Blatt des Höchsten Wirtschaftsgerichts der RF
vgl.	vergleiche
VO	Verordnung
VRF	Verfassung der Russischen Föderation
WertpapierG RF	Föderales Gesetz vom 22.04.1996 Nr. 39-FZ „Über den Wertpapiermarkt"
WiRO	Wirtschaft und Recht in Osteuropa
WirtPartG	Föderales Gesetz vom 03.12.2011 Nr. 380-FZ „Über Wirtschaftspartnerschaften"
wörtl.	wörtlich
z.B.	zum Beispiel
ZGB RF	„Zivilgesetzbuch der RF" vom 30.11.1994 Nr. 51-FZ
Ziff.	Ziffer
ZIP	Zeitschrift für Wirtschaftsrecht
ZPO	Zivilprozessordnung
zugl.	zugleich

Die Transliteration kyrillischer Buchstaben folgt der DIN-Normierung, Deutsches Institut für Normung e.V., DIN 1460 (1982). Wenn kein explizites Datum angegeben ist, ist in der Forschungsarbeit von dem Stand 18.07.2022 auszugehen.

Erstes Kapitel: Einleitung

§ 1 Thematische Einführung

Deutschland und Russland verbinden bereits seit langer Zeit enge wirtschaftliche Beziehungen. Joint Ventures stellen dabei eine bewährte und populäre Form deutsch-russischer Wirtschaftskooperationen dar.[1] Sie sind vielseitig einsetzbar und bieten vor allem im grenzüberschreitenden Kontext spezifische Vorteile gegenüber einer Expansion im Alleingang.

In dieser Forschungsarbeit wird das Rechtsinstitut des Joint Ventures im deutsch-russischen Kontext im Hinblick auf seinen wirtschaftsrechtlichen Rahmen, seine gesellschaftsrechtliche und vertragliche Struktur, die Interessen- und Gefährdungslage der Joint-Venture-Partner sowie die rechtliche Gestaltung der Leitung des Gemeinschaftsunternehmens untersucht. Vorab sollen nachfolgend unter A. Praxisbeispiele deutsch-russischer Joint Ventures sowie unter B. eine Beschreibung der Rahmenbedingungen für deutsche Investoren in Russland in die Praxis und Wirtschaftsrealität einführen.

A. Praxisbeispiele russischer Joint-Venture-Gesellschaften mit deutscher Beteiligung

Deutsche Unternehmen und Privatpersonen sind an 3.971 Unternehmen in Russland beteiligt,[2] von denen eine Vielzahl als Gemeinschaftsunternehmen in einem deutsch-russischen Joint Venture dienen. Die folgenden Praxisbeispiele von Gemeinschaftsunternehmen stehen stellvertretend für viele dieser deutsch-russischen Joint Ventures.

1 *Yankovskaya*, Business in Russland, Wirtschaftsjournal 2017, Nr. 2.

2 *AHK Russland*, Pressemeldung „Weniger deutsche Firmen in Russland“ vom 30.12.2020, abrufbar unter: https://russland.ahk.de/infothek/news/detail/2020-weniger-deutsche-firmen-in-russland.

OOO[3] Ural'skie Lokomotivy[4]

Die russische OOO Ural'skie Lokomotivy ist eine seit dem 1. Juli 2010 operativ tätige Joint-Venture-Gesellschaft, welche über die niederländische Holdinggesellschaft Ural Locomotives Holding B.V. paritätisch zu jeweils 50% von der Siemens AG („Siemens") sowie der russischen Sinara Gruppe gehalten wird. Die Hauptgeschäftstätigkeit des Joint Ventures liegt in der Projektierung, der Produktion, dem Vertrieb und der Ausführung technischer Dienste an Schienenfahrzeugen.

OOO Siemens Technologii Gazovych Turbin[5]

Siemens betreibt gemeinsam mit der russischen Turbinenherstellerin PAO Silovye Mašiny[6] ein weiteres deutsch-russisches Joint Venture. Das Gemeinschaftsunternehmen OOO Siemens Technologii Gazovych Turbin produziert

---

3 Russische Rechtsform der Gesellschaft mit beschränkter Haftung; russ. *obščestvo s ograničenoj otvetstvennost'ju*, „OOO".

4 Siehe Informationen auf der Webseite der Sinara Gruppe, abrufbar unter: https://www.sinara-group.com/directions/mechanical-engineering/ural-locomotives/, sowie bei *Interfax*, Artikel „Siemens, Sinara fold sales venture into Ural Locomotives" vom 20.11.2013; abrufbar unter: https://interfax.com/newsroom/top-stories/46781/; vom aktuellen Rückzug von Siemens aus Russland ist besonders die Zugsparte betroffen, siehe *Kopplin*, FAZ-Artikel „Siemens zieht sich aus Russland zurück" vom 12.05.2022; abrufbar unter: https://www.faz.net/aktuell/wirtschaft/unternehmen/siemens-zieht-sich-aus-russland-zurueck-18026242.html?premium; siehe auch die Siemens Pressemitteilung „Siemens stellt Russland-Geschäft ein" vom 12.05.2022; abrufbar unter: https://press.siemens.com/global/de/pressemitteilung/siemens-stellt-russland-geschaeft-ein.

5 Informationen aus dem Handelsregisterauszug der OOO Siemens Technologii Gazovych Turbin vom 14.05.2022, tagesaktuell abrufbar unter: https://egrul.nalog.ru/index.html, sowie unter https://lenoblinvest.ru/de/blog/2020/04/29/siemens-de/ entnommen; aktuell zieht sich Siemens aus Russland zurück, siehe Fn. 4; ein Vorfall bereits aus dem Jahr 2018, wonach von der Joint-Venture-Gesellschaft hergestellte Gasturbinen in neuen Gaskraftwerken auf der Krim trotz EU-Wirtschaftsembargos verbaut wurden, hat das Verhältnis der Partner tiefgreifend zerrüttet, sodass die Kooperation bereits Anfang 2020 kurz vor dem Ende stand, siehe *Ballin*, Handelsblatt-Artikel „Siemens muss sich in Russland einen neuen Joint-Venture-Partner suchen" vom 02.03.2020; abrufbar unter: https://www.handelsblatt.com/unternehmen/energie/technologiekonzern-siemens-muss-sich-in-russland-einen-neuen-joint-venture-partner-suchen/25600274.html.

6 In der Presse häufig in der englischen Übersetzung als „Power Machines" bezeichnet.

Siemens-Gasturbinen für den russischen Markt. Über die niederländische Holding Siemens Gas Turbine Technologies Holding B.V. sind Siemens zu 65% und die Silovye Mašiny Gruppe zu 35% an dem Joint Venture beteiligt.

OOO Daimler Kamaz RUS[7]

Ein Beispiel für eine umfassende strategische Partnerschaft, unter welcher mehrere deutsch-russische Joint Ventures entstanden, ist die bereits seit 2008 bestehende Kooperation zwischen der Daimler AG („Daimler"), heute Mercedes-Benz Group AG, und der PAO Kamaz („Kamaz"), eine seit der Sowjetunion tätige Herstellerin von Lkw, Bussen und Dieselmotoren. Daimler erwarb initial 10%[8] am Satzungskapital der Kamaz und ebnete damit den Weg zum Export der Lkw-Technik des Daimler-Konzerns nach Russland.

In der Folgezeit gründeten die Partner gemeinsam die OOO Fuso Kamaz Trucks RUS sowie OOO Mercedes-Benz Trucks Vostok zur Produktion und zum Vertrieb leichter bzw. schwerer Nutzfahrzeuge der Marken Fuso und Mercedes-Benz. Im Wege einer Angliederung[9] nach Art. 58 Pkt. 2 ZGB RF, vergleichbar mit dem deutschen Rechtsinstitut der Verschmelzung zur Aufnahme, wurde 2015 die OOO Fuso Kamaz Trucks RUS auf die OOO Mercedes-Benz Trucks Vostok verschmolzen und letztere 2016 in OOO Daimler Kamaz RUS umfirmiert.

Die Mercedes-Benz Group AG und Kamaz halten jeweils 50% über die gemeinsame österreichische Holdinggesellschaft Daimler Kamaz Trucks Holding GmbH am russischen Gemeinschaftsunternehmen OOO Daimler Kamaz RUS. Das Joint Venture ist der Hauptimporteur und exklusive Vertreiber der Mercedes-Benz Lkw-Technik sowie der ausschließliche Produzent von Mercedes-Benz Lastkraftwagen auf dem Territorium der Russischen Föderation.[10]

---

7 Für eine zusammenfassende Darstellung der Unternehmensgeschichte der PAO Kamaz sowie OOO Daimler Kamaz RUS siehe die Informationen auf der Konzern-Webseite, abrufbar unter: https://kamaz.ru/about/history/ sowie https://kamaz.ru/about/gene ral-information/.

8 Die Beteiligung wurde seitdem auf 15% erhöht.

9 Russ. *prisoedinenie*.

10 Auch die Mercedes-Benz Gruppe zieht sich infolge des Ukrainekriegs aus Russland zurück. Produktion und Lieferungen sind eingestellt. Es wird wohl geprüft, wie sich die Gruppe von den Geschäftsanteilen an der Kamaz trennen kann, siehe *Süddeutsche Zeitung*, Artikel „Daimler stoppt Bau von Trucks in Russland" vom 28.02.2022, abrufbar unter: cks-produktionsstopp-1.5538125, und *tagesschau*, „Diese Firmen verlassen Russland", Artikel wird fortwährend aktualisiert, abrufbar unter: https://www.tagessc

Joint Ventures der Kamaz mit deutschen Automobilzulieferern

Über die Kooperation mit Daimler hinaus hat Kamaz Joint Ventures mit deutschen Automobilzulieferern errichtet.[11] Gemeinsam mit ZF Friedrichshafen AG („ZF") gründete Kamaz beispielweise im März 2005 das Gemeinschaftsunternehmen OOO ZF Kama zur Produktion von Getrieben und ihrer Komponenten. ZF ist an diesem über die österreichische Holding ZF Holding Austria GmbH mit 51% und Kamaz direkt mit 49% beteiligt.[12] Weiterhin besteht seit 2007 eine Partnerschaft mit der weltweit führenden Herstellerin von Bremssystemen für Schienen- und Nutzfahrzeuge, der Knorr-Bremse AG, zur Vergrößerung der Produktion von Bremsen und Erweiterung der Bremstechniken. Am Gemeinschaftsunternehmen OOO Knorr-Bremse Kama sind Kamaz direkt und die Knorr-Bremse AG über ihre deutsche Knorr-Bremse Systeme für Nutzfahrzeuge GmbH paritätisch zu jeweils 50% beteiligt.[13] Das Joint Venture ist exklusiver Ausrüster der Kamaz-Nutzfahrzeuge, beliefert darüber hinaus jedoch auch weitere Nutzfahrzeughersteller in Russland und anderen Ländern.[14]

B. Rahmenbedingungen für deutsche Investoren in Russland

Investoren finden in Russland mit 17,1 Millionen Quadratkilometern Fläche und 146,8 Millionen Einwohnern den größten Flächenstaat der Erde und einen bedeutenden Absatzmarkt vor.[15] Der BRICS-Staat birgt zwar ein

---

hau.de/wirtschaft/unternehmen/russland-rueckzug-unternehmen-103.html; des Weiteren unterliegt Kamaz EU-Sanktionierungen nach Art. 5aa VO (EU) Nr. 833/2014, siehe hierzu unter § 3 C. II.

11 Zusammenfassend siehe Informationen auf der Kamaz-Webseite; abrufbar unter: https://kamaz.ru/about/general-information/.

12 Informationen aus dem Handelsregisterauszug der OOO ZF Kama vom 16.05.2022 entnommen, tagesaktuell abrufbar unter: https://egrul.nalog.ru/index.html; ZF hat aktuell alle Lieferungen nach Russland eingestellt, siehe *Süddeutsche Zeitung*, Artikel „Daimler stoppt Bau von Trucks in Russland" vom 28.02.2022, abrufbar unter: https://www.sueddeutsche.de/wirtschaft/daimler-trucks-produktionsstopp-1.5538125.

13 Informationen aus dem Handelsregisterauszug der OOO Knorr-Bremse Kama vom 16.05.2022 entnommen, tagesaktuell abrufbar unter: https://egrul.nalog.ru/index.html.

14 Zur Unternehmenstätigkeit detailliert siehe die Pressemitteilung der Knorr-Bremse AG „Knorr-Bremse und KAMAZ eröffnen gemeinsames Werk in Russland" vom 28.10.2008; abrufbar unter: media/documents/press/press_releases/2008_1/2008_de/PM_Knorr-Bremse_KAMA_Eroeffnung_de_final.pdf.

15 Zahlen entnommen aus *Germany Trade & Invest* („GTAI"), „Wirtschaftsdaten Kompakt – Russland", November 2019, S. 1; abrufbar unter: https://www.gtai.de/GTAI/

außerordentliches Wirtschaftspotenzial in sich, stellt internationale Wirtschaftsbeziehungen mit dem Land gleichzeitig jedoch nicht nur durch starke regionale Unterschiede, sondern vor allem durch politische und wirtschaftliche Problematiken auch vor Herausforderungen. So muss ein ausländischer Investor seit der Ukrainekrise 2014 die Wirtschaftssanktionen von USA und EU sowie protektionistische (Gegen-)Maßnahmen Russlands, wie Importsubstitutionen und Lokalisierung beachten.[16] Des Weiteren haben die Abhängigkeit der Wirtschaft von der Rohstoffbranche, insbesondere vom Erdölpreis, und die unter anderem daraus resultierende Instabilität des Rubels eine volatile Wirtschaftslage zur Folge.[17] Hinzu kommen die aktuell immer noch andauernde globale Coronakrise und der von Russland initiierte Ukrainekrieg, deren wirtschaftliche Auswirkungen weltweit zu spüren sind.

Dennoch ist Russland gerade wegen der noch ausbaufähigen Infrastruktur, der entwicklungsfähigen Produkt- und Personalqualität sowie des Modernisierungspotenzials[18] bereits seit Jahrzehnten ein gefragtes Ziel für deutsche Investoren. Im Folgenden werden die Rahmenbedingungen für deutsche Investoren im Hinblick auf die wirtschaftlichen Beziehungen Deutschlands und Russlands (I.), aktuelle wirtschaftspolitische Herausforderungen (II.) und die soziokulturelle Partnerschaft der beiden Länder (III.) vorgestellt.

I. Wirtschaftliche Verflechtung Deutschlands und Russlands

Die Anfänge der Wirtschaftsbeziehungen Deutschlands und Russlands reichen bis in das Mittelalter und die Zeit der Hanse zurück.[19] In der jüngsten Geschichte bot die enge wirtschaftliche, politische und ideologische Nähe der ehemaligen DDR mit der UdSSR nach deren Zerfall ein Sprungbrett für deutsche Unternehmen. Das deutsche Russlandgeschäft wurde seitdem stetig auf- und ausgebaut.[20]

Navigation/DE/Trade/Maerkte/Wirtschaftsklima/wirtschaftsdaten-kompakt,t=wirtschaftsdaten-kompakt--russland,did=1584670.html.

16 *Galander*, in: Galander, Russisches Wirtschaftsrecht, S. 2.

17 Näher hierzu siehe § 10 F. sowie Fn. 562, 563.

18 Siehe zu Stärken und Schwächen des russischen Marktes *GTAI*, SWOT-Analyse Russland, Juni 2019; abrufbar unter: https://www.gtai.de/GTAI/Navigation/DE/Trade/Maerkte/Geschaeftspraxis/swot-analyse,t=swotanalyse--russland-juni-2019,did=2320752.html.

19 Überblick bei *Derevyanchenko*, OstContact 02/2020, 50.

20 *Steininger*, Ost/Letter 2/2014, S. 3, Beitrag S. 1 f.; abrufbar unter: https://www.ostinstitut.de/de/ost_publikationen/ost_letter.

Im Zeitraum von 2012 bis 2020 nahm Deutschland nach Handelsumsatzzahlen für das jeweilige Jahr die Position des zweit- oder drittwichtigsten Handelspartners Russlands ein.[21]

Besonders gute Lieferbeziehungen pflegt Deutschland mit Russland in den Industriezweigen Maschinenbau, Energietechnik und Gesundheitswesen. Deutsche Waren erfreuen sich großer Beliebtheit auf dem russischen Markt, auf welchem das Label „Made in Germany“ unter anderem für hohe Qualität und Liefertreue steht.[22]

Neben der guten Reputation und Wertschätzung deutscher Produkte und Dienstleistungen ist Russland für deutsche Investoren insbesondere auch deswegen ein interessanter Markt, da durch die Einbindung in die Eurasische Wirtschaftsunion („EAWU“) der Absatz in die Mitgliedsstaaten Armenien, Kasachstan, Kirgisistan, Weißrussland, in Partnerstaaten der EAWU sowie in potentielle, zukünftige Beitrittsstaaten vereinfacht wird.[23]

Das starke wirtschaftliche Zusammenwirken beider Länder spiegelt sich ferner in den Zahlen der ausländischen Direktinvestitionen wider. Nach der EY Attractiveness Survey belief sich die Zahl der geplanten neuen Vorhaben deutscher Direktinvestitionen in Russland im Jahr 2020 auf 26 und kommt damit auf Platz 1 im weltweiten Vergleich.[24] Der Gesamtbestand deutscher Direktinvestitionen lag zum Stichtag am 01.01.2021 mit 17,4 Mrd. Euro auf Platz 9 im globalen Vergleich, wobei beachtet werden muss, dass den Großteil der Direktinvestitionen in Russland Reinvestitionen russischen Kapitals aus Steueroasen ausmachen.[25]

---

21 Siehe gemeinsame Publikation „Russland in Zahlen“ der *Botschaft der Bundesrepublik Deutschland (Moskau)*, der *GTAI* und *Deutsch-Russischen Auslandshandelskammer* („AHK Russland“) der Jahre 2015–2021, jeweils S. 7, abrufbar unter: https://russland.ahk.de/infothek/medien/russland-in-zahlen.

22 *Wittmann*, GTAI-Artikel „“Made in Germany” genießt in Russland sehr guten Ruf – Missbrauch des Labels nimmt zu“ vom 13.08.2018; ursprünglich erschienen auf https://www.gtai.de; Hinweis zum Artikel auch bei AHK Russland unter: https://russland.ahk.de/infothek/news/detail/made-in-germany-geniesst-in-russland-sehr-guten-ruf.

23 60% der befragten in Russland tätigen, deutschen Unternehmen schätzen die EAWU für ihr Unternehmen als wichtig oder sehr wichtig ein, siehe *AHK Russland*, Geschäftsklima-Umfrage 2022, S. 15; abrufbar unter: https://russland.ahk.de/news/detail/geschaeftsklima-umfrage-russland-2022-der-wirtschaftliche-optimismus-ist-zurueck.

24 „EY Attractiveness Survey – Russia – June 2020“ der *Ernst & Young Valuation and Advisory Services LLC*, S. 9; abrufbar unter: https://www.ey.com/en_ru/attractiveness/21/european-attractiveness-survey-2021-russia.

25 Siehe „Russland in Zahlen – Frühjahr 2021“ (Fn. 21), S. 8.

Nach einem stetigen Rückgang der Unternehmen mit deutscher Kapitalbeteiligung in Russland seit 2011, belief sich deren Zahl Ende 2020 auf 3.971.[26] Dieser Entwicklung zum Trotz waren die deutschen Netto-Direktinvestitionen, d.h. die Differenz zwischen Zufluss nach und Abfluss deutschen Kapitals aus Russland, in den letzten Jahren auf ein 10-Jahres-Hoch in 2018 in Höhe von 3,8 Mrd. Euro kontinuierlich angestiegen, bis sie aufgrund der Coronakrise in 2020 wiederum einbrachen.[27] Aktuell führt der Ukrainekrieg zu einem Rückzug nicht nur deutscher Investoren aus Russland.[28]

Die russische Wirtschaft hatte sich zwar Anfang 2022 von der Coronapandemie wieder weitestgehend auf ihr Vorkrisenniveau erholt.[29] Die mit dem Ukrainekrieg verbundenen internationalen Wirtschaftssanktionen gegen Russland, Handelsausfälle sowie der Abzug zahlreicher Investoren schaden der russischen Wirtschaft seit März 2022 jedoch und können laut russischer Zentralbank eine Rezession mit einem BIP-Abfall von bis zu 10% auslösen.[30] Das von der EU aktuell angestrebte Ölembargo hingegen würde Russlands Wirtschaft erst auf lange Sicht schaden.[31]

---

26 *AHK Russland*, Pressemeldung „Weniger deutsche Firmen in Russland" vom 30.12.2020, abrufbar unter: https://russland.ahk.de/infothek/news/detail/2020-weniger-deutsche-firmen-in-russland.

27 *AHK Russland*, Pressemeldung „Deutsche Russland-Investitionen: Einbruch nach Boom" vom 31.08.2020, abrufbar unter: https://russland.ahk.de/infothek/news/detail/deutsche-russland-investitionen-einbruch-nach-boom.

28 Stand März 2022 verließen bereits mehr als 350 westliche Unternehmen Russland infolge des Ukrainekriegs, siehe *Wagner*, FAZ-Artikel „Onkel Wanja statt McDonald's" vom 15.03.2022; abrufbar unter: https://www.faz.net/aktuell/wirtschaft/unternehmen/konzerne-verlassen-russland-drohung-mit-festnahme-und-enteignung-17876977.html?premium; für einen Überblick über die Unternehmen, die Russland verlassen, siehe *tagesschau*, „Diese Firmen verlassen Russland", Artikel wird fortwährend aktualisiert; abrufbar unter: https://www.tagesschau.de/wirtschaft/unternehmen/russland-rueckzug-unternehmen-103.html.

29 *Wittmann*, GTAI-Artikel „Russland knüpft 2022 an vorpandemisches Wachstum an" vom 17.12.2021; abrufbar unter: https://www.gtai.de/de/trade/russland/wirtschaftsumfeld/russland-knuepft-2022-an-vorpandemisches-wachstum-an-584942.

30 *Wagner*, FAZ-Artikel „Russlands schwere Krise beginnt gerade erst" vom 03.05.2022; abrufbar unter: https://www.faz.net/aktuell/ukraine-konflikt/russlands-wirtschaft-erscheint-stabil-lage-duerfte-sich-verschlechtern-17999867.html?premium.

31 *Wagner*, FAZ-Artikel „Russlands schwere Krise beginnt gerade erst" vom 03.05.2022 (Fn. 30).

Sollte eine Beendigung des politischen Konflikts sowie – abhängig von den Umständen der Beendigung des Kriegs und von der politischen Struktur Russlands ab diesem Zeitpunkt – eine Rückkehr zu der Vorkriegssituation erfolgen, kann davon ausgegangen werden, dass auch wieder das Investitionsinteresse von ausländischen Investoren grundsätzlich steigen wird. Ein unverzüglicher Anstieg auf das volle Vorkriegsniveau kann jedoch nicht erwartet werden. Das Geschäftsklima und die Erwartungen deutscher Unternehmen in Russland an die Geschäftsentwicklung im Jahr 2022 waren Ende 2021 überwiegend als positiv und optimistisch eingestuft worden.[32] 31% der befragten Unternehmen planten, in 2022 in Russland zu investieren.[33]

II. Aktuelle wirtschaftspolitische Herausforderungen

Die deutsch-russischen Beziehungen zeichneten sich die letzten Jahrzehnte durch einen regen politischen Dialog und eine enge Partnerschaft, insbesondere bei wirtschaftspolitischen Themen, aus. Es gibt zahlreiche spezifisch deutsch-russische Arbeitsgruppen und Gesprächsformate zu wirtschaftlichen oder politischen Themen sowohl auf privatwirtschaftlicher Ebene als auch Regierungsebene. Als Beispiel seien die Strategische Arbeitsgruppe für Wirtschaft und Finanzen[34], der Petersburger Dialog[35], die Deutsch-Russische Unternehmerplattform[36] sowie auf Regierungsebene die Hohe Arbeitsgruppe für Sicherheitspolitik[37] und die deutsch-russischen Regierungskonsultationen genannt.

Die bilateralen Beziehungen werden jedoch seit 2014 von der Ukrainekrise und Annexion der Krim durch die Russische Föderation sowie aktuell durch den Ukrainekrieg überschattet. Einige der genannten deutsch-russischen Formate

---

32 *AHK Russland*, Geschäftsklima-Umfrage 2022 (Fn. 23), S. 3–5.

33 *AHK Russland*, Geschäftsklima-Umfrage 2022 (Fn. 23), S. 8.

34 Jüngste Tagung am 09.06.2021, siehe *AHK Russland*, Pressemeldung „Deutsch-Russische Strategische Arbeitsgruppe für Wirtschaft und Finanzen tagt" vom 14.06.2021; abrufbar unter: https://russland.ahk.de/infothek/news/detail/deutsch-russische-strategische-arbeitsgruppe-fuer-wirtschaft-und-finanzen-tagt.

35 Weitere Informationen auf der Webseite unter: https://petersburger-dialog.de.

36 *Ost-Ausschuss der Deutschen Wirtschaft*, Pressemitteilung „Deutsch-Russische Unternehmerplattform gegründet" vom 21.10.2015; abrufbar unter: https://www.ost-ausschuss.de/de/node/987.

37 Jüngste Tagung am 03.09.2021, siehe *Auswärtiges Amt*, „Presseerklärung zur 15. deutsch-russischen Hohen Arbeitsgruppe für Sicherheitspolitik (HAGS)" vom 03.09.2021; abrufbar unter: https://www.auswaertiges-amt.de/de/newsroom/-/2480066.

ruhten zeitweise oder ruhen aktuell wieder. Die EU belegte Russland infolge dessen rechtswidrigen Handelns durch die Annexion der Krim mit personenbezogenen und wirtschaftlichen Sanktionen, worauf Russland mit Gegenmaßnahmen ebenfalls in Form von personenbezogenen Sanktionen sowie darüber hinaus in Form von Einfuhrverboten für bestimmte Waren der Agrar- und Lebensmittelwirtschaft reagierte. Diese Sanktionen und Gegensanktionen werden aktuell aufgrund des durch Russland initiierten Krieges gegen die Ukraine umfassend erweitert. Betroffen sind insbesondere der branchenspezifische Handelsverkehr, der Straßen-, Luft- und Seeverkehr sowie der Kapitalverkehr.[38]

Die gegenseitigen Sanktionen müssen bei der wirtschaftlichen Betätigung eines deutschen Investors in Russland berücksichtigt werden, was zu einer zusätzlichen Lähmung der Vorbereitung von Geschäftsbeziehungen auf dem ohnehin von starker Bürokratie geprägten russischen Markt[39] führt. In manchen Branchen ist eine wirtschaftliche Betätigung eines ausländischen Investors in Russland aktuell ganz unmöglich. Die Sanktionen haben abschreckende Wirkung auf neue Geschäftsanbahnungen, vor allem kleineren Umfangs, führen zu einem erhöhten Prüfungs- und Dokumentationsaufwand im Rahmen der Compliance und belasten dadurch die Wirtschaftsbeziehungen zwischen Deutschland und Russland generell und nicht nur in den von den Sanktionen direkt betroffenen Branchen und Regionen. Allein die Höhe der aufgrund der Ukrainekrise 2014 entstanden direkten und indirekten Folgeschäden für Russland und die westlichen Staaten zusammen schätzte der Ost-Ausschuss – Osteuropaverein der Deutschen Wirtschaft 2019 auf einen dreistelligen Milliarden-Euro-Betrag.[40] Dieser Betrag wird aktuell um ein Vielfaches erhöht sein.

Die letzten Jahre bis zum Angriffskrieg Russlands gegen die Ukraine kam vor allem in der Wirtschaft, aber auch vereinzelt in der Politik, immer wieder der Wunsch einer Wiederannäherung Deutschlands und Russlands zum Ausdruck. So wurde beispielsweise die Deutsch-Russische Unternehmerplattform mit dem Ziel der geschlossenen und besseren Vertretung der Wirtschaftsinteressen gegenüber der Politik in der politisch angespannten Zeit der Ukrainekrise gegründet.[41] Weiterhin wurde die auf dem Höhepunkt der bilateralen

---

38 Für eine ausführliche Behandlung der gegenseitigen Sanktionen siehe § 3 C. und D.

39 *Galander*, in: Galander, Russisches Wirtschaftsrecht, S. 3.

40 *Ost-Ausschuss – Osteuropaverein der Deutschen Wirtschaft*, Russland-Update, Dezember/2019, S. 10; abrufbar unter: https://www.ost-ausschuss.de/sites/default/files/2020-01/OAOEV_Russland-Update-Dez2019.pdf.

41 Siehe Fn. 36.

Beziehungen in 2008 eingerichtete Modernisierungspartnerschaft Deutschlands und Russlands[42] nach ihrem Versiegen 2019 von der sog. Effizienzpartnerschaft[43] abgelöst. Das Streben der Wirtschaft nach einer Normalisierung der Beziehungen spiegelte sich auch in der Neugründung des Deutsch-Russischen Unternehmerrats[44] in 2020 wider. Aufgrund der Weiterverfolgung des Ukrainekriegs durch Russland werden auf kurzfristige Sicht diese Bestrebungen nicht erfüllt werden können. Nichtsdestotrotz ist auch in der jetzigen Situation, zum Beispiel durch Rückkaufsvorbehalte in Unternehmenskaufverträgen, mittels welcher sich westliche Unternehmen aktuell von ihren Unternehmensanteilen in Russland trennen,[45] zu erkennen, dass westliche Unternehmen Vorkehrungen für eine Rückkehr auf den russischen Markt treffen.

III. Kulturelle, zivilgesellschaftliche und wissenschaftliche Partnerschaft Deutschlands und Russlands

Die deutsch-russischen Beziehungen gehen weit über die politische und wirtschaftliche Sphäre hinaus und sind von einer vielschichtigen Partnerschaft auf kultureller, gesellschaftlicher und wissenschaftlicher Ebene geprägt. Diese Partnerschaft gründet auf gemeinsamen Geschichtsabschnitten, der engen Verbundenheit der Zivilgesellschaften sowie einer starken Zusammenarbeit in den Bereichen Kultur, Wissenschaft, Forschung und Bildung.

Zar Peter I., „der Große", öffnete Russland in Richtung Europa und pflegte besondere Freundschaften mit Deutschen, die ihn als „modern, gebildet und gut organisiert" faszinierten.[46] Mehrere der nachfolgenden Zaren waren von

42 *Petersburger Dialog*, Pressemitteilung „Merkel und Medwedjew fordern Ausbau des zivilgesellschaftlichen Dialogs – Modernisierungspartnerschaft auf den Weg gebracht" vom 02.10.2008; abrufbar unter: https://petersburger-dialog.de/merkel-und-medwedjew-fordern-ausbau-des-zivilgesellschaftlichen-dialogs-modernisierungspartnerschaft-auf-den-weg-gebracht/.

43 *AHK Russland*, Pressemeldung „Deutschland und Russland beschließen Effizienzpartnerschaft" vom 07.06.2019; abrufbar unter: https://russland.ahk.de/infothek/news/detail/deutschland-und-russland-beschliessen-effizienzpartnerschaft.

44 *AHK Russland*, Pressemeldung „Deutsch-Russischer Unternehmerrat gegründet" vom 14.12.2020; abrufbar unter: https://russland.ahk.de/infothek/news/detail/deutsch-russischer-unternehmerrat-gegruendet.

45 Siehe zum Beispiel Renault *Markert*, tagesschau-Artikel „Ein Rubel für die Russlandtochter" vom 16.05.2022; abrufbar unter: https://www.tagesschau.de/wirtschaft/unternehmen/renault-beteiligung-russland-101.html.

46 *Spiegel Geschichte*, 1/2012, Das Russland der Zaren, S. 39.

deutsch-russischer Abstammung, da einige russische Thronfolger mit deutschen Prinzessinnen verheiratet wurden. Die bekannteste von ihnen war Prinzessin Sophie Auguste Friederike von Anhalt-Zerbst, die spätere Zarin Katharina II., „die Große". In der jüngeren Geschichte schufen die Umstände, dass die DDR als Satellitenstaat mit der UdSSR verbunden war und dass durch die Beiträge der DDR, UdSSR und BRD eine friedliche Wiedervereinigung Deutschlands erfolgt ist, die Basis für einen nachfolgenden engen Austausch zwischen Deutschland und Russland auf allen Ebenen.

Die kulturelle, gesellschaftliche und wissenschaftliche Zusammenarbeit Deutschlands und Russlands ist vielfältig und schließt gemeinsame Themenjahre[47] sowie die Arbeit in verschiedenen Organisationen, zum Beispiel dem Deutsch-Russischen Forum e.V.[48] und der Stiftung Deutsch-Russischer Jugendaustausch[49] ein. Darüber hinaus besteht zwischen Deutschland und Russland seit 1992 das Abkommen über kulturelle Zusammenarbeit mit dem Ziel, über gemeinsame Projekte und die Förderung des Bewusstseins über kulturelle Gemeinsamkeiten die Beziehungen der beiden Länder zu festigen.[50] Für die Zusammenarbeit im Bereich Bildung, Wissenschaft und Forschung ist das Abkommen über die wissenschaftlich-technische Zusammenarbeit[51] grundlegend, worin ein Rahmen für weitreichende Kooperationen von Ministerien, Bildungs- und Wissenschaftsorganisationen, Hochschulen, außeruniversitären Forschungseinrichtungen und forschenden Unternehmen aus Deutschland und Russland geschaffen wurde. Deutsch ist nach Englisch die zweithäufigste gelernte Sprache in Russland.[52]

---

47 Siehe zuletzt das Deutsch-Russische Jahr der Hochschulkooperation und Wissenschaft 2018–2020 (https://wissenschaftspartner.de) und das Deutschlandjahr in Russland 2020/2021 (https://www.goethe.de/prj/djr/de/dle.html).

48 Weitere Informationen auf der Webseite unter: https://www.deutsch-russisches-forum.de.

49 Weitere Informationen auf der Webseite unter: https://www.stiftung-drja.de.

50 Abkommen zwischen der Regierung der Bundesrepublik Deutschland und der Regierung der Russischen Föderation über kulturelle Zusammenarbeit vom 16.12.1992, BGBl. II 1993, S. 1256–1258.

51 Abkommen zwischen der Regierung der Bundesrepublik Deutschland und der Regierung der Russischen Föderation über wissenschaftlich-technische Zusammenarbeit vom 16.07.2009, BGBl. II 2010, S. 147–150.

52 *Auswärtiges Amt*, Information „Deutschland und die Russische Föderation: bilaterale Beziehungen" vom 28.04.2022; abrufbar unter: https://www.auswaertiges-amt.de/de/aussenpolitik/laender/russischefoederation-node/bilaterale-beziehungen/201542.

Wie auch im Falle der wirtschafts- und politikorientierten Gesprächsformate, beeinträchtigt der Ukrainekrieg die Zusammenarbeit und den Austausch zwischen beiden Ländern, sodass die Arbeit mehrerer Organisationen und Einrichtungen aktuell ruht. Die aufgezeigte enge Verbundenheit bietet eine gute Basis, den Dialog auch in Krisensituationen aufrechtzuerhalten. Eine Erholung der Partnerschaft Deutschlands und Russlands auf allen Ebenen, gesellschaftlich, politisch und vor allem auch wirtschaftlich, wird jedoch maßgeblich von der weiteren Dauer des Ukrainekriegs, von den Umständen der Kriegsbeendigung sowie von der Regierungsstruktur und personellen Besetzung der Regierung Russlands ab diesem Zeitpunkt abhängig sein.

§ 2 Konkretisierung der Untersuchung

Das Thema der Forschungsarbeit wird im Folgenden beschrieben und eingegrenzt.

A. Forschungsfrage und Gang der Untersuchung

Der Forschungsarbeit liegt die Fragestellung zugrunde, welche rechtlichen Herausforderungen sich in einem deutsch-russischen Joint Venture stellen und wie diese beherrschbar gemacht werden können. Einen Schwerpunkt der vorrangig gesellschaftsrechtlichen Untersuchung bildet dabei aufgrund ihrer außerordentlichen Bedeutung im Joint Venture und aufgrund ihrer Besonderheiten im russischen Recht die Grundlagenvereinbarung der Joint-Venture-Partner. Im Rahmen der Erörterung wird jedoch auch auf andere bedeutende Aspekte, wie die geeignete russische Rechtsform für das Gemeinschaftsunternehmen, die Satzung und sonstige relevante Vertragswerke sowie die Interessen- und Gefährdungslage der Joint-Venture-Partner, eingegangen. Einen weiteren Schwerpunkt stellt die Untersuchung der Unternehmensleitung der Joint-Venture-Gesellschaft dar. Die Ausgestaltung der Unternehmensleitung bildet vor allem mit Blick auf die Aufteilung der Leitungsmacht unter den Partnern sowie die Kontrolle der Geschäftsleitung eine der zentralen Fragen im Rahmen der rechtlichen Gestaltung eines Joint Ventures.

Die Untersuchung ist in vier Abschnitte gegliedert. Der erste beschäftigt sich mit dem rechtlichen Rahmen eines deutsch-russischen Joint Ventures (siehe Zweites Kapitel). Hierbei wird zunächst der rechtliche Rahmen der Investitionstätigkeit eines deutschen Wirtschaftssubjekts in Russland, insbesondere im Hinblick auf die seit 2014 geltenden und aktuell erweiterten westlichen Wirtschaftssanktionen und die russischen Gegensanktionen untersucht.

Daraufhin wird im zweiten Abschnitt die rechtliche Struktur eines deutsch-russischen Joint Ventures behandelt (siehe Drittes Kapitel). Bei dieser Untersuchung des dreigliedrigen Vertragsgerüsts findet insbesondere eine umfassende rechtsdogmatische Betrachtung der Grundlagenvereinbarung bzw. des Rechtsinstituts der Gesellschaftervereinbarung im russischen Recht statt.

Der dritte Abschnitt der Untersuchung behandelt die Interessen- und Gefährdungslage der Joint-Venture-Partner (siehe Viertes Kapitel). In diesem werden die subjektiven Ziele der Joint-Venture-Partner ermittelt, welche diese im Rahmen der Errichtung, Durchführung und Beendigung des Joint Ventures verfolgen und welche folglich im Rahmen der rechtlichen Gestaltung der Vertragswerke zu berücksichtigen sind. Erörtert werden Motive, Interessen und Risiken der Joint-Venture-Partner.

Der vierte Abschnitt beschäftigt sich mit der rechtlichen Gestaltung der Leitung des Gemeinschaftsunternehmens (siehe Fünftes Kapitel). Die Ausgestaltung der Unternehmensleitung wird im Hinblick auf die mögliche Organstruktur im Gemeinschaftsunternehmen, die Bestellung der Gesellschaftsorgane sowie die Verteilung der Kompetenzen auf die Gesellschaftsorgane untersucht. Hierbei findet jeweils zunächst eine Erörterung des geltenden russischen Rechts statt, woran sich eine Ermittlung verschiedener Gestaltungsmöglichkeiten anschließt. Daraufhin werden die Ergebnisse mit Regelungen einer Muster-Grundlagenvereinbarung aus der Praxis[53] verglichen.

Die Untersuchung schließt mit einer zusammenfassenden Schlussbetrachtung der erarbeiteten Ergebnisse ab.

B. Untersuchungsgegenstand

Gegenstand der Untersuchung sind deutsch-russische Joint Ventures. Unter diesen Begriff fallen eine Vielzahl unterschiedlicher Kooperationsformen und verschiedene Unternehmensstrukturen. Im Folgenden wird der Begriff erläutert und für die nachfolgende Untersuchung konkretisiert.

I. Begriff Joint Venture

Eine präzise Bestimmung des aus dem amerikanischen Rechtsraum stammenden Begriffs des Joint Ventures erweist sich aufgrund des breiten Spektrums an darunter fallenden Kooperationsformen als schwierig. Die Bezeichnung dient

53 Zur Beschreibung des verwendeten Vertragsmaterials siehe sogleich unter § 2 C.

vielmehr als Sammelbegriff für Wirtschaftskooperationen unterschiedlicher, häufig projektbezogener Art.[54]

Als Anhaltspunkte für eine Begriffsabgrenzung eignen sich jedoch regelmäßige Gemeinsamkeiten von Joint Ventures, welche in Kombination eine Näherung an eine Definition ermöglichen. So kann festgehalten werden, dass sich in einem Joint Venture zwei oder mehr Personen oder Unternehmen bemühen, gemeinschaftlich und gleichgerichtet ein bestimmtes unternehmerisches Ziel auf der Grundlage vertraglicher Absprachen zu erreichen.[55] Das Zusammenwirken der Kooperationspartner ist zu diesem Zweck auf eine gewisse Dauer angelegt.[56] Die Art und rechtliche Strukturierung der Zusammenarbeit kann stark variieren. Sowohl rein schuldrechtliche Absprachen als auch die Bündelung der gemeinsamen Interessen in einer gemeinschaftlich gehaltenen Gesellschaft können als Joint Venture gelten.

II. Contractual Joint Venture oder Equity Joint Venture

Basiert die Kooperation der Joint-Venture-Partner allein auf schuldvertraglichen Regelungen des Rechtsverhältnisses, so spricht man von einem Contractual Joint Venture.[57] Diese Form wird häufig gewählt, wenn die Zusammenarbeit flexibler ausgestaltet und zeitlich begrenzt werden soll.[58]

Bedienen sich die Joint-Venture-Partner hingegen einer gemeinsam beherrschten Gesellschaft, in welcher sie ihre gemeinschaftlichen Interessen zusammenführen, liegt ein Equity Joint Venture vor. Die Gründung eines rechtlich selbstständigen Gemeinschaftsunternehmens mit eigener Willensbildung bietet insbesondere dann Vorteile, wenn die Partner eine auf Dauer angelegte Kooperation, eine Haftungsbeschränkung auf die Joint-Venture-Gesellschaft und einen eigenen Marktauftritt des Joint Ventures anstreben.[59]

Die Begriffsbestimmung des Contractual Joint Ventures anhand des Merkmals „rein schuldvertraglich" erweist sich im deutschen Recht bei genauerer Betrachtung als unpräzise, da Contractual Joint Ventures aufgrund der regelmäßigen Entstehung einer Gesellschaft bürgerlichen Rechts auch ein

---

54 *Fett/Spiering*, in: Fett/Spiering, Handbuch Joint Venture, 1. Kap. Rn. 1.

55 *Schulte/Pohl*, Joint-Venture-Gesellschaften, Rn. 4.

56 *Fett/Spiering*, in: Fett/Spiering, Handbuch Joint Venture, 1. Kap. Rn. 1.

57 *Schulte/Pohl*, Joint-Venture-Gesellschaften, Rn. 5.

58 *Stengel*, in: Beck PersGes-HB, 4. Aufl. 2014, § 23 Rn. 8, 11.

59 *Schulte/Pohl*, Joint-Venture-Gesellschaften, Rn. 5–7; *Stengel*, in: Beck PersGes-HB, 4. Aufl. 2014, § 23 Rn. 7, 10.

organisationsrechtliches Element enthalten. Manche wollen an dieser Stelle danach unterscheiden, ob die entstandene Gesellschaft Außen- oder Innenwirkung entfalte,[60] was jedoch die Begriffsbestimmung weiter verkompliziert und den Anwendungsbereich künstlich einengt, ohne einen Mehrwert zu schaffen.[61] Zur Definitionspräzisierung bietet es sich an, das Merkmal „rein schuldvertragliche Regelungen" zu ersetzen, indem das Vorliegen eines Contractual Joint Ventures nicht nur positiv durch das Merkmal „auf Basis vertraglicher Regelungen", sondern gleichzeitig durch Abwesenheit des für das Equity Joint Venture konstituierenden Merkmals, der Existenz eines gesonderten, gemeinsam beherrschten Gemeinschaftsunternehmens, in welchem die Joint-Venture-Partner zielgerichtet ihre Interessen zusammenführen, bestimmt wird. Contractual Joint Ventures stellen damit alle Kooperationen auf Basis vertraglicher Regelungen dar, bei welchen die Joint-Venture-Partner keine Gründung bzw. keinen gemeinsamen Betrieb eines Gemeinschaftsunternehmens vorsehen.[62]

Auch im russischen Recht stellt sich parallel zum deutschen Recht die Frage nach einer präzisen Abgrenzung des Contractual Joint Ventures von einem Equity Joint Venture, da bei einem Contractual Joint Venture die Entstehung einer einfachen Gesellschaft[63] nach Art. 1041 ZGB RF denkbar ist.[64] Die einfache Gesellschaft, ein bloßes Schuldverhältnis, trägt zwar ebenfalls organisationsrechtliche Elemente in sich, im Gegensatz zur deutschen Gesellschaft bürgerlichen Rechts erlangt sie jedoch unter keinen Umständen Rechtsfähigkeit und gilt trotz der Bezeichnung als „Gesellschaft" nicht als Grundform der sonstigen Rechtsformen von Gesellschaften,[65] was auch durch ihre systematische Verortung im „Besonderen Teil des Schuldrechts" anstelle, wie alle Gesellschaftsrechtsformen, im „Allgemeinen Teil des Zivilrechts" zum Ausdruck gebracht wird.[66] Die Abgrenzung der beiden Joint-Venture-Formen kann im russischen Recht weiterhin dadurch präziser als im deutschen Recht erfolgen, dass sowohl Personen- als

60 *Schulte*, in: Schulte/Schwindt/Kuhn, Joint Ventures, § 1 Rn. 6.

61 Siehe dazu im Einzelnen *Fett/Spiering*, in: Fett/Spiering, Handbuch Joint Venture, 2. Kap. Rn. 3.

62 Siehe im Ergebnis so auch *Stengel*, in: Beck PersGes-HB, 4. Aufl. 2014, § 23 Rn. 8, 9; *Fett/Spiering*, in: Fett/Spiering, Handbuch Joint Venture, 2. Kap. Rn. 4.

63 Russ. *prostoe tovariščestvo*.

64 Zur Anwendbarkeit des Vertrags über die einfache Gesellschaft beim Contractual Joint Venture siehe *Gluchov*, Korporativnyj dogovor (Der gesellschaftsrechtliche Vertrag), S. 27.

65 *Galander*, in: Galander, Russisches Wirtschaftsrecht, S. 35.

66 Näher zur einfachen Gesellschaft siehe unter § 5 E. III. 1.

auch Kapitalgesellschaften juristische Personen darstellen, zu deren Gründung eine Registrierung erfolgen muss, Art. 48 Pkt. 2 i. V. m. Art. 48 Pkt. 3 Abs. 2, Art. 65.1 Pkt. 1 Abs. 1 ZGB RF. Nach russischem Recht ist demnach von einem Equity Joint Venture auszugehen, wenn das Joint Venture auf der gemeinsamen Beteiligung der Joint-Venture-Partner an einer juristischen Person beruht. Ein Contractual Joint Venture hingegen liegt im Falle von vertraglichen Absprachen vor, welche das Zusammenwirken der Partner regeln, ohne dass diese gemeinsam an einer juristischen Person beteiligt sind.[67]

Die nachfolgende Untersuchung beschränkt sich auf Equity Joint Ventures, wonach die Joint-Venture-Partner eine Gesellschaft zur Bündelung ihrer Interessen und Koordinierung ihres Zusammenwirkens gemeinschaftlich beherrschen. Aufgrund Ihrer Popularität und Eignung[68] für ein Equity Joint Venture beziehen sich die Ausführungen vorrangig auf ein Gemeinschaftsunternehmen in der Rechtsform einer Gesellschaft mit beschränkter Haftung[69] („OOO").

III. Gesellschafter und Beteiligungsverhältnis

Vorbehaltlich einzelner, ausdrücklich gekennzeichneter Ausnahmen wird nachfolgend der Grundfall eines Equity Joint Ventures, ein Gemeinschaftsunternehmen mit zwei paritätisch beteiligten Gesellschaftern, behandelt. Zusätzlich wird angenommen, dass ein Joint-Venture-Partner deutscher und der andere Joint-Venture-Partner russischer Herkunft ist, wobei sowohl natürliche Personen als auch Gesellschaften als Gesellschafter einbezogen werden.

Grundlage für die Entscheidung für ein paritätisches Beteiligungsverhältnis ist, dass eine Kooperation häufig auf Gleichberechtigung basiert und gleichberechtigte Partner regelmäßig eine paritätische Beteiligung anstreben. Dieses Beteiligungsverhältnis geht mit typischen Problemen im Bereich der Konfliktanfälligkeit einher, welchen durch rechtliche Gestaltung, insbesondere auch der Leitung des Unternehmens entgegengewirkt werden kann. Dabei ist zu berücksichtigen, dass das Beteiligungsverhältnis allein nicht die Machtverhältnisse in einer Gesellschaft widerspiegelt. Vielmehr muss dieses im Zusammenhang mit

67 Zur Abgrenzung im russischen Recht siehe *Gluchov*, Korporativnyj dogovor (Der gesellschaftsrechtliche Vertrag), S. 27, welcher jedoch praxisnah die jeweilige Definition auf Handelsgesellschaften, also juristische Personen mit Gewinnerzielungsabsicht, (russ. (Sg.) *kommerčeskaja organizacija*) bezieht.

68 Siehe hierzu ausführlich unter § 6 A.

69 Russ. *obščestvo s ograničennoj otvetstvennoct'ju.*

gesondert gewährten Stimm- und Vetorechten gesehen werden, um das tatsächliche Machtverhältnis festzustellen.

IV. Strukturierung der Beteiligung

Wie die Praxisbeispiele unter § 1 A. verdeutlichen, sind Joint-Venture-Partner an der operativ tätigen Gesellschaft nicht immer direkt beteiligt, sondern können ihre Beteiligung an der operativen Gesellschaft indirekt über ein Gemeinschaftsunternehmen in Form einer Holding ausgestalten. Dies kann steuerliche Gründe haben oder dient der Anwendbarkeit eines ausländischen Rechts zur Regelung des Rechtsverhältnisses der Joint-Venture-Partner.[70] Denkbar sind Strukturierungen des Equity Joint Ventures als operatives Gemeinschaftsunternehmen, als reine Holding mit operativ tätigen Tochtergesellschaften oder auch als Mischform, im Falle welcher die Joint-Venture-Gesellschaft sowohl selbst operativ tätig wird, als auch Anteile an weiteren operativen Gesellschaften hält.[71]

Im Falle der Holding- oder Mischform-Variante eröffnet sich ein eigener Problemkreis, vor allem im Hinblick auf die Sicherung des Einflusses der Joint-Venture-Partner auf die operativen Tochtergesellschaften des Gemeinschaftsunternehmens, was im Sinne einer zweckmäßigen Begrenzung des Untersuchungsgegenstands im Folgenden nicht thematisiert wird. Die Untersuchung bezieht sich demnach allein auf operative Joint-Venture-Gesellschaften.

V. Länderstandort

Die Wahl des Länderstandorts des Gemeinschaftsunternehmens bei internationalen Joint Ventures basiert vorrangig auf steuerlichen, aber auch auf anderen gewichtigen Erwägungsgründen.[72] So sind neben wirtschaftlichen Faktoren, wie Lohnkosten, Infrastruktur und Marktstabilität, auch das Vorhandensein eines flexiblen Gesellschaftsrechts, Rechtssicherheit und Durchsetzbarkeit mit in Betracht zu ziehen. Im Einzelfall entscheidend können vor allem gesetzliche Investitionsregelungen, die die obligatorische Errichtung des Gemeinschaftsunternehmens im Zielland vorschreiben, sowie praktische Erwägungen, z. B.

---

70 *Mundry*, in: Breidenbach/Institut für Ostrecht München, Handbuch WiRO, Länderteil Russland, Stand: 119. EL September 2014, Kap. C., Rn. 211.

71 *Schulte/Pohl*, Joint-Venture-Gesellschaften, Rn. 14–17.

72 Zum gesamten Absatz siehe umfassend *Schulte/Pohl*, Joint-Venture-Gesellschaften, Rn. 904, 908.

Kompetenzen und Ressourcenverfügbarkeiten der Partner an bestimmten Standorten, sein.

Bei internationalen Kooperationen mit Russland als Zielland ist es bisher überwiegend üblich, das Equity Joint Venture als ausländische Holding-Gesellschaft mit einer in Russland angesiedelten operativ tätigen Tochtergesellschaft zu strukturieren.[73] Als Gründe dafür werden in der Literatur die Vermeidung des russischen Rechts und der russischen Gerichtsbarkeit sowie die Ausnutzung des günstigen Steuerrechts eines Drittstaats genannt.[74] Seit der umfassenden Gesellschaftsrechtsreform[75] in 2014, in welcher der russische Gesetzgeber die Steigerung der Attraktivität des russischen Gesellschaftsrechts für ausländische Investoren durch Ermöglichung einer flexibleren Rechtsgestaltung und durch Vertrauensstärkung in das Rechtssystem anstrebte,[76] sowie seit der Verschärfung der Lokalisierungsanforderungen lässt sich jedoch eine steigende Tendenz zur Wahl Russlands als Länderstandort eines Gemeinschaftsunternehmens verzeichnen.[77]

Für die folgende Untersuchung wird angenommen, dass die Joint-Venture-Partner das Gemeinschaftsunternehmen als russische Gesellschaft mit Sitz in Russland ausgestalten.

VI. Zusammenfassung

Untersuchungsgegenstand der Forschungsarbeit sind Equity Joint Ventures mit einem nach russischem Recht errichteten, operativ tätigen Gemeinschaftsunternehmen in Form einer OOO mit Sitz in Russland, an welchem ein deutscher und ein russischer Gesellschafter unmittelbar und paritätisch beteiligt sind.

C. Methodik und verwendetes Vertragsmaterial aus der Praxis

Für die Beantwortung der Forschungsfrage wird eine rechtsdogmatische Untersuchung des russischen Rechts unter Hinzuziehung rechtstatsächlicher,

---

73 Siehe beispielhaft die Praxisfälle unter § 1 A. sowie unter § 2 B. IV.

74 *Galander*, in: Galander, Russisches Wirtschaftsrecht, S. 168; *Mundry*, in: Breidenbach/Institut für Ostrecht München, Handbuch WiRO, Länderteil Russland, Stand: 119. EL September 2014, Kap. C., Rn. 209–211.

75 Föderales Gesetz vom 05.05.2014 Nr. 99-FZ („GesellschaftsrechtsreformG"; „Gesellschaftsrechtsreform 2014").

76 *Dubovitskaya/Kashanin*, RIW 2016, 268 (274 f.); *Oda*, Vestnik graždanskogo prava 2010, Nr. 1, 132–161; *Šitkina*, Chozjajstvo i pravo 2011, Nr. 2, 36–47.

77 *Gluchov*, Korporativnyj dogovor (Der gesellschaftsrechtliche Vertrag), S. 33.

insbesondere ökonomischer Aspekte vorgenommen. Punktuell werden Rechtsvergleichungen mit dem deutschen Recht durchgeführt, wenn diese zweckmäßig und für einen Rechtskundigen des deutschen Rechts von Interesse sind.

Im Vierten Kapitel findet je zu untersuchendem Themenbereich zunächst eine rechtsdogmatische Untersuchung des russischen Rechts und anschließend eine Überprüfung der gewonnen Erkenntnisse mittels einer deduktiven Vorgehensweise anhand einer Grundlagenvereinbarung aus der Praxis statt. Hierzu liegt der Untersuchung die Musterformulierung einer Grundlagenvereinbarung zugrunde, die ein russisches Unternehmen als Basis für dessen Joint Ventures unter Einsatz einer OOO als Gemeinschaftsunternehmen in der Praxis verwendet. Dieses russische Unternehmen, welches aus Vertraulichkeitsgründen in der Untersuchung anonymisiert behandelt wird, ist eine Gruppengesellschaft eines der größten Mineralöl- und Erdgaskonzerne Russlands. Zum primären Unternehmensgegenstand der Gruppengesellschaft gehören die Exploration und Erschließung von Erdölfeldern, die Verarbeitung von Erdöl in Raffinerien und der Verkauf von Erdölprodukten.

Der im Folgenden als Mustervereinbarung bezeichnete Vertragsvorschlag umfasst 125 Seiten und befindet sich auf dem Stand Dezember 2017. Er enthält neben Formulierungsvorschlägen, teilweise in Form mehrerer Optionen für verschiedene Ausgangssituationen, weiterhin Anmerkungen und Empfehlungen der Verfasser.

D. Relevanz

Die wissenschaftliche Bedeutung der gesellschaftsrechtlichen Untersuchung deutsch-russischer Joint Ventures ergibt sich zum einen aus der Relevanz des Rechtsinstituts im deutsch-russischen Wirtschaftsverkehr und zum anderen aus der gleichzeitigen Abwesenheit einer aktuellen, profunden Behandlung dieses Themenbereichs in Forschung und Fachliteratur.

Beabsichtigt ein deutsches Unternehmen seine Unternehmenspräsenz nach Russland zu expandieren, hat es die Wahl dies im Alleingang durch Tochtergesellschaften, Niederlassungen und Filialen oder gemeinsam mit einem russischen Partner zu bewältigen. Hierbei bieten gerade im Zusammenhang mit Russland als Zielland die Kenntnisse eines russischen Partners von lokalen Marktbesonderheiten und der russischen Rechtsordnung sowie bestehende Geschäftsnetzwerke und Behördenkontakte spezifische Vorteile und sprechen für die gemeinsame Errichtung eines Joint Ventures.[78] Die Beispiele aus § 1 A.

78 Siehe dazu auch unter § 9 B. und Fn. 533; zu Vor-, aber auch Nachteilen eines Joint

zeigen, dass sich insbesondere auch Großunternehmen dieses Rechtsinstituts für ihr Russlandgeschäft bedienen. Im Hinblick auf die Wahl des anwendbaren Rechts der Joint-Venture-Verträge und die Länderstandortwahl des Gemeinschaftsunternehmens ist im internationalen Kontext mit Russland eine Steigerung der Bedeutung des russischen Rechts zu verzeichnen.[79]

Die Auswirkungen der aktuellen politischen Lage aufgrund des Ukrainekriegs erstrecken sich auch auf die Bedeutung des Rechtsinstituts des Joint Ventures im deutsch-russischen Verhältnis. Die engen historisch gewachsenen Beziehungen zwischen Deutschland und Russland, siehe § 1 B., sowie die durch Vorbehalte von Rückkaufsrechten[80] sowie durch Aussetzung anstatt Beendigung des Russlandgeschäfts zum Ausdruck kommenden Bestrebungen westlicher Unternehmen, auf den russischen Markt zurückzukehren, lassen jedoch grundsätzlich Raum für eine Wiederaufnahme der wirtschaftlichen Beziehungen, sollte eine Entspannung der Lage eintreten. Des Weiteren ist die nachfolgende Untersuchung aufgrund ihrer schwerpunktmäßig rechtsdogmatischen Untersuchung des russischen Rechts ebenfalls für Joint Ventures im rein russischen Kontext von Interesse.

Für die Rechtswissenschaft ist die Untersuchung deutsch-russischer Joint Ventures mangels aktueller umfangreicher Betrachtungen von Bedeutung. Die deutsche Rechtsforschung bietet zwar bereits zahlreiche Abhandlungen zu Joint Ventures, auch im internationalen Kontext,[81] eine aktuelle gesellschaftsrechtliche Behandlung konkret deutsch-russischer Joint Ventures fehlt jedoch. Aus

---

Ventures allgemein bei *Schulte/Pohl*, Joint-Venture-Gesellschaften, Rn. 9–13.

79 *Gluchov*, Korporativnyj dogovor (Der gesellschaftsrechtliche Vertrag), S. 33.

80 Siehe zum Beispiel Renault *Markert*, tagesschau-Artikel „Ein Rubel für die Russlandtochter" vom 16.05.2022; abrufbar unter: https://www.tagesschau.de/wirtschaft/unternehmen/renault-beteiligung-russland-101.html.

81 Siehe die folgende nicht abschließende Auflistung: *Wächtershäuser*, Das Gesellschaftsrecht des internationalen Joint-ventures, 1992; *Clausen*, Ausgewählte Rechtsfragen bei der Gründung von Joint-ventures in Osteuropa (Polen und Ungarn) und Lateinamerika (Brasilien und Mexiko), 1996; *Tegen*, Joint-venture-Vertrag und Projektträgergesellschaft im amerikanischen und deutschen Recht, 1998. Prävalent fallen weiterhin die zahlreichen Abhandlungen zu deutsch-chinesischen Joint Ventures auf; beispielhaft *Staudenmeyer*, Das Wirtschafts- und Vertragsrecht transnationaler Gemeinschaftsunternehmen in Entwicklungsländern: Joint Ventures in der VR China, Indonesien, Malaysia und Kenia, 2020; *Rossbach*, Internationale Joint Ventures: untersucht am Beispiel der deutsch-chinesischen Joint Ventures, 2015; *Schmitz-Bauerdick*, Deutsch-Chinesischer Joint Venture-Vertrag, 2012.

wirtschaftswissenschaftlicher Sicht wurden deutsch-russische Joint Ventures in drei Dissertationen untersucht.[82] Die einzige rechtswissenschaftliche Dissertation[83] ist mit einer Datierung auf 1995 nunmehr bereits älter als 25 Jahre und muss aufgrund zahlreicher und tiefgreifender Gesetzesänderungen und Entwicklungen der Rechtspraxis zumindest zum Teil als überholt gelten. Allerdings existieren rechtswissenschaftliche Abhandlungen zum russischen Gesellschaftsrecht, deren Themen als Teilaspekte für Joint Ventures relevant werden können.[84]

Darüber hinaus sind in der deutschen Fachliteratur lediglich vereinzelte Fundstellen in Fachzeitschriften, Sammelbänden und Handbüchern zu Joint Ventures im russischen bzw. deutsch-russischen Kontext zu finden, welche entweder nicht mehr dem aktuellen Stand entsprechen,[85] oder aufgrund Charakteristik und Umfangs des Mediums nur einzelne Aspekte beleuchten[86] bzw. einen groben Überblick über die Thematik[87] verschaffen. Der Vollständigkeit halber sei an dieser Stelle auch auf zahlreiche Informationsangebote international tätiger Kanzleien und Beratungen verwiesen, welche gelegentlich überblicksmäßiges Material zu deutsch-russischen Joint Ventures zur Verfügung stellen oder publizieren.[88] In der russischen Fachliteratur werden Joint Ventures hauptsächlich allgemein behandelt, und nicht spezifisch im deutsch-russischen Kontext.[89]

Im Ergebnis besteht Raum und Nutzen für eine rechtswissenschaftliche, vorrangig gesellschaftsrechtliche Untersuchung deutsch-russischer Joint Ventures.

---

82 *Knüttel*, Erfolgsfaktoren deutsch-russischer Gemeinschaftsunternehmen, 2015; *Iann*, Deutsch russische Joint ventures als internationale Kooperationsform, 1997; *Oesterle*, Joint-Ventures in Rußland, 1993.

83 *Thiel*, Joint Ventures in der Rußländischen Föderation, 1995.

84 Siehe beispielsweise zu Gesellschaftervereinbarungen *Allenhöfer*, Gesellschaftervereinbarungen bei Kapitalgesellschaften, 2018, oder zum Konzernrecht *Hemmes*, Haftungsdurchgriffe und ihre Steuerung im russischen Konzernrecht, Diss. Heidelberg 2022; *Telke*, Russisches Konzernrecht, 2012.

85 *Lenga*, in: Schaumburg, Internationale Joint Ventures, 1999, S. 549–608.

86 Beispielsweise *Galander*, DRRZ 2017, S. 136–143 zu Pattsituationen in paritätischen russischen Joint Ventures.

87 *Galander*, in: Galander, Russisches Wirtschaftsrecht, S. 164–168; *Mundry*, in: Breidenbach/Institut für Ostrecht München, Handbuch WiRO, Länderteil Russland, Stand: 119. EL September 2014, Kap. C, Rn. 197–274.

88 Siehe zum Beispiel von der Prüfungs- und Beratungsgesellschaft Rödl & Partner *Yankovskaya*, Business in Russland, Wirtschaftsjournal 2017, Nr. 2.

89 So beispielsweise *Gluchov*, Korporativnyj dogovor (Der gesellschaftsrechtliche Vertrag), 2017.

Zweites Kapitel: Rechtlicher Rahmen

§ 3 Rechtlicher Rahmen für deutsche Investitionen in Russland

Bei der Errichtung eines deutsch-russischen Joint Ventures mit russischem Gemeinschaftsunternehmen nimmt der deutsche Joint-Venture-Partner in praktisch allen Fällen Investitionen in Russland vor. Die Investitionstätigkeit von Ausländern ist in zahlreichen russischen Gesetzen reguliert, teils in fördernder (siehe sogleich A.), teils in beschränkender (siehe B.) Hinsicht. Darüber hinaus bestehen westliche Sanktionen gegen Russland (siehe C.) sowie russische Gegensanktionen, ergänzt durch protektionistische Maßnahmen (beides siehe D.), welche sich auf die wirtschaftlichen Beziehungen von Ausländern zu russischen Unternehmen auswirken. Im Folgenden soll der rechtliche Rahmen für deutsche Investitionen in Russland dargestellt und bei besonderer Relevanz näher betrachtet werden.

A. Investitionsschutz und -förderung

Der Bedarf Russlands an ausländischen Investitionen zur Modernisierung der Industrie und Erreichung der selbst gesetzten Wirtschaftsziele ist nach wie vor hoch.[90] Das russische Recht verfügt aus diesem Grund über zahlreiche investitionsfördernde und -schützende Gesetze.

Die zentralen gesetzlichen Regelungen zum Schutz ausländischer Direktinvestitionen finden sich im Föderalen Gesetz vom 09.07.1999 Nr. 160-FZ „Über ausländische Investitionen in der Russischen Föderation" („AuslInvG").[91] Dieses umfasst elf Garantien, darunter eine Bestandsgarantie für Rechtsvorschriften (sog. Versteinerungsklausel, engl. *grandfathering*), eine Rechtsschutzgarantie und einen Staatshaftungsgrundsatz, des Weiteren die Garantie von Rechten an unbeweglichen Sachen, den Grundsatz der Enteignung nur gegen Entschädigung sowie die Garantie der freien Gewinnverwendung, inklusive des Transfers

---

90 Siehe beispielsweise im *GTAI*-Artikel von *Wittmann*, „Russlands neue Regierung will Geschäftsklima verbessern" vom 02.04.2020, abrufbar unter: www.gtai.de/gtai-de/trade/wirtschaftsumfeld/bericht-wirtschaftsumfeld/russland/russlands-neue-regierung-will-geschaeftsklima-verbessern-231410.

91 *Boroduško/Kokorin*, Leningradskij juridičeskij žurnal 2018, Nr. 1, 190–199; *Sevillano*, WiRO 2000, 337; *Zielke*, IWB 2000, 391.

ins Ausland. Das zweite wesentliche Regelwerk für ausländische Investitionen bildet das Föderale Gesetz vom 25.02.1999 Nr. 39-FZ „Über die Investitionstätigkeit in der Russischen Föderation in Form von Kapitalanlagen", welches auch für inländische Investitionen gilt und konkret Investitionen in das Sachanlagevermögen reguliert. Über diese zwei Rahmengesetze hinaus finden sich speziell für den deutsch-russischen Kontext ferner absichernde Garantien und Rechtspositionen im bilateralen Investitionsschutzabkommen der BRD und Sowjetunion vom 13.06.1989.[92]

Die bisher genannten Rechtsquellen haben zum Ziel, die Investition des Investors durch die Absicherung seiner Rechtsposition zu schützen. Regelungen zu Investitionsprivilegien mit der Absicht, gezielt Investitionen anzuziehen und zu fördern, finden sich im Föderalen Gesetz vom 22.07.2005 Nr. 116-FZ „Über Sonderwirtschaftszonen in der RF". Dieses sieht Vergünstigungen, insbesondere günstigere Zoll- und Steuerbedingungen, administrative Erleichterungen sowie Subventionen, für in- und ausländische Investitionen in bestimmten Gebieten und Branchen ab einer vorgeschriebenen Mindesthöhe vor.[93] Ein weiterer Mechanismus zum Schutz von Investitionen und zur Erreichung günstiger Investitionsbedingungen ist der Abschluss eines Investor-Staat-Vertrags. Hierzu steht dem ausländischen Investor seit dem Erlass des Föderalen Gesetzes vom 31.12.2014 Nr. 488-FZ „Über die Industriepolitik in der RF" für bestimmte Technologiebereiche das Instrument des Sonderinvestitionsvertrags (russ. *special'nyj investicionnyj kontrakt*, „SPIK") zur Verfügung, welches unter dem Schlagwort „SPIK 2.0" im August 2019 umfassend überarbeitet wurde.[94] Des Weiteren wurde im April 2020 die Rechtsgrundlage für den Abschluss einer Vereinbarung über den Schutz und die Förderung von Kapitalinvestitionen (russ. *soglašenie o zaščite i pooščrenii kapitalovloženij*, „SZPK"), eines weiteren Sicherungs- und Förderungsinstruments unter Beteiligung des Staates und Investors, geschaffen, welche in den verschiedensten Industriebereichen mit nur wenigen Ausnahmen

---

92 Vertrag der Bundesrepublik Deutschland und der Union des Sozialistischen Sowjetrepubliken über die Förderung und den gegenseitigen Schutz von Kapitalanlagen vom 13.06.1989, Gesetz zum Vertrag vom 24.04.1990, BGBl. 1990 II, S. 342; siehe zu diesem ausführlich *Bitter*, Schutz deutscher Investitionen in Russland, S. 85–88.

93 Näher zum Gesetz *Barski/Kast/Prokopyeva*, in: Galander, Russisches Wirtschaftsrecht, S. 5–13.

94 Änderungen eingeführt durch Föderales Gesetz vom 02.08.2019 Nr. 290-FZ „Über Änderungen des Föderalen Gesetzes – Über die Industriepolitik in der RF – hinsichtlich der Regulierung der SPIK".

zur Verfügung steht.[95] Seit der Aufhebung der höhenmäßigen Beschränkungen von ausländischen Beteiligungen bei kleinen und mittleren Unternehmen („KMU") in 2018[96] können darüber hinaus alle Unternehmen, die die Anforderungen an ein KMU erfüllen, in den Genuss der Vorteile unter dem Föderalen Gesetz vom 24.07.2007 Nr. 209-FZ „Über die Entwicklung kleiner und mittelständischer Unternehmen in der RF" kommen.

B. Beschränkungen für ausländische Investitionen

Auch wenn der Bedarf der russischen Wirtschaft an ausländischen Investitionen hoch ist, so sind diese nicht uneingeschränkt in jeder Branche erwünscht. Gleichermaßen wie in anderen Ländern unterliegen ausländische Investitionen in Russland bestimmten Einschränkungen in Bereichen, welche die Ressourcen des Landes betreffen, dadurch oder aus anderen Gründen eine existenzielle Bedeutung haben und in welchen entsprechend ausländische Interventionen mit etwaigem Kontrollverlust verhindert werden sollen.[97] Im Folgenden werden Bereiche und Branchen skizziert, welche einem ausländischen Investor in Russland nur beschränkt bzw. nur unter Einhaltung besonderer Voraussetzungen zugänglich sind.

I. Investitionen in strategisch bedeutende Branchen

Eine erste Quelle zur Beschränkung ausländischer Investitionen findet sich im Gesetz „Über das Verfahren zur Verwirklichung ausländischer Investitionen in Gesellschaften, die eine strategische Bedeutung für die Sicherung der Landesverteidigung und die Sicherheit des Staates haben" („InvStratG").[98] Das Gesetz soll mit dem Ziel der Sicherstellung der Landesverteidigung und Sicherheit des Staates russische Unternehmen in 46 als strategisch wichtig eingestuften

95 Föderales Gesetz vom 01.04.2020 Nr. 69-FZ „Über den Schutz und die Förderung von Kapitalinvestitionen in der RF".

96 Änderungen eingeführt durch Föderales Gesetzes vom 03.08.2018 Nr. 313-FZ „Über Änderungen des Föderalen Gesetzes – Über die Entwicklung kleiner und mittlerer Unternehmen in der RF"; zur Gesetzesänderung siehe *Nechaeva*, „Die Vorteile des Status eines kleinen und mittleren Unternehmens für Tochtergesellschaften ausländischer Unternehmen" auf der Webseite der Prüfungs- und Beratungsgesellschaft Rödl & Partner; abrufbar unter: newsletter-russland/2018-09-10/auslaendische-tochtergesellschaften-status-kleine-mittlere-unternehmen.

97 Siehe hierzu auch *Bitter*, Schutz deutscher Investitionen in Russland, S. 119.

98 Föderales Gesetz vom 29.04.2008 Nr. 57-FZ.

Branchen vor einem ausländischen Kontrollerwerb schützen. Der ausländische Investor ist im Vorfeld zu bestimmten Rechtsgeschäften, die auf eine Beteiligung an einem strategisch bedeutenden Unternehmen, auf einen Erwerb der Hauptproduktionsmittel desselbigen oder auf einen sonstigen Kontrollerwerb abzielen, angehalten, die Zustimmung des russischen Staats einzuholen oder das Rechtsgeschäft zu melden.

1. Strategisch bedeutende Unternehmen

Gemäß der Legaldefinition in Art. 3 Pkt. 1 UPkt. 2) InvStratG sind als zu schützende Zielgesellschaften alle auf dem Gebiet der Russischen Föderation gegründeten Gesellschaften anzusehen, welche mindestens eine der in Art. 6 InvStratG aufgelisteten Tätigkeiten mit strategischer Bedeutung für die Sicherung der Landesverteidigung und der Sicherheit des Staates ausüben. Zu den aufgelisteten Branchen gehören unter anderem die Nuklearindustrie, die Waffen- und Rüstungsindustrie, die Luft- und Weltraumfahrt, die Medienindustrie sowie der Bereich der Verkehrssicherheit.

Kritisiert wird, dass die Branchendefinitionen knapp und dadurch nicht eindeutig formuliert sind und bereits eine geringfügige Ausübung eines gelisteten Bereichs – bzw. nach Art. 10 Pkt. 1 UPkt. 1) InvStratG unter Umständen bereits das bloße Halten einer Lizenz für eine der gelisteten Tätigkeiten – für das Eingreifen des Schutzmechanismus ausreicht.[99] Abhilfe schafft zwar, dass im Falle von Unsicherheiten eine Anfrage zur Klärung der Zustimmungspflichtigkeit an die zuständige Behörde, den Föderalen Antimonopoldienst („FAS"),[100] gestellt werden kann.[101] Rechtsverbindlichkeit der Antwort des FAS besteht für die Entscheidungsinstanz, die Regierungskommission, jedoch wohl nicht.[102] In kritischen Fällen sollte daher das Zustimmungsverfahren zur Sicherheit durchlaufen werden, auch wenn dies zu einer weiteren Bürokratisierung und Verlängerung von Investitionen führt.[103]

---

99 Siehe *Stoljarskij/Wedde*, RIW 2009, 587 (588 f.) m.w.N.

100 Regierungsverordnung Nr. 510 vom 06.07.2008 „Über die Regierungskommission zur Kontrolle der Durchführung ausländischer Investitionen".

101 *Paulsen/Saenko*, WiRO 2009, 78 (79).

102 *Stoljarskij/Wedde*, RIW 2009, 587 (591, Fn. 44).

103 *Pritzkow/Schreiter*, Osteuropa Recht 2008, 157 (161); *Stoljarskij/Wedde*, RIW 2009, 587 (588, Fn. 19).

2. *Zustimmungs- und meldepflichtige Rechtsgeschäfte*

Der allgemeinen Regel des Gesetzes nach ist ein Rechtsgeschäft zustimmungspflichtig, wenn der ausländische Investor durch das Rechtsgeschäft Kontrolle über ein Unternehmen von strategischer Bedeutung erhält, siehe Art. 4 Pkt. 1 Alt. 1, Art. 7 Pkt. 1 InvStratG. Den Grundfall dazu stellt der Erwerb einer direkten oder indirekten Beteiligung von mehr als 50% an der Zielgesellschaft dar. Kontrollerwerb liegt außerdem vor, wenn der ausländische Investor das Recht zur Bestellung des Generaldirektors bzw. der Mehrheit eines kollegialen Unternehmensleitungsorgans oder ein sonstiges Recht, die Entscheidungen der Unternehmensleitungsorgane zu bestimmen, erhält. Insbesondere die letzte Voraussetzung schließt bereits Fälle der faktischen Kontrolle ein und lässt durch die unbestimmte Formulierung den russischen Behörden einen großen Spielraum bei der Annahme eines Kontrollerwerbs auch weit unter der Schwelle einer 50%-igen Beteiligung.[104]

Über die Fälle des Kontrollerwerbs hinaus erstreckt sich die Zustimmungspflicht auf Rechtsgeschäfte, durch welche der ausländische Investor Eigentum, Besitz oder Nutzungsrechte an Hauptproduktionsmitteln eines Unternehmens mit strategischer Bedeutung erwirbt, die einen Anteil von mindestens 25% an den Unternehmensaktiva ausmachen, siehe Art. 4 Pkt. 1 Alt. 2, Art. 7 Pkt. 1.1 InvStratG.

Für Zielgesellschaften, welche Bodenschätze von föderaler Bedeutung abbauen, sowie für staatliche ausländische Investoren sieht das Gesetz strengere Regeln vor. Für die Branche der föderal bedeutenden Bodenschätze gilt die Zustimmungspflicht bereits für Rechtsgeschäfte, durch welche eine direkte oder indirekte Beteiligung von 25% oder mehr erworben wird, Art. 5 Pkt. 3 InvStratG. Diese Verschärfung leuchtet mit Blick auf die Abhängigkeit der russischen Wirtschaft von der Rohstoffbranche und der damit existenziellen Wichtigkeit für das Land und die Bevölkerung ein. Des erhöhten Schutzes bedarf es jedoch nicht, wenn die Mehrheit der Zielgesellschaft ohnehin in der Hand der Russischen Föderation liegt, weswegen Art. 2 Pkt. 7 InvStratG die Nichtanwendbarkeit des Gesetzes für diesen Sonderfall vorsieht.

Für staatliche ausländische Investoren sowie staatlich kontrollierte ausländische Unternehmen gilt die Zustimmungspflicht bei einem Erwerb einer direkten oder indirekten Beteiligung in Höhe von über 25% an einem strategisch bedeutenden Unternehmen, Art. 2 Pkt. 3, Art. 7 Pkt. 1 UPkt. 5) InvStratG. Ist die

---

104 *Stoljarskij/Wedde*, RIW 2009, 587 (589).

Zielgesellschaft zusätzlich der Branche der föderal bedeutenden Bodenschätze zuzuordnen, entsteht die Zustimmungspflicht bereits ab einer 5%igen Beteiligung. Darüber hinaus gilt für diese Investorengruppe ein gänzliches Verbot eines Kontrollerwerbs an einem strategisch bedeutenden Unternehmen, Art. 2 Pkt. 2 InvStratG. Dies schließt also insbesondere den Erwerb einer Beteiligung von über 50% aus. Ausländische Unternehmen, an denen Staaten oder Staatsfonds beteiligt sind oder welche anderweitig unter staatlichem Einfluss stehen, unterliegen im Bereich der strategisch bedeutenden Branchen demnach starken Einschränkungen in ihrer Investitionstätigkeit in Russland.[105]

Liegt Zustimmungspflichtigkeit vor, ist im Vorfeld zum Abschluss des Rechtsgeschäfts ein stark formalisiertes Verfahren unter Beteiligung des FAS sowie einer eigens geschaffenen Regierungskommission, welche das Letztentscheidungsrecht über die Genehmigung trägt, zu durchlaufen, siehe Art. 8 ff. InvStratG. Über die Zustimmungspflicht hinaus sieht das Gesetz eine Meldepflicht des ausländischen Investors gegenüber dem FAS bei Erwerb einer direkten oder indirekten Beteiligung an einem strategisch bedeutenden Unternehmen ab einer Höhe von 5% vor, Art. 14 InvStratG.[106]

Die Nichtbefolgung der Anforderungen des Gesetzes hat strenge Konsequenzen und führt beispielsweise bei Nichteinholung einer erforderlichen Zustimmung zur Nichtigkeit des Rechtsgeschäfts, Art. 15 InvStratG.

3. *Relevanz des InvStratG für ein deutsch-russisches Joint Venture*

Die Einschränkungen des InvStratG können in bestimmten Konstellationen für ein paritätisches deutsch-russisches Joint Ventures relevant werden. Nachfolgend sind drei grundlegende Fälle beschrieben.

a) Errichtung einer strategisch bedeutenden Joint-Venture-Gesellschaft

Zunächst stellt sich die Frage, ob das InvStratG bereits zum Zeitpunkt der Errichtung des Joint Ventures, konkret bei Errichtung eines russischen Gemeinschaftsunternehmens, welches strategische Bedeutung im Sinne des Art. 3 Pkt. 1 UPkt. 2), Art. 6 InvStratG hat, anwendbar ist. Die Errichtung des Gemeinschaftsunternehmens kann auf drei verschiedene Weisen erfolgen: (1) Erwerb von Anteilen durch den deutschen Joint-Venture-Partner an einer bestehenden

---

105 *Stoljarskij/Wedde*, RIW 2009, 587 (590).

106 Siehe zur Klarstellung, dass auch eine indirekte Beteiligung für die Meldepflicht ausreicht, Frage Nr. 1 des Informationsschreibens des FAS vom 06.12.2013 „Über Erläuterung zum Föderalen Gesetz vom 29.04.2008 Nr. 57-FZ".

Gesellschaft aufgrund Kaufvertrags; (2) Erwerb von Anteilen durch den deutschen Joint-Venture-Partner an einer bestehenden Gesellschaft im Rahmen einer Kapitalerhöhung; (3) Neugründung einer Gesellschaft durch beide Joint-Venture-Partner gemeinschaftlich.

Während die Errichtung des Gemeinschaftsunternehmens im Wege des Erwerbs von Geschäftsanteilen an einer bereits bestehenden Gesellschaft aufgrund Kaufvertrags eindeutig unter den Begriff der „Kaufverträge" in Art. 7 Pkt. 2 UPkt. 1) Var. 1 InvStratG fällt, ist nach dem Wortlaut des Gesetzes unklar, ob auch der Erwerb von Geschäftsanteilen im Rahmen einer Kapitalerhöhung oder die Neugründung von strategisch bedeutenden Gesellschaften von den Beschränkungen erfasst sein sollen. Es findet sich zwar in Art. 7 Pkt. 4 InvStratG ein Auffangtatbestand für jegliche Fälle, in welchen der ausländische Investor direkt oder indirekt Kontrolle erhält. Dieser beschränkt sich jedoch dem Wortlaut nach auf den Fall des „Erwerbs" von Geschäftsanteilen, worunter der Erwerb im Rahmen von Kapitalerhöhungen grundsätzlich gefasst werden könnte, über dessen Begriff Neugründungen aber über den Wortlaut hinausgehen.

Eine frühere Version des Gesetzestextes vor Inkrafttreten hatte die Variante der Neugründung noch ausdrücklich vorgesehen, was jedoch dem Sinn des Gesetzes, und zwar nur Eingriffe in bereits bestehende Strukturen zu beschränken, widersprach.[107] In einem Informationsschreiben vom 06.12.2013 hat der FAS klargestellt,[108] dass Neugründungen sowie die nachfolgende Erlangung einer Lizenz für strategisch bedeutende Tätigkeiten gegenwärtig nicht den Beschränkungen des InvStratG unterfallen. Sollte jedoch infolge einer Reorganisation ein strategisch bedeutendes Unternehmen gegründet werden, dadurch eine Umschreibung der Lizenz erforderlich werden und der ausländische Investor durch diese Reorganisation erstmalig Kontrolle erwerben, so sei hier die vorherige Zustimmung nach dem InvStratG einzuholen. Der FAS lässt durch diese Festlegung erkennen, dass er strikt dem Sinn des Gesetzes folgt, Eingriffe in bereits bestehende Strukturen zum Anwendungsbereich des InvStratG zu zählen. Demzufolge ist auch davon auszugehen, dass der Erwerb von Geschäftsanteilen einer bereits bestehenden Gesellschaft im Rahmen von Kapitalerhöhungen vom Anwendungsbereich des InvStratG umfasst sein soll.

Die Regulierung und Behandlung dieser Thematik durch das InvStratG und den FAS führt zu der Situation, dass die Errichtung eines Gemeinschaftsunternehmens

107 *Stoljarskij/Wedde*, RIW 2009, 587 (589).

108 Siehe Frage Nr. 8 des Informationsschreibens des FAS vom 06.12.2013 „Über Erläuterung zum Föderalen Gesetz vom 29.04.2008 Nr. 57-FZ".

im Wege des Erwerbs von Geschäftsanteilen aufgrund Kaufvertrags oder im Rahmen einer Kapitalerhöhung den Beschränkungen des InvStratG unterfällt, während die Neugründung in jedem Fall ohne vorherige Zustimmung des FAS und der Regierungskommission erfolgen kann. Vor dem Hintergrund des Sinns des Gesetzes leuchtet die Beschränkung des Erwerbs von Geschäftsanteilen ein, soweit die Zielgesellschaft bereits seit längerem besteht, operativ tätig ist und entsprechend eine bereits vorhandene Struktur in einer strategisch bedeutenden Branche darstellt.

Sollte jedoch der russische Joint-Venture-Partner nur unwesentlich früher die Gesellschaft alleinig neu gründen und würde der deutsche Joint-Venture-Partner sodann Geschäftsanteile an der neuen Gesellschaft von seinem russischen Partner oder im Rahmen einer Kapitalerhöhung erwerben, würde dies eindeutig dem Wortlaut unterfallen und müsste nach dem InvStratG behandelt werden, obwohl faktisch diese Situation einer gemeinsamen Neugründung durch beide Partner gleichkommt und in keine bereits bestehenden Strukturen einer strategisch bedeutenden Branche eingegriffen wird.

Diese Situation sollte bei der Planung der Errichtung eines deutsch-russischen Joint Ventures Beachtung finden. Aufgrund der in Russland eher vorherrschenden gesetzespositivistischen Auslegung durch Gerichte und Behörden empfiehlt es sich, zur Sicherheit im Falle der Errichtung des Joint Ventures durch Erwerb von Geschäftsanteilen durch Kauvertrag oder im Rahmen einer Kapitalerhöhung das Zustimmungsverfahren nach InvStratG durchzuführen.

Rechtssicherheit würde man durch eine Gesetzesanpassung unter Beachtung dieser Unstimmigkeit erreichen. Abhilfe zu der Ungleichbehandlung dieser vergleichbaren Situationen könnte durch die Einführung einer zusätzlichen Voraussetzung für die Zustimmungspflichtigkeit erzielt werden. So könnte orientiert am Gesetzeszweck eine „Gefahr für die Landesverteidigung und Sicherheit des Staates“ vorausgesetzt werden, welche beispielsweise durch einen „Eingriff in bestehende Strukturen einer strategisch bedeutenden Branche“ definiert würde. Die unbestimmten Rechtsbegriffe sollten vor dem Hintergrund der üblichen Rechtspraxis einer eindeutigen Definition unterzogen werden oder zumindest in Gesetzesmaterialien oder durch den FAS streng erläutert werden.

Liegt die grundsätzliche Anwendbarkeit des InvStratG auf die Errichtung des Gemeinschaftsunternehmens vor, ist weiterhin fraglich, wann ein Kontrollerwerb des deutschen Joint-Venture-Partners im Fall eines paritätischen Joint Ventures und damit die Zustimmungspflichtigkeit gegeben ist.

Da im Grundfall nach Art. 7 Pkt. 1 UPkt. 1) lit. a) InvStratG eine direkte oder indirekte Beteiligung am Stammkapital von mehr als 50% erforderlich ist, ist diese Variante bei einem 50/50-Joint Venture nicht erfüllt. Kontrolle kann jedoch auch bei niedrigeren Beteiligungen vorliegen, wenn der deutsche

Joint-Venture-Partner bestimmte Sonderrechte innehat. Je nach Ausgestaltung von Satzung und Grundlagenvereinbarung liegt damit Zustimmungspflichtigkeit vor oder nicht. Diese ist gegeben, wenn dem deutschen Partner das Recht zukommt, den Generaldirektor bzw. die Mehrheit der Mitglieder eines Unternehmensleitungsorgans (Mehrheit der Generaldirektoren, der Mitglieder des Direktorenrats oder anderer kollegialer Unternehmensleitungsorgane) zu ernennen, Art. 7 Pkt. 1 UPkt. 1) lit. b) InvStratG, die Funktion eines externen geschäftsleitenden Verwalters auszuüben, Art. 7 Pkt. 1 UPkt. 4) InvStratG, oder die Entscheidungen der Unternehmensleitungsorgane zu bestimmen, Art. 7 Pkt. 1 UPkt. 6) InvStratG.

In Abweichung vom Grundfall reicht im Sonderfall, dass das Joint Venture der Rohstoff-Branche zuzuordnen ist, bereits eine Beteiligung des ausländischen Investors in Höhe von 25% aus, Art. 7 Pkt. 1 UPkt. 2) lit. a) InvStratG. Die Errichtung des paritätischen Joint Ventures wäre damit zustimmungspflichtig und müsste im Vorfeld durch die Regierungskommission genehmigt werden.

Gleichermaßen zustimmungspflichtig wäre die Errichtung des Joint Ventures, wenn der deutsche Partner selbst staatlich kontrolliert würde oder als solchen gar die Bundesrepublik Deutschland aufträte, da die für diese Fälle vorgesehene Schwelle von 25% überschritten wäre, Art. 7 Pkt. 1 UPkt. 5) InvStratG. An dieser Stelle ist insbesondere hervorzuheben, dass nach Art. 2 Pkt. 2 InvStratG es dem ausländischen staatlichen Investor verboten ist, Kontrolle über die Gesellschaft von strategischer Bedeutung zu erwerben. Er darf demnach nicht mehr als 50% der Anteile am Unternehmen halten oder auf sonstige Weise Kontrolle im Sinne des Gesetzes, etwa durch Sonderrechte, erhalten. Für die Gestaltung des paritätischen Joint Ventures zum Zeitpunkt der Errichtung ist dies etwa bei der Besetzung der Geschäftsführungsorgane oder Verteilung von besonderen Gesellschafterrechten relevant und muss berücksichtigt werden, um eine Beteiligung des deutschen Investors zu ermöglichen.

b) Exit-Optionen in einer strategisch bedeutenden Joint-Venture-Gesellschaft

Ein weiterer wichtiger Kontext, in welchem die Beschränkungen des InvStratG Beachtung zu finden haben, sind die Beendigungsmöglichkeiten der Joint-Venture-Gesellschaft. Hier werden häufig Exit-Optionen in Form von Put- oder Call-Optionen vorgesehen, welche im Beispiel eines 50/50-Joint Ventures zu einer Vereinigung aller Anteile in der Hand eines Gesellschafters führen.

Im Grundfall ergibt sich die Zustimmungspflichtigkeit aus der Überschreitung der Schwelle von 50% nach Art. 7 Pkt. 1 UPkt. 1) lit. a) InvStratG. Im

Sonderfall der Rohstoff-Branche ergibt sich die Zustimmungspflichtigkeit in Unterschied zu oben unter § 3 B. I. 3. a) aus Art. 7 Pkt. 1 UPkt. 3) InvStratG, da der deutsche Investor aufgrund seiner paritätischen Beteiligung bereits vor Ausübung der Option mindestens 25% und nicht mehr als 75% der Anteile hält.

Ein besonderes Augenmerk ist wieder auf den Fall eines staatlichen deutschen Investors zu legen. Dieser ist aufgrund des Verbots aus Art. 2 Pkt. 2 InvStratG daran gehindert, Alleingesellschafter des Gemeinschaftsunternehmens zu werden. Die Vereinigung sämtlicher Geschäftsanteile in der Hand des deutschen Joint-Venture-Partners ist damit ausgeschlossen und muss bei der vertraglichen Gestaltung der Beendigungsmöglichkeiten des Joint Ventures beachtet werden.

c) Der russische Joint-Venture-Partner als strategisch bedeutendes Unternehmen

Ein weiterer Fall der Zustimmungspflichtigkeit im Rahmen eines deutsch-russischen Joint Ventures kann vorliegen, wenn zwar nicht das Gemeinschaftsunternehmen eine strategisch bedeutende Gesellschaft darstellt, jedoch der russische Joint-Venture-Partner. Eine Zustimmungspflichtigkeit der Errichtung des Gemeinschaftsunternehmens kommt hier nach Art. 7 Pkt. 1.1 InvStratG in Betracht, wenn der russische Partner Sacheinlagen in Form eigener Produktionsmittel erbringt.[109] Die der Joint-Venture-Gesellschaft zur Verfügung gestellten Produktionsmittel erwirbt der deutsche Joint-Venture-Partner aufgrund seiner Beteiligung am Gemeinschaftsunternehmen zur Mitnutzung. Zustimmungspflichtigkeit liegt dann vor, wenn die erforderliche Schwelle des ausländischen Einflusses von mindestens 25% der Gesamtaktiva eines strategisch bedeutenden Unternehmens erreicht wird. Im Falle eines paritätischen Joint Ventures mit zwei Partnern muss der russische Joint-Venture-Partner daher mindestens 50% seiner Gesamtaktiva in das Gemeinschaftsunternehmen einlegen, um die Zustimmungspflichtigkeit auszulösen.

II. Grundeigentum und Landwirtschaft

Während das Verfassungsrecht des Privateigentums an beweglichen Sachen nach Art. 35 Verfassung der RF („VRF") unabhängig von der Staatsangehörigkeit jedem zusteht, wird die verfassungsrechtliche Garantie des Grundeigentums in

109 Siehe dazu *Gluchov*, Korporativnyj dogovor (Der gesellschaftsrechtliche Vertrag), S. 129 f.

Art. 36 VRF nur russischen Staatsbürgern gewährt.[110] Der Erwerb von Grundeigentum durch Ausländer ist jedoch seit 2001 unzweifelhaft auch nicht mehr verboten,[111] sondern wird ausdrücklich in Art. 5 Pkt. 2, Art. 39.4 Pkt. 4 Bodengesetzbuch der RF[112] („BodenGB") gestattet – wohlgemerkt nur föderalgesetzlich und damit zur Disposition des Gesetzgebers bereits bei Vorliegen einer einfachen anstelle einer qualifizierten Parlamentsmehrheit.[113]

Das Recht zum Erwerb von Grundeigentum wird Ausländern nicht grenzenlos eingeräumt. Nach Art. 15 Pkt. 3 BodenGB ist es ihnen verwehrt, bestimmte Grundstücke in grenznahen Gebieten zu erwerben. Darüber hinaus gilt nach Art. 5 Pkt. 2 BodenGB i. V. m. Art. 3 des Föderalen Gesetzes vom 24.07.2002 Nr. 101-FZ „Über den Rechtsverkehr von Grundstücken mit landwirtschaftlicher Bestimmung" ein Verbot des Eigentumserwerbs von landwirtschaftlich genutzten Grundstücken für Ausländer und juristische Personen mit einer ausländischen Beteiligung, welche 50% am Stammkapital überschreitet. Diesen Personen steht lediglich eine pachtweise Nutzung landwirtschaftlicher Grundstücke offen.

Die Beschränkungen des Erwerbs von Grundeigentum für Ausländer kann zwar grundsätzlich für den deutschen Joint-Venture-Partner im Rahmen der Vertragsverhandlungen, wenn ihm, beispielsweise im Rahmen von Begleitverträgen, Grundstücke gewährt werden sollen, relevant werden. Bedeutender sind jedoch Einschränkungen, die das Joint Venture selbst, das auf russischem Territorium operativ tätig wird und zum Beispiel Produktionsstätten bedarf, betreffen. Konkrete Einschränkungen ergeben sich für den Sonderfall, dass die Joint-Venture-Gesellschaft Eigentümerin eines landwirtschaftlich genutzten Grundstücks ist. Die hälftige Beteiligung des deutschen Joint-Venture-Partners an der Grundstückseigentümerin ist zwar gerade so noch nach Art. 5 Pkt. 2 BodenGB i. V. m. Art. 3 des Föderalen Gesetzes vom 24.07.2002 Nr. 101-FZ erlaubt. Jedoch kann die Joint-Venture-Gesellschaft nicht Eigentümerin bleiben, wenn beispielsweise eine Exit-Option ausgeübt wird und alle Anteile am Gemeinschaftsunternehmen sich in der Hand des deutschen Partners vereinigen.

---

110 Weit verbreitete Meinung; siehe dazu ausführlich *Bitter*, Schutz deutscher Investitionen in Russland, S. 104–107.

111 Zur schwierigen Rechtslage vor Verabschiedung des Bodengesetzbuchs der RF vom 25.10.2001 siehe *Breig*, WiRO 2002, 33 (35 f.).

112 Föderales Gesetz vom 25.12.2001 Nr. 136-FZ; auszugsweise Übersetzung des BodenGB in der Fassung vom 25.10.2001 bei *Wedde*, WiRO 2002, 109.

113 Zum Erwerb von Grundeigentum in Russland allgemein und durch Ausländer siehe *Kassmann*, WiRO 2010, 289.

III. Massenmedien

Weitgehende Einschränkungen für ein deutsch-russisches Joint Venture ergeben sich aus dem Föderalen Gesetz „Über Massenmedien“[114] („MedienG). Unter Massenmedien versteht man alle für einen unbeschränkten Personenkreis bestimmte Druck-, Internet-, Audio-, audiovisuelle und sonstige Nachrichten und Erzeugnisse, welche periodisch unter einer festen Bezeichnung verbreitet werden, Art. 2 Abs. 2, Abs. 3 MedienG.

Nach Art. 19.1 Abs. 1 S. 1 MedienG ist es sowohl dem deutschen Joint-Venture-Partner als ausländische juristische Person als auch der Joint-Venture-Gesellschaft als russische juristische Person mit ausländischer Beteiligung verboten, Gründer von Massenmedien zu sein, als Redaktion eines Massenmediums aufzutreten oder Sendungsübertragungen zu organisieren. Nach Art. 19.1 Abs. 1 S. 2 MedienG ist es auch ausländischen natürlichen Personen versagt, Gründer von Massenmedien zu sein oder als Redaktion eines Massenmediums aufzutreten. Die Beteiligung einer ausländischen juristischen Person bzw. einer russischen juristischen Person, deren ausländische Beteiligung die Schwelle von 20% übersteigt, an einem Gründer, der Redaktion eines Massenmediums oder einer mit der Sendungsübertragung betrauten Organisation darf 20% nicht übersteigen, Art. 19.1 Abs. 2 MedienG. Den benannten Personen mit Auslandsbezug ist es versagt, jegliche Kontrolle über einen Gründer, einen Gesellschafter des Gründers, die Redaktion oder der mit der Sendungsübertragung betrauten Organisation zu erlangen, Art. 19.1 Abs. 3 MedienG.

Sollte gegen die Anforderungen der Abs. 2 und 3 des Art. 19.1 MedienG verstoßen werden, sind die betroffenen Personen verpflichtet, ihren den Maximalbetrag übersteigenden Geschäftsanteil nach dem in Art. 238 ZGB niedergelegten Verfahren zu veräußern, Art. 19 Abs. 4 S. 1 MedienG. Darüber hinaus werden bei der Feststellung der Beschlussfähigkeit bzw. Stimmenauszählung lediglich die erlaubten 20% für die benannten Personen mit Auslandsbezug mitgezählt, Art. 19 Abs. 4 S. 2 MedienG. Gegen die Verbote verstoßende Rechtsgeschäfte sind nach Art. 19.1 Abs. 5 MedienG nichtig.

Die beschriebenen Regelungen sind Ergebnis einer Gesetzesanpassung[115] vom Juli 2021, welche aufgrund eines Urteils des Verfassungsgerichts RF[116] erforderlich wurde. Darin hatte das Verfassungsgericht RF die Abs. 1, 2 und 4

114 Föderales Gesetz vom 27.12.1991 Nr. 2124-1.

115 Föderales Gesetz vom 01.07.2021 Nr. 263-FZ.

116 Verfassungsgericht RF, Urt. v. 17.01.2019, Nr. 4-P.

des Art. 19.1 MedienG a.F. für teilweise verfassungswidrig unter anderem mit der Begründung erklärt, dass der Adressatenkreis zu unbestimmt sei und der Ausschluss von der Ausübung bestimmter Gesellschafterrechte, welcher unter anderem die gerichtliche Geltendmachung gewisser Ansprüche umfasste, gegen die Rechtsschutzgarantie aus Art. 46 Pkt. 1, Art. 56 Pkt. 3 VRF verstoße. Ob die vorgenommenen Änderungen einer erneuten Kontrolle stand halten und ob es überhaupt zu einer weiteren Normenkontrolle kommt, bleibt abzuwarten. Für ein deutsch-russisches Joint Venture kann jedoch bereits jetzt festgehalten werden, dass eine Tätigkeit im Bereich der Massenmedien sehr stark beschränkt ist.

IV. Sonstige Beschränkungen in bestimmten Branchen

Weitere Einschränkungen für Ausländer finden sich in zahlreichen anderen Wirtschaftsbereichen. So gilt etwa für ausländische natürliche und juristische Personen sowie russische juristische Personen mit ausländischer Beteiligung bzw. ausländischen Gründern ein umfassendes Verbot, Gründer oder Gesellschafter eines privaten Sicherheitsunternehmens oder eines Ausbildungsunternehmens in der Detektiv- und Sicherheitsbranche zu sein, Art. 15.1 Abs. 2, Abs. 3, Abs. 5 Ziff. 5), Art. 15.2 Abs. 2 Ziff. 2) Föderales Gesetz vom 11.03.1992 Nr. 2487-1 „Über private Detektiv- und Sicherheitstätigkeiten in der RF".

Im Bereich der Erschließung und des Abbaus von Bodenschätzen finden sich umfangreiche Regelungen für in- und ausländische Investitionen im Gesetz vom 21.02.1992 Nr. 2395-1 „Über Bodenschätze", Föderalen Gesetz vom 30.12.1995 Nr. 225-FZ „Über *Production Sharing Agreements*" und Föderalen Gesetz vom 21.07.1997 Nr. 112-FZ „Über Grundstücke im Zusammenhang mit *Production Sharing Agreements*".

Für die Branche des Banken- und Versicherungswesens ergeben sich Beschränkungen für ausländische Investoren aus dem Föderalen Gesetz vom 02.12.1990 Nr. 395-1 „Über Banken und Bankentätigkeit" sowie aus dem Gesetz vom 27.11.1992 Nr. 4015-1 „Über die Organisation des Versicherungswesens in der RF".

C. Westliche Sanktionen gegen Russland

Im Zusammenhang mit der Ukrainekrise, insbesondere aufgrund der völkerrechtswidrigen[117] Annexion der Krim in 2014, sowie infolge der Anerkennung der nicht von der Regierung kontrollierten Gebiete der ukrainischen Regionen

117 Siehe zur Diskussion der Völkerrechtswidrigkeit ausführlich *Luchterhandt*, Ost/Letter 2/2014, S. 4; abrufbar unter: https://www.ostinstitut.de/de/ost_publikationen/ost_letter.

Donezk und Luhansk durch Russland und infolge des am 24.02.2022 von Russland initiierten Ukrainekriegs haben sowohl EU als auch USA Wirtschaftssanktionen gegen Russland verabschiedet. Darüber hinaus nahmen die USA weitere Sanktionierungsmaßnahmen in den letzten Jahren vor, unter anderem aufgrund von Cyber-Angriffen, einer möglichen russischen Beeinflussung der US-Wahlen 2016 sowie der Durchführung der Projekte NordStream 2 und Turkish Stream.[118]

Die folgenden Ausführungen beleuchten, inwieweit sich aufgrund der westlichen Sanktionen Einschränkungen für die Errichtung und Durchführung eines deutsch-russischen Joint Ventures sowie dessen Geschäftstätigkeit ergeben und weitergehend, ob und gegebenenfalls wie diesen Einschränkungen begegnet werden kann.

I. EU-Sanktionen aufgrund der Ukrainekrise 2014

Die Sanktionen der EU gegen Russland wurden durch Beschluss des Rates der Europäischen Union nach Art. 29 EUV im Rahmen der Gemeinsamen Außen- und Sicherheitspolitik („GASP") verabschiedet sowie in den jeweils auf diesen basierenden EU-Verordnungen nach Art. 215 AEUV in unmittelbar die Unternehmen bindendes Recht umgesetzt. Erforderliche Anpassungen auf nationaler Ebene wurden in Deutschland im Außenwirtschaftsgesetz („AWG") sowie der Außenwirtschaftsverordnung („AWV") vorgenommen.

Genereller Zweck von Sanktionsmaßnahmen ist es, einen Anreiz für eine politische Verhaltensänderung zu schaffen.[119] Die EU-Sanktionen werden in einem halbjährigen Turnus durch Ratsbeschluss verlängert.[120]

Die EU-Sanktionen sind in drei Verordnungen von 2014 geregelt, welche seitdem durch zahlreiche Durchführungs- und Änderungsverordnungen modifiziert wurden. Sie umfassen personen- und branchenspezifische Maßnahmen (siehe sogleich unter § 3 C. I. 1. a) bzw. c)) sowie ein generelles Wirtschaftsembargo für das Gebiet der Halbinsel Krim und der Stadt Sewastopol (siehe unter § 3 C. I. 1. b)). Im Folgenden werden zunächst der Inhalt der Sanktionen skizziert und anschließend ihre Auswirkungen auf privatrechtliche Vereinbarungen (siehe unter § 3 C. I. 2.) dargestellt, welche auch bei der Gestaltung der Verträge eines deutsch-russischen Joint Ventures Relevanz erlangen können.

---

118 *Steininger/Schramm*, WiRO 2018, 225.

119 *Sattler*, JuS 2019, 18.

120 *Steininger*, WiRO 2018, 46 (47).

1. *Inhalt der Sanktionen*

a) *Personenlistungen*

Die erste Stufe von Maßnahmen richtet sich gegen einzelne natürliche Personen und Unternehmen im Rahmen von Personenlistungen.[121] Für diese gelten Einreise- und Durchreisebeschränkungen auf dem EU-Gebiet, Einfrieren von Geldern und wirtschaftlichen Ressourcen sowie ein Verbot der direkten und indirekten Zurverfügungstellung von Geldern und wirtschaftlichen Ressourcen (sog. Bereitstellungsverbot).

Diskutiert wurde in diesem Zusammenhang, ob sich Bestimmungen der Verordnung auch auf Organisationen erstrecken, denen die gelisteten Personen angehören. Dafür spräche der Grundsatz einer weiten Auslegung von Sanktionsregelungen, um eine größtmögliche praktische Wirksamkeit zu erzielen.[122] Diesem steht jedoch der, insbesondere bei straf- und bußgeldbewehrten Vorschriften geltende deutsche Bestimmtheitsgrundsatz entgegen.[123] Das Bundesamt für Wirtschaft und Ausfuhrkontrolle („BAFA") stellte dazu fest, dass die mit den gelisteten Personen in Verbindung stehenden natürlichen oder juristischen Personen, Einrichtungen oder Organisationen nur umfasst sind, wenn diese selbst aufgelistet sind.[124]

Davon unabhängig zu beurteilen ist die Frage, ob die Zurverfügungstellung von Geldern und wirtschaftlichen Ressourcen an ein Tochterunternehmen einer gelisteten Person als mittelbare Bereitstellung sanktioniert wird.[125] Hierzu hat

121 Verordnung (EU) Nr. 269/2014 des Rates vom 17.03.2014 über restriktive Maßnahmen angesichts von Handlungen, die die territoriale Unversehrtheit, Souveränität und Unabhängigkeit der Ukraine untergraben oder bedrohen (ABl. L 078, 17.03.2014, S. 6); Beschluss 2014/145/GASP des Rates vom 17.03.2014 über restriktive Maßnahmen angesichts von Handlungen, die die territoriale Unversehrtheit, Souveränität und Unabhängigkeit der Ukraine untergraben oder bedrohen (ABl. L 078, 17.03.2014, S. 16).

122 *Sattler*, JuS 2019, 18 (19), der jedoch selbst in Fn. 15 auf Spannungen mit dem in Deutschland geltenden Bestimmtheitsgrundsatz hinweist.

123 *Steininger*, WiRO 2018, 46.

124 Information der BAFA abrufbar unter: https://www.bafa.de/DE/Aussenwirtschaft/Ausfuhrkontrolle/Embargos/Russland_Ukraine/Massnahmen_territoriale_Unversehrtheit_Ukraine/massnahmen_ukraine_node.html; siehe dazu auch *Galander*, in: Galander, Russisches Wirtschaftsrecht, S. 17; *Steininger*, WiRO 2018, 46; *Wellmann*, IStR 2014, 663.

125 Siehe dazu *Sattler*, JuS 2019, 18 (20, Fn. 18); *Wellmann*, IStR 2014, 663 (664).

der Rat Auslegungsleitlinien, sog. Sanktionsleitlinien, veröffentlicht.[126] Eine mittelbare Bereitstellung wird danach in der Regel angenommen, wenn die Eigentümerschaft bzw. Kontrolle der gelisteten Person über den Adressaten der Gelder oder wirtschaftlichen Ressourcen nachgewiesen wird, Rn. 55d der Sanktionsleitlinien. Als Eigentümerin gilt die gelistete Person, wenn sie mehr als 50% der Eigentumsrechte oder eine Mehrheitsbeteiligung am Adressaten der Gelder oder wirtschaftlichen Ressourcen innehat, Rn. 55a der Sanktionsleitlinien. Ein Kontrollverhältnis liegt in der Regel bei Erfüllung eines der einzeln aufgeführten Kriterien vor, darunter u. a. Stimmrechtsmehrheit, Bestellung oder Recht zur Bestellung der Mitgliedermehrheit eines Organs, beherrschender Einfluss aufgrund Vertrags oder Recht zur Verwendung des Vermögens des Adressaten der Gelder oder wirtschaftlichen Ressourcen, Rn. 55b der Sanktionsleitlinien. Eine mittelbare Bereitstellung scheidet ausnahmsweise aus, wenn im Einzelfall festgestellt wird, dass die geleisteten Gelder oder wirtschaftlichen Ressourcen der gelisteten Person nicht zugute kommen und von ihr nicht verwendet werden, Rn. 55d der Sanktionsleitlinien.

Zu beachten ist, dass eine mittelbare Bereitstellung auch ohne Existenz eines Eigentums- oder Kontrollverhältnisses einer gelisteten Person zum Adressaten der Gelder oder wirtschaftlichen Ressourcen angenommen werden kann, Rn. 55e der Sanktionsleitlinien.

b) *Krim-Wirtschaftsembargo*

Die zweite EU-Verordnung zu Sanktionsmaßnahmen regelt ein umfassendes Verbot der wirtschaftlichen Betätigung auf der Halbinsel Krim und der Stadt Sewastopol.[127] Verboten ist die Einfuhr von Waren mit Ursprung im

---

126 *Rat der Europäischen Union*, Leitlinien zur Umsetzung und Evaluierung restriktiver Maßnahmen (Sanktionen) im Rahmen der Gemeinsamen Außen- und Sicherheitspolitik der EU – Neue Elemente (Dok-Nr. 9068/13); aktuelle konsolidierte Version: Sanktionsleitlinien – Aktualisierung (Dok-Nr. 5664/18, Rn. 55a-55e (v.a. 55d)); diese Leitlinien finden sich auch in den sog. *EU Best Practices* wieder: *Rat der Europäischen Union*, Restriktive Maßnahmen (Sanktionen) – Aktualisierung der vorbildlichen Verfahren der EU für die wirksame Umsetzung restriktiver Maßnahmen (Dok-Nr. 8519/18, Rn. 62–68 (v.a. 66)).

127 Verordnung (EU) Nr. 692/2014 des Rates vom 23.06.2014 über restriktive Maßnahmen als Reaktion auf die rechtswidrige Eingliederung der Krim und Sewastopols durch Annexion (ABl. L 183, 24.06.2014, S. 9); Beschluss 2014/386/GASP des Rates vom 23.06.2014 über restriktive Maßnahmen als Reaktion auf die rechtswidrige Eingliederung der Krim und Sewastopols durch Annexion (ABl. L 183, 24.6.2014, S. 70).

sanktionierten Gebiet, die direkte und indirekte Finanzierung bzw. finanzielle Unterstützung sowie Versicherung und Rückversicherung solcher Waren, Art. 2 VO (EU) Nr. 692/2014. Darüber hinaus besteht ein Ausfuhrverbot sowie ein Verbot der Erbringung von Dienstleistungen und Finanzierungen für bestimmte gelistete Güter und Technologien aus bedeutenden Bereichen der Infrastruktur, und zwar Verkehr, Telekommunikation, Energie sowie Öl-, Gas- und Mineralressourcen, Art. 2b VO (EU) Nr. 692/2014. Untersagt sind weiterhin unter anderem der Erwerb von Immobilienobjekten sowie Unternehmensbeteiligungen, Art. 2a VO (EU) Nr. 692/2014. Herauszustellen ist im Zusammenhang mit letzterem und mit Blick auf ein deutsch-russisches Joint Venture vor allem, dass ausdrücklich die Gründung von Gemeinschaftsunternehmen im sanktionierten Gebiet verboten ist, Art. 2a Abs. 1 lit. d) VO (EU) Nr. 692/2014.

c) Branchenspezifische Beschränkungen des Handels- und Kapitalverkehrs

Auf der dritten Sanktionsstufe werden Beschränkungen für bestimmte Wirtschaftsbranchen, und zwar im Bereich der Rüstung, Energie und des Kapitalverkehrs, geregelt.[128]

Danach gilt ein umfassendes Waffenembargo, welches jegliche Rechtsgeschäfte mit Waffen, Art. 2 Abs. 1, Abs. 3 Beschluss (EU) 2014/512/GASP, §§ 74 ff. AWV,[129] sowie deren technische und finanzielle Unterstützung, Versicherung und Rückversicherung, Art. 4 Abs. 1 lit. a), b) VO (EU) Nr. 833/2014, betrifft. Weiterhin verboten ist die Ausfuhr sog. Dual-Use-Güter, d. h. Güter mit einem doppelten, zivilen und militärischen, Verwendungszweck, wenn diese für einen militärischen Zweck oder Endnutzer bestimmt sind oder bestimmt sein können, Art. 2 Abs. 1 S. 1 VO (EU) Nr. 833/2014, oder unabhängig von einer Zweckbestimmung, wenn der Adressat eine bestimmte aufgelistete Person bzw. das russische Militär ist, Art. 2a, Art. 2 Abs. 1 S. 2 VO (EU) Nr. 833/2014.

Darüber hinaus gilt eine Genehmigungspflicht für die Ausfuhr bestimmter aufgelisteter Güter des Energiesektors, Art. 3 VO (EU) Nr. 833/2014. Nicht

---

128 Verordnung (EU) Nr. 833/2014 des Rates vom 31.07.2014 über restriktive Maßnahmen angesichts der Handlungen Russlands, die die Lage in der Ukraine destabilisieren (ABl. L 229, 31.07.2014, S. 1); Beschluss 2014/512/GASP des Rates vom 31.07.2014 über restriktive Maßnahmen angesichts der Handlungen Russlands, die die Lage in der Ukraine destabilisieren (ABl. L 229, 31.07.2014, S. 13).

129 Russland gilt damit als Waffenembargoland nach Art. 4 Abs. 2 VO (EG) Nr. 428/2009 – Dual Use.

genehmigungsfähig, und damit verboten, ist die Ausfuhr und Erbringung von Dienstleistungen im Zusammenhang mit diesen Gütern, wenn Grund zur Annahme besteht, dass sie der Erdölexploration und -förderung in Wassertiefen von mehr als 150m, im Offshore-Gebiet nördlich des Polarkreises oder zum Hydrofracking dienen, Art. 3 Abs. 5 S. 1, Art. 3a VO (EU) Nr. 833/2014.

Schließlich sieht die Verordnung ein Verbot jeglichen Handels mit Wertpapieren und Geldmarktinstrumenten mit Laufzeiten von mehr als 30 Tagen vor, welche von bestimmten Personen oder Einrichtungen begeben wurden, die unter staatlichem Einfluss stehen, Art. 5 Abs. 1 VO (EU) Nr. 833/2014, oder der Militär- bzw. Erdölbranche angehören, Art. 5 Abs. 2 VO (EU) Nr. 833/2014. Ebenso ist die Neuvergabe von Darlehen und Krediten an diese Personen untersagt, Art. 5 Abs. 3 VO (EU) Nr. 833/2014.

2. Auswirkungen auf privatrechtliche Vereinbarungen

Die EU-Sanktionsvorschriften haben Auswirkungen auf entgegenstehende privatrechtliche Vereinbarungen und können letztere überlagern.[130] Im Kontext deutsch-russischer Joint Ventures kann dies jedes der in Betracht kommenden Vertragswerke betreffen – Grundlagenvereinbarung, Satzung und Begleitverträge. Relevant werden können beispielsweise vertragliche Vereinbarungen, die eine etwaige, auch mittelbare Zurverfügungstellung finanzieller Mittel an eine gelistete Person enthalten, sowie Begleitverträge oder Nebenverpflichtungen der Joint-Venture-Partner in der Grundlagenvereinbarung, welche die Lieferung oder Bereitstellung sanktionierter Güter und Technologien zum Gegenstand haben.

Die zivilrechtlichen Folgen sind nach deutschem und russischem Recht unterschiedlich zu beurteilen. Welches Recht zur Anwendung kommt, entscheidet sich nach dem Vertragsstatut der konkreten vertraglichen Regelung. Nachfolgend werden aufgrund der Rechtswahlfreiheit[131] bei der Grundlagenvereinbarung und den Begleitverträgen eines deutsch-russischen Joint Ventures mit der hier besprochenen Struktur die zivilrechtlichen Auswirkungen sowohl nach deutschem (a)) als auch russischem Recht (b)) dargestellt sowie (unter c)) sinnvolle Vorkehrungen bei der vertraglichen Gestaltung besprochen.

---

130 *Sattler*, JuS 2019, 18 (21).

131 Siehe zu Vertragsstatut und den Vertragswerken unter § 5 B., § 6 C. I. und § 7.

a) *Nach deutschem Recht*

aa) *Wirksamkeit des Vertrags*

Sollte der Vertrag gegen Sanktionsregelungen verstoßen und nach Erlass der Sanktionen geschlossen worden sein, ist er nach deutschem Recht aufgrund Verstoßes gegen ein gesetzliches Verbot nach § 134 BGB nichtig.[132] Als Verbotsgesetz kommen die unmittelbar geltenden unionsrechtlichen EU-Verordnungen sowie Regelungen des Außenwirtschaftsgesetzes und der Außenwirtschaftsordnung in Betracht.[133]

Für Dauerschuldverhältnisse wird in diesem Zusammenhang eine, von der Ausübung eines Gestaltungsrechts unabhängige, automatische *ex-nunc*-Unwirksamkeit gefordert, um den Sanktionsregelungen größtmögliche praktische Wirkung zu verleihen.[134]

bb) *Vertragserfüllung und Leistungsstörung*

Wurde die vertragliche Regelung bereits vor Inkrafttreten der EU-Sanktionen getroffen, kommt im Hinblick auf eine ausstehende Vertragserfüllung das Leistungshindernis der Unmöglichkeit nach § 275 Abs. 1 BGB in Betracht. Da die Vertragserfüllung gegen Sanktionsnormen verstoßen würde, handelt es sich um einen Fall der rechtlichen Unmöglichkeit.[135] Rechtswidriges Verhalten könne laut BGH keine Möglichkeit kaufmännischen Verhaltens darstellen.[136]

Diskutiert wird, ob die Unmöglichkeit im Falle von Sanktionsregelungen bloß vorübergehender Natur sei, da die Maßnahmen grundsätzlich jederzeit aufgehoben werden können und perspektivisch infolge einer politischen Verhaltensänderung aufgehoben werden sollen.[137] Die vorübergehende Unmöglichkeit ist jedoch ausnahmsweise der endgültigen gleichzustellen, wenn die Erreichung des Vertragszwecks durch die vorübergehende Unmöglichkeit in Frage gestellt wird und deshalb nach Treu und Glauben die Einhaltung des Vertrags bis zum (ungewissen) Wegfall des Leistungshindernisses nicht zugemutet werden kann.[138] Im

---

132 *Schneider/Terhechte*, in: Grabitz/Hilf/Nettesheim, AEUV, 79. EL Mai 2023, Art. 215 Rn. 25; *Sattler*, JuS 2019, 18 (21); *Steininger/Schramm*, WiRO 2019, 161.

133 *Schneider/Terhechte*, in: Grabitz/Hilf/Nettesheim, AEUV, 79. EL Mai 2023, Art. 215 Rn. 25; *Steininger/Schramm*, WiRO 2019, 161.

134 *Sattler*, JuS 2019, 18 (21).

135 *Sattler*, JuS 2019, 18 (21); *Steininger/Schramm*, WiRO 2019, 161 (162).

136 BGH, NJW 1983, 2873.

137 Zur Diskussion siehe insbesondere *Harings/Loets*, RdTW 2015, 321–327.

138 BGH, NJW 1982, 1458.

Falle von Wirtschaftssanktionen werden regelmäßig die Unvorhersehbarkeit und Zufallsabhängigkeit des Wegfalls des Leistungshindernisses die Erreichung des Vertragszwecks in Frage stellen und damit die Unzumutbarkeit des Festhaltens am Vertrag herbeiführen.[139]

Folge der Unmöglichkeit ist neben der Befreiung von der Leistungspflicht weiterhin auch der Wegfall der Gegenleistungspflicht nach § 326 Abs. 1 BGB und damit die *ipso iure* Auflösung des Vertrags. Der Gläubiger hat darüber hinaus jedoch auch die Möglichkeit zum Rücktritt vom Vertrag nach § 326 Abs. 5 BGB.

Wenn nicht bereits eine *ex-nunc*-Unwirksamkeit von Dauerschuldverhältnissen nach § 134 BGB vorliegt, siehe oben unter aa), so besteht zumindest die Möglichkeit zur Kündigung aus wichtigem Grund nach § 314 BGB.

Etwaige Sekundäransprüche wie Schadensersatz- oder Garantieforderungen des Gläubigers sind durch sog. *no claims clauses*, über welche jede der EU-Sanktionsverordnungen gegen Russland verfügt,[140] ausgeschlossen.[141] Ziel dieser Regelungen ist es, Unternehmen in der EU vor den Auswirkungen der Sanktionen auf betroffene internationale Verträge zu schützen, sodass dieser Anspruchsausschluss auch nach Aufhebung der Sanktionen gelten muss.[142]

b) Nach russischem Recht

aa) Wirksamkeit des Vertrags

Wie im deutschen Recht finden sich auch im russischen Zivilgesetzbuch Regelungen zur Unwirksamkeit von Verträgen bei Gesetzesverstößen. Nach Art. 168 Pkt. 1, Art. 166 Pkt. 1 ZGB RF kann ein Rechtsgeschäft, welches gegen gesetzliche Anforderungen verstößt, durch ein Gericht für unwirksam erklärt werden. Des Weiteren regeln Art. 168 Pkt. 2, Art. 166 Pkt. 2 ZGB RF die Nichtigkeit von Rechtsgeschäften, wenn gegen eine gesetzliche Anforderung verstoßen wird und dabei in öffentliche Interessen oder in Rechte Dritter bzw. in durch das Gesetz geschützte Interessen Dritter eingegriffen wird.

Voraussetzung wäre jedoch, dass die EU-Sanktionsverordnungen gesetzliche Anforderungen im Sinne dieser Vorschrift darstellen. Eine Regelung des

139 Im Ergebnis so auch *Stadler,* in: Jauernig, BGB, § 275 Rn. 10; *Sattler*, JuS 2019, 18 (21); *Steininger/Schramm*, WiRO 2019, 161 (162); a.A. *Harings/Loets*, RdTW 2015, 321 (323 ff.).

140 Art. 11 VO (EU) Nr. 269/2014, Art. 6 VO (EU) Nr. 692/2014, Art. 11 VO (EU) Nr. 833/2014.

141 *Sattler*, JuS 2019, 18 (21); *Galander*, in: Galander, Russisches Wirtschaftsrecht, S. 19.

142 *Sattler*, JuS 2019, 18 (21).

russischen internationalen Privatrechts, Art. 1192 Pkt. 2 ZGB RF, sieht zwar die Anwendbarkeit von Normen fremder Staaten vor, wenn es sich um unmittelbar wirkende imperative Normen handelt und eine enge Verbindung des fremden Staats mit dem in Frage stehenden Rechtsverhältnis besteht. Die Reichweite dieser Regelung wird jedoch durch die öffentliche Ordnung der Russischen Föderation begrenzt. Die Anwendbarkeit einer fremdstaatlichen Norm ist nach Art. 1193 Pkt. 1 ZGB RF ausgeschlossen, wenn die Folgen ihrer Berücksichtigung offensichtlich der öffentlichen Ordnung der Russischen Föderation widersprechen.

Genau einen solchen offensichtlichen Widerspruch zur öffentlichen Ordnung der Russischen Föderation haben russische Gerichte im Hinblick auf die Berücksichtigung der EU-Sanktionsverordnungen im Fall von Siemens gegen Technopromexport („Siemens-Gasturbinen-Fall") bestätigt.[143] Das Wirtschaftsgericht der Stadt Moskau bezieht sich in seiner Begründung auf einen Informatorischen Brief[144] des Präsidiums des ehemaligen Obersten Wirtschaftsgerichts, wonach die öffentliche Ordnung insbesondere dann angetastet werde, wenn der Souveränität oder der Sicherheit des Staates Schaden zugefügt werde. Eine etwaige Anerkennung und Anwendbarkeit der EU-Sanktionen auf dem Territorium der Russischen Föderation und damit die daraus resultierende Verpflichtung auch russischer Rechtssubjekte zur Befolgung dieser Sanktionsregelungen würde in die Souveränität des russischen Staates eingreifen und somit offensichtlich gegen die öffentliche Ordnung verstoßen.[145]

Die rechtliche Geltung und Berücksichtigung der EU-Sanktionen nach russischem Recht ist ausgeschlossen – ein Ergebnis, das nicht überrascht. Sie haben keine Auswirkungen auf die Wirksamkeit von nach russischem Recht abgeschlossenen Verträgen.

---

143 Ausdrücklich mit Begründung siehe Wirtschaftsgericht der Stadt Moskau, Urt. v. 17.01.2018 – A40-171207/2017; siehe weiterhin die Entscheidungen aller Instanzen in zwei Gerichtsverfahren mit den Aktenzeichen A40-171207/2017 und A40-126531/2017.

144 Informatorischer Brief des Präsidiums des Obersten Wirtschaftsgerichts RF vom 26.02.2013 Nr. 156 „Überblick über die Anwendungspraxis der Wirtschaftsgerichte in Verfahren zum Vorbehalt der öffentlichen Ordnung als Ausschlussgrund für die Anerkennung und Vollstreckung ausländischer Gerichts- und Schiedsgerichtsentscheidungen".

145 Wirtschaftsgericht der Stadt Moskau, Urt. v. 17.01.2018 – A40-171207/2017.

bb) Vertragserfüllung und Leistungsstörung

Regelungen zur Unmöglichkeit einer Leistung finden sich in Art. 416, Art. 417 ZGB RF. Nach Art. 416 Pkt. 1 ZGB RF wird der Schuldner von seiner Leistungspflicht bei Unmöglichkeit der Erbringung der Leistung frei, wenn die Unmöglichkeit nach Entstehung der Leistungspflicht eintritt und keine der Parteien die Unmöglichkeit zu vertreten hat. Art. 417 ZGB RF regelt einen verschuldensunabhängigen Sonderfall der Unmöglichkeit aufgrund eines Aktes einer Hoheitsgewalt. Darunter werden jedoch nur russische Hoheitsakte verstanden, sodass die Anwendung dieser Norm im Zusammenhang mit ausländischen Sanktionen entfällt.

Der Grundfall der Unmöglichkeit in Art. 416 ZGB RF erfasst keine Sachverhalte, in denen die Leistungspflicht erst nach Inkrafttreten der EU-Sanktionen entsteht. Darüber hinaus bringt die Voraussetzung, dass keine der Parteien die Unmöglichkeit zu vertreten hat, einen schweren Beweisaufwand mit sich, sodass die russische Literatur und Rechtsprechung die zivilrechtlichen Auswirkungen der EU-Sanktionen vorrangig innerhalb der Sekundäransprüche aus Art. 401 Pkt. 3 ZGB RF (verschuldensunabhängige Verantwortlichkeit für Pflichtverletzungen) und Art. 451 ZGB RF (Störung der Geschäftsgrundlage) diskutiert.[146]

Nach Art. 401 Pkt. 3 ZGB RF haftet der Schuldner verschuldensunabhängig für die Nichterfüllung oder nicht ordnungsgemäße Erfüllung seiner vertraglichen Verpflichtung in Ausübung einer unternehmerischen Tätigkeit, wenn er nicht den Nachweis erbringt, dass die ordnungsgemäße Erfüllung infolge höherer Gewalt unmöglich geworden ist. Sollten EU-Sanktionen die Erfüllung von Vertragspflichten, welche im Zusammenhang mit einer unternehmerischen Tätigkeit stehen, verhindern, stellt sich also die Frage, ob sich der Schuldner der strengen verschuldensunabhängigen Haftung mit der Begründung entziehen kann, dass die EU-Sanktionen einen Fall von höherer Gewalt darstellen.

Per Legaldefinition in Art. 401 Pkt. 3 S. 1 ZGB RF erfordert höhere Gewalt außergewöhnliche und unabwendbare Umstände. Das Leistungshindernis muss außerhalb des vorhersehbaren üblichen unternehmerischen Risikos liegen und hätte für kein Rechtssubjekt in derselben Position vermeidbar sein dürfen.[147]

---

146 Siehe dazu ausführlich und m.w.N. zur Rechtsprechung *Stepanenko*, Vestnik Arbitražnogo suda Moskovskogo okruga 2019, Nr. 2, 74–81; siehe auch *Steininger/Schramm*, WiRO 2019, 161 (162 f.).

147 Plenumsbeschluss des Obersten Gerichts RF vom 24.03.2016 Nr. 7 „Über die gerichtliche Anwendung einiger Vorschriften des ZGB RF zur Verantwortlichkeit für Pflichtverletzungen", Pkt. 8; Präsidium des Obersten Wirtschaftsgerichts RF, Urt. v. 21.06.2012 – A40-25926/2011-13-230; Präsidium des Obersten

Die Rechtsprechung war in den Jahren 2015–2017 der Anerkennung von EU-Sanktionen als höhere Gewalt mit einem Verweis auf Art. 401 Pkt. 3 S. 2 ZGB RF, wonach das Nichtvorhandensein von Waren auf dem Markt oder von Geldmitteln beim Schuldner gerade keine Fälle höherer Gewalt darstellen sollen, eher ablehnend gegenüber eingestellt.[148] Die Handelskammer RF erkennt zwar bereits seit 2015 ausdrücklich internationale Sanktionen als Fälle höherer Gewalt an.[149] Dies dient in Gerichtsverfahren jedoch lediglich als ein potentielles Indiz für das Vorhandensein höherer Gewalt. Die Entscheidung, ob im Einzelfall höhere Gewalt anzunehmen ist, liegt im Ermessen des Gerichts. An die Richtlinien der Handelskammer RF ist es dabei nicht gebunden.[150]

Seit 2018 ist eine Änderung der Rechtsprechung zu erkennen.[151] Neben anderen untergeordneten Gerichten hat vor allem das Oberste Gericht RF bestätigt, dass die von EU und USA erlassenen Wirtschaftssanktionen gegen Russland als Fälle höherer Gewalt anerkannt werden können.[152] Die frühere gerichtliche Tendenz, dass für das Vorliegen höherer Gewalt aufgrund der EU-Sanktionen unter anderem entscheidend sei, ob es sich um ein Vertragsverhältnis zwischen einem ausländischen Exporteur und russischen Importeur handele, welches direkt durch die EU-Sanktionen betroffen ist, oder lediglich um zwei russische Unternehmen, auf deren Vertragsverhältnis sich die EU-Sanktionen nur indirekt auswirken, indem zum Beispiel der russische Importeur aufgrund der Sanktionen Waren nicht oder nicht rechtzeitig aus der EU erhält und dadurch an seinen russischen Geschäftspartner nicht (rechtzeitig) liefern kann,[153] scheint mit dieser Entscheidung des Obersten Gerichts RF beendet zu sein.

Als Ergebnis ist festzuhalten, dass EU-Sanktionen von russischen Gerichten als höhere Gewalt anerkannt werden können. Die Beurteilung erfolgt im

---

Wirtschaftsgerichts RF, Urt. v. 20.03.2012 – A50-21608/2010; *Baibak*, Zakon 2016, Nr. 10, 132–143.

148 *Stepanenko*, Vestnik Arbitražnogo suda Moskovskogo okruga 2019, Nr. 2, 74–81 m.w.N. zu zahlreichen Gerichtsentscheidungen.

149 Verfügung der Direktion der Handelskammer RF vom 23.12.2015 Nr. 173-14 „Bestimmungen über die Bescheinigungsordnung der Handelskammer RF zu den Voraussetzungen höherer Gewalt (Force Majeure)“, Pkt. 1.3.

150 *Baibak*, Zakon 2016, Nr. 10, 132–143; *Steininger/Schramm*, WiRO 2019, 161 (162); *Stepanenko*, Vestnik Arbitražnogo suda Moskovskogo okruga 2019, Nr. 2, 74–81.

151 *Stepanenko*, Vestnik Arbitražnogo suda Moskovskogo okruga 2019, Nr. 2, 74–81.

152 Oberstes Gericht RF, Beschl. v. 20.08.2018 – A56-89542/2016.

153 Siehe für eine Analyse zu dieser Rechtsprechungspraxis *Baibak*, Zakon 2016, Nr. 10, 132–143.

Einzelfall unter Berücksichtigung der folgenden Kriterien.[154] Erstens müssen die EU-Sanktionen als Ereignis höherer Gewalt entsprechend der allgemeinen Definition unvorhergesehen und unvermeidbar gewesen sein. Unvorhersehbarkeit entfällt insbesondere bei Vertragsabschluss nach Erlass der Sanktionen.[155] Zweitens ist ein Kausalzusammenhang zwischen der Nichtleistung und den erlassenen Sanktionen erforderlich.[156] Schließlich ist drittens der Schuldner angehalten, aktiv Maßnahmen vorzunehmen, um den Schaden möglichst zu minimieren bzw. die Erfüllung der Verpflichtung zu ermöglichen.[157] Letzteres ist insbesondere in Verzugsfällen relevant.

Folge der Anerkennung höherer Gewalt ist der Ausschluss der Verantwortlichkeit des Schuldners nach Art. 401 Pkt. 3 ZGB RF. Dieser Ausschluss eines Sekundäranspruchs hat jedoch für sich genommen noch keine Auswirkung auf die Primärleistungspflicht; diese bleibt erhalten. Dem Gläubiger steht ein Rücktrittsrecht unter den Voraussetzungen des Art. 405 Pkt. 2 ZGB RF zu.[158]

Wenige russische Quellen verweisen im Zusammenhang mit höherer Gewalt auf die Unmöglichkeit der Primärleistungspflicht aus Art. 416 ZGB RF. Einhellig wird festgestellt, dass Art. 416 ZGB RF nur erfüllt ist, wenn die Unmöglichkeit aufgrund des Leistungshindernisses einen dauerhaften, endgültigen Charakter besitzt.[159] Die Anwendbarkeit des Art. 416 ZGB RF im Zusammenhang mit EU-Sanktionen wird jedoch in der Rechtsprechung nur selten erwähnt[160] und noch seltener inhaltlich diskutiert[161].

154 Siehe hierzu ausführlich *Stepanenko*, Vestnik Arbitražnogo suda Moskovskogo okruga 2019, Nr. 2, 74–81 m.w.N. zur Rechtsprechung.

155 Siehe beispielsweise das Neunte Wirtschaftsberufungsgericht, Urt. v. 03.05.2017 – A40-216894/16.

156 *Stepanenko*, Vestnik Arbitražnogo suda Moskovskogo okruga 2019, Nr. 2, 74–81.

157 Plenumsbeschluss des Obersten Gerichts RF vom 24.03.2016 Nr. 7 (siehe Fn. 147), Pkt. 10.

158 Plenumsbeschluss des Obersten Gerichts RF vom 24.03.2016 Nr. 7 (siehe Fn. 147), Pkt. 9; *Baibak*, Zakon 2016, Nr. 10, 132–143.

159 Plenumsbeschluss des Obersten Gerichts RF vom 11.06.2020 Nr. 6 „Über einige Fragen der Anwendung von Vorschriften des ZGB RF zur Beendigung von Verpflichtungen", Pkt. 36, 38; *Baibak*, Zakon 2016, Nr. 10, 132–143.

160 Etwa Wirtschaftsgericht Oblast Tscheljabinsk, Entsch. v. 02.02.2016 – A76-18003/2015.

161 Siehe nur Wirtschaftsgericht Sankt-Petersburg und Oblast Leningrad, Entsch. v. 31.10.2016 – A56-34832/2016, welches das Vorliegen der Unmöglichkeit nach Art. 416 ZGB RF bejaht.

In Betracht kommt weiterhin eine Vertragsanpassung bzw. Beendigung des Vertrags nach den Regeln der Störung der Geschäftsgrundlage, siehe Art. 451 ZGB RF. Danach ist zunächst eine wesentliche Änderung der Vertragsumstände erforderlich, was erfüllt ist, wenn diese sich derart verändert haben, dass die Parteien in Kenntnis dessen den Vertrag gar nicht oder mit einem wesentlich anderen Inhalt geschlossen hätten, Art. 451 Pkt. 1 S. 2 ZGB RF. Sollten die Parteien keine einvernehmliche Vertragsanpassung oder -beendigung erreichen, kann dies auf Klage von einem Gericht bei Erfüllung der folgenden vier Kriterien vorgenommen werden, Art. 451 Pkt. 2 ZGB RF: (1) Die Parteien sind zum Zeitpunkt des Vertragsabschlusses nicht von der Änderung der Vertragsumstände ausgegangen; (2) die klagende Partei konnte die Gründe für die Änderung der Vertragsumstände bei Einhaltung der erforderlichen Sorgfalt nicht überwinden; (3) die unveränderte Vertragserfüllung würde die Eigentumsinteressen der Parteien schädigen; (4) aus der üblichen Anwendung und Natur des Vertrags ergibt sich nicht, dass die klagende Partei das Risiko der Vertragsänderung trägt.

Parallel zur Nichtanerkennung des Vorliegens höherer Gewalt lehnten russische Gerichte bis 2018 ebenfalls eine Störung der Geschäftsgrundlage im Zusammenhang mit der Einführung der EU-Sanktionen ab. Argumentiert wurde dies damit, dass der Erlass der Beschränkungen dem unternehmerischen Risiko unterfalle.[162] In einem Urteil von 2018 hat hingegen das Neunte Wirtschaftsberufungsgericht die EU-Sanktionen als Fall des Art. 451 ZGB RF eingeordnet.[163] Die Anerkennung einer Störung der Geschäftsgrundlage durch russische Gerichte im Einzelfall ist daher nicht grundsätzlich ausgeschlossen. Jedenfalls wäre die Ablehnung des Art. 451 ZGB RF mit der Begründung der Verwirklichung des üblichen unternehmerischen Risikos bei gleichzeitiger Anerkennung des Vorliegens höherer Gewalt widersprüchlich, da letztere im Falle der Verwirklichung eines unternehmerischen Risikos ebenfalls abgelehnt werden müsste.

c) Vertragliche Gestaltungsmöglichkeiten

Um etwaigen Unsicherheiten, wie Gerichte mit internationalen Sanktionen umgehen werden, entgegenzuwirken und die Auswirkungen einer Einführung

---

162 Oberstes Gericht RF, Beschl. v. 23.05.2017 – A39-5782/2015; Wirtschaftsgericht Moskau, Urt. v. 03.11.2016 – A40-208650/2015; *Stepanenko*, Vestnik Arbitražnogo suda Moskovskogo okruga 2019, Nr. 2, 74–81.

163 Neuntes Wirtschaftsberufungsgericht, Urt. v. 21.06.2018 – A40-221653/17.

neuer Sanktionen zu beherrschen, können die Parteien eigene Vorkehrungen für diese Fälle im Vertrag treffen.

Zunächst sollte die Wirksamkeit des Vertrags unter die aufschiebende Bedingung des Erhalts aller erforderlichen Genehmigungen und außenwirtschaftsrechtlichen Freigaben gestellt werden.[164] Des Weiteren gibt es die Möglichkeit, Gestaltungsrechte je nach Vertragsart in Form von Kündigungsrechten, Rücktrittsrechten oder Exit-Optionen für den Fall des Erlasses beschränkender Maßnahmen eines Drittstaats, welche auf das Vertragsverhältnis Einfluss haben, vorzusehen.[165]

Spezifisch zum russischen Recht ist festzuhalten, dass zur Vermeidung der Verantwortlichkeit nach Art. 401 Pkt. 3 ZGB RF Ereignisse und Umstände, welche nach dem Willen der Parteien als höhere Gewalt angesehen werden sollen, aber die entsprechenden Voraussetzungen nicht erfüllen, sich nicht vertraglich als höhere Gewalt definieren lassen. Solche Ereignisse und Umstände können jedoch durchaus als allgemeine Gründe für Gestaltungsrechte zur Vertragsbeendigung vorgesehen werden.[166]

Schließlich werden bei internationalen Verträgen häufig Compliance-Klauseln vereinbart, wonach sich die Parteien verpflichten, etwaige ausländische Sanktionsregelungen einzuhalten. Nach deutschem Recht ist dies für Nicht-EU-Sanktionen mit Blick auf § 7 AWV nicht unproblematisch.[167] Danach ist eine Unterwerfung unter ausländische Sanktionsnormen verboten, es sei denn, dass die UN, die EU oder die Bundesrepublik Deutschland eine entsprechende Sanktionsnorm erlassen haben. Nach russischem Recht sind Compliance-Klauseln grundsätzlich mit Blick auf die Vertragsfreiheit zulässig.[168] Sollten sich die Sanktionen jedoch gegen Russland wenden, sind entsprechende Compliance-Klauseln aufgrund des Widerspruchs zur öffentlichen Ordnung der RF nach Art. 1193 ZGB RF für russische Rechtssubjekte nicht bindend.[169] Die rechtliche

164 Zum deutschen Recht *Bälz*, NJW 2020, 878 (881 f.); zum russischen Recht *Steininger/Schramm*, WiRO 2019, 161.

165 Zum deutschen Recht *Bälz*, NJW 2020, 878 (883); zum russischen Recht *Steininger/Schramm*, WiRO 2019, 161.

166 *Baibak*, Zakon 2016, Nr. 10, 132–143.

167 Siehe dazu *Bälz*, NJW 2020, 878 (882 f.).

168 Siehe die Argumentation zur Ablehnung der Gegenklage auf Feststellung der Unwirksamkeit der Compliance-Klauseln im Siemens-Gasturbinen-Fall, Wirtschaftsgericht Moskau, Entsch. v. 21.12.2017 – A40-126531/2017, letztinstanzlich bestätigt durch Oberstes Gericht RF, Beschl. v. 15.10.2018.

169 Eine ausführliche Begründung dazu findet sich in der Entscheidung des Wirtschaftsgerichts Moskau im zweiten Verfahren des Siemens-Gasturbinen-Falls, siehe Entsch.

Absicherungswirkung solcher Compliance-Klauseln ist daher sowohl nach deutschem als auch russischem Recht gering.

Wie der Siemens-Gasturbinen-Fall gezeigt hat,[170] könnte es im Einzelfall sinnvoll sein, das Einverständnis des russischen Geschäftspartners vorausgesetzt, als Gerichtsstand ein neutrales Gericht zu vereinbaren, um insbesondere in politisch aufgeladenen Sachverhalten eine möglichst unabhängige Entscheidung in der Sache zu erwirken.[171]

3. *Weitere Konsequenzen von Sanktionsverstößen*

Über die zivilrechtlichen Auswirkungen der EU-Sanktionen hinaus können Verstöße auch empfindliche straf- und ordnungswidrigkeitsrechtliche sowie gewerberechtliche Konsequenzen haben.

Aufgrund fehlender EU-Kompetenz sind straf- und bußgeldbewehrte Regelungen nicht in den EU-Verordnungen direkt geregelt,[172] sondern richten sich nach dem nationalen Recht der Mitgliedstaaten.[173] Als Handlungs- bzw. Verbotsadressaten kommen ausschließlich Personen und Unternehmen im Gebiet

---

v. 17.01.2018 – A40-17207/2017; letztinstanzlich bestätigt durch Oberstes Gericht RF, Beschl. v. 29.10.2018.

170 Zugrundeliegender Sachverhalt: Das deutsch-russische Joint Venture OOO Siemens Technologii Gazovych Turbin verkaufte vier Siemens Gasturbinen an das russische Unternehmen OAO VO Technopromexport, welches wiederum benannte Gasturbinen an seine Tochter OOO VO Technopromexport weiterveräußerte. Durch letztere Transaktion gelangten die Gasturbinen auf die Krim und wurden dort in ein neu errichtetes Gaskraftwerk verbaut, was gegen das Krim-Wirtschaftsembargo (VO (EU) Nr. 692/2014) verstößt. Die russische Regierung hatte ein starkes Interesse an der Fertigstellung des Kraftwerks auf der seit der Ukrainekrise immer wieder von Elektrizitätsausfällen geplagten Krim, um die Problembewältigungsfähigkeit und Macht der Regierung, EU-Sanktionen zu umgehen, zu demonstrieren. Siehe dazu von den russischen Nachrichtendiensten beispielsweise Vedomosti vom 18.03.2019; abrufbar unter: https://www.vedomosti.ru/business/articles/2019/03/18/796693-krim-perestal-bit-energodefitsitnim.

171 Selbst bei Vereinbarung eines ausländischen Gerichtsstands kann nach russischem Recht unter Umständen jedoch wiederum ein russisches Gericht zuständig sein, siehe dazu unter § 3 D. I.

172 In diesen findet sich aber ein Verweis auf das mitgliedstaatliche Recht, siehe Art. 15 Abs. 1 VO (EU) Nr. 269/2014, Art. 8 Abs. 1 VO (EU) Nr. 692/2014 und Art. 8 Abs. 1 VO (EU) Nr. 833/2014.

173 *Schneider/Terhechte*, in: Grabitz/Hilf/Nettesheim, AEUV, 79. EL Mai 2023, Art. 215 Rn. 24; *Sattler*, JuS 2019, 18 (21).

der EU, Personen mit geschäftlichen Tätigkeiten in der EU sowie Bürger der Mitgliedstaaten in Betracht, siehe Art. 17 lit. c)-e) VO (EU) Nr. 269/2014, Art. 10 lit. c)-e) VO (EU) Nr. 692/2014 und Art. 13 lit. c)-e) VO (EU) Nr. 833/2014, sodass nur diese gegen Sanktionen verstoßen können.[174] Im Kontext eines deutsch-russischen Joint Ventures fallen darunter grundsätzlich der deutsche Joint-Venture-Partner, seine Mitarbeiter sowie Mitarbeiter des Joint Ventures, welche die deutsche Staatsangehörigkeit[175] besitzen.[176] Das abgestufte Straf- und Bußgeldsystem für Verstöße gegen EU-Sanktionen nach deutschem Recht findet sich in §§ 17 ff. AWG i.V.m. §§ 80 ff. AWV – mit Freiheitsstrafen bis zu 10 Jahren und Bußgeldern bis zu 500.000 Euro.[177] Darüber hinaus können nach § 20 AWG Geldbeträge und Gegenstände eingezogen und unter den Voraussetzungen der §§ 30, 130 OWiG Unternehmensgeldbußen angeordnet werden.[178]

Mögliche gewerbe- und außenwirtschaftsrechtliche Konsequenzen können den Verlust bestimmter Verfahrenserleichterungen bei Ein- und Ausfuhr, Erschwernisse bei der Vergabe öffentlicher Aufträge[179] bis hin zum Entzug der Gewerbeerlaubnis[180] aufgrund Unzuverlässigkeit, § 35 GewO, umfassen.

II. EU-Sanktionen aufgrund des Ukrainekriegs 2022

Infolge der Anerkennung der nicht von der Regierung kontrollierten Gebiete der ukrainischen Regionen Donezk und Luhansk als unabhängige Staaten am 21.02.2022 sowie aufgrund der Initiierung und Weiterverfolgung eines

---

174 *Sattler*, JuS 2019, 18 (20 f.).

175 Sollten Mitarbeiter die Staatsangehörigkeit eines anderen EU-Mitgliedstaates besitzen, gelten die entsprechenden Vorschriften des jeweiligen Mitgliedstaats.

176 So ermittelt etwa die Staatsanwaltschaft gegen zwei deutsche Mitarbeiter einer russischen Siemens-Tochter sowie gegen einen deutschen Mitarbeiter des Joint Ventures OOO Siemens Technologii Gazovych Turbin im Zusammenhang mit dem Siemens-Gasturbinen-Fall; siehe *Handelsblatt* vom 29.11.2018 „Staatsanwaltschaft ermittelt gegen Siemens-Mitarbeiter wegen Krim-Turbinen"; abrufbar unter: https://www.handelsblatt.com/unternehmen/industrie/industriekonzern-staatsanwaltschaft-ermittelt-gegen-siemens-mitarbeiter-wegen-krim-turbinen/23697598.html?ticket=ST-7345209-hZfll6ZnNUwuuOi3o4if-ap4.

177 *Galander*, in: Galander, Russisches Wirtschaftsrecht, S. 19; *Sattler*, JuS 2019, 18 (21); *Steininger*, WiRO 2018, 46 (47); *Wellmann*, IStR 2014, 663 (664, Fn. 14).

178 *Hildebrandt/Koch*, IWRZ 2016, 152 (155).

179 *Hildebrandt/Koch*, IWRZ 2016, 152 (155).

180 *Schneider/Terhechte*, in: Grabitz/Hilf/Nettesheim, AEUV, 79. EL Mai 2023, Art. 215 Rn. 25.

Angriffskriegs gegen die Ukraine seit dem 24.02.2022 hat die EU ihre Sanktionen gegen Russland umfangreich erweitert. In bisher insgesamt sechs Sanktionspaketen wurden Maßnahmen in Form von weiteren Personenlistungen sowie weitreichenden Beschränkungen des Handels- und Kapitalverkehrs erlassen.[181] Darüber hinaus gilt ein Wirtschaftsembargo für die Regionen Donezk und Luhansk[182] und eine teilweise Aussetzung[183] der vereinbarten Visa-Erleichterungen zwischen EU und Russland.

Für ein deutsch-russisches Joint Venture können insbesondere die folgenden Sanktionen relevant werden. Zunächst bestehen zu den bereits seit 2014 geltenden Ausfuhrbeschränkungen für Waffen und Güter mit doppeltem Verwendungszweck zusätzliche Verbote, Spitzentechnologien, bestimmte Maschinen und Fahrzeuge, Luxusgüter sowie Güter, Technologien und teilweise Dienstleistungen im Bereich der Ölraffination, der Energiewirtschaft, der Luft- und Raumfahrtindustrie sowie der Schifffahrt aus der EU nach Russland auszuführen. Neben einem umfassenden Ölembargo für Rohöl und Erdölerzeugnisse, welches schrittweise in Kraft tritt, gelten Einfuhrverbote für Kohle und andere Brennstoffe, Stahl und Eisen, Holz, Zement und Düngemittel sowie Meeresfrüchte und Spirituosen. Zusätzlich zu diesen branchenspezifischen Beschränkungen ist zu beachten, dass der Abschluss von Rechtsgeschäften mit bestimmten russischen Unternehmen, die sich unter öffentlicher Kontrolle befinden, verboten ist, siehe Art. 5aa i.V.m. Anhang XIX EU (VO) Nr. 833/2014. Darunter fällt beispielsweise die Kamaz, welche zuvor eine umfassende Partnerschaft mit Daimler betrieb,

181 Stand 25.06.2022; die neuen Maßnahmen wurden durch Änderung der seit der Ukrainekrise bereits bestehenden Verordnungen implementiert, siehe VO (EU) Nr. 269/2014, Fn. 121, und VO (EU) Nr. 833/2014, Fn. 128.

182 Verordnung (EU) Nr. 263/2022 des Rates vom 23.02.2022 über restriktive Maßnahmen als Reaktion auf die Anerkennung der nicht von der Regierung kontrollierten Gebiete der ukrainischen Regionen Donezk und Luhansk und die Entsendung russischer Streitkräfte in diese Gebiete (ABl. L 042I, 23.2.2022, S. 77); Beschluss 2022/266/GASP des Rates vom 23.02.2022 über restriktive Maßnahmen als Reaktion auf die Anerkennung der nicht von der Regierung kontrollierten Gebiete der ukrainischen Regionen Donezk und Luhansk und die Anordnung der Entsendung russischer Streitkräfte in diese Gebiete (ABl. L 042I, 23.02.2022, S. 109).

183 Beschluss 2022/333/EU des Rates vom 25.02.2022 über die teilweise Aussetzung der Anwendung des Abkommens zwischen der Europäischen Gemeinschaft und der Russischen Föderation über die Erleichterung der Ausstellung von Visa für Bürger der Europäischen Union und für Staatsangehörige der Russischen Föderation (ABl. L 54, 25.02.2022, S. 1).

siehe hierzu § 1 A. Weitere Erschwerungen des Handelsverkehrs ergeben sich aus Sanktionen im Zusammenhang mit dem Straßen-, Luft- und Seeverkehr. Es herrscht ein Einreiseverbot für russische Kraftverkehrsunternehmen, eine Sperrung des EU-Luftraums für Flugzeuge russischer Luftfahrtunternehmen sowie eine Sperrung der Häfen in der EU für Schiffe der russischen Handelsflotte. Schließlich wird die Abwicklung von Zahlungen nicht nur direkt durch den Ausschluss von zehn bedeutenden russischen Banken aus dem SWIFT-Zahlungsverkehr beeinträchtigt, sondern auch indirekt durch eine faktisch restriktive Behandlung des Russlandgeschäfts durch zahlreiche westliche Banken.

Die unter § 3 C. I. 2. erarbeiteten Auswirkungen von Sanktionen auf privatrechtliche Vereinbarungen finden auch auf die neuen Beschränkungen Anwendung.

III. US-Sanktionen

Neben den EU-Sanktionen sind viele Unternehmen im deutsch-russischen Geschäftsverkehr auch von US-Sanktionen gegen Russland betroffen.[184] Bereits in der Geschäftsklima-Umfrage 2019 der Deutsch-Russischen Außenhandelskammer gaben 59% der deutschen Unternehmen im Russland-Geschäft an, dass sie aufgrund der US-Sanktionen Verluste zu verzeichnen haben.[185]

Im Rahmen der US-Sanktionen sind Primärsanktionen und exterritorial wirkende Sekundärsanktionen zu unterscheiden.[186] Ersteres sanktioniert – ähnlich zur Struktur der EU-Sanktionen – direkt (1) bestimmte Personen und Unternehmen, welche in der *Specially Designated Nationals And Blocked Persons List*[187] („SDN“) gelistet sind, (2) bestimmte Branchen und diesen angehörige Personen und Unternehmen, welche in der *Sectoral Sanctions Identification List*[188] („SSI“)

---

184 *Schneider/Jungkind*, EuZW 2019, 305 (306); zur erforderlichen Beachtung der US-Sanktionen im internationalen Geschäftsverkehr allgemein siehe *Sattler*, JuS 2019, 18 (21).

185 Der Verlust dieser 75 Unternehmen belief sich zum Umfragezeitpunkt auf 1,1 Mrd. Euro, siehe *AHK Russland*, Geschäftsklima-Umfrage, 2. Halbjahr 2019 (Fn. 23), S. 10.

186 Zu Sanktionen der USA gegen Russland insgesamt, siehe unter: https://home.treasury.gov/policy-issues/financial-sanctions/sanctions-programs-and-country-information/russian-harmful-foreign-activities-sanctions.

187 Abrufbar unter: https://home.treasury.gov/policy-issues/financial-sanctions/specially-designated-nationals-and-blocked-persons-list-sdn-human-readable-lists.

188 Abrufbar unter: https://home.treasury.gov/policy-issues/financial-sanctions/consolidated-sanctions-list/sectoral-sanctions-identifications-ssi-list.

geführt werden, sowie (3) jegliche Geschäfte im Zusammenhang mit der Krim-Region. Rechtsgeschäfte mit gelisteten Personen oder mit von diesen mehrheitlich gehaltenen Unternehmen sind verboten. Die Primärsanktionen richten sich hauptsächlich an US-Personen, also US-Bürger, nach US-Recht gegründete Unternehmen sowie Personen, welche sich auf dem Gebiet der USA befinden. Der Anwendungsbereich ist jedoch bereits auch bei einem hinreichenden US-Bezug eröffnet, etwa wenn ein Geschäft in US-Dollar abgewickelt wird oder ein Produktanteil aus den USA stammt.[189]

Darüber hinaus sind seit des Erlasses des *Countering America's Adversaries Through Sanctions Act* („CAATSA")[190] auch ohne konkreten US-Bezug US-Sanktionen zu beachten (sog. exterritorial wirkende Sekundärsanktionen). Diese richten sich an alle Unternehmen weltweit und sind völkerrechtlich aufgrund mangelnden Anknüpfungspunkts des US-Rechts nach dem Territorialitäts- oder Personalitätsprinzip umstritten. Ein Unternehmen, welches gegen US-Sanktionen verstößt, beispielsweise Geschäfte mit einer gelisteten russischen Person abschließt, kann danach von der Vergabe öffentlicher Aufträge in den USA oder vom US-Finanzmarkt ausgeschlossen werden. Die Folgen eines Verstoßes können bis zu einer eigenen US-Listung reichen.[191]

D. Russische Gegensanktionen und Protektionismus

Auf die westlichen Sanktionen und den Ausschluss aus der G8 aufgrund der Ukrainekrise 2014 reagierte Russland seinerseits mit Gegensanktionen in Form von Einreiseverboten und Importverboten, vor allem von Lebensmitteln.[192] Darüber hinaus wurden in den vergangenen Jahren im Rahmen der Politik der Importsubstitution und Lokalisierung mehrere protektionistische Rechtsakte erlassen, welche in der Gesamtschau eine ambivalente Wirkung für ausländische Investoren haben. Einerseits wird die Einfuhr von Gütern beschränkt, während andererseits gleichzeitig Investitionen durch Bevorteilung der lokalen Produktion gefördert werden. Die Gegensanktionen und protektionistischen Maßnahmen sind gemeinsam zu betrachten, da beides mit demselben Ziel, einem

189 *Sattler*, JuS 2019, 18 (21).

190 Vom Präsidenten der USA am 02.08.2017 unterschrieben, Public Law 115-44, 131 Stat. 889 (2017); Details und abrufbar unter: https://home.treasury.gov/policy-issues/financial-sanctions/sanctions-programs-and-country-information/countering-americas-adversaries-through-sanctions-act.

191 Siehe zu exterritorial wirkende Sekundärsanktionen *Sattler*, JuS 2019, 18 (21 f.).

192 Siehe zum Folgenden *Roth/Wienold*, WiRO 2015, 321.

gezielten Aufbau einer lokalen russischen Produktionsindustrie durch Loslösung von der Abhängigkeit von westlichen Importen, verfolgt wird.

Aktuell treten Gegensanktionen im Zusammenhang mit dem Ukrainekrieg hinzu. Hierbei verfolgt Russland insbesondere Strategien zur Sicherung der eigenen Finanzstabilität und zur Druckausübung, unter anderem mittels Exportverboten und Kürzungen von Rohstofflieferungen.

Wie auch die westlichen Sanktionen können die russischen Maßnahmen Auswirkungen auf ein deutsch-russisches Joint Venture haben und sind bei dessen Vertragsgestaltung zu berücksichtigen.

I. Gegensanktionen infolge der Ukrainekrise 2014

Die russischen Gegensanktionen umfassen in erster Linie Einreiseverbote[193] für bestimmte offizielle Personen sowie Importverbote[194] für Lebensmittel und landwirtschaftliche Erzeugnisse mit Ursprung in unter anderem der EU, den USA und Kanada. Nicht importiert werden dürfen danach Fleisch, Geflügel und Fisch, Milch und Milchprodukte, Gemüse, Obst und Nüsse, Fertigprodukte und Salz mit Ausnahme von Waren, welche zur Weiterverarbeitung zu Kindernahrung bestimmt sind.

Rechtsgrundlage der eingeführten Importverbote waren das Föderale Gesetz vom 30.12.2006 Nr. 281-FZ „Über wirtschaftliche Sondermaßnahmen“ sowie das Föderale Gesetz vom 28.10.2010 Nr. 390-FZ „Über die Sicherheit“. Mit dem Föderalen Gesetz vom 04.06.2018 Nr. 127-FZ „Über Maßnahmen (Gegenmaßnahmen) als Reaktion auf unfreundliche Handlungen der Vereinigten Staaten und anderer ausländischer Staaten“ wurde nunmehr ein Rahmengesetz für Gegensanktionen erlassen, welches es dem Präsidenten der RF ermöglicht, umfangreiche Maßnahmen als Reaktion auf Sanktionen anderer Staaten ohne zeitliche Limitierung, indes im Ermessen des Präsidenten in Abhängigkeit vom Bestehen

---

193 Die Visasperrliste wurde vom Russischen Außenministerium am 27.05.2015 an mehrere EU-Delegationen übergeben; Liste ist abrufbar auf der Webseite der GTAI unter: https://www.gtai.de/resource/blob/77818/3e9b653c7a828f0e6791badeba61b2ae/visasperrliste-einreiseverbote-russland-data.pdf; siehe dazu auch *Roth/Wienold*, WiRO 2015, 321; *Steininger*, WiRO 2018, 46 (47); *Wellmann*, IStR 2014, 663 (665).

194 Erlass des Präsidenten der RF Nr. 560 „Über die Anwendung einzelner Sonderwirtschaftsmaßnahmen zur Gewährleistung der Sicherheit der RF“ vom 06.08.2014; umgesetzt durch Regierungsverordnung Nr. 778 „Über Maßnahmen zur Umsetzung des Erlasses des Präsidenten der RF Nr. 560 vom 06.08.2014“ vom 07.08.2014 mit Warenliste im Anhang.

der primären Sanktionen, anzuordnen. Auf Grundlage dieses Gesetzes wurden bis zum Ukrainekrieg keine Gegensanktionen gegen die EU-Mitgliedstaaten insgesamt eingeführt, jedoch gegen die Ukraine[195] und zur Beschränkung der diplomatischen Arbeit gegen die USA und Tschechien[196].

Das Ziel, seine eigenen Bürger vor westlichen Sanktionen zu schützen, versucht der russische Gesetzgeber, im Föderalen Gesetz vom 08.06.2020 Nr. 171-FZ „Über Änderungen der Wirtschaftsgerichtsprozessordnung RF zum Schutz der Rechte natürlicher und juristisches Personen im Zusammenhang mit Sanktionsmaßnahmen [...]" zu erreichen. Das neue Gesetz sieht die exklusive russische Gerichtsbarkeit für Streitigkeiten im Zusammenhang mit Sanktionen gegen Russland vor, wenn die Parteien keinen besonderen Gerichtsstand vereinbart haben, Art. 248.1 Pkt. 1 Wirtschaftsgerichtsprozessordnung RF[197], oder wenn die Parteien zwar einen ausländischen Gerichtsstand vereinbart haben, der zwischen den Parteien geschlossene Vertrag aber aufgrund der Sanktionsmaßnahmen unerfüllbar geworden ist, und dies dazu führt, dass der von den Sanktionen betroffenen Person gerichtlicher Schutz verwehrt wird, Art. 248.1 Pkt. 4 Wirtschaftsgerichtsprozessordnung RF.[198]

Die russischen Gegensanktionen im Zusammenhang mit der Ukrainekrise 2014 wirken sich im Kontext eines deutsch-russischen Joint Ventures vor allem im Bereich der Lebensmittelindustrie und entsprechenden Importen von Lebensmittelwaren aus. Darüber hinaus muss beachtet werden, dass die Vereinbarung eines ausländischen Gerichtsstands nicht ausschließt, dass eine Streitigkeit aufgrund eines unter die westlichen Sanktionen fallenden Vertrags nicht doch vor ein russisches Gericht gebracht werden kann.

---

195 Erlass des Präsidenten der RF Nr. 592 vom 22.10.2018; umgesetzt durch Regierungsverordnungen Nr. 1300 vom 01.11.2018 und Nr. 1716-83 vom 29.12.2018.

196 Erlass des Präsidenten der RF Nr. 243 vom 23.04.2021; umgesetzt durch Regierungsverordnung Nr. 1230-r vom 13.05.2021.

197 Wirtschaftsgerichtsprozessordnung der RF Nr. 95-FZ vom 24.07.2002.

198 Eine Vorversion des Gesetzesprojekts hatte sogar ein einseitiges Änderungsrecht der von Sanktionen betroffenen Person hinsichtlich der Gerichtsstandsklausel vorgesehen, siehe Art. 3 Ziff. 3) des Gesetzesprojekts Nr. 754380-7, Stand 16.07.2019, was jedoch den Mitgliedern der Duma zu drastisch war und bei ihnen „Zweifel an der Vereinbarkeit mit Prinzipien des Völkerrechts" hervorrief, siehe Einschätzung des Duma-Ausschusses für Staatsbau und Gesetzgebung zum Gesetzesprojekt Nr. 754380-7, veröffentlicht am 23.07.2019.

II. Politik der Importsubstitution und Lokalisierung

2014 wurde mit den Gegensanktionen auch eine protektionistische Wirtschaftspolitik angestoßen, welche sich von dem Anlass, auf westliche Sanktionen zu reagieren, losgelöst hat und nun einen eigenständigen wesentlichen Pfeiler der russischen Wirtschaftspolitik darstellt.[199] Ziel ist es, unabhängiger von Importen zu werden, indem eine international wettbewerbsfähige eigene Produktion in Russland aufgebaut wird.[200] Zahlreiche Rechtsakte enthalten zu diesem Zweck Regelungen zur Subventionierung und Bevorteilung russischer sowie Beschränkung ausländischer Waren, vor allem im Rahmen von staatlichen Beschaffungen.

Zentrales Regelwerk stellt das Föderale Gesetz „Über die Industriepolitik in der RF“[201] dar. Dieses sieht neben investitionsfördernden Elementen (etwa den Sonderinvestitionsvertrag, siehe oben unter § 3 A.) insbesondere auch den Vorrang von Waren aus russischer Produktion[202] durch die Festlegung von Anforderungen, Verboten und Beschränkungen im Rahmen von öffentlichen Ausschreibungen[203] sowie bei Ausschreibungen von Unternehmen mit staatlicher Beteiligung[204] vor, Art. 18 Föderales Gesetz „Über die Industriepolitik in der RF“. Für den Erlass konkreter Maßnahmen ist die Regierung der RF zuständig, welche nunmehr aufgrund Gesetzesänderungen der Ermächtigungsgrundlagen ausdrücklich auch Mindestquoten russischer Waren am jährlichen

199 Aussage des Finanzministers Anton Siluanow vom 20.02.2020, dass bestimmte Importsubstitutionen und Produktionslokalisierungen auch nach Aufhebung der EU-Sanktionen weiter bestehen bleiben werden, siehe bei *Wittmann*, GTAI-Artikel „Russlands neue Regierung verschärft Importsubstitution“ vom 04.04.2020; abrufbar unter: https://www.gtai.de/gtai-de/trade/wirtschaftsumfeld/bericht-wirtschaftsumfeld/russland/russlands-neue-regierung-verschaerft-importsubstitution-231412.

200 *Galander*, in: Galander, Russisches Wirtschaftsrecht, S. 4; *Kindsvater*, WiRO 2016, 257; *Roth/Wienold*, WiRO 2015, 321 (323); *Steininger*, WiRO 2018, 46 (48); *Zschiedrich*, Ost/Letter 1/2019, S. 6, Beitrag S. 1.

201 Föderales Gesetz vom 31.12.2014 Nr. 488-FZ „Über die Industriepolitik in der RF“.

202 Unter welchen Umständen Waren als russisch bzw. russischen Waren als gleichgestellt gelten (etwa im Falle von Waren aus der EAWU) ist in Regierungsverordnung Nr. 719 vom 17.07.2015 festgelegt.

203 Verweis des Gesetzes auf die Regelungen des Föderalen Gesetz vom 05.04.2013 Nr. 44-FZ „Über das Vergabesystem im Bereich der Ausschreibung von Waren und Dienstleistungen für den staatlichen und kommunalen Bedarf“.

204 Verweis des Gesetzes auf die Regelungen des Föderalen Gesetz vom 18.07.2011 Nr. 223-FZ „Über Anschaffungen von Waren und Dienstleistungen durch bestimmte Arten juristischer Personen“.

Beschaffungsvolumen vorschreiben kann.[205] Von Beschränkungen und Verboten im Rahmen von staatlichen Beschaffungen betroffen sind beispielsweise die Branchen des Maschinenbaus, insbesondere des Fahrzeugbaus, der Leichtindustrie, der Pharmazie, der Medizintechnik und der Informationstechnologie.[206]

Die Politik der Importsubstitution und Lokalisierung kann für ausländische Investoren von zweierlei Charakter sein. Sie beschränkt einerseits bei ausländischer Produktion den Marktzugang bei staatlichen Beschaffungen. Bei lokaler Herstellung in Russland hingegen können ausländische Investoren von den Regelungen direkt profitieren.

III. Gegensanktionen infolge des Ukrainekriegs 2022

Auf die umfangreichen westlichen Sanktionen aufgrund des Ukrainekriegs reagiert Russland seinerseits mit umfassenden Gegensanktionen. So wurde in entsprechender Weise der russische Luftraum für europäische Fluggesellschaften gesperrt und der Zugang von Schiffen „unfreundlicher Staaten" zu russischen Häfen beschränkt.[207] Des Weiteren wurden zur Absicherung des im Inland vorhanden Bestands von Gütern bzw. als Druckmittel gegenüber den sanktionierenden Staaten Exportverbote erlassen. Diese umfassen Importgüter, insbesondere elektrische und technische Geräte sowie Maschinen, darüber hinaus bestimmte Holzarten sowie Getreide und Zucker.[208] Um die Finanzstabilität des Landes zu wahren und den Abfluss von Devisen einzuschränken, wurden weiterhin eine Reihe von Beschränkungen im Zusammenhang mit dem Zahlungsverkehr sowie mit Wertpapier- und Immobiliengeschäften erlassen.[209] So müssen

---

205 Art. 14 Pkt. 3 des Föderalen Gesetzes vom 05.04.2013 Nr. 44-FZ, geändert durch Föderales Gesetz vom 31.07.2020 Nr. 249-FZ, sowie Art. 3 Pkt. 8 UPkt. 1) des Föderalen Gesetzes vom 18.07.2011 Nr. 223-FZ, geändert durch Föderales Gesetz vom 31.07.2020 Nr. 250-FZ.

206 Regierungsverordnungen Nr. 616 vom 30.04.2020, Nr. 1289 vom 30.11.2015, Nr. 102 vom 05.02.2015 und Nr. 1236 vom 16.11.2015.

207 Für einen Überblick über die russischen Gegensanktionen mit weiteren Nachweisen siehe *AHK Russland*, Information „Übersicht Sanktionen", abrufbar unter: https://russland.ahk.de/informationen/uebersicht-sanktionen.

208 *IHK Köln*, Information „Russische Gegensanktionen – Exportverbote und Enteignungen"; abrufbar unter: https://www.ihk.de/koeln/hauptnavigation/international/russische-gegensanktionen-exportverbote-und-enteignungen-5463516.

209 Für einen Überblick und zum Folgenden siehe *Wolf*, GTAI-Artikel „Russland Gegensanktionen: Kapitalverkehrskontrollen"; abrufbar unter: https://www.gtai.de/de/trade/russland/wirtschaftsumfeld/russland-gegensanktionen-kapitalverkehrskontrollen-809856.

beispielsweise Immobiliengeschäfte mit ausländischen Personen aus „unfreundlichen Staaten" ein gesondertes Genehmigungsverfahren beim Unterausschuss der Regierungskommission durchlaufen. Weiterhin ist es Banken verboten, von ausländischen Personen gehaltene Wertpapiere zu verkaufen sowie Dividenden an ausländische Personen auszuzahlen. Devisen dürfen von Gebietsfremden bis vorerst 30.09.2022 nicht auf ihre ausländische Konten überwiesen werden; dies ist lediglich Gebietsansässigen unter engen Voraussetzungen und unter Umständen nur mit Genehmigung erlaubt. Neben diesen Sanktionen droht Russland ausländischen Unternehmen, die ihr Russlandgeschäft aufgeben und sich vom russischen Markt zurückziehen, mit Enteignung. Ein entsprechender Gesetzesentwurf wurde bereits in die Duma eingebracht.[210]

E. Zusammenfassung

Der investitionsrechtliche Rahmen für deutsch-russische Joint Ventures ist mit Blick auf die ausländische Beteiligung und Mitwirkung des deutschen Joint-Venture-Partners in Russland streng reguliert. Russland nutzt das Investitionsrecht gezielt, um seine inländische Wirtschaft zu stärken und erforderliche ausländische Investitionen anzuziehen.

Die gegenseitigen Wirtschaftssanktionen in ihrer aktuell umfassenden Erweiterung durch den Ukrainekrieg wirken auf Privatverträge der sanktionierten Branchen oder mit sanktionierten Personen stark beschränkend. Zusätzlich werden wirtschaftliche Beziehungen durch die Einschränkungen des Kapitalverkehrs sowie die restriktive Geschäftsatmosphäre beeinträchtigt. Eine eindeutige Zukunftsprognose zur Entwicklung der politischen und wirtschaftlichen Situation und ist zum jetzigen Zeitpunkt nicht möglich. Mit Blick auf die jahrzehntelang gewachsenen Wirtschaftsbeziehungen zu Russland und dem zum Beispiel durch Rückkaufsvorbehalte bei Unternehmensverkäufen[211] zum Ausdruck kommenden Wunsch westlicher Wirtschaftsakteure, im Falle einer Lösung des

---

210 Gesetzentwurf Nr. 104796-8 „Über die externe Verwaltung in der Unternehmensführung"; Dokumente und Status abrufbar unter: bill/104796-8; für eine Zusammenfassung der Regelungen in deutscher Sprache siehe *Kirilova*, „Eilmeldung: Gesetzentwurf über die externe Verwaltung (Enteignung)" auf der Webseite der Prüfungs- und Beratungsgesellschaft Rödl & Partner; abrufbar unter: https://www.roedl.ru/de/themen/eilmeldungen/2022/gesetzentwurf-externe-verwaltung-enteignung.

211 Siehe zum Beispiel Renaults *Markert*, tagesschau-Artikel „Ein Rubel für die Russlandtochter" vom 16.05.2022; abrufbar unter: https://www.tagesschau.de/wirtschaft/unternehmen/renault-beteiligung-russland-101.html.

Konflikts auf den russischen Markt zurückzukehren, lässt jedoch erwarten, dass im Falle einer Entspannung der Situation und Lockerung der Beschränkungen die wirtschaftlichen Beziehungen wieder einen Aufschwung erleben werden. Für ein deutsch-russisches Joint Venture würden diese Umstände nach wie vor eine sorgfältige Prüfung im Rahmen der Compliance und Risikoabwägung bedeuten.

Drittes Kapitel: Rechtliche Struktur eines deutsch-russischen Gemeinschaftsunternehmens

§ 4 Dreigliedrigkeit des Vertragsgerüsts

Die vertragliche Dokumentation eines Equity Joint Ventures umfasst mehrere Verträge. In diesem Kapitel werden die einzelnen Vertragstypen und ihre Besonderheiten im russischen Recht vorgestellt.

Das vertragliche System in einem Equity Joint Venture – gleich, ob im nationalen oder internationalen Kontext – gliedert sich in drei Vertragsgruppen.[212] Aufgrund des Bestehens eines Gemeinschaftsunternehmens liegt obligatorisch ein unter den Gesellschaftern abgeschlossener Gesellschaftsvertrag oder die Gesellschaftssatzung als Regelungsquelle für das Joint Venture vor.[213] Bei der russischen OOO ist hierfür die Satzung, Art. 89 Pkt. 3 ZGB RF, Art. 12 Föderales Gesetz vom 08.02.1998 Nr. 14-FZ „Über Gesellschaften mit beschränkter Haftung" („GmbHG RF"), relevant. In Russland besteht weiterhin die Besonderheit, dass bei der Gründung jeder OOO nach Art. 89 Pkt. 1 ZGB RF, Art. 11 Pkt. 5 GmbHG RF der Abschluss eines schuldrechtlichen Gründungsvertrags vorgesehen ist. Dieser stellt grundsätzlich ein rein technisches Dokument zur Gründung dar und ist daher zur Vertragsgruppe auf Ebene des Gemeinschaftsunternehmens zu zählen.[214]

Zwar enthält das allgemeine Gesellschaftsrecht bereits umfassende Regelungen zu Gesellschafterrechten und -pflichten und darüber hinaus die Satzung vereinzelte Anpassungsmöglichkeiten; beides reicht jedoch aufgrund der Fülle der in einem Joint Venture zu treffenden Entscheidungen sowie aufgrund der individuellen Anforderungen jedes Projekts zur umfassenden Regulierung eines

---

212 *Drinhausen,* in: MHdB GesR VI, 4. Aufl. 2013, § 43 Rn. 10; *Göthel,* BB 2014, 1475 (1476); *Schulte/Pohl,* Joint-Venture-Gesellschaften, Rn. 81; im Ergebnis ebenfalls *Schmolke,* in: Vogt/Fleischer/Kalss, Gesellschafts- und Kapitalmarktrecht in Deutschland, Österreich und der Schweiz 2014, S. 107 (112).

213 *Drinhausen,* in: MHdB GesR VI, 4. Aufl. 2013, § 43 Rn. 21; *Schulte/Pohl,* Joint-Venture-Gesellschaften, Rn. 92.

214 Siehe hierzu eingehend unten unter § 6 B.

Equity Joint Ventures nicht aus.[215] Als zentrales Vertragswerk schließen die Joint-Venture-Partner daher regelmäßig eine Grundlagenvereinbarung[216] ab.

Neben diese beiden Gruppen von Regelungsquellen treten je nach Wesen des Joint Ventures häufig, aber nicht notwendigerweise, Begleitverträge, welche einzelne Verpflichtungen der Joint-Venture-Partner und auch Dritter genauer regeln, wie etwa Lieferverträge, Finanzierungsvereinbarungen und Lizenzverträge.[217]

So ergibt sich ein dreigliedriges Vertragsgerüst aus Grundlagenvereinbarung, Satzung und Gründungsvertrag auf Ebene des Gemeinschaftsunternehmens sowie Begleitverträgen.

§ 5 Grundlagenvereinbarung

Aufgrund ihrer außerordentlichen Bedeutung in einem Joint Venture (siehe sogleich unter A.) wird im Folgenden die Grundlagenvereinbarung umfassend dogmatisch untersucht, wobei der Schwerpunkt auf die Erörterung bestehender rechtlicher Probleme, insbesondere der Rechtsnatur (D.), des Vertragstyps und der Entstehung einer Doppelgesellschaft (E.) sowie des zulässigen Regelungsinhalts (F.) gelegt wird.

A. Bedeutung im Joint Venture

Wie bereits erwähnt, stellt die Grundlagenvereinbarung das zentrale Vertragswerk in einem Joint Venture dar. Als „Herzstück“[218], „rechtliches Logbuch“[219] oder „Drehbuch“[220] enthält sie umfassende Regelungen zu Errichtung, Leben und Beendigung des Joint Ventures sowie zu den Rechten und Pflichten der Joint-Venture-Partner.[221]

---

215 *Gluchov*, Korporativnyj dogovor (Der gesellschaftsrechtliche Vertrag), S. 27–29; *Göthel*, BB 2014, 1475 (1476).

216 Andere gängige Bezeichnungen: Joint-Venture-Vertrag, Grundsatzvereinbarung, Konsortialvertrag, Kooperationsvertrag, siehe beispielsweise bei *Drinhausen*, in: MHdB GesR VI, 4. Aufl. 2013, § 43 Rn. 10; *Schulte/Pohl*, Joint-Venture-Gesellschaften, Rn. 81; *Stengel*, in: Beck PersGes-HB, 4. Aufl. 2014, § 23 Rn. 4.

217 *Göthel*, BB 2014, 1475 (1476); *Gluchov*, Korporativnyj dogovor (Der gesellschaftsrechtliche Vertrag), S. 34 unter (g); *Schulte/Pohl*, Joint-Venture-Gesellschaften, Rn. 81.

218 *Drinhausen*, in: MHdB GesR VI, 4. Aufl. 2013, § 43 Rn. 11.

219 *Schulte/Pohl*, Joint-Venture-Gesellschaften, Rn. 82.

220 *Fett/Spiering*, in: Fett/Spiering, Handbuch Joint Venture, 7. Kap. Rn. 111.

221 *Drinhausen*, in: MHdB GesR VI, 4. Aufl. 2013, § 43 Rn. 11; *Gluchov*, Korporativnyj dogovor (Der gesellschaftsrechtliche Vertrag), S. 28; *Schmolke*, in: Vogt/Fleischer/

Gründe für die Wahl der Grundlagenvereinbarung anstelle der Satzung als Regelungsort für wesentliche Entscheidungen im Joint Venture sind zum einen die Publizität der Satzung sowie zum anderen die Formanforderungen an Satzungsänderungen.[222] In Russland ergibt sich die öffentliche Einsehbarkeit der Satzung im Einheitlichen Staatlichen Register Juristischer Personen („EGRJuL") aus Art. 6 Pkt. 1, Art. 5 Pkt. 6, Art. 12 lit. v) RegisterG RF. Während die Existenz einer Grundlagenvereinbarung als Gesellschaftervereinbarung ebenfalls unter bestimmten Umständen im EGRJuL veröffentlicht ist, siehe Art. 5 Pkt. 1 lit. l.1), lit. l.2) RegisterG RF, gilt der Inhalt der Grundlagenvereinbarung als vertraulich, siehe Art. 67.2 Pkt. 4 Abs. 1, Abs. 3 ZGB RF. Satzungsänderungen bei einer OOO erfordern zwar keine notarielle Form,[223] sie sind jedoch zur Eintragung in das EGRJuL anzumelden, Art. 12 Pkt. 4 Abs. 2, Art. 13 GmbHG RF, und umfassen so einen höheren Aufwand als bloße grundsätzlich schriftliche Änderungen der Grundlagenvereinbarung, Art. 67.2 Pkt. 3 ZGB RF.

Übergeordnetes Ziel der Grundlagenvereinbarung ist es, die individuellen Erwartungen, Absichten und Fähigkeiten der Joint-Venture-Partner in Bezug auf das gemeinsame Projekt in Form konkreter Regelungen zusammenzuführen und auszubalancieren. Dies umfasst insbesondere das Ziel, das Risiko von Konflikten zu minimieren und, sollte es dennoch zu Meinungsverschiedenheiten kommen, die Schärfe des Konflikts durch bereits im Voraus vereinbarte Lösungsinstrumente zu reduzieren.[224]

B. Anwendbares Recht und Rechtswahl

Bei einem grenzüberschreitenden Joint Venture stellt sich regelmäßig die Frage, ob das Joint Venture einem ausländischen Recht, z. B. dem dem ausländischen Geschäftspartner bekannten heimischen Recht, unterstellt werden kann. Dies ist für Grundlagenvereinbarung, Satzung, die Begleitverträge[225] sowie in Russland zusätzlich für den

---

Kalss, Gesellschafts- und Kapitalmarktrecht in Deutschland, Österreich und der Schweiz 2014, S. 107 (113); *Schulte/Pohl*, Joint-Venture-Gesellschaften, Rn. 82.

222 *Schmolke*, in: Vogt/Fleischer/Kalss, Gesellschafts- und Kapitalmarktrecht in Deutschland, Österreich und der Schweiz 2014, S. 107 (113 f.); *Schulte/Pohl*, Joint-Venture-Gesellschaften, Rn. 83.

223 *Görlitz*, in: Süß/Wachter, Handbuch des internationalen GmbH-Rechts, 3. Aufl. 2016, Kapitel Russland, Rn. 23, 26.

224 *Gluchov*, Korporativnyj dogovor (Der gesellschaftsrechtliche Vertrag), S. 28 f.; *Stengel*, in: Beck PersGes-HB, 4. Aufl. 2014, § 21 Rn. 87.

225 *Göthel*, BB 2014, 1475 (1478).

Gründungsvertrag[226] getrennt zu bestimmen.[227]

Als Ausfluss der Vertragsfreiheit ist es den Vertragsparteien in Russland möglich, ausländisches Recht zur Regelung ihrer Rechtsverhältnisse im Ganzen oder in Teilen zu wählen, Art. 1210 Pkt. 1, Pkt. 4 ZGB RF. Infolgedessen ist es auch grundsätzlich denkbar, die Grundlagenvereinbarung einem anderen Recht als dem Recht des Gemeinschaftsunternehmens zu unterstellen.[228] Dabei ist jedoch Art. 1214 Pkt. 1 Alt. 2 ZGB RF zu beachten, welcher für diesen Fall Regeln für den Vertragsinhalt aufstellt. Danach darf die Rechtswahl nicht dazu führen, dass bestimmte imperative Gesetze[229] des Gründungslandes der juristischen Person, welche den Themen des Fragenkatalogs in Art. 1202 Pkt. 2 ZGB RF zuzuordnen sind, berührt werden. Aus dem Fragenkatalog kommen für eine Grundlagenvereinbarung Regelungen zu „inneren Verhältnissen, darunter das Rechtsverhältnis der juristischen Person zu den Gesellschaftern" sowie zu „Fragen der Gründung, Reorganisation und Liquidation, darunter die Rechtsnachfolge" in Betracht, Art. 1202 Pkt. 2 ZGB RF unter UPkt. 7) und UPkt. 4).

Da aufgrund der Abwesenheit einer gesetzlichen Konkretisierung des unbestimmten Rechtsbegriffs der „inneren Verhältnisse" eine in der Praxis übliche weite und häufig uneinheitliche Auslegung kritisiert wurde,[230] hat das Oberste Gericht RF in seinem Plenumsbeschluss vom 09.07.2019 eine Erläuterung veröffentlicht.[231] Danach umfassen die inneren Verhältnisse einer juristischen Person zum einen Angelegenheiten im Zusammenhang mit den Gesellschaftsorganen, und zwar hinsichtlich ihrer Bildung, der Geschäftsleitung und der

226 Siehe hierzu Näheres unter § 6 B.

227 Zur Frage, inwiefern Gesellschaftervereinbarungen allgemein ausländischem Recht unterstellt werden können, siehe umfassend *Asoskov*, Zakon 2014, Nr. 8, 31–42.

228 *Galander*, in: Galander, Russisches Wirtschaftsrecht, S. 168; *Gluchov*, Korporativnyj dogovor (Der gesellschaftsrechtliche Vertrag), S. 65 f.; *Mundry*, in: Breidenbach/Institut für Ostrecht München, Handbuch WiRO, Länderteil Russland, Stand: 119. EL September 2014, Kap. C., Rn. 226.

229 Zum Begriff der imperativen Gesetze siehe unter § 5 F. III. 1.

230 *Borodkin*, Graždansko-pravovoe regulirovanie korporativnogo dogovora v rossijskom prave: Monografija (Die zivilrechtliche Regelung des gesellschaftsrechtlichen Vertrags im russischen Recht: Monographie), Pkt. 1.1.; *Malovickij/Baryšev*, Vestnik Arbitražnogo suda Moskovskogo okruga 2016, Nr. 2, 65–78; *Stepanov/Vogel/Schramm*, Vestnik VAS RF 2012, Nr. 10, 22–69.

231 Plenumsbeschluss des Obersten Gerichts RF vom 09.07.2019 Nr. 24 „Über die Anwendung von Vorschriften des internationalen Privatrechts durch Gerichte der RF", Pkt. 15.

Verantwortlichkeit ihrer Mitglieder gegenüber der juristischen Person, und zum anderen einige Rechtsverhältnisse der Gesellschafter untereinander, beispielsweise hinsichtlich eines Vorkaufsrechts oder einer Vinkulierung der Geschäftsanteile. Das Oberste Gericht präzisiert damit zwar den Fragenkreis rund um die Gesellschaftsorgane, lässt es jedoch durch die Formulierung „einige Rechtsverhältnisse der Gesellschafter untereinander" vermissen, Rechtsklarheit hinsichtlich der Regelung von Rechten und Pflichten der Gesellschafter, einem der Hauptregelungsgegenstände von Gesellschaftervereinbarungen, zu schaffen.

Es bleibt festzuhalten, dass zum einen ein großer typischer Regelungsbereich von Grundlagenvereinbarungen durch Art. 1202 Pkt. 2 UPkt. 4) und UPkt. 7) ZGB RF von einer mittelbaren Rechtswahlbeschränkung betroffen ist und zum anderen dieser beschränkte Regelungsbereich nicht klar zu Themenbereichen abgegrenzt werden kann, die der Rechtswahl zugänglich sein sollen.

Für die Grundlagenvereinbarung eines deutsch-russischen Joint Ventures ist es je nach konkretem Regelungsinhalt daher zwar möglich, ein anderes als das russische Recht zu vereinbaren. Es besteht jedoch das Risiko, dass ein Gericht einen Verstoß gegen imperative Normen des russischen Rechts annimmt[232] – mit der Folge der direkten Anwendbarkeit der entsprechenden russischen Normen nach Art. 1192 ZGB RF.[233] Einzelne Regelungen könnten zwar dem russischen Recht angepasst werden, aber dadurch gingen gerade ein etwaiger Vorteil des ausländischen Rechts sowie die Einheitlichkeit der Vertragsregelungen verloren.[234] Unter Vorbehalt der konkreten Umstände des Einzelfalls ist daher ein einheitliches Rechtsregime von Gemeinschaftsunternehmen und Grundlagenvereinbarung zu empfehlen.

Sollten die Vertragsparteien keinerlei Rechtswahl in der Grundlagenvereinbarung getroffen haben, so ist nach Art. 1214 Pkt. 2 ZGB RF das Recht des Gründungslands der juristischen Person anwendbar.

Diese Unsicherheiten bei der Wahl eines ausländischen Rechts für die Grundlagenvereinbarung werden insbesondere durch die zwei berühmten Gerichtsentscheidungen „Megafon" und „Russkij Standart Strachovanie" bekräftigt.[235]

232 *Malovickij/Baryšev*, Vestnik Arbitražnogo suda Moskovskogo okruga 2016, Nr. 2, 65–78.

233 Siehe dazu mit einem Beispiel den Plenumsbeschluss des Obersten Gerichts RF vom 09.07.2019 Nr. 24, Pkt. 40.

234 *Gluchov*, Korporativnyj dogovor (Der gesellschaftsrechtliche Vertrag), S. 67.

235 Föderales Wirtschaftsgericht Westsibirischer Bezirk, Entsch. v. 31.03.2006 – Az. F04-2109/2005 „Megafon"; Wirtschaftsgericht Moskau, Entsch. v. 26.12.2006 – Az. A40-62048/06-81-343 „Russkij Standart Strachovanie".

Danach wurden Gesellschaftervereinbarungen von russischen und nichtrussischen Gesellschaftern einer in Russland gegründeten Gesellschaft für nichtig erklärt – unter anderem da die Anwendbarkeit ausländischen Rechts vereinbart wurde. Neben der Verletzung zwingender Vorschriften des russischen Rechts wurde hinsichtlich der Vereinbarung ausländischen Rechts gerügt, dass diese gemäß Art. 1193 ZGB RF gegen die öffentliche Ordnung der Russischen Föderation verstoße („Megafon") bzw. Themenbereiche des Art. 1202 ZGB RF berührt werden, auf welche ausschließlich russisches Recht angewandt werden dürfe („Russkij Standart Strachovanie").[236] Folge dieser Entscheidungen war eine Verunsicherung insbesondere ausländischer Investoren und die Meidung des russischen Rechtskreises zur Regelung der Gesellschafterangelegenheiten zugunsten von Holdingstrukturen, wonach Gesellschaftervereinbarungen auf Ebene einer ausländischen Holding abgeschlossen wurden. Mit der gesetzlichen Normierung des Rechtsinstituts der Gesellschaftervereinbarung im russischen Recht sollte dieser Entwicklung entgegengewirkt werden.[237]

C. Gesetzliche Grundlage

Als zentrale gesetzliche Grundlage kommen für Grundlagenvereinbarungen die Regelungen des Art. 67.2 ZGB RF über den gesellschaftsrechtlichen Vertrag[238] zur Anwendung. Darüber hinaus gilt bei einem Gemeinschaftsunternehmen in Form der OOO die Parallelvorschrift im Spezialgesetz Art. 8 Pkt. 3 GmbHG RF.[239] Da die Grundlagenvereinbarung ein schuldrechtliches Rechtsverhältnis darstellt,[240] sind weiterhin die Vorschriften des Allgemeinen Schuldrechts (Art. 307 ff. ZGB RF), insbesondere über Verträge (Art. 420 ff. ZGB RF) anwendbar.

Gesellschaftervereinbarungen werden in Russland wörtlich übersetzt als gesellschaftsrechtliche Verträge bezeichnet. Art. 67.2 Pkt. 1 ZGB RF definiert einen gesellschaftsrechtlichen Vertrag als Vertrag der Gesellschafter über die Ausübung ihrer Mitgliedschaftsrechte, in welchem sie Regelungen

236 Für eine umfassende Besprechung der Gerichtsentscheidungen siehe *Allenhöfer*, Gesellschaftervereinbarungen bei Kapitalgesellschaften, S. 155–161; *Oda*, Vestnik graždanskogo prava 2010, Nr. 1, 132–161.

237 Siehe hierzu sogleich unter C. und in Fn. 242 sowie auch unter § 5 F. II. 2. a) und weitergehend in den Quellen der Fn. 374.

238 Russ. *korporativnyj dogovor.*

239 Bei einer AO gilt Art. 32.1 AktG RF „Aktionärsvereinbarung".

240 Siehe sogleich unter D.

zu Stimmausübung, Führung der Geschäfte, Erwerb oder Veräußerung ihrer Geschäftsanteile zu im Voraus festgelegten Preisen oder bei Eintritt bestimmter Ereignisse sowie zur Unterlassung der Veräußerung bis zum Eintritt bestimmter Ereignisse treffen können.

Die gesetzliche Fixierung der Gesellschaftervereinbarungen ist Ergebnis einer langjährigen Rechtsentwicklung, ausgelöst durch die beiden bereits erwähnten russischen Gerichtsentscheidungen, welche die Wahl eines ausländischen Rechts sowie Abweichungen von Satzung und Gesetz für unzulässig erklärten.[241] Die populäre Rechtspraxis, Gesellschaftervereinbarungen ausländischem, vor allem englischem Recht zu unterstellen, wurde damit beendet. Um Investoren jedoch nicht gänzlich zu verschrecken, sondern im Gegenteil ausländische Investitionen in Russland sogar zu fördern, wurde ein eigenes Recht der Gesellschaftervereinbarungen mit dem Ziel der Schaffung von Rechtsklarheit und -sicherheit entwickelt und im Rahmen der Gesellschaftsrechtsreform 2014 umfassend in Art. 67.2 ZGB RF geregelt.[242]

D. Rechtsnatur

Um Regelungen der Grundlagenvereinbarung akkurat auslegen zu können, insbesondere im Hinblick auf ihre Wirkung auf nichtbeteiligte Dritte und das Gemeinschaftsunternehmen, werden im Folgenden die Rechtsnatur von Gesellschaftervereinbarungen in Russland sowie die sich daraus ergebenden Konsequenzen behandelt.

I. Zwischen Schuld- und Gesellschaftsrecht

Während in Deutschland die Frage nach der Rechtsnatur von Gesellschaftervereinbarungen unstrittig zugunsten einer rein schuldrechtlichen Einordnung geklärt ist,[243] stellt dies in Russland heute, noch Jahre nach der Einführung des

---

241 Föderales Wirtschaftsgericht Westsibirischer Bezirk, Entsch. v. 31.03.2006 – Az. F04-2109/2005 „Megafon"; Wirtschaftsgericht Moskau, Entsch. v. 26.12.2006 – Az. A40-62048/06-81-343 „Russkij Standart Strachovanie".

242 Zur Einführung der spezialgesetzlichen Regelungen im GmbHG RF und AktG RF bereits in 2008/2009 sowie zu rechtshistorischen Entwicklung insgesamt siehe *Allenhöfer*, Gesellschaftervereinbarungen bei Kapitalgesellschaften, S. 155–167; *Dubovitskaya/Kashanin*, RIW 2016, 268 (274 f.); *Gluchov*, Korporativnyj dogovor (Der gesellschaftsrechtliche Vertrag), S. 30–33.

243 *Servatius*, in: Noack/Servatius/Haas, GmbHG, 23. Aufl. 2022, § 3 Rn. 56; *Koch*, in: Koch, AktG, 17. Aufl. 2023, § 133 Rn. 26.

Art. 67.2 ZGB RF, eine intensiv diskutierte Frage dar. Die Diskussion wird hauptsächlich von zwei Auffassungen beherrscht – zum einen von der Ansicht einer rein schuldrechtlichen Rechtsnatur[244] und zum anderen von der Ansicht einer doppelten Rechtsnatur,[245] wonach Gesellschaftervereinbarungen in sich sowohl schuldrechtliche als auch gesellschaftsrechtliche Elemente vereinen.

1. Schuldrechtliche Rechtsnatur

Ausgangspunkt der Ansicht einer rein schuldrechtlichen Rechtsnatur ist zunächst der Wortlaut der Vorschriften zur Gesellschaftervereinbarung. Per Definition in Art. 67.2 Pkt. 1 ZGB RF, Art. 8 Pkt. 3 Abs. 1 GmbHG RF und Art. 32.1 Pkt. 1 Abs. 1 Föderales Gesetz vom 26.12.1995 Nr. 208-FZ „Über Aktiengesellschaften" („AktG RF") handelt es sich bei dieser um einen „Vertrag".[246] Darüber hinaus ordnet Art. 67.2 Pkt. 5 ZGB RF ausdrücklich mit Verweis auf die allgemeine Vorschrift des Schuldrechts Art. 308 ZGB RF die ausschließlich relative Wirkung der Regelungen der Gesellschaftervereinbarung zwischen den Vertragsparteien an.[247] Dies impliziere die generelle Anwendbarkeit des Allgemeinen Schuldrechts und des Rechts über Verträge aus dem Besonderen Teil des Schuldrechts und zeige weiterhin auf, dass keine Rechte und Pflichten für die Gesellschaft selbst durch die Gesellschaftervereinbarung entstehen können.[248]

Auch die Gesetzesmaterialien bestätigen die schuldrechtliche Rechtsnatur der Gesellschaftervereinbarungen. In seinem erläuternden Brief im Nachgang zur Einführung der Aktionärsvereinbarung in das russische Aktiengesetz beschrieb das Ministerium für wirtschaftliche Entwicklung der RF, welches die Gesetzesinitiative zu Art. 32.1 AktG RF in die Duma eingebracht hatte, die Aktionärsvereinbarung als Typ eines zivilrechtlichen Vertrags, auf welchen insbesondere die Regelungen des Allgemeinen Teils des ZGB RF zu Rechtsgeschäften sowie die Regelungen des Schuldrechts und im Besonderen zu Verträgen anwendbar

---

244 *Suchanov*, in: Suchanov, Graždanskoe pravo: Učebnik (Zivilrecht: Ein Lehrbuch), Bd. I, S. 246; *Zubova*, Rossijskij juridičeskij žurnal 2017, Nr. 4, 143–154.

245 *Abakumova*, Sovremennoe pravo 2016, Nr. 10, 80–85; *Šitkina/Birjukov*, Chozjajstvo i pravo 2020, Nr. 3, 12 (14 f.).

246 *Allenhöfer*, Gesellschaftervereinbarungen bei Kapitalgesellschaften, S. 229.

247 *Allenhöfer*, Gesellschaftervereinbarungen bei Kapitalgesellschaften, S. 229; *Zubova*, Rossijskij juridičeskij žurnal 2017, Nr. 4, 143–154.

248 *Zubova*, Rossijskij juridičeskij žurnal 2017, Nr. 4, 143–154.

seien.[249] Darüber hinaus wurde im Konzept zur Entwicklung der Gesetzgebung zu juristischen Personen die Notwendigkeit betont, Gesellschaftervereinbarungen streng als schuldrechtliches Rechtsinstrument einzuordnen.[250]

Aus den Regelungen des Verhältnisses der Gesellschaftervereinbarung zu gesellschaftsrechtlichen Bereichen, konkret zur Satzung, zu Organbeschlüssen sowie zur Gesellschafterstellung, siehe Art. 67.2 Pkt. 6–8 ZGB RF, ergebe sich zudem die Grundaussage, dass die Gesellschaftervereinbarung in der Regel keinen Einfluss auf die gesellschaftsrechtlichen Rechtsverhältnisse haben solle.[251] Die Trennung der Gesellschaftervereinbarung von der Gesellschaftsebene werde weiterhin durch das Verbot, die Struktur der Gesellschaftsorgane sowie ihrer Kompetenzen durch Gesellschaftervereinbarung zu regeln, siehe Art. 67.2 Pkt. 2 Abs. 1 ZGB RF, unterstrichen.[252]

2. *Doppelte Rechtsnatur*

Auch die Vertreter einer doppelten Rechtsnatur der Gesellschaftervereinbarungen sprechen diesen die schuldrechtliche Wirkung nicht ab. Sie sind jedoch davon überzeugt, dass Gesellschaftervereinbarungen darüber hinaus derart spezifisch mit gesellschaftsrechtlichen Fragestellungen verbunden seien, dass eine Zuordnung der Rechtsnatur zum Schuld- als auch Gesellschaftsrecht geboten sei.[253]

Sowohl die Bezeichnung als „korporativen“[254], also gesellschaftsrechtlichen Vertrag als auch die systematische Verortung des Art. 67.2 ZGB RF im Recht der juristischen Personen könnten als Indiz für die enge Verbindung zum Gesellschaftsrecht herangezogen werden.[255]

249 Brief des Ministeriums für wirtschaftliche Entwicklung RF vom 14.09.2009 Nr. D06-2643 „Über die Erläuterung der eingeführten Änderungen in das Föderale Gesetz ‚Über Aktiengesellschaften‘“, Anlage Nr. 1.

250 Konzept zur Entwicklung der Gesetzgebung zu juristischen Personen, Abschnitt II, Unterabschnitt 6, § 3, 2.4; abgedruckt in: Vestnik graždanskogo prava 2009, Nr. 2.

251 *Allenhöfer*, Gesellschaftervereinbarungen bei Kapitalgesellschaften, S. 229, 283 f.

252 Siehe zu dem Verbot auch *Dubovitskaya/Kashanin*, RIW 2016, 268 (275).

253 *Šitkina/Birjukov*, Chozjajstvo i pravo 2020, Nr. 3, 12 (14); *Šitkina*, Chozjajstvo i pravo 2011, Nr. 2, 36–47.

254 Russ. *korporativnyj*.

255 Vgl. *Stepanov*, Korporativnyj Jurist 2009, Nr. 6, 13–16 mit paralleler Argumentation vor der Einführung des Art. 67.2 zur Regelung der Gesellschaftervereinbarungen in den Spezialgesetzen.

Zusätzlich spräche für eine gesellschaftsrechtliche Wirkung die Regelung des Art. 66 Pkt. 1 Abs. 2 ZGB RF, wonach vom Grundsatz der Proportionalität des Umfangs der Gesellschafterrechte zur Höhe des Geschäftsanteils durch Gesellschaftervereinbarung abgewichen werden könne, wenn dies in das EGRJuL eingetragen werde.[256]

Als weitere Argumente werden (Ausnahme-)Regelungen des Art. 67.2 ZGB RF angeführt. So wird aus Art. 67.2 Pkt. 7 ZGB RF, wonach ein Widerspruch zur Satzung nicht die Wirksamkeit der Gesellschaftervereinbarung berührt, gefolgert, dass die Gesellschafter durch die Gesellschaftervereinbarung, sollten alle Gesellschafter an dieser beteiligt sein und die Vereinbarung somit für alle Gesellschafter gelten, eine Ersatzsatzung schaffen könnten.[257] Diese Möglichkeit werde dadurch verstärkt, dass zwar nach Art. 67.2 Pkt. 2 Abs. 1 ZGB RF keine direkte Regelung der Struktur der Gesellschaftsorgane und ihrer Kompetenzen vorgenommen werden dürfen, nach Abs. 3 sich die Gesellschafter jedoch in der Gesellschaftervereinbarung dazu verpflichten können, für die Aufnahme entsprechender Bestimmungen in die Satzung stimmen zu müssen. Im Ergebnis können so Struktur und Kompetenzen der Gesellschaftsorgane dennoch durch die Gesellschaftervereinbarung geändert werden. Die hinter der Gesellschaftervereinbarung stehende Zielsetzung der Parteien sei stets, eine gesellschaftsrechtliche Wirkung herbeizuführen.[258]

Des Weiteren könne als Indiz für eine gesellschaftsrechtliche Rechtsnatur von Gesellschaftervereinbarungen die Regelung des Art. 67.2 Pkt. 6 Abs. 1 ZGB RF herangezogen werden, wonach ein Organbeschluss auf Klage einer Vertragspartei als unwirksam erklärt werden kann, wenn dieser gegen eine Grundlagenvereinbarung verstößt, welche von allen Gesellschaftern abgeschlossen wurde.[259]

Schließlich gewähre Art. 66.3 Pkt. 4, Pkt. 3 ZGB RF die Möglichkeit, innere Angelegenheiten, welche nicht zwingend per Satzung geregelt werden müssen, in einer von sämtlichen Gesellschaftern unterschriebenen Gesellschaftervereinbarung für alle Gesellschafter zeitlich unbegrenzt geltend zu regeln.[260]

---

256 *Šitkina,* in: Šitkina, Korporativnoe pravo: Učebnik (Gesellschaftsrecht: Ein Lehrbuch), S. 59.

257 *Šitkina,* in: Šitkina, Korporativnoe pravo: Učebnik (Gesellschaftsrecht: Ein Lehrbuch), S. 59.

258 *Abakumova*, Sovremennoe pravo 2016, Nr. 10, 80–85; *Šitkina,* in: Šitkina, Korporativnoe pravo: Učebnik (Gesellschaftsrecht: Ein Lehrbuch), S. 60.

259 *Šitkina,* in: Šitkina, Korporativnoe pravo: Učebnik (Gesellschaftsrecht: Ein Lehrbuch), S. 60.

260 *Abakumova*, Sovremennoe pravo 2016, Nr. 10, 80–85.

Als Folge der doppelten Rechtsnatur sehen manche Vertreter dieser Ansicht, darunter auch namhafte Juristen, jedoch keine allgemeinverbindliche Wirkung von Gesellschaftervereinbarungen vor. Gesellschaftervereinbarungen gälten stets nur zwischen den Vertragsparteien.[261]

3. *Stellungnahme*

Die Grundaussagen des Art. 67.2 ZGB RF, vor allem die ausdrückliche Regelung der relativen Wirkung in Pkt. 5, im Zusammenhang mit der durch die Gesetzesmaterialien zum Ausdruck kommenden Absicht der Gesetzesinitiatoren lassen keinen Zweifel an einer schuldrechtlichen Rechtsnatur von Gesellschaftervereinbarungen. Die Argumente für eine etwaige zusätzliche gesellschaftsrechtliche Rechtsnatur bedürfen hingegen einer genaueren Überprüfung.

a) Keine gesellschaftsrechtliche Wirkung

Die Entscheidung des Gesetzgebers für die Bezeichnung als „korporativen" Vertrag sowie die Verortung der Regelungen im Recht der juristischen Personen anstelle im Schuldrecht könnte zwar darauf hinweisen, dass zumindest auch eine gesellschaftsrechtliche Wirkung beabsichtigt war, kann jedoch ebenfalls mit der praktischen Nähe von Gesellschaftervereinbarungen zu Kapitalgesellschaften erklärt werden.[262]

Dass aufgrund Art. 67.2 Pkt. 7 ZGB RF ein Widerspruch zur Satzung keine Auswirkungen auf die Wirksamkeit der Gesellschaftervereinbarung hat, ist weniger als Möglichkeit zur Schaffung einer Ersatzsatzung zu sehen und zeigt vielmehr die durch den Gesetzgeber beabsichtigte strikte Trennung der Gesellschaftsebene, zu welcher die Satzung zählt, und der vertraglichen Ebene der Gesellschaftervereinbarung auf.[263] Für die Schaffung einer etwaigen Ersatzsatzung wäre erforderlich, dass diese generell eine der eigentlichen Satzung vergleichbare Wirkung entfalte, also direkt korporative Rechte neu begründen, ändern oder aufheben könne. Aufgrund der unter § 5 D. I. 1. vorgetragenen Argumente sowie allein schon aufgrund der Definition von Gesellschaftervereinbarungen, wonach diese einen Vertrag über die „Ausübung" der Gesellschafterrechte darstellen und damit der privaten Rechtssphäre der Gesellschafter

---

261 Siehe etwa *Šitkina*, in: Šitkina, Korporativnoe pravo: Učebnik (Gesellschaftsrecht: Ein Lehrbuch), S. 60 f.

262 *Allenhöfer*, Gesellschaftervereinbarungen bei Kapitalgesellschaften, S. 288.

263 *Allenhöfer*, Gesellschaftervereinbarungen bei Kapitalgesellschaften, S. 284.

zuzuordnen sind, kann von keiner generellen korporativen Wirkung ausgegangen werden.[264]

Die Möglichkeit nach Art. 67.2 Pkt. 2 Abs. 3 ZGB RF, sich zu einer Abstimmung für eine bestimmte Satzungsänderung, welche die Struktur und Kompetenzen von Gesellschaftsorganen betrifft, zu verpflichten, vermag ebenfalls nicht eine gesellschaftsrechtliche Wirkung von Gesellschaftervereinbarungen zu belegen. Die bloße Verpflichtung stellt noch nicht die durch die Parteien gewünschte Rechtsänderung auf gesellschaftsrechtlicher Ebene dar, welche erst durch die eigentliche Satzungsänderung herbeigeführt werden kann. Die mit der Gesellschaftervereinbarung verfolgten subjektiven Ziele der Vertragsparteien können nicht über die Rechtsnatur eines Rechtsgeschäfts bestimmen. Eine korporative Rechtsnatur, welche auch gegenüber Dritten wirken würde, kann nicht vom Parteiwillen der Gesellschafter abhängen, was durch das Drittverpflichtungsverbot in Art. 67.2 Pkt. 5 ZGB RF bestätigt wird.

b) Gesetzliche Durchgriffe auf die Gesellschaftsebene

Vor dem Hintergrund dieser Ergebnisse ist jedoch bemerkenswert, dass der russische Gesetzgeber Durchbrechungen der Trennung der Gesellschaftsebene von der Vertragsebene der Gesellschaftervereinbarung an drei Stellen vorgesehen hat.[265]

Erstens ermöglicht es Art. 66 Pkt. 1 Abs. 2 S. 2 ZGB RF, in nichtöffentlichen Gesellschaften durch Gesellschaftervereinbarung von dem Grundsatz der Proportionalität des Umfangs der Gesellschafterrechte abzuweichen, wenn die Existenz einer solchen Gesellschaftervereinbarung und der geregelte Umfang in das EGRJuL eingetragen werden. Zweitens können in nichtöffentlichen Gesellschaften bestimmte interne Angelegenheiten, zum Beispiel im Hinblick auf die Einberufung, Vorbereitung und Durchführung von Gesellschafterversammlungen, per Gesellschaftervereinbarung geregelt werden, solange sämtliche Gesellschafter an der Abrede beteiligt sind und per Gesetz dafür keine zwingende Satzungsform vorgesehen ist, siehe Art. 66.3 Pkt. 4, Pkt. 3 ZGB RF i.V.m. Art. 67.2 Pkt. 2 Abs. 1 ZGB RF. Drittens kann ein Organbeschluss im Falle eines Widerspruchs zu einer allseitigen Gesellschaftervereinbarung auf Klage einer Vertragspartei für unwirksam erklärt werden, siehe Art. 67.2 Pkt. 6 Abs. 1 ZGB RF.

---

264 So wohl *Lomakin*, Vestnik VAS RF 2009, Nr. 8, 6 (14) zitiert bei *Zubova*, Rossijskij juridičeskij žurnal 2017, Nr. 4, 143-154.

265 Siehe dazu auch *Dubovitskaya/Kashanin*, RIW 2016, 268 (275 f.).

In den Grenzen dieser Ausnahmeregelungen können Bestimmungen der Gesellschaftervereinbarung somit auf die Ebene der Gesellschaft durchschlagen. In Gestalt solcher engen Ausnahmen sind diese Vorschriften jedoch nicht als ein Hinweis auf eine Doppelnatur von Gesellschaftervereinbarungen zu sehen. Ihre Existenz zeigt vielmehr, dass es für einen etwaigen vom Gesetzgeber gewünschten Durchgriff einer konkreten gesetzlichen Regelung dieses Sonderfalls bedarf.[266] Es bleibt damit trotz der gesetzlich vorgesehenen Durchgriffe auf die Gesellschaftsebene dabei, dass Gesellschaftervereinbarungen über eine rein schuldrechtliche Rechtsnatur verfügen.

c) Die zwei Lager des russischen Handels- und Gesellschaftsrechts

Hinsichtlich der Ansicht einer doppelten Rechtsnatur erscheint fraglich, warum manche in der russischen Rechtsliteratur zwar keine allgemeinverbindliche Wirkung von Gesellschaftervereinbarungen anerkennen – mit der Folge, dass ihre Ansicht keine gesonderten Auswirkungen auf die Rechtsanwendung hat[267] – sie jedoch trotzdem teilweise über Jahre an einer doppelten Rechtsnatur von Gesellschaftervereinbarungen festhalten.[268]

Zu erklären ist dies mit den im russischen Handels- und Gesellschaftsrecht vorherrschenden zwei Interessensströmungen, welche ihren Niederschlag in zahlreichen Auseinandersetzungen der Rechtsliteratur sowie in verschiedenen gesetzlichen Regelungen finden und sich beispielhaft in der Diskussion um die Rechtsnatur von Gesellschaftervereinbarungen manifestieren. Während eines der beiden Lager von einer kontinentaleuropäischen Sichtweise geprägt ist, verfolgt das andere eine liberale Herangehensweise, angelehnt an das angloamerikanische Recht.[269] Zu letzterem sind insbesondere wirtschafts- und investitionsnahe Personen, darunter große Wirtschaftsunternehmen, namhafte Juristen, aber auch einige Ministerien zu zählen.[270] Während sich die Vertreter der klassischen kontinentaleuropäischen Sichtweise hinsichtlich der Rechtsnatur von Gesellschaftervereinbarungen entsprechend der in diesem Rechtskreis

266 Zu Art. 67.2 Pkt. 6 ZGB RF siehe auch *Allenhöfer*, Gesellschaftervereinbarungen bei Kapitalgesellschaften, S. 284.

267 So auch *Zubova*, Rossijskij juridičeskij žurnal 2017, Nr. 4, 143–154.

268 Siehe etwa *Šitkina*, Chozjajstvo i pravo 2011, Nr. 2, 36–47 sowie wiederholt jüngst *Šitkina/Birjukov*, Chozjajstvo i pravo 2020, Nr. 3, 12 (14 f.).

269 *Dubovitskaya/Kashanin*, RIW 2016, 268 (275); *Suchanov*, DRRZ 2016, 4 (12); *Zubova*, Rossijskij juridičeskij žurnal 2017, Nr. 4, 143–154.

270 Beispielhaft für den Fall des Gesetzgebungsprozesses des Art. 67.2 ZGB RF siehe *Dubovitskaya/Kashanin*, RIW 2016, 268 (275).

üblichen schuldrechtlichen Einordnung orientieren, wertschätzen Vertreter des zweiten Lagers die weitreichenden Möglichkeiten des angloamerikanischen Rechtskreises im Hinblick auf den gesellschaftsrechtlichen Einfluss von Gesellschaftervereinbarungen.[271]

Der in seiner heutigen Form verabschiedete Art. 67.2 ZGB RF steht exemplarisch für den Widerstreit der zwei Interessensströmungen und ist das Ergebnis eines Kompromisses beider,[272] was bei der Auslegung und Anwendung der Norm zu berücksichtigen ist.

II. Folgen der schuldrechtlichen Rechtsnatur

Die schuldrechtliche Rechtsnatur von Gesellschaftervereinbarungen hat maßgebliche Auswirkungen auf das durch sie geregelte Rechtsverhältnis zwischen den Gesellschaftern untereinander sowie zwischen den Gesellschaftern und der Gesellschaft oder Dritten und findet entsprechend ihren Niederschlag in der Gestaltung des Joint-Venture-Vertrags.

Zunächst sei noch einmal festgehalten, dass im Gegensatz zur absoluten Wirkung etwa von eigentumsrechtlichen oder gesellschaftsrechtlichen Rechtsverhältnissen die Grundlagenvereinbarung eines Joint Ventures allein relative Wirkung *inter partes* ausstrahlt. Aus dem Prinzip der Relativität der Schuldverhältnisse sowie des Selbstbestimmungsrechts eines jeden Rechtssubjekts ergibt sich,[273] dass in einem schuldrechtlichen Vertrag, wie der Gesellschaftervereinbarung, insbesondere keine Verbindlichkeiten für Dritte vorgesehen werden können, siehe Art. 67.2 Pkt. 5 i.V.m. Art. 308 Pkt. 3 Abs. 1 ZGB RF. Als Ausnahme von der relativen Wirkung der Schuldverhältnisse sind Verträge zugunsten Dritter nach Art. 308 Pkt. 3 Abs. 2, Art. 430 Pkt. 1 ZGB RF jedoch möglich. Weitere Ausnahmen mit Wirkung über die Rechtspositionen der Vertragsparteien von Gesellschaftervereinbarungen hinaus bilden die unter § 5 D. I. 3. b) genannten gesetzlich vorgesehenen Durchgriffe auf die Gesellschaftsebene.

Zusätzlich zu den Bestimmungen des Allgemeinen Teils des ZGB RF (Art. 1–208 ZGB RF) sind aufgrund der Einordnung als schuldrechtliches

---

271 *Zubova*, Rossijskij juridičeskij žurnal 2017, Nr. 4, 143–154; nach *Šitkina* sei die Gesellschaftervereinbarung bei einer rein schuldrechtlichen Einordnung nicht in vollem Maße konkurrenzfähig und nicht investorenfreundlich, siehe in Chozjajstvo i pravo 2011, Nr. 2, 36–47.

272 *Dubovitskaya/Kashanin*, RIW 2016, 268 (275).

273 *Suchanov*, in: Suchanov, Graždanskoe pravo: Učebnik (Zivilrecht: Ein Lehrbuch), Bd. III, S. 27 f.

Rechtsverhältnis weiterhin die Vorschriften des Allgemeinen Schuldrechts (Art. 307–453 ZGB RF) auf Gesellschaftervereinbarungen anwendbar, was unter anderem für die Erfüllung von Verpflichtungen aus der Vereinbarung und die Rechtsfolgen von Vertragsverstößen relevant ist.[274] Aus dem vertraglichen Charakter der Grundlagenvereinbarung ergibt sich, dass Änderungen mangels abweichender Absprache Einstimmigkeit erfordern, Art. 450 Pkt. 1 ZGB RF. Dies stellt zwar im Grundsatz höhere Anforderungen als an Satzungsänderungen dar, welche nach Art. 37 Pkt. 8, Art. 33 Pkt. 2 UPkt. 2) GmbHG RF bloß einer ⅔-Mehrheit aller Gesellschafter bedürfen. Im Kontext einer Joint-Venture-Gesellschaft mit zwei paritätisch beteiligten Gesellschaftern führt die gesetzliche Mindesthöhe der qualifizierten Mehrheit jedoch automatisch auch bei Satzungsänderungen zum Einstimmigkeitserfordernis.

Als schuldrechtliches Prinzip gilt für den Abschluss, die Wahl des Vertragstyps und den Inhalt von Gesellschaftervereinbarungen des Weiteren die Vertragsfreiheit, welche in Art. 1 Pkt. 1, Art. 421 ZGB RF ausdrücklich festgeschrieben ist.[275]

Wie bereits unter § 5 D. I. 3. a) behandelt, werden Gesellschaftervereinbarungen strikt von der Ebene der Gesellschaft getrennt. Als schuldrechtliche Verträge sind sie der privaten Rechtssphäre der Gesellschafter zuzuordnen und streng von der Rechtsposition als Gesellschafter innerhalb der Gesellschaft zu unterscheiden.[276] Als Folge dessen verliert der Gesellschafter mit Beendigung seiner Gesellschafterstellung nicht automatisch auch seine Position als Vertragspartei der Gesellschaftervereinbarung, es sei denn, dies wurde in der Gesellschaftervereinbarung so vorgesehen. Umgekehrt bedeutet dies ebenso, dass ein in die Gesellschaft neu eintretender Gesellschafter nicht automatisch Vertragspartei der Gesellschaftervereinbarung wird. Ist die Beteiligung aller Gesellschafter an der Gesellschaftervereinbarung von außerordentlicher Bedeutung und zwingend gewollt, wie etwa bei der Grundlagenvereinbarung eines Joint Ventures regelmäßig der Fall, so ist diese Voraussetzung für einen Gesellschafterwechsel in der Gesellschaftervereinbarung festzuhalten.[277] Die Beteiligung des neuen Gesellschafters an einer Gesellschaftervereinbarung erfolgt sodann in einem

274 *Suchanov*, in: Suchanov, Graždanskoe pravo: Učebnik (Zivilrecht: Ein Lehrbuch), Bd. I, S. 246.

275 Siehe zur Vertragsfreiheit *Suchanov*, in: Suchanov, Graždanskoe pravo: Učebnik (Zivilrecht: Ein Lehrbuch), Bd. I, S. 46; *Suchanov*, in: Suchanov, Graždanskoe pravo: Učebnik (Zivilrecht: Ein Lehrbuch), Bd. III, S. 168–171.

276 *Allenhöfer*, Gesellschaftervereinbarungen bei Kapitalgesellschaften, S. 283.

277 *Gluchov*, Korporativnyj dogovor (Der gesellschaftsrechtliche Vertrag), S. 444, 545.

ausdrücklichen Beitrittsvertrag in der Form einer Vertragsübernahme nach Art. 392.3 ZGB RF, an welchem sowohl der neue und alte Gesellschafter als auch die verbleibenden Gesellschafter, welche die Zustimmung zu ihrem neuen Vertragspartner erteilen müssen, beteiligt werden.[278]

Anders verhält es sich bei der Satzung der Gesellschaft. Diese wirkt aufgrund ihrer gesellschaftsrechtlichen Rechtsnatur für und gegen den neuen Gesellschafter, ohne dass es hierzu eines gesonderten Rechtsakts bedarf.

Schließlich steigert die schuldrechtliche Rechtsnatur von Gesellschaftervereinbarungen zusätzlich die Bedeutung der Vorsorge mit einem effektiven Modell zur Durchsetzung von Vertragsregelungen und Sanktion von Vertragsverstößen. Anders als in Deutschland kennt das russische Recht keine Verurteilung auf Abgabe einer Willenserklärung und entsprechend keine Vollstreckungsmöglichkeit ähnlich dem deutschen § 894 ZPO.[279] Sollte eine Verbindlichkeit aus der Grundlagenvereinbarung nicht in einer materiellen Leistung bestehen, sondern in der Abgabe oder Unterlassung einer Willenserklärung, kann die Naturalerfüllung dieser nicht erzwungen werden. Der Gläubiger ist auf Sekundäransprüche, zum Beispiel auf Schadensersatz oder Leistung einer Vertragsstrafe, begrenzt. Da aufgrund der schuldrechtlichen Rechtsnatur grundsätzlich keine absolute Wirkung von Regelungen der Grundlagenvereinbarung ausgehen kann, die beispielsweise die Mitwirkung des Vertragspartners nicht erfordern würde, wird das Bedürfnis gesteigert, die Einhaltung der Absprachen durch beide Joint-Venture-Partner durch ein effektives Sanktionsmodell zu forcieren.

E. Vertragstyp und Existenz einer Doppelgesellschaft

Die Bestimmung eines Vertragstyps ist stets von der konkreten Ausgestaltung der in Frage stehenden Vereinbarung im Einzelfall abhängig. Aufgrund praxis-typischer und gesetzlich geregelter Vertragsinhalte können jedoch allgemeine Richtlinien aufgestellt werden, welche jeweils im konkreten Fall auf ihre Anwendbarkeit überprüft werden müssen. Da die Grundlagenvereinbarung eine Variante der Gesellschaftervereinbarung darstellt, wird zur Bestimmung ihres Vertragstyps im Folgenden die Diskussion über die Vertragsart der Gesellschaftervereinbarung herangezogen.

Die Entscheidung für eine Zuordnung der Gesellschaftervereinbarung zu einem bestimmten gesetzlich geregelten Vertragstyp oder alternativ für eine

---

278 *Širvindt,* in: Suchanov, Graždanskoe pravo: Učebnik (Zivilrecht: Ein Lehrbuch), Bd. III, S. 70.

279 *Dubovitskaya/Kashanin,* RIW 2016, 268 (276).

Anerkennung als unbenannten Vertrag hat direkte praktische Relevanz. Sollte etwa ein Vertragstyp des Besonderen Teils des Schuldrechts (ZGB RF, 2. Teil, Art. 454–1109 ZGB RF) einschlägig sein, wird die Anwendbarkeit dieser besonderen Vorschriften zusätzlich zu denjenigen des Allgemeinen Schuldrechts und des Allgemeinen Teils des ZGB RF eröffnet. Läge im Falle der Gesellschaftervereinbarung ein unbenannter Vertrag vor, wäre die direkte Anwendung entsprechender Vorschriften des Besonderen Schuldrechts ausgeschlossen, jedoch wiederum nicht eine etwaige analoge Anwendung unter den Voraussetzungen des Art. 6 Pkt. 1 ZGB RF, siehe Art. 421 Pkt. 2 S. 2 ZGB RF. Rechte und Pflichten der Parteien wären dann maßgeblich durch Vertragsauslegung zu ermitteln.[280] Aufgrund des in Russland herrschenden Gesetzespositivismus[281] hätte daher die Einordnung als bestimmter Vertragstyp ein Mehr an Rechtssicherheit für die zur Anwendung kommenden Bestimmungen zur Folge.

Vor diesem Hintergrund werden im Weiteren der Vertragstyp der Gesellschaftervereinbarung, die Möglichkeit von Mischverträgen sowie die Frage nach der Existenz von sogenannten Doppelgesellschaften im russischen Recht behandelt.

I. Vertragstyp

Zunächst stellt sich die Frage, ob die Gesellschaftervereinbarung im russischen Recht einen eigenen Vertragstyp darstellt oder als ein unbenannter Vertrag einzustufen ist.

Der unbenannte Vertrag ist legal definiert als Vertrag, welcher weder gesetzlich noch durch einen anderen Rechtsakt vorgesehen ist, Art. 421 Pkt. 2 ZGB RF. Ob ein unbenannter Vertragstyp vorliegt, bestimmt sich unabhängig von seiner Benennung durch die Parteien nach dem Vertragsgegenstand, dem tatsächlichen Inhalt der Rechte und Pflichten der Parteien, der Risikoverteilung und Ähnlichem.[282]

Mangels gesetzlicher Regelung der Gesellschaftervereinbarungen vor 2008 bzw. 2009 war bis zu diesem Zeitpunkt die Annahme eines unbenannten

280 Plenumsbeschluss des Obersten Gerichts RF vom 25.12.2018 Nr. 49 „Über einige Fragen der Anwendung allgemeiner Vorschriften des ZGB RF zu Abschluss und Auslegung von Verträgen", Pkt. 49.

281 Siehe dazu ausführlich *Allenhöfer*, Gesellschaftervereinbarungen bei Kapitalgesellschaften, S. 174–180.

282 Plenumsbeschluss des Obersten Wirtschaftsgerichts RF vom 14.03.2014 Nr. 16 „Über die Vertragsfreiheit und ihre Grenzen", Pkt. 5 Abs. 2.

Vertrags naheliegend. Nach der Einführung der spezialgesetzlichen Regelungen, jedoch vor der Fixierung im ZGB RF, wurde immer noch vereinzelt vertreten, dass die Gesellschaftervereinbarung ausschließlich einen unbenannten Vertrag darstelle.[283] Sie wäre eine sich von den anderen Schuldverhältnissen unterscheidende Vertragsart, welche nicht direkt im ZGB RF vorgesehen wäre, diesem aber auch nicht widerspräche. Diese Argumentation verfehlte, dass die Definition eines unbenannten Vertrags nach ihrem Wortlaut die gesamte russische Rechtsordnung miteinbezieht, also keine Beschränkung auf das ZGB RF enthält. Bereits vor der Einführung des Art. 67.2 ZGB RF konnte somit für die Annahme eines eigenen Vertragstyps auf die Regelungen der Gesellschaftervereinbarung im GmbHG RF sowie AktG RF seit ihrem jeweiligen Inkrafttreten 2009 abgestellt werden.[284]

Vor dem Hintergrund der Art. 67.2 ZGB RF, Art. 8 Pkt. 3 GmbHG RF und Art. 32.1 AktG RF als mögliche gesetzliche Grundlagen ist weiterhin fraglich, ob die Gesellschaftervereinbarung einen eigenen Vertragstyp mit individuellem Inhalt darstellt oder sie sich ihrem Inhalt nach in einem oder mehreren anderen Vertragstypen vollständig erschöpft. Für die Bestimmung eines konkreten Vertragstyps wird nach einem Plenumsbeschluss des Obersten Gerichts RF maßgeblich auf das Wesen der gesetzlich für eine Vertragsart vorgesehenen Verpflichtungen und auf das Vorhandensein der gesetzlich vorausgesetzten Vertragsmerkmale abgestellt.[285] Im Kern bedeutet dies, dass die Gesellschaftervereinbarung über einen individuellen Vertragsgegenstand verfügen müsste, um als individuelle Vertragsart zu gelten.[286] In Zweifel gezogen werden könnte dies, da Gesellschaftervereinbarungen typischerweise verschiedene Elemente umfassen, welche auch anderen Vertragstypen zugeordnet werden können. Werden etwa

---

283 Siehe etwa *Rublëv*, Advokat 2010, Nr. 10, 45–55, zur Einführung des Art. 32.1 AktG RF.

284 Im Ergebnis so wohl auch *Allenhöfer*, Gesellschaftervereinbarungen bei Kapitalgesellschaften, S. 235.

285 Plenumsbeschluss des Obersten Gerichts RF vom 25.12.2018 Nr. 49 „Über einige Fragen der Anwendung allgemeiner Vorschriften des ZGB RF zu Abschluss und Auslegung von Verträgen", Pkt. 47.

286 *Borodkin* knüpft hierzu sowohl an den Vertragsgegenstand also auch an eine individuelle „causa" an, welche im russischen Recht anders als im deutschen nicht als Rechtsgrund eines Verfügungsgeschäfts im engeren Sinne gesehen wird, sondern aufgrund des Fehlens des Abstraktionsprinzips etwas diffuser als rechtliches Ziel eines Vertrags definiert wird; siehe *Borodkin*, Graždansko-pravovoe regulirovanie korporativnogo dogovora v rossijskom prave: Monografija (Die zivilrechtliche Regelung des gesellschaftsrechtlichen Vertrags im russischen Recht: Monographie), Pkt. 2.1.

Absprachen über die Verfügung von Geschäftsanteilen oder die Finanzierung getroffen, so kommt auch ein Kaufvertrag nach Art. 454 ZGB RF oder ein Darlehensvertrag nach Art. 807 ZGB RF in Betracht.

Art. 67.2 Pkt. 1 ZGB RF sowie die spezialgesetzlichen Pendants dazu definieren die Gesellschaftervereinbarung als Vertrag über die Ausübung von Gesellschafterrechten. Dies umfasst den nicht abschließenden Aufzählungen[287] in diesen Artikeln nach auch den Erwerb und die Veräußerung von Geschäftsanteilen zu einem bestimmten, im Voraus festgelegten Preis oder bei Eintritt bestimmter Umstände und erinnert damit an den Vertragsgegenstand eines Kaufvertrags. Daneben werden jedoch auch typische Inhalte von Gesellschaftervereinbarungen aufgezählt, welche keine Entsprechung in anderen Vertragstypen des russischen Rechts finden, so etwa die Stimmbindung. Eine Gesellschaftervereinbarung vermag daher zwar Elemente anderer Vertragsarten enthalten.[288] Die Besonderheit, dass die Gesellschafter diese Absprachen jedoch zur Ausübung ihrer Gesellschafterrechte treffen, sowie die Existenz von der Gesellschaftervereinbarung arteigenen Vertragsinhalten zeigen auf, dass Gesellschaftervereinbarungen einen selbstständigen Vertragstyp bilden.[289] Diesem Ergebnis steht auch nicht entgegen, dass die Verankerung der entsprechenden Normen nicht im Besonderen Teil des Schuldrechts erfolgte, sondern im Allgemeinen Teil des ZGB RF bzw. in den Spezialgesetzen der OOO und Aktiengesellschaft[290] („AO"), da Art. 421 Pkt. 2 ZGB RF im Umkehrschluss für geschriebene Vertragstypen keine Beschränkungen auf ein bestimmtes Gesetz oder einen Teil eines bestimmten Gesetzes enthält.

Die Gesellschaftervereinbarung stellt keinen unbenannten Vertrag, sondern einen eigenen und je nach konkreter Ausgestaltung individuellen Vertragstyp dar.

---

287 *Šitkina/Birjukov*, Chozjajstvo i pravo 2020, Nr. 3, 12 (13).

288 Siehe hierzu sogleich unter § 5 E. II.

289 Im Ergebnis so auch *Allenhöfer*, Gesellschaftervereinbarungen bei Kapitalgesellschaften, S. 235; *Zubova*, Rossijskij juridičeskij žurnal 2017, Nr. 4, 143–154; differenzierend nach konkretem Vertragsgegenstand *Borodkin*, Graždansko-pravovoe regulirovanie korporativnogo dogovora v rossijskom prave: Monografija (Die zivilrechtliche Regelung des gesellschaftsrechtlichen Vertrags im russischen Recht: Monographie), Pkt. 2.1.

290 Russ. *akcionernoe obščestvo*.

II. Mischvertrag

Als Variante der Gesellschaftervereinbarungen sind auf Grundlagenvereinbarungen zusätzlich zu den Bestimmungen des ZGB RF im Allgemeinen Teil sowie im Allgemeinen Teil des Schuldrechts die Art. 67.2 ZGB RF und Art. 8 Pkt. 3 GmbHG RF anwendbar. Wie bereits erwähnt, enthalten Grundlagenvereinbarungen typischerweise darüber hinaus Elemente weiterer Vertragstypen. Im Falle von Regelungen zur Verfügung von Geschäftsanteilen liegen zum Beispiel Elemente eines Kaufvertrags nach Art. 454 ZGB RF vor. Je nach konkreter Ausgestaltung können bei Finanzierungsabsprachen Elemente eines Darlehensvertrags nach Art. 807 ZGB RF enthalten sein. Die Vertragsfreiheit der Parteien umfasst nach Art. 421 Pkt. 3 ZGB RF die Möglichkeit, in dem von ihnen geschlossenen Vertrag Elemente verschiedener Vertragstypen zu verwenden (Legaldefinition Mischverträge). Für entsprechende Bestandteile dieses Mischvertrags gelten die Bestimmungen des jeweils einschlägigen Vertragstyps, wenn sich nicht ein anderes aus der Vereinbarung der Parteien oder aus dem Wesen des Mischvertrags ergibt, Art. 421 Pkt. 3 S. 2 ZGB RF.

Wie auch im deutschen Recht sind gemischte Verträge von zusammengesetzten Verträgen zu unterscheiden. Der Unterschied liegt darin, dass bei letzteren mehrere gänzlich selbstständige Verträge, welche bereits für sich ein sinnvolles Ganzes ergeben, in einem Dokument zusammengefasst sind.[291] Im Kontext eines Joint Ventures könnte dies etwa im Falle der Zusammenfassung der Grundlagenvereinbarung und der Begleitverträge in einem Dokument zwecks zeitlicher und bürokratischer Optimierung des Errichtungsprozesses vorliegen.

Es bleibt festzuhalten, dass auf Grundlagenvereinbarungen zusätzlich zu den allgemeinen Vorschriften für Schuldverhältnisse die Art. 67.2 ZGB RF und Art. 8 Pkt. 3 GmbHG RF sowie je nach konkreter Ausgestaltung gesetzliche Regelungen weiterer Vertragstypen anzuwenden sind.

III. Entstehung einer einfachen Gesellschaft und Anwendbarkeit der Art. 1041–1054 ZGB RF

Hinsichtlich der durch Grundlagenvereinbarungen erfüllten Vertragstypen ist weiterhin fraglich, ob auf Basis dieser eine einfache Gesellschaft nach Art. 1041 ZGB RF entsteht. In Deutschland ist die regelmäßige Entstehung einer (Innen-)GbR im Rahmen von Equity Joint Ventures unter dem Begriff

291 *Suchanov*, in: Suchanov, Graždanskoe pravo: Učebnik (Zivilrecht: Ein Lehrbuch), Bd. III, S. 169.

„Doppelgesellschaft“ anerkannt.[292] In Russland wird die Erfüllung der Voraussetzungen einer einfachen Gesellschaft und der Anwendbarkeit der Art. 1041–1054 ZGB RF auf Gesellschaftervereinbarungen kontrovers diskutiert. Die Relevanz der Diskussion besteht darin, dass zum einen mangels abweichender vertraglicher Regelungen wesentliche Fragen, wie die der Abstimmung der Parteien untereinander, nach den Art. 1041–1054 ZGB RF zu entscheiden sind, und zum anderen darüber hinaus in der einfachen Gesellschaft unabdingbare Rechte und Pflichten der Vertragsparteien vorgesehen sind, welche bei der Gestaltung der Grundlagenvereinbarung zu beachten wären. Letzteres umfasst die unabdingbaren Rechte der Vertragsparteien auf Information, Art. 1045 S. 2 ZGB RF, Gewinnbeteiligung, Art. 1048 S. 2 ZGB RF, und Kündigung im Falle einer unbeschränkten Vertragslaufzeit, Art. 1051 Pkt. 2 ZGB RF sowie die unabdingbare Pflicht zur Beteiligung an Gesamtkosten und -verlusten, Art. 1046 Pkt. 2 ZGB RF. Darüber hinaus ist das Haftungsregime der einfachen Gesellschaft zwingend und kann nicht durch die Vertragsparteien abgeändert werden.[293]

Im Folgenden werden die Vertragsmerkmale einer einfachen Gesellschaft sowie die Diskussion über die Entstehung einer einfachen Gesellschaft auf Grundlage einer Gesellschaftervereinbarung dargestellt sowie dazu Stellung bezogen und sodann die Ergebnisse auf die Grundlagenvereinbarung übertragen.

1. Grundlagen und konstitutive Merkmale der einfachen Gesellschaft

Die einfache Gesellschaft stellt ein bloßes Schuldverhältnis mit organisationsrechtlichem Charakter dar.[294] Sie verfügt weder über Rechtspersönlichkeit noch über eigene Rechtsfähigkeit.

Steht die einfache Gesellschaft im Zusammenhang mit einer unternehmerischen Tätigkeit ihrer Gesellschafter, haften diese für Verbindlichkeiten als Gesamtschuldner und unbeschränkt mit ihrem gesamten privaten Vermögen, Art. 1047 Pkt. 2, Art. 322 ff. ZGB RF.[295] Die Einlagen der Gesellschafter,

---

292 *Schäfer*, in: MüKoBGB, 8. Aufl. 2020, Vor § 705 Rn. 68, § 705 Rn. 291; *Wirbel*, in: MHdB GesR I, 5. Aufl. 2019, § 28 Rn. 2; *Noack*, Gesellschaftervereinbarungen bei Kapitalgesellschaften, S. 42; *Göthel*, BB 2014, 1475 (1476); *Künstler*, DRRZ 2017, 20.

293 *Dubovitskaya*, in: Fleischer, Personengesellschaften im Rechtsvergleich, § 10 Rn. 57; *Eliseev*, in: Sergeev/Tolstoj, Zivilrecht, Bd. 2, S. 776.

294 *Dubovitskaya*, in: Fleischer, Personengesellschaften im Rechtsvergleich, § 10 Rn. 5; *Kozlova*, in: Suchanov, Graždanskoe pravo: Učebnik (Zivilrecht: Ein Lehrbuch), Bd. IV, S. 446.; zur einfachen Gesellschaft siehe auch unter § 6 A. II.

295 Bei fehlendem Zusammenhang mit einer unternehmerischen Tätigkeit der Gesellschafter hängt das Haftungsregime von der Art der Verbindlichkeit ab. Für vertragliche

Produktionsergebnisse sowie erwirtschafteten Früchte und Erlöse gehen in das Miteigentum nach Bruchteilen aller Gesellschafter über, es sei denn, etwas anderes ergibt sich aus Gesetz, dem Gesellschaftsvertrag oder dem Wesen des Schuldverhältnisses, Art. 1043 Pkt. 1 ZGB RF. Die Übertragbarkeit von Anteilen am gemeinsamen Vermögen ist umstritten.[296] Bruchteilseigentum stellt nach russischem Recht wie auch im deutschen ein verselbstständigtes Rechtsobjekt dar, über welches frei verfügt werden kann, Art. 246 Pkt. 2 ZGB RF. Im Falle einer beabsichtigten Veräußerung stünde bei strikter Behandlung nach den allgemeinen Regeln den übrigen Gesellschaftern lediglich ein gesetzliches Vorkaufsrecht zu, Art. 250 ZGB RF.[297] Aufgrund des treuhänderischen Verhältnisses der Gesellschafter untereinander ist jedoch eine Zustimmungspflicht der restlichen Gesellschafter vorzuziehen.[298]

Mangels abweichender gesellschaftsvertraglicher Regelung erfolgt die Geschäftsführung nach Art. 1044 Pkt. 5 ZGB RF einstimmig. Dem gesetzlichen Grundfall nach hat jeder Gesellschafter das Recht, im Namen aller Gesellschafter zu handeln, und verfügt damit über Einzelvertretungsbefugnis, Art. 1044 Pkt. 1 ZGB RF. Gesellschaftsvertraglich kann die Vertretungsbefugnis einem einzelnen Gesellschafter oder mehreren Gesellschaftern übertragen sowie zwischen Einzel- und Gesamtvertretungsbefugnis gewählt werden. Hervorzuheben ist, dass mangels Rechtspersönlichkeit und -fähigkeit der einfachen Gesellschaft stets alle Gesellschafter durch Vertretungshandlungen berechtigt und verpflichtet werden, und nicht die Gesellschaft selbst.[299]

Der Abschluss des Vertrags über die einfache Gesellschaft richtet sich nach den allgemeinen Regeln der Art. 158 ff. ZGB RF und ist grundsätzlich formfrei,

---

Verbindlichkeiten haften die Gesellschafter teilschuldnerisch, und zwar proportional zum Anteil ihrer Einlage, Art. 1047 Pkt. 1 Abs. 1 ZGB RF, für außervertragliche Verbindlichkeiten wiederum gesamtschuldnerisch, Art. 1047 Pkt. 1 Abs. 2 ZGB RF.

296 Siehe zusammenfassend *Dubovitskaya,* in: Fleischer, Personengesellschaften im Rechtsvergleich, § 10 Rn. 70.

297 Zu Bruchteilseigentum und ausnahmsweisem Gesamthandseigentum im russischen Recht (letzteres nur bei Ehegemeinschaften und landwirtschaftlichen Betrieben) siehe *Arzinger/Galander*, Russisches Wirtschaftsrecht, S. 284–286; *Suchanov,* in: Suchanov, Graždanskoe pravo: Učebnik (Zivilrecht: Ein Lehrbuch), Bd. II, S. 96–108.

298 *Kozlova,* in: Suchanov, Graždanskoe pravo: Učebnik (Zivilrecht: Ein Lehrbuch), Bd. IV, S. 453; dem folgend *Dubovitskaya,* in: Fleischer, Personengesellschaften im Rechtsvergleich, § 10 Rn. 70.

299 Zu Geschäftsführung und Vertretung eingehend siehe *Dubovitskaya,* in: Fleischer, Personengesellschaften im Rechtsvergleich, § 10 Rn. 33–35.

Art. 159 Pkt. 1, Art. 158 Pkt. 2 ZGB RF. Sollte jedoch mindestens eine juristische Person beteiligt sein oder ein Umsatz von 10.000 Rubel überschritten werden, so gilt Schriftform nach Art. 161 Pkt. 1 UPkt. 1) und 2), Art. 160 ZGB RF. Bei Nichteinhaltung der Form liegt keine Unwirksamkeit des Gesellschaftsvertrags vor.[300] Die Gesellschafter dürfen sich in diesem Fall in einem Rechtsstreit jedoch nicht auf Zeugenaussagen berufen, Art. 162 Pkt. 1 ZGB RF.

Der Definition in Art. 1041 Pkt. 1 ZGB RF nach verpflichten sich im Vertrag über eine einfache Gesellschaft mindestens zwei Personen, ihre Beiträge zu vereinen und gemeinsam ohne Bildung einer juristischen Person mit Gewinnerzielungsabsicht oder zu einem anderen nicht rechtswidrigen Zweck zusammenzuwirken. Aus der Legaldefinition ergeben sich damit für den Vertrag einer einfachen Gesellschaft über den vertraglichen Zusammenschluss mindestens zweier Personen hinaus drei konstitutive Merkmale einer einfachen Gesellschaft.[301] Diese sind (1) die Vereinigung von Beiträgen und (2) das Zusammenwirken der Gesellschafter zu (3) einem gemeinsamen Zweck.

Als Einlage gilt nach Art. 1042 Pkt. 1 ZGB RF alles, was in die gemeinsame Unternehmung eingebracht wird. Die in der Vorschrift vorgenommene Aufzählung von möglichen Beitragsleistungen ist dem Wortlaut nach nicht abschließend, der Rechtsbegriff entsprechend weit auszulegen.[302] Es kommen sowohl die Leistung materieller und immaterieller Güter, Bar- und Sacheinlagen, als auch nichtgeldwerte Beiträge in Betracht. Beispielhaft seien genannt: Geld, Wertpapiere, bewegliche und unbewegliche Sachen sowie Nutzungsüberlassungen, Dienstleistungen und Rechte, aber auch Know-how, Reputation und Geschäftsbeziehungen.[303]

Für das Zusammenwirken ist nicht erforderlich, dass die Gesellschafter jegliche Tätigkeit im Rahmen der einfachen Gesellschaft gemeinsam ausführen.[304] Vielmehr besteht das Zusammenwirken häufig gerade daraus, dass die Gesellschafter verschiedene Tätigkeiten ausführen und diese sich in der einfachen Gesellschaft zusammenfügen.

---

300 *Dubovitskaya,* in: Fleischer, Personengesellschaften im Rechtsvergleich, § 10 Rn. 26.

301 Siehe hierzu bei *Kozlova,* in: Suchanov, Graždanskoe pravo: Učebnik (Zivilrecht: Ein Lehrbuch), Bd. IV, S. 447; *Šitkina,* in: Šitkina, Korporativnoe pravo: Učebnik (Gesellschaftsrecht: Ein Lehrbuch), S. 208.

302 *Allenhöfer*, Gesellschaftervereinbarungen bei Kapitalgesellschaften, S. 236.

303 *Kozlova,* in: Suchanov, Graždanskoe pravo: Učebnik (Zivilrecht: Ein Lehrbuch), Bd. IV, S. 449.

304 *Kozlova,* in: Suchanov, Graždanskoe pravo: Učebnik (Zivilrecht: Ein Lehrbuch), Bd. IV, S. 444 f.

Zentrales Merkmal des Vertrags über die einfache Gesellschaft und wesentliches Abgrenzungskriterium zu anderen Schuldverhältnissen ist die Erforderlichkeit eines durch die Vertragsparteien gemeinsam verfolgten Zwecks. Der Vertrag einer einfachen Gesellschaft erschöpft sich nicht in einem gegenseitigen Schuldverhältnis, in welchem ein bloßer Austausch von Leistungen stattfindet und die Vertragsparteien entgegengesetzte Interessen verfolgen,[305] sondern erhält aufgrund dieses Merkmals einen organisationsrechtlichen Charakter. Zur Erreichung des gemeinsamen Zwecks bilden die Vertragsparteien eine organisationsrechtliche Einheit, in welcher sie ihre Tätigkeiten koordinieren und das gemeinsame Eigentum in Abstimmung miteinander verwalten.[306] Gleichzeitig ist nicht erforderlich, dass die Vertragsparteien ausschließlich identische Interessen mit der Unternehmung verbinden. Die Gesellschafter haben jeweils ihre eigenen Interessen, welche sich im gemeinsamen Zweck überlagern, sich durch das Hinwirken auf den gemeinsamen Zweck zu erfüllen vermögen und durch diese übergeordnete kollektive Zielgebung eine Einheit bilden.[307]

Als gemeinsamer Zweck kommt jeder dem Gesetz nicht widersprechende Zweck in Betracht, Art. 1041 Pkt. 1 ZGB RF. Als Beispiel nennt der Artikel die Gewinnerzielungsabsicht. Im Gegensatz zu rechtshistorischen Versionen der einfachen Gesellschaft ist der heutige Rechtsbegriff jedoch nicht auf eine wirtschaftliche Zweckgebung beschränkt, sondern weit zu fassen.[308] Sollte die einfache Gesellschaft zur Verwirklichung einer unternehmerischen Tätigkeit errichtet worden sein, so setzt Art. 1041 Pkt. 2 ZGB RF zusätzlich voraus, dass die Vertragsparteien eine gewisse wirtschaftliche Professionalität und Transparenz aufweisen,[309] indem sie als Einzelunternehmer oder Handelsgesellschaften registriert sind. Hinsichtlich der Rechtmäßigkeit des Zwecks sind insbesondere die Gesetze zum Schutz des Wettbewerbs zu beachten.[310]

---

305 *Šitkina,* in: Šitkina, Korporativnoe pravo: Učebnik (Gesellschaftsrecht: Ein Lehrbuch), S. 207.

306 Zum organisationsrechtlichen Charakter insgesamt *Kozlova,* in: Suchanov, Graždanskoe pravo: Učebnik (Zivilrecht: Ein Lehrbuch), Bd. IV, S. 446; *Šitkina,* in: Šitkina, Korporativnoe pravo: Učebnik (Gesellschaftsrecht: Ein Lehrbuch), S. 207 f.

307 *Braginskij,* in: Braginskij/Vitrjanskij, Dogovornoe pravo (Vertragsrecht), Buch 5, Bd. 1, Kap. XI. 1.

308 *Braginskij,* in: Braginskij/Vitrjanskij, Dogovornoe pravo (Vertragsrecht), Buch 5, Bd. 1, Kap. XI. 1.

309 Ähnlich zur gleichen Voraussetzung bei der Vollgesellschaft *Dubovitskaya,* in: Fleischer, Personengesellschaften im Rechtsvergleich, § 10 Rn. 2.

310 *Kozlova,* in: Suchanov, Graždanskoe pravo: Učebnik (Zivilrecht: Ein Lehrbuch), Bd. IV, S. 447.

Als Variante der einfachen Gesellschaft sieht Art. 1054 ZGB RF die Möglichkeit der Vereinbarung einer stillen Gesellschaft[311] vor.[312] Nach Art. 1054 Pkt. 1 S. 1 ZGB RF kann demnach im Vertrag der einfachen Gesellschaft festgelegt werden, dass ihre Existenz Dritten gegenüber nicht offengelegt wird. Folge ist ein besonderes Haftungsregime der Gesellschafter im Außen- und Innenverhältnis, siehe Art. 1054 Pkt. 2 und 3 ZGB RF. Auf die stille Gesellschaft finden die allgemeinen Vorschriften über die einfache Gesellschaft (Art. 1041–1053 ZGB RF) Anwendung, soweit Art. 1054 ZGB RF keine Sonderregelung trifft und sich nichts anderes aus dem Wesen der stillen Gesellschaft ergibt, Art. 1054 Pkt. 1 S. 2 ZGB RF.

Im Unterschied zur einfachen Gesellschaft sieht das Haftungsregime der stillen Gesellschaft vor, dass im Außenverhältnis allein derjenige Gesellschafter mit seinem gesamten Privatvermögen haftet, welcher das jeweilige Rechtsgeschäft zwar im gemeinsamen Interesse der Gesellschafter, aber in seinem eigenen Namen abgeschlossen hat, Art. 1054 Pkt. 2 ZGB RF. Sinn und Zweck dieser Regelung ist, dass der Dritte keiner besonderen Absicherung seiner Forderung in Form einer Gesamtschuld der Gesellschafter bedarf, wenn er bei Vertragsabschluss allein von dem werbend tätigen Gesellschafter als Vertragspartner ausgegangen ist. Umgekehrt bedeutet diese Voraussetzung der Haftungsbeschränkung des stillen Gesellschafters im Außenverhältnis, dass die Gesellschafter gegenüber Dritten wiederum gemeinsam nach den Grundregeln der einfachen Gesellschaft, konkret nach Art. 1047 ZGB RF haften, wenn der werbend tätige Gesellschafter bei Vertragsabschluss mit dem Dritten die Existenz der Gesellschaft preisgibt oder gar beide Gesellschafter gemeinsam handeln.[313] Genau genommen fehlt in diesem Fall jedoch nicht nur die Voraussetzung für die Haftungsbeschränkung des stillen Gesellschafters aus Art. 1054 Pkt. 2 ZGB RF, sondern bereits das unerlässliche konstitutive Merkmal der stillen Gesellschaft an sich. Die stille Gesellschaft transformiert sich zu einer üblichen einfachen Gesellschaft mit Wissen des Dritten im Zeitpunkt des Vertragsabschlusses. Die Beweislast hinsichtlich dieser für ihn günstigen Tatsache trägt der Dritte selbst.[314] Anzumerken ist, dass nach der

---

311 Russ. *neglasnoe tovariščestvo* (*neglasnyj*, wörtl. geheim, nichtöffentlich).

312 Im Gemeinschaftsunternehmen kann diese Variante bei der Grundlagenvereinbarung Relevanz erlangen, siehe unten unter § 5 E. III. 4.

313 *Arzinger/Galander*, Russisches Wirtschaftsrecht, S. 78; *Kozlova*, in: Suchanov, Graždanskoe pravo: Učebnik (Zivilrecht: Ein Lehrbuch), Bd. IV, S. 456.

314 Zum Nichtwissen des Dritten als konstitutives Merkmal der stillen Gesellschaft insgesamt siehe *Braginskij*, in: Braginskij/Vitrjanskij, Dogovornoe pravo (Vertragsrecht), Buch 5, Bd. 1, Kap. XI. 11.

Konstruktion der stillen Gesellschaft keine strenge Einteilung der Gesellschafter in werbend tätige und stille erfolgt, wie hingegen etwa bei der Kommanditgesellschaft[315] in Komplementäre und Kommanditisten. Vielmehr kann die Rolle jedes Gesellschafters bei jedem einzelnen Rechtsgeschäft unterschiedlich sein und sich flexibel ändern.

Art. 1054 Pkt. 3 ZGB RF regelt schließlich die Haftung der Gesellschafter im Innenverhältnis. Danach sind alle Verbindlichkeiten, die im Zusammenhang mit der gemeinsamen Unternehmung entstehen, als gemeinschaftlich anzusehen. Infolge dieser gemeinsamen Haftung im Innenverhältnis hat der im Außenverhältnis unbeschränkt haftende, werbend tätige Gesellschafter einen Regressanspruch gegen den stillen Gesellschafter.[316]

Die Regeln des Haftungsregimes der stillen Gesellschaft stellen imperative Normen dar; der Regressanspruch des im Außenverhältnis haftenden Gesellschafters gegen seinen oder seine Mitgesellschafter ist unabdingbar.[317]

2. *Gesellschaftervereinbarung als einfache Gesellschaft: Streitstand*

Noch nicht abschließend geklärt, sondern in der Rechtsliteratur umstritten ist die Frage, ob durch Abschluss einer Gesellschaftervereinbarung eine einfache Gesellschaft nach Art. 1041 ZGB RF entsteht und folglich die Art. 1041–1054 ZGB RF auf Gesellschaftervereinbarungen anwendbar sind. In Betracht gezogen werden könnte dies, da die beiden Vertragstypen zahlreiche Ähnlichkeiten zueinander aufweisen und insbesondere im Gegensatz zu typisch synallagmatischen Schuldverhältnissen die Interessen der Vertragsparteien sowohl bei der Gesellschaftervereinbarung als auch bei der einfachen Gesellschaft gleichgerichtet sind.[318] Es besteht kein bloßes Austauschverhältnis, sondern ein komplexes organisationsrechtliches Schuldverhältnis. Die Literaturmeinungen lassen sich in fünf unterschiedliche Lager einteilen.

Vertreter einer generellen Ablehnung der Entstehung einer einfachen Gesellschaft stützen sich hauptsächlich auf den Argumentationsdreiklang, dass in einer

---

315 Russ. *kommanditnoe tovariščestvo* oder *tovariščestvo na vere* (wörtlich: Gesellschaft auf Vertrauen).

316 *Arzinger/Galander*, Russisches Wirtschaftsrecht, S. 78; *Braginskij*, in: Braginskij/Vitrjanskij, Dogovornoe pravo (Vertragsrecht), Buch 5, Bd. 1, Kap. XI. 11.; *Kruse*, Die personalistische Kapitalgesellschaft russischen Rechts, S. 106.

317 *Braginskij*, in: Braginskij/Vitrjanskij, Dogovornoe pravo (Vertragsrecht), Buch 5, Bd. 1, Kap. XI. 11.; *Kruse*, Die personalistische Kapitalgesellschaft russischen Rechts, S. 106.

318 *Masljaev*, Akcionernye soglašenija v meždunarodnom častnom prave (Aktionärsvereinbarungen im internationalen Privatrecht), Dissertation, Moskau 2010, S. 86.

Gesellschaftervereinbarung erstens keine ausreichenden Beiträge geleistet werden, insbesondere keine ihrer Meinung nach erforderliche Vermögenseinlage,[319] zweitens ein gemeinsamer Zweck der Vertragsparteien nicht immer vorhanden sei, was bereits grundsätzlich die Entstehung einer einfachen Gesellschaft ausschließe,[320] und drittens keine Außenwirkung der Vertragsparteiengemeinschaft in Form von Rechtsverhältnissen mit Dritten[321] entstünden. Die Anwendbarkeit der Art. 1041 ff. ZGB RF auf Gesellschaftervereinbarungen ist nach dieser Ansicht ausgeschlossen.

Die Befürworter einer Anwendbarkeit der Art. 1041 ff. ZGB RF basieren dies auf drei unterschiedlichen Ansätzen. Für einige liegen die konstruktiven Merkmale der einfachen Gesellschaft, insbesondere ein gemeinsames Ziel, unproblematisch vor.[322] Zusätzlich komme in Art. 67.2 Pkt. 10 ZGB RF, welcher die Anwendbarkeit der Regelungen über Gesellschaftervereinbarungen auf Gründungsverträge anordnet, der Gesetzgeberwille zum Ausdruck, dass Gesellschaftervereinbarungen sog. Verträge über gemeinsame Tätigkeiten darstellen sollen, welche in Art. 1041 Pkt. 1 ZGB RF begrifflich synonym zu Verträgen über einfache Gesellschaften verwendet werden.[323]

319 *Andreev*, Dogovor v graždanskom prave Rossii: Sravnitel'no-pravovoe issledovanie Monografia (Der Vertrag im Zivilrecht Russlands: Eine rechtsvergleichende Untersuchung: Monographie), Pkt. 3.2; *Gutnikov*, Korporativnaja otvetstvennost' v graždanskom prave: Monografia (Körperschaftliche Verantwortlichkeit im Zivilrecht: Monographie), Kap. 4 § 5; *Kononov*, Korporativnyj Jurist 2010, Nr. 10, 23–28; von einem eigentumsrechtlichen Beitragsbegriff wohl auch ausgehend *Osipenko*, Dogovor ob osuščestvlenii prav učastnikov chozjajstvennych obščestv v rossijskom i anglijskom prave (Vertrag über die Verwirklichung von Gesellschafterrechten in Handelsgesellschaften im russischen und englischen Recht), Kap. 1 § 1.

320 *Zubova*, Rossijskij juridičeskij žurnal 2017, Nr. 4, 143–154.

321 *Kononov*, Korporativnyj Jurist 2010, Nr. 10, 23–28.

322 *Masljaev*, Akcionernye soglašenija v meždunarodnom častnom prave (Aktionärsvereinbarungen im internationalen Privatrecht), Dissertation, Moskau 2010, S. 57, 86; *Šmelev*, Korporativnyj dogovor v graždanskom prave Rossijskoj Federacii (Die Gesellschaftervereinbarung im Zivilrecht der RF), Aufsatz veröffentlicht auf SPS Konsul'tantPljus, 2016; zu den Befürwortern zu zählen, ist wohl auch *Bogdanov*, Zakony Rossii: opyt, analiz, praktika 2015, Nr. 7, 54–60, welcher aufgrund der kollektiven Ausübung subjektiver Rechte davon ausgeht, dass unter den Vertragsparteien ein Verhältnis und eine Personeneinheit wie unter Gesellschaftern einer Personengesellschaft entsteht.

323 *Šmelev*, Korporativnyj dogovor v graždanskom prave Rossijskoj Federacii (Die Gesellschaftervereinbarung im Zivilrecht der RF), Aufsatz veröffentlicht auf SPS Konsul'tantPljus, 2016.

Andere sehen die konstitutiven Merkmale der einfachen Gesellschaft ebenfalls erfüllt, gehen jedoch auf einen etwaigen Mangel der Außenwirkung der Vertragsparteien einer Gesellschaftervereinbarung ein und erkennen eine regelmäßige Erfüllung der Voraussetzungen einer stillen Gesellschaft nach Art. 1054 ZGB RF an.[324]

Vertreter des dritten Ansatzes hingegen sehen die einfache Gesellschaft nicht direkt erfüllt, sondern lediglich ihre Überkategorie[325] in Form des Vertrags über gemeinsame Tätigkeiten. Das Vorliegen dieser Vertragsart wird zum einen mit typischen Unterschieden der Gesellschaftervereinbarung zur einfachen Gesellschaft begründet, etwa einem speziellen Personenkreis der Vertragsparteien in Form der Gesellschafter, einem korporativen Charakter des gemeinsamen Ziels sowie dem Fehlen einer spezifischen Regulierung eines etwaigen Miteigentums der Vertragsparteien.[326] Zum anderen wird, parallel zur Argumentation der Stimmen einer kompletten Ablehnung der einfachen Gesellschaft, das Merkmal einer ausreichenden Beitragsleistung verneint.[327] Vertreter dieser Ansicht wenden die Art. 1041 ff. ZGB RF auf Gesellschaftervereinbarungen subsidiär[328] an oder konstatieren eine analoge Anwendbarkeit[329] nach Art. 6 Pkt. 1 ZGB RF.

Schließlich gibt es differenzierende Meinungen, welche die Entstehung einer einfachen Gesellschaft von der konkreten Gesellschaftervereinbarung und ihrem konkreten Regelungsinhalt abhängig machen. *Borodkin* beispielsweise

---

324 *Allenhöfer*, Gesellschaftervereinbarungen bei Kapitalgesellschaften, S. 239 f.

325 Das Verhältnis von Verträgen über einfache Gesellschaften und Verträgen über gemeinsame Tätigkeit ist umstritten. Das Gesetz behandelt beide Begriffe in Art. 1041 Pkt. 1 ZGB RF synonym. Die Literatur nimmt wohl überwiegend ein Spezialitätsverhältnis an. Jedenfalls sind in beiden Fällen die Art. 1041–1054 ZGB RF anwendbar. Siehe zum Ganzen *Braginskij*, in: Braginskij/Vitrjanskij, Dogovornoe pravo (Vertragsrecht), Buch 5, Bd. 1, Kap. XI. 1.; *Kozlova*, in: Suchanov, Graždanskoe pravo: Učebnik (Zivilrecht: Ein Lehrbuch), Bd. IV, S. 444.

326 *Gureev*, Problemy zaščity prav i interesov akcionerov v Rossijskoj Federacii (Probleme des Schutzes von Aktionärsrechten und -interessen in der RF), Dissertation, Moskau 2007, S. 133 f.

327 Siehe *Kuznecov*, Vestnik VAS RF 2010, Nr. 10, 19 (21 f.), welcher einen "unbenannten Vertrag über gemeinsame Tätigkeiten" auf Grundlage der Vertragsfreiheit aus Art. 421 Pkt. 2 ZGB RF annimmt.

328 Ohne zu konkretisieren, zu welchen Vorschriften Subsidiarität herrschen soll, siehe *Gureev*, Problemy zaščity prav i interesov akcionerov v Rossijskoj Federacii (Probleme des Schutzes von Aktionärsrechten und -interessen in der RF), Dissertation, Moskau 2007, S. 134.

329 *Kuznecov*, Vestnik VAS RF 2010, Nr. 10, 19 (22 f.).

differenziert maßgeblich danach, ob die Verwirklichung von Gesellschafterrechten zu einem gemeinsamen Zweck oder zu unterschiedlichen Zwecken erfolgt.[330] In ersterem Fall entstehe eine einfache Gesellschaft. Der gemeinsame Zweck liege in der gegenseitig abgestimmten Verwirklichung der Gesellschafterrechte mittels Koordinierung der Leitung des Unternehmens. Die von vielen geforderte Vermögenseinlage bestehe darin, dass die Gesellschafter ihre Geschäftsanteilspakete an der Hauptgesellschaft zur gemeinsamen Verwirklichung der Gesellschafterrechte vereinten. Stimmen, die eine fehlende Außenwirkung der Vertragsparteiengemeinschaft bemängelten, sei entgegenzusetzen, dass eine indirekte Wirkung auf Dritte, insbesondere auf die Hauptgesellschaft und auf nicht an der Gesellschaftervereinbarung beteiligte Mitgesellschafter, durchaus bestehe. Darüber hinaus träten die Vertragsparteien der Gesellschaftervereinbarung als Einheit gegenüber der Hauptgesellschaft im Rahmen ihrer Mitteilungspflicht aus Art. 67.2 Pkt. 4 ZGB RF auf. Eine ausreichende Außenwirkung sei damit gegeben.[331]

Nach dem konkreten Regelungsinhalt differenziert ebenso *Suvorov*[332], welcher die Entstehung einer einfachen Gesellschaft generell für unmöglich und das Vorliegen eines Vertrags über gemeinsame Tätigkeiten nur im Ausnahmefall für möglich hält. Die einfache Gesellschaft lehnt er bei Stimmbindungen, Koordinierung des Stimmverhaltens sowie Vereinbarungen bezüglich Erwerb und Veräußerung von Geschäftsanteilen unter anderem mit den bereits zuvor genannten Argumenten, und zwar dem Fehlen einer Beitragsleistung, eines gemeinsamen Zwecks oder einer Außenwirkung, jeweils in unterschiedlicher Argumentationskombination ab. Darüber hinaus führt er entgegen einer stillen Gesellschaft weiterhin an, dass es an einem Element der Gesamtverantwortlichkeit und des gemeinsamen Ertrags der Vertragsparteien fehle. Allein im Fall der

330 Genau genommen teilt *Borodkin* die Gesellschaftervereinbarung in 3 unterschiedliche Regelungsgegenstände ein: (1) Verwirklichung von Gesellschafterrechten zu einem gemeinsamen Zweck, (2) zu unterschiedlichen Zwecken sowie (3) Erwerb/Veräußerung von Geschäftsanteilen. Letzteres werde jedoch regelmäßig bloßer Zusatz zu (1) oder (2) sein, siehe *Borodkin*, Graždansko-pravovoe regulirovanie korporativnogo dogovora v rossijskom prave: Monografija (Die zivilrechtliche Regelung des gesellschaftsrechtlichen Vertrags im russischen Recht: Monographie), Pkt. 2.1.

331 Zum Ganzen siehe *Borodkin*, Graždansko-pravovoe regulirovanie korporativnogo dogovora v rossijskom prave: Monografija (Die zivilrechtliche Regelung des gesellschaftsrechtlichen Vertrags im russischen Recht: Monographie), Pkt. 2.1.

332 Siehe zur gesamten folgenden Argumentation *Suvorov*, Vestnik VAS RF 2011, Nr. 10, 44 (46–51).

Absprache der gemeinsamen Verwirklichung der Gesellschafterrechte sei die Annahme eines Vertrags über gemeinsame Tätigkeiten unter Umständen möglich, etwa wenn so eine Absprache aufgrund eines Quorums für die Ausübung von Gesellschafterrechten erforderlich sei.

3. *Stellungnahme*

Es lässt sich feststellen, dass in der Literatur insbesondere die Merkmale Vereinigung von Beiträgen, gemeinsamer Zweck und Außenwirkung kontrovers diskutiert werden. Indes liegt eine einfache Gesellschaft vor, wenn über einen vertraglichen Zusammenschluss mindestens zweier Personen hinaus, welcher hier angenommen wird, alle konstitutiven Merkmale[333] durch eine Gesellschaftervereinbarung erfüllt werden.

Zunächst müssten somit die Vertragsparteien im Sinne des Art. 1041 Pkt. 1 ZGB RF zusammenwirken. Daran werden keine hohen Anforderungen gestellt; insbesondere ist der Begriff „gemeinsame Tätigkeit" nicht wörtlich in Form einer gemeinsamen Ausführung aller Tätigkeiten im Rahmen einer einfachen Gesellschaft zu verstehen.[334] *Suvorov* lehnt das Zusammenwirken der Gesellschafter im Rahmen einer reinen Stimmbindungsvereinbarung mit der Begründung ab, dass über den Vertragsabschluss hinaus keinerlei weitere gemeinsame Tätigkeiten vorgenommen werden.[335] Mit dieser Argumentation geht einher, dass die einfache Gesellschaft ihrem Charakter nach auf Dauer angelegt ist.[336] Besteht das Zusammenwirken in einer einzelnen Handlung, etwa dem Vertragsabschluss, könnte man annehmen, dass dies nicht für eine einfache Gesellschaft ausreicht und eine Anwendbarkeit der Art. 1041 ff. ZGB RF mit ihren spezifischen Regelungen für Geschäftsführung, Haftung und Beendigung nicht sachgerecht erscheint. Ein solches Ergebnis missachtet jedoch, dass auch nach Vertragsabschluss, insbesondere auch im Fall der einmaligen Stimmabsprache, immer noch ein weiteres Zusammenwirken der Vertragsparteien vorliegt. Indem sie nach Vertragsabschluss die Erfüllung des Vertrags bis zum Eintreten der Erfüllung, im konkreten Beispiel bis zur tatsächlichen Stimmabgabe, weiter verfolgen und die Erfüllung nicht aufgeben, wirken sie weiter zusammen. Schließlich liegt spätestens in der koordinierten Stimmabgabe bei

---

333 Siehe hierzu ausführlich oben unter § 5 E. III. 1.

334 *Kozlova*, in: Suchanov, Graždanskoe pravo: Učebnik (Zivilrecht: Ein Lehrbuch), Bd. IV, S. 444 f.

335 *Suvorov*, Vestnik VAS RF 2011, Nr. 10, 44 (48).

336 *Pashchenko*, in: Nußberger, Einführung in das russische Recht, S. 219.

der Gesellschafterversammlung ein weiteres gemeinsames Handeln vor. Dem engen Verständnis *Suvorovs* ist nicht zu folgen. Die Parteien einer Gesellschaftervereinbarung wirken spätestens ab Vertragsabschluss bis zur Beendigung des Vertrags, in der Regel bis zur Erfüllung des Zwecks, zusammen.

Des Weiteren müssten die Gesellschafter auf Grundlage der Gesellschaftervereinbarung Beiträge vereinen. Bei der Analyse der Argumente aus der Literatur fällt auf, dass eine nicht zu vernachlässigende Zahl von Juristen davon ausgeht, dass die Beiträge einer einfachen Gesellschaft in Form einer Vermögenseinlage geleistet werden müssten. In der Folge lehnen einige mangels einer solchen Leistung die einfache Gesellschaft ab[337] oder nehmen andererseits die Einlage der Geschäftsanteile an der Hauptgesellschaft[338] in die einfache Gesellschaft an. Letzterem steht entgegen, dass der Wille der Gesellschafter regelmäßig nicht darauf gerichtet sein wird, dass sie ihren Geschäftsanteil in das gemeinsame Vermögen übertragen.[339] Im Einzelfall kann dies anders zu entscheiden sein. Festzuhalten ist jedoch, dass Art. 1042 Pkt. 1 ZGB RF keine Vermögenseinlage voraussetzt, sondern im Gegenteil ausdrücklich immaterielle Güter, Dienstleistungen und nichtgeldwerte Beiträge genügen lässt. Ausreichend ist demnach jede Zweckförderungsleistung.[340] Die konkreten Beitragsleistungen werden je nach Ausgestaltung des Regelungsinhalts der Gesellschaftervereinbarung unterschiedlich sein. Allen gemeinsam ist jedoch, dass durch die Gesellschaftervereinbarung

---

337 *Andreev*, Dogovor v graždanskom prave Rossii: Sravnitel'no-pravovoe issledovanie Monografia (Der Vertrag im Zivilrecht Russlands: Eine rechtsvergleichende Untersuchung: Monographie), Pkt. 3.2; *Gutnikov*, Korporativnaja otvetstvennost' v graždanskom prave: Monografia (Körperschaftliche Verantwortlichkeit im Zivilrecht: Monographie), Kap. 4 § 5; *Kononov*, Korporativnyj Jurist 2010, Nr. 10, 23–28; *Osipenko*, Dogovor ob osuščestvlennii prav učastnikov chozjajstvennych obščestv v rossijskom i anglijskom prave (Vertrag über die Verwirklichung von Gesellschafterrechten in Handelsgesellschaften im russischen und englischen Recht), Kap. 1 § 1; *Suvorov*, Vestnik VAS RF 2011, Nr. 10, 44 (47).

338 *Borodkin*, Graždansko-pravovoe regulirovanie korporativnogo dogovora v rossijskom prave: Monografija (Die zivilrechtliche Regelung des gesellschaftsrechtlichen Vertrags im russischen Recht: Monographie), Pkt. 2.1.

339 So auch *Gutnikov*, Korporativnaja otvetstvennost' v graždanskom prave: Monografia (Körperschaftliche Verantwortlichkeit im Zivilrecht: Monographie), Kap. 4 § 5; *Kuznecov*, Vestnik VAS RF 2010, Nr. 10, 19 (22).

340 *Allenhöfer*, Gesellschaftervereinbarungen bei Kapitalgesellschaften, S. 240; *Arzinger/Galander*, Russisches Wirtschaftsrecht, S. 77; *Braginskij*, in: Braginskij/Vitrjanskij, Dogovornoe pravo (Vertragsrecht), Buch 5, Bd. 1, Kap. XI. 7.; *Dubovitskaya*, in: Fleischer, Personengesellschaften im Rechtsvergleich, § 10 Rn. 48.

jeder Gesellschafter sich verpflichtet, seine Rechte auf eine abgestimmte Art und Weise auszuüben, wodurch eine gemeinsame Nutzung der Gesellschafterrechte ermöglicht wird und Kontrolle über die Ausübung dieser Rechte zusammengelegt wird. Indem sich ein Gesellschafter beispielsweise bereit erklärt, innerhalb eines bestimmten eingegrenzten Themenbereichs stets gleich zu einem anderen Gesellschafter abzustimmen, gibt ersterer auf schuldrechtlicher Ebene Kontrolle über seine Stimmausübung an zweiteren ab, was als Beitrag gewertet werden kann. Aufgrund der Koordinierung des Gesellschafterhandelns bei der Ausübung der Gesellschafterrechte findet somit eine gemeinsame Nutzung der Gesellschafterrechte statt. Eine Beitragsleistung kann somit bereits in der durch den Vertrag geregelten gemeinsamen Nutzung der Gesellschafterrechte und der damit verbundenen Abgabe von Kontrolle über die Ausübung der Gesellschafterrechte einer jeden Vertragspartei gesehen werden, wenn auch diese Beschränkungen nur zwischen den Parteien und nicht gegenüber Dritten gelten.[341]

Das Vorliegen eines gemeinsamen Zwecks der Vertragsparteien einer Gesellschaftervereinbarungen wird weit überwiegend akzeptiert.[342] Die Verfolgung eines gemeinsamen Zwecks und wesentliche Gleichgerichtetheit der Interessen

---

341 Ähnlich *Gureev*, Problemy zaščity prav i interesov akcionerov v Rossijskoj Federacii (Probleme des Schutzes von Aktionärsrechten und -interessen in der RF), Dissertation, Moskau 2007, S. 133.

342 *Allenhöfer*, Gesellschaftervereinbarungen bei Kapitalgesellschaften, S. 239; *Andreev*, Dogovor v graždanskom prave Rossii: Sravnitel'no-pravovoe issledovanie Monografia (Der Vertrag im Zivilrecht Russlands: Eine rechtsvergleichende Untersuchung: Monographie), Pkt. 3.2; *Borodkin*, Graždansko-pravovoe regulirovanie korporativnogo dogovora v rossijskom prave: Monografija (Die zivilrechtliche Regelung des gesellschaftsrechtlichen Vertrags im russischen Recht: Monographie), Pkt. 2.1.; *Gureev*, Problemy zaščity prav i interesov akcionerov v Rossijskoj Federacii (Probleme des Schutzes von Aktionärsrechten und -interessen in der RF), Dissertation, Moskau 2007, S. 133; *Gutnikov*, Korporativnaja otvetstvennost' v graždanskom prave: Monografia (Körperschaftliche Verantwortlichkeit im Zivilrecht: Monographie), Kap. 4 § 5; *Kononov*, Korporativnyj Jurist 2010, Nr. 10, 23–28; *Kuznecov*, Vestnik VAS RF 2010, Nr. 10, 19 (21); *Masljaev*, Akcionernye soglašenija v meždunarodnom častnom prave (Aktionärsvereinbarungen im internationalen Privatrecht), Dissertation, Moskau 2010, S. 86; *Osipenko*, Dogovor ob osuščestvlennii prav učastnikov chozjajstvennych obščestv v rossijskom i anglijskom prave (Vertrag über die Verwirklichung von Gesellschafterrechten in Handelsgesellschaften im russischen und englischen Recht), Kap. 1 § 1; *Šmelev*, Korporativnyj dogovor v graždanskom prave Rossijskoj Federacii (Die Gesellschaftervereinbarung im Zivilrecht der RF), Aufsatz veröffentlicht auf SPS Konsul'tantPljus, 2016.

der Gesellschafter ist maßgebliches Abgrenzungsmerkmal zu rein synallagmatischen Verträgen, in welchen die Vertragsparteien in einem Austauschverhältnis stehen und entgegengesetzte Interessen verfolgen. Manche lehnen jedoch dieses Merkmal der einfachen Gesellschaft bei Gesellschaftervereinbarungen mit der Argumentation ab, dass sich die Interessen der Gesellschafter nicht komplett deckten oder nicht immer bei Gesellschaftervereinbarungen ein gemeinsamer Zweck verfolgt werde.[343] Letzteres ist kein Grund für eine prinzipielle Ablehnung der Entstehung einer einfachen Gesellschaft, sondern ein Zeichen für die Einzelfallabhängigkeit vom konkreten Regelungsinhalt der Gesellschaftervereinbarung. Ein gänzlicher Interessengleichlauf der Gesellschafter einer einfachen Gesellschaft ist für das Vorliegen eines gemeinsamen Zwecks nicht erforderlich und praktisch wohl kaum zu erreichen. Entscheidend ist, dass sich die mit dem Abschluss der Gesellschaftervereinbarung verfolgten Interessen der Gesellschafter überschneiden und über einen gemeinsamen Kern als übergeordnetes gemeinsames Ziel verfügen.[344] Dieser gemeinsame Zweck der Vertragsparteien einer Gesellschaftervereinbarung liegt in der Koordinierung der Unternehmensleitung mittels einer gemeinsam abgestimmten Verwirklichung der Gesellschafterrechte.[345]

Die konstitutiven Voraussetzungen einer einfachen Gesellschaft werden somit durch eine Gesellschaftervereinbarung regelmäßig erfüllt. Auf Grundlage einer Gesellschaftervereinbarung entsteht zwischen den Vertragsparteien in der Regel eine einfache Gesellschaft mit der Folge der Anwendbarkeit der Art. 1041–1054 ZGB RF auf Gesellschaftervereinbarungen.

Vor diesem Hintergrund bleibt noch zu erörtern, wie mit der Argumentation mancher umgegangen werden muss, welche die Entstehung einer einfachen Gesellschaft auf Grundlage einer Gesellschaftervereinbarung ablehnen, da es keine Außenwirkung gäbe. *Kononov* beispielsweise bringt vor, dass keine Rechtsbeziehungen zu Dritten entstünden, dadurch keine gemeinsame Geschäftsführung im Sinne des Art. 1044 ZGB RF vorläge und in der Folge die Regelungen etwa zur Haftung sowie zur Verteilung von Gewinnen und Verlusten überflüssig seien.[346]

---

343 *Suvorov*, Vestnik VAS RF 2011, Nr. 10, 44 (47, 49); *Zubova*, Rossijskij juridičeskij žurnal 2017, Nr. 4, 143–154.

344 Dazu bereits oben unter § 5 E. III. 1; siehe auch *Kononov*, Korporativnyj Jurist 2010, Nr. 10, 23–28.

345 Ähnlich *Borodkin*, Graždansko-pravovoe regulirovanie korporativnogo dogovora v rossijskom prave: Monografija (Die zivilrechtliche Regelung des gesellschaftsrechtlichen Vertrags im russischen Recht: Monographie), Pkt. 2.1.

346 *Kononov*, Korporativnyj Jurist 2010, Nr. 10, 23–28.

Parallel dazu argumentiert *Suvorov*, dass es im Falle der Stimmbindung sowie der Koordinierung des Stimmverhaltens an dem Merkmal fehle, dass die Vertragsparteien im Verhältnis gegenüber Dritten als Einheit aufträten.[347] Dies sei deshalb erforderlich, da das Gesetz in den Art. 1041 ff. ZGB RF vorwiegend innere Angelegenheiten der Gesellschafter regele und damit diese als zwingendes Merkmal zum Ausdruck brächte. *Borodkin* tritt diesen Meinungen entgegen und sieht eine etwaig erforderliche Außenwirkung erfüllt, indem eine indirekte Wirkung auf nicht beteiligte Gesellschafter der Hauptgesellschaft sowie auf die Hauptgesellschaft durchaus bestünden und die Gesellschafter im Rahmen ihrer Mitteilungspflicht aus Art. 67.2 Pkt. 4 ZGB RF gegenüber der Hauptgesellschaft als Einheit aufträten.[348] Er missachtet dabei jedoch, dass *Kononov* und *Suvorov* nicht indirekte Auswirkungen auf Dritte oder eine generelle Offenlegung der Gesellschaftervereinbarung als ausreichend gelten lassen würden, sondern konkrete Rechtsverhältnisse in Form des Abschlusses von Rechtsgeschäften mit Dritten fordern. *Allenhöfer* nimmt aufgrund dieser Diskussion bei Gesellschaftervereinbarungen grundsätzlich eine stille Gesellschaft im Sinne des Art. 1054 ZGB RF an.[349] Diese sei passend, da Rechtsbeziehungen der Gesellschafter nach außen bei dieser nicht erforderlich seien und rechtsgeschäftliches Handeln mit Dritten bei stillen Gesellschaften typischerweise gerade nicht stattfände. Dieser Aussage widerspricht der Regelungskern des Art. 1054 ZGB RF, der einzigen Norm über die stille Gesellschaft, welche zum größten Teil (Pkt. 2 und 3 von insgesamt drei Punkten) aus der Regelung der Haftung im Außenverhältnis gegenüber Dritten und der Folgen für die Haftung im Innenverhältnis besteht. Der Unterschied zwischen einer einfachen Gesellschaft und der stillen Gesellschaft im Hinblick auf das Außenverhältnis zu Dritten ist nicht das Bestehen oder Nichtbestehen eines solchen, sondern dass im ersten Fall Rechtsbeziehungen zu Dritten mit allen Gesellschaftern der einfachen Gesellschaft als Gesamtschuldner entstehen und im zweiten Fall Rechtsbeziehungen zu Dritten nur eines Gesellschafters als Alleinschuldner entstehen. In beiden Varianten der einfachen Gesellschaft sind Rechtsbeziehungen zu Dritten möglich, nur ihre haftungsrechtliche Behandlung ist unterschiedlich.

---

347 Zur gesamten Argumentation siehe *Suvorov*, Vestnik VAS RF 2011, Nr. 10, 44 (47, 49).

348 *Borodkin*, Graždansko-pravovoe regulirovanie korporativnogo dogovora v rossijskom prave: Monografija (Die zivilrechtliche Regelung des gesellschaftsrechtlichen Vertrags im russischen Recht: Monographie), Pkt. 2.1.

349 *Allenhöfer*, Gesellschaftervereinbarungen bei Kapitalgesellschaften, S. 240.

Bereits die Grundannahme, dass Rechtsbeziehungen zu Dritten erforderlich seien, um eine einfache Gesellschaft entstehen zu lassen, ist anzuzweifeln. Dieses Kennzeichen liegt zwar in üblichen Konstellationen einer einfachen Gesellschaft vor, weswegen auch entsprechende Regelungen in den Art. 1041 ff. ZGB RF zu Haftung, Geschäftsführung etc. getroffen wurden. Es ist aber nicht als Entstehungsvoraussetzung in den Vorschriften zur einfachen Gesellschaft angelegt. Aufgrund der weiten Definition einer einfachen Gesellschaft, welche die Möglichkeit zur Einlage auch nichtgeldwerter Beiträge und keine Begrenzung des Zwecks, bis auf dessen Rechtmäßigkeit, vorsieht, werden auch Konstellationen erfasst, in welchen kein Miteigentum gebildet wird und in welchen die Gesellschafter keine Gewinnerzielung, etwa durch Teilnahme am Wirtschaftsmarkt und den Abschluss von Rechtsgeschäften, bezwecken. Die Bildung einer organisationsrechtlichen Einheit im Rahmen der Gesellschaftervereinbarung erfolgt durch die gemeinsam bezweckte Koordinierung der Unternehmensleitung und abgestimmte Verwirklichung der Gesellschafterrechte. Regelungen der inneren Angelegenheiten, z. B. gegenseitige Informationsrechte (Art. 1045 ZGB RF), sowie zur Beendigung, insbesondere zu Beendigungsgründen (Art. 1050–1052 ZGB RF), sind dafür durchaus sachgerecht. Sollte es im Rahmen der Gesellschaftervereinbarung zu Haftungssituationen kommen, so sind die entsprechenden Vorschriften der Art. 1041 ff. ZGB RF heranzuziehen. Für das geltende Haftungsregime ist im Einzelfall zwischen der Grundform der einfachen Gesellschaft (Art. 1047 ZGB RF) und der stillen Gesellschaft (Art. 1054 Pkt. 2, 3 ZGB RF) zu unterscheiden. Letztere liegt vor, wenn die Gesellschafter die Nichtoffenlegung der Gesellschaftervereinbarung beschließen und im Entstehungszeitpunkt der Verbindlichkeit der Gläubiger nichts von der Gesellschaftervereinbarung wusste.[350]

4. *Grundlagenvereinbarung als einfache Gesellschaft*

Als Unterkategorie einer Gesellschaftervereinbarung ist auch die Grundlagenvereinbarung in einem Equity Joint Venture regelmäßig als einfache Gesellschaft nach Art. 1041 ZGB RF einzuordnen und die Art. 1041–1054 ZGB RF auf die Grundlagenvereinbarung anzuwenden. Bei der Subsumtion unter die konstitutiven Merkmale zeigen sich spezifische Besonderheiten.

Das Zusammenwirken der Joint-Venture-Partner ergibt sich aus zahlreichen Vorbereitungs- und Durchführungshandlungen in Bezug auf die Errichtung und den Betrieb des gemeinsamen Joint Ventures, konkret des

350 Siehe hierzu ausführlich unter § 5 E. III. 1.

Gemeinschaftsunternehmens und dessen Geschäftstätigkeit. Die Grundlagenvereinbarung fungiert dabei als zentrales vertragliches Regelwerk für die Koordinierung dieser Zusammenarbeit.[351]

Die erforderlichen Beiträge stellen die in der Grundlagenvereinbarung festgelegten einzelnen Unterstützungstätigkeiten jedes Joint-Venture-Partners dar. Eines der Hauptmotive zur Errichtung eines Joint Ventures ist die gemeinsame Nutzung von Synergieeffekten und von jeweiligen Fähigkeiten der Vertragspartner.[352] Als Einlagen im Rahmen einer einfachen Gesellschaft kommen insbesondere auch immaterielle und nichtgeldwerte Beiträge in Betracht, wie die Einbringung von Know-how und Technologien, die besondere Reputation eines internationalen Konzerns oder einer lokalen Marke sowie ein bestehendes Vertriebsnetz und Geschäftskontakte, siehe Art. 1042 Pkt. 1 ZGB RF.

Der mit der Grundlagenvereinbarung verfolgte gemeinsame Zweck der Joint-Venture-Partner liegt in der Errichtung und dem Betrieb des Joint Ventures in Form eines Gemeinschaftsunternehmens mittels gemeinsamer Abstimmung, wie das Unternehmen zu leiten und die Gesellschafterrechte der Vertragspartner auszuüben sind.

Ob durch eine Grundlagenvereinbarung eine einfache oder stille Gesellschaft entsteht, ist maßgeblich vom Einzelfall abhängig. Die Joint-Venture-Partner möchten zwar regelmäßig den Inhalt ihres Vertrags nicht offenlegen und vereinbaren Geheimhaltung; die Existenz einer Grundlagenvereinbarung in einem Equity Joint Venture ist jedoch zu erwarten. Insbesondere im Vorfeld zur Gründung des Gemeinschaftsunternehmens treten die Gesellschafter bei Verhandlungen mit Dritten, zum Beispiel Kreditinstituten hinsichtlich Finanzierungen oder bei Geschäftsaufnahmeverhandlungen mit potentiellen Vertragspartnern, unter Offenlegung des gemeinsamen Vorhabens auf. Das Bestehen einer Grundlagenvereinbarung ist hierbei in der Regel offenkundig, sodass im Rahmen einer Grundlagenvereinbarung eher eine übliche einfache Gesellschaft anstelle ihrer stillen Schwester anzunehmen ist.

F. Zulässiger Regelungsinhalt

Die Zulässigkeit des Regelungsinhalts einer Grundlagenvereinbarung orientiert sich maßgeblich an den für Gesellschaftervereinbarungen aufgestellten Prinzipien. Ausgangspunkt für die Bestimmung zulässiger Regelungen

351 Näher dazu bereits unter § 5 A.

352 Siehe dazu unter § 9 B. sowie beispielsweise bei *Schulte/Pohl*, Joint-Venture-Gesellschaften, Rn. 10.

ist die verfassungsmäßig garantierte Vertragsfreiheit aus Art. 1 Pkt. 1, Pkt. 2, Art. 421 ZGB RF, welche in ihren drei Ausprägungen, der Vertragsabschlussfreiheit, der Wahlfreiheit des Vertragstyps und der freien Bestimmung des Inhalts, auch für Gesellschaftervereinbarungen gilt.[353] Die Vertragsfreiheit unterliegt im Gesellschaftsrecht zum Minderheiten- und Gläubiger- sowie zum Verkehrsschutz Beschränkungen, beispielsweise in Form des *numerus clausus* der Rechtsformen.[354] Da Grundlagen- bzw. Gesellschaftervereinbarungen Berührungspunkte mit dem Gesellschaftsrecht aufweisen und darüber hinaus keine Freiheit grenzenlos gewährt werden kann, ist fraglich, inwieweit die Vertragsfreiheit im Hinblick auf den Regelungsinhalt einer Gesellschaftervereinbarung einzuschränken ist.

Der Regelungsinhalt einer Gesellschaftervereinbarung ist in der russischen Rechtsliteratur und -praxis sehr umstritten und im Einzelnen nicht abschließend geklärt. Das Kernproblem besteht in der uneindeutigen Haltung des Gesetzgebers und der Gerichte zur Dispositivität des Gesellschaftsrechts und der Geltung der Vertragsfreiheit im Zivilrecht insgesamt.[355] In der Rechtsliteratur wird diese Problematik durch die dort kontrovers diskutierte Rechtsnatur von Gesellschaftervereinbarungen, welche die Reichweite der Regulierungskraft und damit auch den möglichen Regelungsinhalt von vornherein bestimmen würde, zusätzlich verstärkt.

Im Folgenden werden zunächst Regelungsgegenstand und typische Vertragsinhalte von Gesellschafter- bzw. Grundlagenvereinbarungen dargestellt, anschließend eine mögliche einschränkende Auslegung des Regelungsgegenstands diskutiert und schließlich Beschränkungen des Regelungsinhalts durch imperative Gesetze des russischen Rechts behandelt.

I. Regelungsgegenstand und typische Vertragsinhalte

Der Regelungsgegenstand von Gesellschaftervereinbarungen besteht der Definition aus Art. 67.2 Pkt. 1 ZGB RF sowie Art. 8 Pkt. 3 Abs. 1 S. 1 GmbHG RF nach

353 *Allenhöfer*, Gesellschaftervereinbarungen bei Kapitalgesellschaften, S. 201 f.; *Borodkin*, Graždansko-pravovoe regulirovanie korporativnogo dogovora v rossijskom prave: Monografija (Die zivilrechtliche Regelung des gesellschaftsrechtlichen Vertrags im russischen Recht: Monographie), Pkt. 1.3.

354 *Borodkin*, Graždansko-pravovoe regulirovanie korporativnogo dogovora v rossijskom prave: Monografija (Die zivilrechtliche Regelung des gesellschaftsrechtlichen Vertrags im russischen Recht: Monographie), Pkt. 1.3.

355 *Krylov*, Graždanskoe pravo 2018, Nr. 6, 14–17.

in der Ausübung von Mitgliedschaftsrechten der Gesellschafter oder in der Enthaltung von der Ausübung dieser (bzw. dem Verzicht darauf). Beide Vorschriften nennen fast vollständig übereinstimmende und wortgleiche Beispiele dafür, welche vertraglichen Regelungen in einer Gesellschaftervereinbarung enthalten sein können. Die Gesellschafter können sich danach dazu verpflichten, auf der Gesellschafterversammlung in einer bestimmten Art und Weise abzustimmen oder eine Abstimmungsvariante mit anderen Gesellschaftern abzusprechen, verschiedene Handlungen in Bezug auf die Führung, Gründung, Geschäftstätigkeit, Reorganisation und Liquidation der Gesellschaft gemeinsam koordiniert durchzuführen, Geschäftsanteile zu einem bestimmten Preis oder bei Auftreten bestimmter Umstände zu erwerben oder zu veräußern oder bis zum Eintreten bestimmter Umstände die Veräußerung der Geschäftsanteile zu unterlassen. Diese Aufzählung ist aufgrund ihrer Einleitung mit „*v tom čisle*"[356] als beispielhaft und nicht abschließend zu werten.[357] Den Gesellschaftern steht es somit grundsätzlich frei, weitere Themen in Gesellschaftervereinbarungen zu regeln.

Der Regelungsgegenstand von Grundlagenvereinbarungen im Rahmen eines Equity Joint Ventures erfährt aufgrund der gemeinsamen Zielsetzung der Errichtung und des Betriebs eines Joint Ventures eine Konkretisierung, welche auch die gemeinsam abgestimmte Ausübung der Mitgliedschaftsrechte an der Hauptgesellschaft, aber darüber hinausgehend ebenso weitere die Vertragspartner in Bezug auf das Joint Venture betreffende Themen umfasst. Regelungsgegenstand ist die Gesamtheit der Rechtsbeziehungen der Joint-Venture-Partner untereinander und ihrer Rechtsbeziehungen zu der Joint-Venture-Gesellschaft.[358] Als zentrales Regelwerk für die gemeinsame Unternehmung hat die Grundlagenvereinbarung nicht nur die Bedeutung, die Handlungen der Joint-Venture-Partner in ihrer (zukünftigen) Position als Gesellschafter am Gemeinschaftsunternehmen abzustimmen, sondern gerade auch das wirtschaftliche Konzept der Zusammenarbeit sowie Ziele und Reichweite der Unternehmung festzulegen.[359] In Grundlagenvereinbarungen finden sich typischerweise Regelungen zur Errichtung des Gemeinschaftsunternehmens und seiner Vorgründungsphase, zum Betrieb

---

356 Russ. einschließlich, darunter, unter anderem.

357 *Kononov*, Korporativnyj Jurist 2010, Nr. 10, 23–28; *Stepanov*, Korporativnyj Jurist 2009, Nr. 6, 13–16; *Šitkina/Birjukov*, Chozjajstvo i pravo 2020, Nr. 3, 12 (13, 17); *Šitkina*, Chozjajstvo i pravo 2011, Nr. 2, 36–47.

358 *Fett/Spiering*, in: Fett/Spiering, Handbuch Joint Venture, 7. Kap. Rn. 107, 117.

359 *Schmolke*, in: Vogt/Fleischer/Kalss, Gesellschafts- und Kapitalmarktrecht in Deutschland, Österreich und der Schweiz 2014, S. 107 (113); *Wirbel*, in: MHdB GesR I, 5. Aufl. 2019, § 28 Rn. 43.

des Gemeinschaftsunternehmens, darunter etwa zur Führung der Gesellschaft, ihrer Finanzierung, der Gewinnverteilung sowie der Konfliktverhinderung und -bewältigung, zur Beendigung des Gemeinschaftsunternehmens sowie weitere übliche gemeinsame Bestimmungen.[360] Regelungen zum unternehmerischen Konzept finden Eingang in die Grundlagenvereinbarung beispielsweise durch die für die Auslegung von Vertragsregelungen relevante Präambel, in der Beschreibung des Unternehmensgegenstands der Joint-Venture-Gesellschaft und dessen Abgrenzung zum Tätigkeitsfeld der Joint-Venture-Partner sowie durch Aufnahme der Budgetplanung und des Business-Plans.[361]

Im russischen Recht liegt mit der Grundlagenvereinbarung ein gesellschaftsrechtlicher Vertrag im Sinne des Art. 67.2 Pkt. 1 ZGB RF bzw. im Falle einer OOO als Hauptgesellschaft ein Vertrag über die Ausübung von Gesellschafterrechten nach Art. 8 Pkt. 3 GmbHG RF vor. Etwaige für diese Gesellschaftervereinbarungen geltende Beschränkungen sind auch bei Grundlagenvereinbarungen zu beachten.

II. Reichweite des Regelungsgegenstands

In der russischen Rechtsliteratur findet eine rege Diskussion statt, ob und inwiefern der zulässige Regelungsgegenstand von Gesellschaftervereinbarungen einer einschränkenden Auslegung unterliegt. Die Autoren setzen dabei individuelle Kriterien und Schwerpunkte an, sodass die Grenzen der jeweiligen Ansätze ineinander verschwimmen. Grundlegend lassen sich zwei Lager abgrenzen: eines, welches eine weite und teilweise sogar erweiternde Auslegung befürwortet, und ein anderes, welches einer eher einschränkenden Auslegung folgt.

1. Weite Auslegung

Nach ersterer Ansicht, der weiten Auslegung des Regelungsgegenstands, besteht die Möglichkeit, in der Gesellschaftervereinbarung jegliche Themenkomplexe in Verbindung mit dem Wirken der Gesellschaft zu regeln, auch solche in Ergänzung der durch Satzung und Gesetze regelbaren oder geregelten Fragen.[362]

360 *Fett/Spiering*, in: Fett/Spiering, Handbuch Joint Venture, 7. Kap. Rn. 118–121; *Schulte/Pohl*, Joint-Venture-Gesellschaften, Rn. 85 f.

361 *Schulte/Pohl*, Joint-Venture-Gesellschaften, Rn. 88 f.

362 *Masljaev*, Akcionernye soglašenija v meždunarodnom častnom prave (Aktionärsvereinbarungen im internationalen Privatrecht), Dissertation, Moskau 2010, S. 52; zusammenfassend siehe auch bei *Osipenko*, Vestnik VAS RF 2012, Nr. 6, 100–123 m.w.N.

Grundlage für diese Annahme bildet zum einen die Vertragsfreiheit[363] nach Art. 1 Pkt. 1, Art. 421 ZGB RF sowie zum anderen der Wortlaut der Art. 67.2 Pkt. 1 ZGB RF, Art. 8 Pkt. 3 GmbHG RF und Art. 32.1 Pkt. 1 AktG, welche keine Beschränkungen des Regelungsgegenstands vorsehen, sondern im Gegenteil im ZGB RF und GmbHG RF mit der einleitenden Formulierung der Aufzählung beispielhafter Vertragsinhalte mit „unter anderem" darauf hinweisen, dass der Regelungsgegenstand grundsätzlich unbegrenzt sei.[364]

Manche Vertreter dieser Ansicht gehen im Hinblick auf die Ergänzung von Gesetz und Satzung wohl so weit, dass sie die Entstehung neuer Gesellschafterrechte auf Grundlage einer Gesellschaftervereinbarung zulassen.[365] Die Vertragsfreiheit kann jedoch nicht unbegrenzt gelten und Gesellschaftervereinbarungen mit einer solch weitreichenden Wirkung ausstatten.[366] Mitgliedschaftsrechte sind gesellschaftsrechtliche Rechte, welche Gesellschaftern in Bezug auf die Gesellschaft aufgrund ihrer besonderen Stellung als Gesellschafter zukommen.[367] Solche dinglichen Rechte, welche gegenüber jedermann gelten und entsprechend besondere Vorkehrungen zum Verkehrsschutz, zumindest in Form der Transparenz hinsichtlich ihrer Existenz, erfordern, können nicht aus einem grundsätzlich nicht offenlegungspflichtigen Schuldvertrag zweier Personen entstehen, welcher lediglich relative Wirkung zwischen den Parteien entfaltet. Eine nicht nur weite, sondern eine solche erweiternde Auslegung des Regelungsgegenstands, welche eine Entstehung von Mitgliedschaftsrechten ermöglicht, ist von vornherein abzulehnen.

2. *Einschränkende Auslegung*

Vertreter der zweiten Ansicht nehmen eine einschränkende Auslegung des möglichen Regelungsgegenstands von Gesellschaftervereinbarungen vor. Der Inhalt

---

363 *Masljaev*, Akcionernye soglašenija v meždunarodnom častnom prave (Aktionärsvereinbarungen im internationalen Privatrecht), Dissertation, Moskau 2010, S. 52.

364 *Nurtdinov*, in: Širvindt/Ščerbakov, Opyty civilističeskogo issledovanija (Erfahrungen der zivilrechtlichen Forschung), 1. Aufl. 2016, Aufsatz „Akcionernye soglašenija", Pkt. 2.2.

365 Siehe Andeutungen bei *Osipenko*, Vestnik VAS RF 2012, Nr. 6, 100–123; *Nurtdinov*, in: Širvindt/Ščerbakov, Opyty civilističeskogo issledovanija (Erfahrungen der zivilrechtlichen Forschung), 1. Aufl. 2016, Aufsatz „Akcionernye soglašenija", Pkt. 2.2.

366 Die Entstehung neuer Gesellschafterrechte ablehnend auch *Osipenko*, Vestnik VAS RF 2012, Nr. 6, 100–123; *Šitkina*, Chozjajstvo i pravo 2011, Nr. 2, 36–47.

367 *Lomakin*, in: Šitkina, Korporativnoe pravo: Učebnik (Gesellschaftsrecht: Ein Lehrbuch), S. 359.

sei streng auf die Ausübung der durch Gesetz verliehenen Gesellschafterrechte begrenzt. Die Gesellschaftervereinbarung könne nicht als Ergänzung der Satzung fungieren.[368] Als Argumentationsgrundlage werden im Wesentlichen drei Ansätze vorgebracht, welche im Folgenden untersucht werden.

a) Zu weiter Anwendungsbereich

Zunächst wird vertreten, dass der gesetzlich weit formulierte Anwendungsbereich allein aufgrund dieses Umstands einer einschränkenden Auslegung bedürfe. Voraussetzung sei, dass die von den Parteien getroffenen Regelungen auf die Führung der Hauptgesellschaft gerichtet seien.[369] Davon abweichende Regelungen, zum Beispiel die Einbeziehung von Regelungen bezüglich anderer Gesellschaften, wären danach unzulässig. Mit diesem Ansatz eng verbunden ist die Frage, ob der Regelungsinhalt von Gesellschaftervereinbarungen durch die innerhalb der beispielhaften Aufzählungen in Art. 67.2 Pkt. 1 ZGB RF, Art. 8 Pkt. 3 S. 1 GmbHG RF und Art. 32.1 Pkt. 1 Abs. 1 S. 3 AktG RF enthaltenen Öffnungsklauseln auf die jeweils genannten abstrakten Gestaltungsmöglichkeiten beschränkt werde.[370] Die Aufzählungen im GmbHG RF und AktG RF sind in der Weise aufgebaut, dass zunächst konkrete Beispiele für die Gestaltung von Gesellschaftervereinbarungen aufgeführt werden und anschließend eine Öffnung mit einer abstrakten Beschreibung weiterer Inhalte erfolgt. Diese umfasst wörtlich die „miteinander abgestimmte Durchführung von Tätigkeiten, die mit der Führung, Gründung,[371] Geschäftstätigkeit, Reorganisation und Liquidation der Gesellschaft im Zusammenhang stehen". Im ZGB RF ist die Öffnung für abstrakte Gestaltungsmöglichkeiten auf „Tätigkeiten im Zusammenhang mit der Führung der Gesellschaft" begrenzt und mitten in der beispielhaften Aufzählung konkreter Inhalte verortet. Allen Formulierungen gemeinsam ist jedoch, dass sie Teil einer beispielhaften Aufzählung von Vertragsinhalten sind, was gegen eine Begrenzung des Regelungsinhalts auf die abstrakten Themenbereiche spricht. Darüber hinaus verfügt jedes Gesetz über eine etwas andere inhaltliche

368 Zu dieser Ansicht insgesamt siehe *Kononov*, Korporativnyj Jurist 2010, Nr. 10, 23–28; *Osipenko*, Vestnik VAS RF 2012, Nr. 6, 100–123; *Nurtdinov*, in: Širvindt/Ščerbakov, Opyty civilističeskogo issledovanija (Erfahrungen der zivilrechtlichen Forschung), 1. Aufl. 2016, Aufsatz „Akcionernye soglašenija", Pkt. 2.2.

369 Siehe zu diesem Ansatz *Kononov*, Korporativnyj Jurist 2010, Nr. 10, 23–28.

370 Siehe hierzu ausführlich *Allenhöfer*, Gesellschaftervereinbarungen bei Kapitalgesellschaften, S. 224–229.

371 Die „Gründung" der Hauptgesellschaft wird nur im GmbHG RF aufgeführt.

Formulierung, wobei das allgemeine Gesetz, das ZGB RF, dessen Vorschrift zur Gesellschaftervereinbarung zuletzt erlassen wurde, die engste Formulierung enthält und die Öffnung im Gleichrang mit anderen konkreten Beispielen nennt. Diese Umstände lassen die Formulierungen der beispielhaften Aufzählungen eher als zufällig denn als planvoll erscheinen. Gegen eine Beschränkung des Inhalts auf die abstrakten Regelungsthemen spricht außerdem der rechtshistorische Zusammenhang, in welchem die Vorschriften zu Gesellschaftervereinbarungen erlassen wurden, sowie der sich daraus ergebende Sinn und Zweck der gesetzlichen Regelung im russischen Recht.[372] Ziel der Einführung von Vorschriften über die Gesellschaftervereinbarung war es, die Rechtssicherheit hinsichtlich dieses Rechtsinstituts im Nachgang zu den Gerichtsentscheidungen „Megafon“ und „Russkij Standart Strachovanie“[373], welche zu Verunsicherung und einer Investorenflucht führten, zu stärken, und damit die Attraktivität des russischen Markts und Rechts für ausländische Investitionen zu erhöhen. Ausländischen Investoren sollte der Abschluss von Gesellschaftervereinbarungen, welche sie aus ihren eigenen Rechtsordnungen als bewährtes Rechtsinstrument kannten, auch im russischen Recht ohne Bedenken über ihre Zulässigkeit ermöglicht werden. Zu diesem Zweck wurde das Rechtsinstitut der Gesellschaftervereinbarung als flexibles Gestaltungsinstrument positivgesetzlich geregelt.[374] Diesem Hintergrund und dieser Zielsetzung der Einführung der Vorschriften würde es zuwiderlaufen, den Regelungsgegenstand von Gesellschaftervereinbarungen auf eine Auswahl von bestimmten Themenkomplexen zu begrenzen. Aus der Zusammenschau der vorangegangenen Argumente ergibt sich, dass der Vertragsinhalt von Gesellschaftervereinbarungen nicht auf die in den Öffnungsklauseln genannten abstrakten Themenbereiche begrenzt ist und demnach kein strenger inhaltlicher Zusammenhang mit der Hauptgesellschaft bestehen muss.

372 *Allenhöfer*, Gesellschaftervereinbarungen bei Kapitalgesellschaften, S. 226.

373 Föderales Wirtschaftsgericht Westsibirischer Bezirk, Entsch. v. 31.03.2006 – Az. F04-2109/2005 „Megafon“; Wirtschaftsgericht Moskau, Entsch. v. 26.12.2006 – Az. A40-62048/06-81-343 „Russkij Standart Strachovanie“.

374 Zum rechtshistorischen Hintergrund und Zweck der gesetzlichen Regelung von Gesellschaftervereinbarungen im russischen Recht siehe *Dubovitskaya/Kashanin*, RIW 2016, 268 (274 f.); *Gluchov*, Korporativnyj dogovor (Der gesellschaftsrechtliche Vertrag), S. 30–33; *Šitkina*, Chozjajstvo i pravo 2011, Nr. 2, 36–47.

b) Verstoß gegen den Proportionalitätsgrundsatz

Als zweiten Ansatz zur Begrenzung des Regelungsgegenstands von Gesellschaftervereinbarungen wird ein Auseinanderfallen von korporativer Kontrolle und der Beteiligung an der Hauptgesellschaft vorgebracht. Korporative Kontrolle besteht in der Fähigkeit, Unternehmensentscheidungen zu bestimmen und so die Unternehmensführung wesentlich zu beeinflussen.[375] Im Zusammenhang mit Gesellschaftervereinbarungen kann ein Gesellschafter korporative Kontrolle insbesondere durch Stimmbindungen erlangen. Sollten seine Mitgesellschafter oder einige von ihnen ihm etwa gewähren, über ihre Stimme bei Gesellschafterversammlungen zu bestimmen, und er dadurch über den Einsatz der Mehrheit der Stimmen entscheiden können, so kann dieser Gesellschafter im Wesentlichen alleine die Unternehmensführung ausüben. Nach dem Proportionalitätsgrundsatz, welcher auch in Russland Anwendung findet, ist eine solche Stimmmacht als gerechtfertigt anzusehen, wenn als Gegengewicht eine proportionale Beteiligung an den Risiken und der Haftung durch die Übernahme eines entsprechenden Geschäftsanteils an der Gesellschaft vorliegt.[376] In Frage steht daher, ob der zulässige Inhalt von Gesellschaftervereinbarungen aufgrund des Proportionalitätsgrundsatzes insofern einzuschränken ist, als dass durch Stimmbindungen einem Gesellschafter mehr Stimmmacht zukommen kann, als ihm aus dem ihm zustehenden Geschäftsanteil und damit über sein Haftungsrisiko hinaus erwächst.

Als Argument für eine Einschränkung könne gerade diese Störung des Verhältnisses von Herrschaft und Haftung herangezogen werden.[377] Die Möglichkeit von Stimmbindungen führe zu einer Umgehung von der vom Gesetz vorgesehenen Stimmverteilung unter den Gesellschaftern. Durch entsprechende Regelungen in der Gesellschaftervereinbarung finde eine Übertragung von korporativer Kontrolle statt, welche die Einflussmöglichkeit auf die Führung der Gesellschaft unabhängig von der Höhe des Geschäftsanteils stelle. Nach Art. 67.2 Pkt. 9 ZGB RF ist die Beteiligung Dritter an Gesellschaftervereinbarungen möglich, sodass sogar Stimmmacht auf Personen übertragen werden könne, welche keinerlei

375 *Kononov*, Korporativnyj Jurist 2010, Nr. 12, 12–18.

376 *Allenhöfer*, Gesellschaftervereinbarungen bei Kapitalgesellschaften, S. 213–215.

377 *Kononov*, Korporativnyj Jurist 2010, Nr. 10, 23–28; Korporativnyj Jurist 2010, Nr. 12, 12–18; *Suchanov*, Vestnik graždanskogo prava 2014, Nr. 5, 7–24; *Vitrjanskij* in einer Sitzung des Kodifikationsrats vor dem Präsidenten der RF vom 29.10.2007, siehe das Sitzungsprotokoll in Vestnik graždanskogo prava 2008, Nr. 1, 137 ff.

Risiken im Zusammenhang mit der erfolgreichen oder nicht erfolgreichen Führung der Gesellschaft trügen.[378]

Gegen eine Beschränkung des Regelungsinhalts im Hinblick auf Stimmbindungsvereinbarungen sprechen der eindeutige Wortlaut des Art. 67.2 Pkt. 9 S. 1 ZGB RF sowie der sich daraus ergebende Gesetzgeberwille. Ausdrücklich erlaubt die Vorschrift die Verpflichtung eines Gesellschafters, seine Stimmabgabe von dem Willen eines unbeteiligten Dritten abhängig zu machen. Wenn der Gesetzgeber daher die Übertragung von Stimmmacht sogar auf einen an der Gesellschaft unbeteiligten Dritten als zulässig erachtet, so sollte die unproportionale Bündelung von Stimmmacht bei einem Gesellschafter ebenso möglich sein. Zu bezweifeln ist darüber hinaus, dass durch eine Stimmbindung in Gesellschaftervereinbarungen überhaupt der Proportionalitätsgrundsatz berührt wird.[379] Die Gesellschaftervereinbarung ist ein schuldrechtlicher Vertrag mit lediglich relativer Wirkung zwischen den Parteien.[380] Stimmbindungen stellen daher reine Verpflichtungen ohne Wirkung für an der Vereinbarung Unbeteiligte, etwa die Hauptgesellschaft, dar. Durch eine Stimmbindung findet keine Übertragung des dinglichen Mitgliedschaftsrechts, des Stimmrechts, statt. Lediglich die Ausübungsmöglichkeit des Mitgliedschaftsrechts wird mit dem Willen des Gesellschafters, welchem das Stimmrecht zusteht, einer anderen Person übertragen. Auf korporativer Ebene bleibt es bei der alleinigen Berechtigung des Gesellschafters mit dem Geschäftsanteil, aus welchem das entsprechende Stimmrecht erwächst. Gegenüber der Gesellschaft kann dieser Gesellschafter jederzeit sein Stimmrecht frei ausüben, auch wenn er dadurch gegen die schuldrechtliche Vereinbarung im Innenverhältnis verstößt. Formal liegt damit kein Verstoß gegen den Proportionalitätsgrundsatz vor. Dass *de facto* eine Person eine Stimmmacht innehat, welche nicht im Verhältnis zu ihrem Haftungsrisiko steht, schadet diesem Ergebnis nicht, da sie diese zum einen mit dem Willen des Inhabers des Mitgliedschaftsrechts erhält und zum anderen ihr diese Stimmmacht lediglich im Verhältnis zu diesem Rechtsinhaber zusteht. Auf korporativer Ebene ist allein der entsprechende Gesellschafter berechtigt.

Man könnte weiterhin kritisieren, dass Gesellschaftervereinbarungen durch die Möglichkeit von Stimmbindungen die Übermacht von Mehrheitsgesellschaftern weiter bestärkten. Gesellschaftervereinbarungen erlauben es jedoch

---

378 *Suchanov*, Vestnik graždanskogo prava 2014, Nr. 5, 7–24.

379 Siehe hierzu und zum Folgenden auch *Allenhöfer*, Gesellschaftervereinbarungen bei Kapitalgesellschaften, S. 215 f.

380 Siehe hierzu ausführlich unter § 5 D.

nicht nur den Mehrheitsgesellschaftern, ihren Einfluss zu bündeln, sondern sind gerade auch für Minderheitsgesellschafter eine Möglichkeit, ihre Rechte zu schützen und ein effektives Gegengewicht gegenüber Mehrheitsgesellschaftern zu bilden.[381]

c) *Verstoß gegen das Abspaltungsverbot*

Als dritten Ansatz zur Beschränkung des Regelungsgegenstands von Gesellschaftervereinbarungen kann man einen Verstoß gegen das Abspaltungsverbot diskutieren. Nach deutschem Recht besagt das Abspaltungsverbot, dass Mitgliedschaftsrechte der Gesellschafter, und zwar die Verwaltungs- und Vermögensstammrechte, nicht unabhängig von dem Geschäftsanteil auf eine andere Person übertragen werden können.[382] Sie sind ein nicht abtrennbarer Teil der Mitgliedschaft. Etwas anderes gilt für sich aus den Mitgliedschaftsrechten ergebende vermögensrechtliche Auszahlungsansprüche, etwa konkrete Ansprüche auf Gewinnauszahlung oder Auszahlung des Liquidationsanteils. Für die Ausübung von Verwaltungsrechten, etwa das Stimmrecht, ist darüber hinaus die Bevollmächtigung einer anderen Person möglich. Fraglich ist, ob nach russischem Recht durch Regelungen einer Gesellschaftervereinbarung, etwa zur Stimmausübung oder der Gewinnverteilung, Mitgliedschaftsrechte, entsprechend das Stimmrecht oder das Gewinnbezugsrecht, unzulässig berührt werden.

Die vorgelagerte Frage, ob im russischen Recht eine dem deutschen Recht vergleichbare Auffassung von nicht übertragbaren einzelnen Mitgliedschaftsrechten besteht und ein daraus folgendes Abspaltungsverbot auch im russischen Recht gilt, ist zu diesem Zeitpunkt nicht endgültig geklärt. Bereits über die Struktur der Rechtsverhältnisse in Verbindung mit den Mitgliedschaftsrechten herrscht in der russischen Literatur Uneinigkeit.[383] Am meisten entwickelt und verbreitet ist ein Ansatz von *Lomakin*, nach welchem die Gesellschafterrechte

---

381 *Borodkin*, Graždansko-pravovoe regulirovanie korporativnogo dogovora v rossijskom prave: Monografija (Die zivilrechtliche Regelung des gesellschaftsrechtlichen Vertrags im russischen Recht: Monographie), Pkt. 1.3.

382 Siehe zum deutschen Recht umfassend *Reichert/Weller,* in: MüKoGmbHG, 3. Aufl. 2018, § 14 Rn. 119–128.

383 Zusammenfassungen der verschiedenen Meinungen bei *Pjatkin/Andrejčuk*, Leningradskij juridičeskij žurnal 2016, Nr. 3, 134–141; *Sulejmenov*, Vestnik graždanskogo prava 2016, Nr. 3, 286–317.

und die damit verbunden Rechtsverhältnisse in zwei Gruppen geteilt sind.[384] Bei der ersten Gruppe von Gesellschafterrechten handelt es sich um grundlegende Mitgliedschaftsrechte, welche mit der Mitgliedschaft eine Einheit bilden und mit Eintritt in die Gesellschaft dem Gesellschafter zustehen.[385] Sie verfügen über eine Rechtsnatur *sui generis*. Hierbei handelt es sich beispielsweise um das Gewinnbezugsrecht. Die zweite Gruppe bilden sogenannte abgeleitete oder abhängige Gesellschafterrechte. Sie entstehen bei der Verwirklichung oder Ausübung der grundlegenden Mitgliedschaftsrechte und setzen neben der Mitgliedschaft die Existenz weiterer juristischer Fakten voraus. Sie haben in der Regel eine schuldrechtliche Rechtsnatur. Als weiterer juristischer Fakt kommt beispielsweise ein Beschluss der Gesellschafterversammlung in Betracht. Im voran genannten Beispiel des Gewinnbezugsrechts stellt das davon abgeleitete Recht den konkreten Anspruch auf Gewinnauszahlung dar, welcher erst durch den Beschluss der Gesellschafterversammlung über die Gewinnausschüttung entsteht.

Wie auch im deutschen Recht sieht dieses Verständnis von der Struktur der Gesellschafterrechte zwei Ebenen vor – eine mit grundlegenden, mit der Mitgliedschaft eng verbundenen Mitgliedschaftsrechten sowie eine mit von diesen abgeleiteten Rechten. Fraglich ist weiterhin, ob nach russischem Recht die grundlegenden Mitgliedschaftsrechte nicht getrennt von der Mitgliedschaft übertragen werden können und damit einem Abspaltungsverbot unterliegen. Andeutungen zur Geltung des Abspaltungsverbots finden sich bei *Šitkina* und *Kononov*. *Šitkina*[386] schreibt, dass durch eine Gesellschaftervereinbarung das Recht auf Teilhabe an der Führung der Gesellschaft, konkret das Stimmrecht, nicht getrennt vom Geschäftsanteil übertragen werden dürfe, wobei sie an dieser Stelle Inhalte des damaligen Gesetzesprojekts, welches zur Verabschiedung des neuen Art. 67.2 ZGB RF führte, zusammenfasst. *Kononov*[387] bezieht sich ebenfalls auf das Stimmrecht und stellt fest, dass bei einer Stimmbindungsvereinbarung „selbstverständlich" nicht das Stimmrecht über fremde Geschäftsanteile übertragen werde. Für die Realisierung einer Stimmbindung seien weitere juristische Vorgänge erforderlich, wie die Ausstellung einer Vollmacht. *Allenhöfer*[388]

384 *Lomakin*, in: Šitkina, Korporativnoe pravo: Učebnik (Gesellschaftsrecht: Ein Lehrbuch), S. 356 f.; *Lomakin*, Korporativnye pravootnošenija (Gesellschaftsrechtliche Rechtsverhältnisse), Kap. 1 § 3 Pkt. 9.

385 Zu diesen und den folgenden Ausführungen siehe *Lomakin*, in: Šitkina, Korporativnoe pravo: Učebnik (Gesellschaftsrecht: Ein Lehrbuch), S. 356–364.

386 *Šitkina*, Chozjajstvo i pravo 2011, Nr. 2, 36–47.

387 *Kononov*, Korporativnyj Jurist 2010, Nr. 12, 12–18.

388 *Allenhöfer*, Gesellschaftervereinbarungen bei Kapitalgesellschaften, S. 216–220.

kommt ebenfalls infolge einer rechtsvergleichenden Untersuchung zum Ergebnis, dass das Abspaltungsverbot in Russland Anwendung finde.

Ginge man von der Geltung des Abspaltungsverbots in Russland aus, ist weiterhin fraglich, ob durch eine Gesellschaftervereinbarung überhaupt die grundlegenden Mitgliedschaftsrechte angetastet werden können. Aufgrund der bloß schuldrechtlichen Verpflichtung etwa zur Ausübung des Stimmrechts erfolgt keine dingliche Übertragung des Stimmrechts als grundlegendes Mitgliedschaftsrecht auf die berechtigte Person. Das Stimmrecht verbleibt beim Gesellschafter, welcher dieses Stimmrecht auf korporativer Ebene jederzeit selbst ausüben darf, auch wenn er dadurch gegen die Gesellschaftervereinbarung im Verhältnis zu seinem Vertragspartner verstößt. Diesem Ergebnis sind jedoch in Ausnahmefällen Grenzen zu setzen, und zwar wenn die schuldrechtlichen Verpflichtungen des Gesellschafters derart stark ausgeprägt sind, dass diese einer Übertragung des grundlegenden Mitgliedschaftsrechts gleichkämen. Als Beispiel sei an unwiderrufliche Übertragungen der Ausübung von Rechten oder die Übertragung sämtlicher Ausübungsrechte zu denken. Als Umgehungstatbestand sind solche Verpflichtungen als unzulässig anzusehen.[389]

Grundsätzlich stellt das Abspaltungsverbot daher keine inhaltliche Beschränkung des Regelungsgegenstands von Gesellschaftervereinbarungen dar. Im Einzelfall ist zu überprüfen, ob ein Umgehungstatbestand vorliegt.

3. *Zusammenfassende Stellungnahme*

Zusammenfassend ist festzustellen, dass einer weiten Auslegung, welche jegliche Themenbereiche als Regelungsgegenstand zulässt, so auch Fragen, welche nicht in Satzung und per Gesetz vorgesehen sind oder welche einen Bezug zu einer anderen Gesellschaft aufweisen, der Vorzug zu geben ist. Dafür sprechen zum einen der weit formulierte Wortlaut der die Gesellschaftervereinbarung regelnden Vorschriften und zum anderen die Vertragsfreiheit, welche auch für den Vertragsinhalt gilt. Dieses Ergebnis stützt auch der rechtshistorische Hintergrund der Vorschriften zur Gesellschaftervereinbarung, Russland als Wirtschafts- und Rechtsstandort für ausländische Investitionen attraktiver zu gestalten, und der daraus resultierende Sinn und Zweck eines Rechtsinstruments zur flexiblen Regelung von Gesellschafterangelegenheiten. Grundsätzlich wird der zulässige Regelungsinhalt von Gesellschaftervereinbarungen nicht durch den Proportionalitätsgrundsatz und das Abspaltungsverbot beschränkt,

389 Siehe zu diesem Ergebnis auch *Allenhöfer*, Gesellschaftervereinbarungen bei Kapitalgesellschaften, S. 220 f.

da durch Gesellschaftervereinbarungen nur eine schuldrechtliche Bindung der Vertragspartner ermöglicht wird und kein Durchgriff auf die korporative Ebene stattfindet. In diesem Zusammenhang ist jedoch zu beachten, dass Regelungen einer Gesellschaftervereinbarung, welche zwar über eine schuldrechtliche Rechtsnatur verfügen und damit nur relativ wirken, gleichzeitig ihrer Gestaltung nach jedoch einer Übertragung eines grundlegenden Mitgliedschaftsrechts gleichkommen, etwa indem der Verpflichtete unwiderruflich oder bezüglich jeglicher Gesellschafterrechte gebunden ist, die Zulässigkeitsgrenze zu einem Rechtsmissbrauchs- und Umgehungstatbestands überschreiten. Solche Regelungen sind als unzulässig anzusehen.

Bestrebungen in der russischen Rechtsliteratur, den Regelungsgegenstand von vornherein zu beschränken, basieren wohl auf der Befürchtung, dass durch Gesellschaftervereinbarungen Ersatzregelungen zur Satzung getroffen werden und so ein Parallelgesellschaftsrecht auf Grundlage des Parteiwillens entsteht. Als bereits wirkungsvolles Mittel, dies zu verhindern, kann jedoch die Reichweite der Rechtsfolgen einer Grundlagenvereinbarung herangezogen werden, welcher durch eine schuldvertragliche, also bloß relative Wirkung der Grundlagenvereinbarung Rechnung getragen wird. Die Begrenzung des Regelungsgegenstands im Voraus entspricht weder dem Gesetzgeberwillen noch ist dieses nach Sinn und Zweck des Rechtsinstituts geboten.

III. Beschränkungen aus imperativen Gesetzen und allgemeinen Rechtsgrundsätzen

Zwar ist dem zu folgen, dass keine generelle Einschränkung des Regelungsgegenstands von Gesellschaftervereinbarungen vorzunehmen ist, jedoch sind bei der Gestaltung von Gesellschafter- oder Grundlagenvereinbarungen, wie auch beim Abschluss jeglicher Verträge, die geltenden russischen Gesetze zu beachten, Art. 422 Pkt. 1 ZGB RF. Beschränkungen des Vertragsinhalts ergeben sich aus imperativen Gesetzen und allgemeinen Rechtsgrundsätzen. Sollte eine Regelung der Grundlagenvereinbarung mit dem geltenden russischen Recht unvereinbar sein, drohen als Rechtsfolge nach Art. 168 Pkt. 1, Art. 166 Pkt. 1 Alt. 1 ZGB RF die Anfechtbarkeit der vertraglichen Regelung sowie im Falle gleichzeitiger Verletzung von Allgemeininteressen oder von rechtlich geschützten Interessen Dritter nach Art. 168 Pkt. 2, Art. 166 Pkt. 1 Alt. 2 ZGB RF die Nichtigkeit der Regelung, es sei denn, die verletzte Gesetzesnorm ordnet spezielle Rechtsfolgen an.

Bevor im Folgenden mögliche Beschränkungen aus imperativen Gesetzen des Gesellschaftsrechts sowie allgemeinen Rechtsgrundsätzen behandelt werden, wird zunächst das Verständnis des Begriffs der imperativen Gesetze erläutert und eine Abgrenzung zu dispositiven Gesetzen vorgenommen.

1. *Begriff der imperativen Gesetze*

Imperative Gesetzesnormen stellen zwingende gesetzliche Regelungen dar, von denen, anders als im Falle von dispositiven Gesetzesnormen, nicht abgewichen werden darf. Eine Norm, welche Rechte und Pflichten von Vertragsparteien regelt, gilt laut Oberstem Wirtschaftsgericht der RF als imperativ, wenn sie ein offensichtliches Verbot enthält, andere als im Gesetz vorgesehene vertragliche Regelungen zu vereinbaren.[390] Ein offensichtliches Verbot ist an einer ausdrücklichen Formulierung oder daran zu erkennen, dass das Verbot auf andere Weise unzweideutig dem Gesetzestext entnommen werden kann. Selbst wenn jedoch ein offensichtliches Verbot fehlt, kann eine Gesetzesnorm trotzdem als imperativ anzusehen sein. Dies ist der Fall, wenn die Imperativität der Norm ausgehend vom Gesetzeszweck zwingend zum Schutz besonderer rechtlicher Interessen oder zur Verhütung einer groben Störung des Interessenausgleichs der Parteien erforderlich ist oder sie sich aus der Art der gesetzlichen Regulierung des Vertragstyps ergibt.[391] Als dispositiv werden alle restlichen Gesetzesnormen angesehen, welche weder ein offensichtliches Verbot enthalten noch die anderen Voraussetzungen der Imperativität erfüllen.[392]

Des Weiteren weist das Oberste Wirtschaftsgericht der RF auf mögliche einschränkende Auslegungen von offensichtlichen Verboten imperativer Gesetze, aber auch auf mögliche einschränkende Auslegungen von Öffnungsklausen dispositiver Gesetze hin, deren Anwendung im Ermessen der russischen Gerichte liegen.[393] Danach ist eine einschränkende Auslegung eines Verbots möglich, wenn durch die vertragliche Regelung die rechtlich geschützten Interessen der Person, deren Schutz das Gesetz bezweckt, nicht berührt werden. Andererseits kann auch eine Gesetzesnorm, welche ausdrücklich eine vom Gesetz

390 Plenumsbeschluss des Obersten Wirtschaftsgerichts RF vom 14.03.2014 Nr. 16 „Über die Vertragsfreiheit und ihre Grenzen", Pkt. 2.

391 Plenumsbeschluss des Obersten Wirtschaftsgerichts RF vom 14.03.2014 Nr. 16 „Über die Vertragsfreiheit und ihre Grenzen", Pkt. 3 Abs. 1.

392 Plenumsbeschluss des Obersten Wirtschaftsgerichts RF vom 14.03.2014 Nr. 16 „Über die Vertragsfreiheit und ihre Grenzen", Pkt. 4 Abs. 1.

393 Plenumsbeschluss des Obersten Wirtschaftsgerichts RF vom 14.03.2014 Nr. 16 „Über die Vertragsfreiheit und ihre Grenzen", siehe Pkt. 2 Abs. 2 für offensichtliche Verbote und Pkt. 3 Abs. 2 für Öffnungsklauseln.

abweichende Regelung erlaubt, einschränkend ausgelegt werden, wenn dies aufgrund des Wesens der Norm oder des Gesetzeszwecks geboten ist.

Die Verwendung zahlreicher unbestimmter Rechtsbegriffe, welche nicht weiter erläutert werden, wie etwa „unzweideutige Formulierung eines Verbots auf andere Weise als ausdrücklich“, „besondere rechtliche Interessen“, „grobe Störung“, „Art der gesetzlichen Regulierung des Vertragstyps“, sowie die gleichzeitige Eröffnung der Möglichkeit für Rückausnahmen durch einschränkende Auslegung machen die Abgrenzung imperativer und dispositiver Gesetze schwierig. Trotz der umfassenden Definitionen des Obersten Wirtschaftsgerichts der RF bleiben Entscheidungen der Rechtsprechung daher schwer vorhersehbar.[394] Was allerdings bei der Abwägung weiter beachtet werden muss und in diesem Fall für etwas mehr Rechtssicherheit sorgt, ist der Umstand, dass die russische Rechtsprechung immer noch stark von einem andauernden Rechtspositivismus und einer dem Wortlaut nahen Auslegung geprägt ist.[395] Von einer imperativen Gesetznorm muss daher in der Regel ausgegangen werden, wenn jene keine öffnende Formulierung für von der Vorschrift abweichende Regelungen enthält.[396] Öffnungsklauseln wie „wenn die Parteien nichts anderes vorsehen“ weisen im Umkehrschluss auf eine dispositive Gesetzesnorm hin, welche jedoch im Einzelfall je nach konkreter vertraglicher Regelung durch die Gerichte einschränkend ausgelegt werden kann.

2. *Beschränkungen aus imperativen Gesetzen des Gesellschaftsrechts*

Bei der Gestaltung von Grundlagenvereinbarungen sind die imperativen Gesetze des gesamten russischen Rechts als Schranke zu beachten. Aufgrund der typischen Vertragsinhalte sind Gesetze des Gesellschaftsrechts bei Grundlagenvereinbarungen von besonderer Relevanz. Konkret für Gesellschaftervereinbarungen erlassene Beschränkungen finden sich in der Vorschrift Art. 67.2 ZGB RF, siehe sogleich unter a) und b). Darüber hinaus ergeben sich Beschränkungen aus dem sonstigen Gesellschaftsrecht sowie aus dem Umstand, dass manche Vorkehrungen ausschließlich in der Satzung oder durch einen Gesellschafterbeschluss wirksam vorgesehen werden können. Für beides werden jeweils unter c) bzw. d) relevante Beispiele behandelt.

---

394 *Krylov*, Graždanskoe pravo 2018, Nr. 6, 14–17.

395 Zum Rechtspositivismus in Russland siehe *Allenhöfer*, Gesellschaftervereinbarungen bei Kapitalgesellschaften, S. 174–180; *Dubovitskaya,* in: Fleischer, Personengesellschaften im Rechtsvergleich, § 10 Rn. 24.

396 *Dubovitskaya,* in: Fleischer, Personengesellschaften im Rechtsvergleich, § 10 Rn. 23.

a) *Wahrung zwingender Gesellschaftsstrukturen, Art. 67.2 Pkt. 2 ZGB RF*

Ein ausdrückliches Verbot findet sich in Art. 67.2 Pkt. 2 Abs. 1 ZGB RF, wonach eine Gesellschaftervereinbarung keine Regelungen vorsehen darf, welche ein Weisungsrecht der Gesellschaftsorgane gegenüber den Gesellschaftern, eine Änderung der Organstruktur oder eine Änderung der Organkompetenzen vorsehen. Vertragliche Bestimmungen, die dagegen verstoßen, sind nichtig, Art. 67.2 Pkt. 2 Abs. 2 ZGB RF.

Diese Beschränkung ist Ausdruck der Abgrenzung der schuldrechtlichen Ebene der Gesellschaftervereinbarung von der Gesellschaftsebene, welche dem Gesellschaftsrecht unterliegt, und soll verhindern, dass durch Gesellschaftervereinbarungen ein Parallelgesellschaftsrecht für einzelne Gesellschaften geschaffen wird.[397] Insbesondere die Umkehrung der Hierarchie von Gesellschafterversammlung zu Geschäftsführung wird unterbunden. Hinsichtlich der Anpassung von Organstruktur und -kompetenzen verbietet die Vorschrift zwar die Regelung dieser Themenbereiche unmittelbar aus der Gesellschaftervereinbarung heraus wirkend mit der Folge der Nichtigkeit; erlaubt werden jedoch ausdrücklich Verpflichtungen der Parteien in Form von Stimmbindungen für entsprechende Satzungsänderungen. Danach können sich die Gesellschafter verpflichten, auf der Gesellschafterversammlung für eine Satzungsänderung zu Organstruktur und -kompetenz zu stimmen, wenn das Gesetz die Änderung von Struktur und Kompetenz per Satzung erlaubt, siehe Art. 67.2 Pkt. 2 Abs. 3 ZGB RF.

Eine ausdrückliche Möglichkeit zur Regelung einer Auswahl von inneren Angelegenheiten direkt durch Gesellschaftervereinbarung findet sich indes in Art. 66.3 Pkt. 4 ZGB RF für nichtöffentliche Kapitalgesellschaften. Art. 66 Pkt. 4 ZGB RF ermöglicht danach die Regelung unter Pkt. 3 genannter Themenkomplexe durch Gesellschaftervereinbarung in einer nichtöffentlichen Kapitalgesellschaft, wenn zum einen diese nicht zwingend der Satzungsform bedürfen und zum anderen sämtliche Gesellschafter an der Gesellschaftervereinbarung beteiligt sind. Aufgrund des Verbots aus Art. 67.2 Pkt. 2 Abs. 1 ZGB RF und des Satzungserfordernisses sind der Regelung durch eine Gesellschaftervereinbarung folgende Themen des Fragenkatalogs des Art. 66.3 Pkt. 3 ZGB RF eröffnet: UPkt. 5) Vorbereitung, Einberufung und Durchführung einer Haupt- oder Gesellschafterversammlung; UPkt. 6) Anforderungen an Mitgliederzahl,

---

397 Dazu *Avilov* in einer Sitzung des Kodifikationsrats vor dem Präsidenten der RF vom 29.10.2007, siehe das Sitzungsprotokoll in Vestnik graždanskogo prava 2008, Nr. 1, 137 ff.

Besetzung, Durchführung von Sitzungen von Geschäftsleitungsorganen; UPkt. 7) Verwirklichung eines Vorkaufsrecht und Festlegung einer Maximalhöhe des Geschäftsanteils; sowie UPkt. 9) sonstige per Gesetz vorgesehene Fälle.

b) Keine Belastung Dritter, Art. 67.2 Pkt. 5, Art. 308 Pkt. 3 Abs. 1 ZGB RF

Des Weiteren legt Art. 67.2 Pkt. 5 ZGB RF fest, dass Gesellschaftervereinbarungen keine Verpflichtungen für Personen begründen können, die nicht Vertragspartei der Gesellschaftervereinbarung sind. Geschützt werden hierdurch an der Gesellschaftervereinbarung nicht beteiligte Gesellschafter, etwaige Gläubiger oder Schuldner der Gesellschaft oder der Gesellschafter sowie insbesondere die Gesellschaft selbst.

Die für Gesellschaftervereinbarungen spezielle Vorschrift ist Ausdruck des im Vertragsrecht allgemein geltenden Verbots der Belastung Dritter aus Art. 308 Pkt. 3 Abs. 1 ZGB RF.

c) Auswahl sonstiger imperativer Regelungen des Gesellschaftsrechts

Neben der speziellen Vorschrift für Gesellschaftervereinbarungen beschränken darüber hinaus weitere Gesetze des überwiegend imperativ ausgestalteten Gesellschaftsrechts die Gestaltungsmöglichkeiten von Grundlagenvereinbarungen.

Von Relevanz ist beispielsweise, dass die Beitragspflicht der Gesellschafter nicht ausgeschlossen werden kann, Art. 65.2 Pkt. 4 Abs. 2, Art. 67 Pkt. 2 Abs. 1, Art. 90 Pkt. 2 Abs. 1 ZGB RF, und dass das Stammkapital in Höhe des Mindestkapitals bar eingezahlt werden muss, Art. 66.2 Pkt. 2 Abs. 1 ZGB RF. Erst für die Einbringung von Kapital darüber hinaus sind auch andere Beitragsleistungen in Form von Sachen, Geschäftsanteilen und Rechten zugelassen, Art. 66.1 Pkt. 1 ZGB RF. Für die OOO gilt jedoch ein niedriges Mindestkapital von 10.000 Rubel, Art. 14 Pkt. 1 Abs. 2 GmbHG RF.[398]

Hinsichtlich der Übertragung von Geschäftsanteilen muss beachtet werden, dass das im Falle einer beabsichtigen Weiterveräußerung von Geschäftsanteilen an einen Dritten geltende Vorkaufsrecht der übrigen Gesellschafter in einer OOO nicht ausgeschlossen werden kann, Art. 21 Pkt. 4 GmbHG RF.[399] Ein OOO-Gesellschafter kann auch nicht verpflichtet werden, sein Vorkaufsrecht einem anderen Gesellschafter abzutreten, Art. 21 Pkt. 4 Abs. 8 GmbHG RF.

---

398 Siehe zum entsprechenden Wert in Euro Fn. 497.

399 *Gluchov*, Korporativnyj dogovor (Der gesellschaftsrechtliche Vertrag), S. 88.

Art. 21 Pkt. 4 Abs. 7 GmbHG RF sieht weitere Einschränkungen für die Gestaltung des Vorkaufsrechts vor.

Ausdrücklich verboten ist des Weiteren der Verzicht auf das Recht, den Ausschluss eines anderen Gesellschafters aus wichtigem Grund zu fordern, Art. 67 Pkt. 1 Abs. 4 ZGB RF, Art. 10 GmbHG RF.

Zahlreiche Einschränkungen finden sich weiterhin zur Beschlussfassung auf Gesellschafterversammlungen. Hier sind vor allem Regelungen zu erforderlichen Beschlussmehrheiten zu beachten, siehe etwa Art. 37 Pkt. 8 Abs. 1, Abs. 2 GmbHG RF für Satzungsänderungen bzw. Reorganisations- und Liquidationsbeschlüsse sowie andere Einzelregelungen, wie zum Beispiel die zwingende Anforderung, den Jahresabschluss unter Anwesenheit zu beschließen, Art. 38 Pkt. 1 Abs. 2 GmbHG RF.

d) *Zwingende Regelung in Satzung oder durch Beschluss*

Nicht in der Ausprägung eines Verbots, sondern aufgrund einer bestimmten vorgeschriebenen Form als Wirksamkeitsvoraussetzung beschränken weitere Vorschriften die Gestaltungsmöglichkeit von Grundlagenvereinbarungen. Solche Gesetze enthalten die ausdrückliche Voraussetzung, dass bestimmte dem Willen der Gesellschafter überlassene Regelungen per Satzung, in Gründungsdokumenten oder durch Gesellschafterbeschluss erfolgen müssen, wobei als Gründungsdokument bei der OOO wiederum ihre Satzung gilt, siehe Art. 89 Pkt. 3 Abs. 1 ZGB RF. Eine schuldrechtliche Vereinbarung der Gesellschafter genügt in diesen Fällen nicht, um die gewünschte Rechtsfolge zu erzielen. Regelmäßig handelt es sich um Themenbereiche innerhalb der Gesellschaft, welche aufgrund der gesellschaftsrechtlichen absoluten Wirkung der Rechtsfolgen Relevanz für Dritte haben, so die Möglichkeit zur Kenntnisnahme durch Einsichtnahme der Satzung beim EGRJuL erforderlich machen und eine Regelung in einem nicht offenlegungspflichtigen Vertrag, wie der Grundlagenvereinbarung, nicht adäquat wäre.[400]

Während eine direkte Regelung der betreffenden Themenbereiche in der Grundlagenvereinbarung nicht möglich ist, steht den Joint-Venture-Partnern dennoch offen, hinsichtlich der Aufnahme entsprechender Regelungen in die Satzung oder für sonstige Gesellschafterbeschlüsse Stimmbindungen in der Grundlagenvereinbarung festzulegen, welche relativ zwischen ihnen als Vertragsparteien gelten.

---

400 *Suvorov*, Vestnik VAS RF 2011, Nr. 10, 44 (63).

Themenbereiche, in denen Gesellschafterregelungen einer besonderen Form bedürfen, sind etwa die Verteilung von Gewinn, Art. 28 Pkt. 1 S. 2, Pkt. 2 Abs. 2 GmbHG RF, sowie die Erweiterung der Gesellschafterrechte und -pflichten, siehe Art. 65.2 Pkt. 1 Abs. 7, Art. 67 Pkt. 1 Abs. 5 ZGB RF, Art. 8 Pkt. 2 GmbHG RF sowie Art. 65.2 Pkt. 4 Abs. 7, Art. 67 Pkt. 2 Abs. 2 ZGB RF, Art. 9 Pkt. 2 GmbHG RF. Eine Besonderheit enthält Art. 66 Pkt. 1 Abs. 2 S. 2 ZGB RF. Danach können Abweichungen des Umfangs der Gesellschafterrechte von der Höhe des Geschäftsanteils sowohl in der Satzung als auch in einer Gesellschaftervereinbarung vorgesehen werden; letzteres jedoch nur unter der Voraussetzung, dass ein entsprechender Vermerk in das EGRJuL eingetragen wird.

3. Beschränkungen aus allgemeinen Rechtsgrundsätzen

Wie auch bei anderen Verträgen sind dem Inhalt von Grundlagenvereinbarungen durch allgemeine Rechtsgrundsätze des russischen Rechts Grenzen gesetzt. Als Schranken kommen die Rechte Dritter (siehe sogleich unter a)), das Verbot, auf eigene Rechte oder die eigene Rechts- und Geschäftsfähigkeit zu verzichten (b)), die Grundsätze der Rechtsordnung und Sittlichkeit (c)) sowie die Grenzen des Rechtsmissbrauchs und der Gesetzesumgehung (d)) in Betracht.

a) Rechte Dritter

Die Rechte und gesetzlichen Interessen Dritter sind bei der inhaltlichen Gestaltung von Grundlagen- bzw. Gesellschaftervereinbarungen zu berücksichtigen.[401] Dies ergibt sich aus Art. 17 Pkt. 3 VRF, welcher die Rechte anderer als konkrete Schranke für die Verwirklichung der Rechte und Freiheiten von Mensch und Bürger festlegt (Drittwirkung von Grundrechten). Als Dritte kommen Gläubiger, etwaige an der Vereinbarung nicht beteiligte Gesellschafter oder zukünftige Mitgesellschafter sowie die Gesellschaft selbst in Betracht.

Ob durch eine Vertragsregelung Rechte Dritter berührt werden, ist im Einzelfall zu ermitteln. Zu beachten ist dabei, dass bereits durch die nur schuldrechtliche Wirkung der Grundlagenvereinbarung, durch das einfachgesetzlich geregelte Verbot der Belastung Dritter, Art. 67.2 Pkt. 5, Art. 308 Pkt. 3 Abs. 1 ZGB RF sowie aufgrund der Vorschriften zum Minderheiten- und Gläubigerschutz die Möglichkeiten zum Eingriff in Rechte Dritter bereits eingedämmt sind.

---

401 *Allenhöfer*, Gesellschaftervereinbarungen bei Kapitalgesellschaften, S. 203 f.; *Nurtdinov*, in: Širvindt/Ščerbakov, Opyty civilističeskogo issledovanija (Erfahrungen der zivilrechtlichen Forschung), 1. Aufl. 2016, Aufsatz „Akcionernye soglašenija", Pkt. 2.2.

b) Rechtsverzicht, Art. 9 Pkt. 2 ZGB RF, und Verzicht auf die eigene Rechts- und Geschäftsfähigkeit, Art. 22 Pkt. 3 ZGB RF

Die Frage danach, ob Gesellschafter durch den Abschluss einer Gesellschaftervereinbarung nach Art. 9 Pkt. 2 ZGB RF unzulässig auf ein Recht oder gar nach Art. 22 Pkt. 3 ZGB RF unzulässig auf ihre Rechts- oder Geschäftsfähigkeit verzichten, hat ihren Ursprung in den berühmten Gerichtsentscheidungen „Megafon" und „Russkij Standart Strachovanie",[402] in welchen Gesellschaftervereinbarungen unter anderem auf diesen Grundlagen für unwirksam erklärt wurden.[403] Nach Art. 9 Pkt. 2 ZGB RF hat ein Verzicht von Bürgern oder juristischen Personen auf die Verwirklichung ihrer Rechte nicht die Beendigung dieser Rechte zur Folge, es sei denn, dass das Gesetz dies vorsieht. Im Rahmen einer Grundlagen- oder Gesellschaftervereinbarung könnte ein solcher Rechtsverzicht im Zusammenhang mit Stimmbindungen in Betracht kommen, da der sich verpflichtende Gesellschafter womöglich auf sein Stimmrecht verzichtet.

Ein vollständiger oder teilweiser Verzicht auf die eigene Rechts- oder Geschäftsfähigkeit ist nach Art. 22 Pkt. 3 ZGB RF nichtig, es sei denn, dieser wird durch Gesetz erlaubt. Ein solcher Verzicht geht viel weiter als ein einzelner Rechtsverzicht und umfasst die Aufgabe der eigenen selbstbestimmten rechtlichen Handlungsfähigkeit.[404]

Bereits die Annahme, dass durch eine Gesellschaftervereinbarung ein Rechtsverzicht vorliege, ist anzuzweifeln. Durch eine bloß schuldrechtliche Bindung, ein Recht nicht auszuüben, findet kein genereller Verzicht auf ein Recht statt; vielmehr verbleibt das zugrundeliegende Recht immer noch beim Gesellschafter.[405] Mit Verpflichtungen in Gesellschaftervereinbarungen üben Gesellschafter gerade ihre Rechte im Rahmen der eigenen Vertragsfreiheit aus; ihre zugrundeliegenden dinglichen Mitgliedschaftsrechte selbst werden dadurch nicht

---

402 Föderales Wirtschaftsgericht Westsibirischer Bezirk, Entsch. v. 31.03.2006 – Az. F04-2109/2005 „Megafon"; Wirtschaftsgericht Moskau, Entsch. v. 26.12.2006 – Az. A40-62048/06-81-343 „Russkij Standart Strachovanie".

403 *Nurtdinov*, in: Širvindt/Ščerbakov, Opyty civilističeskogo issledovanija (Erfahrungen der zivilrechtlichen Forschung), 1. Aufl. 2016, Aufsatz „Akcionernye soglašenija", Pkt. 2.2.

404 *Allenhöfer*, Gesellschaftervereinbarungen bei Kapitalgesellschaften, S. 210.

405 *Allenhöfer*, Gesellschaftervereinbarungen bei Kapitalgesellschaften, S. 208 f.; siehe parallel dazu die Argumentationen bereits unter § 5 F. II. 2. b) und c).

berührt.[406] Ansonsten würde jegliche Verpflichtung dem Verzicht eines Rechts gleichkommen.[407] Jedenfalls hat der Gesetzgeber in Art. 67.2 Pkt. 1 ZGB RF ausdrücklich die Nichtausübung eines Rechts als Vertragsinhalt vorgesehen, sodass eine generelle Einschränkung von Gesellschaftervereinbarungen aufgrund Art. 9 Pkt. 2 ZGB RF oder Art. 22 Pkt. 3 ZGB RF nicht mehr tragbar ist.[408]

c) *Verstoß gegen Grundsätze der Rechtsordnung oder gegen die Sittlichkeit, Art. 169 ZGB RF*

Art. 169 S. 1 ZGB RF ordnet die Nichtigkeit für Rechtsgeschäfte an, deren Zielsetzung offenkundig gegen die Grundsätze der Rechtsordnung oder Sittlichkeit verstößt. Darunter sind Rechtsgeschäfte zu verstehen, welche gegen die Grundprinzipien der russischen Rechtsordnung, gegen die Prinzipien der gesellschaftlichen, politischen und wirtschaftlichen Organisation der Gemeinschaft oder gegen ihre sittliche Grundordnung verstoßen.[409] Entscheidend ist, dass die Zielsetzung des Rechtsgeschäfts, genauso wie die Rechte und Pflichten, welche die Vertragsparteien zu begründen versuchen, oder die beabsichtigte Änderung und Beendigung bestehender Rechte und Pflichten offenkundig gegen die Grundsätze der Rechtsordnung oder gegen die Sittlichkeit verstoßen. Dabei muss mindestens eine Vertragspartei vorsätzlich handeln. Mit dieser Vorschrift werden Rechtsgeschäfte gerügt, welche zwar grundsätzlich nicht gegen das Gesetz verstoßen, aber im Widerspruch zu den allgemein herrschenden Wertvorstellungen der modernen Gemeinschaft stehen.[410]

---

406 *Borodkin*, Graždansko-pravovoe regulirovanie korporativnogo dogovora v rossijskom prave: Monografija (Die zivilrechtliche Regelung des gesellschaftsrechtlichen Vertrags im russischen Recht: Monographie), Pkt. 1.3., Fn. 194.

407 *Nurtdinov*, in: Širvindt/Ščerbakov, Opyty civilističeskogo issledovanija (Erfahrungen der zivilrechtlichen Forschung), 1. Aufl. 2016, Aufsatz „Akcionernye soglašenija", Pkt. 2.2.

408 *Borodkin*, Graždansko-pravovoe regulirovanie korporativnogo dogovora v rossijskom prave: Monografija (Die zivilrechtliche Regelung des gesellschaftsrechtlichen Vertrags im russischen Recht: Monographie), Pkt. 1.3.; *Nurtdinov*, in: Širvindt/Ščerbakov, Opyty civilističeskogo issledovanija (Erfahrungen der zivilrechtlichen Forschung), 1. Aufl. 2016, Aufsatz „Akcionernye soglašenija", Pkt. 2.2.

409 Siehe auch zu den folgenden Kriterien den Plenumsbeschluss des Obersten Gerichts RF vom 23.06.2015 Nr. 25 „Über die Anwendung einiger Vorschriften des Abschnitt I des Ersten Teils des ZGB RF durch Gerichte der RF", Pkt. 85.

410 *Širvindt*, in: Suchanov, Graždanskoe pravo: Učebnik (Zivilrecht: Ein Lehrbuch), Bd. I, S. 429.

Im Rahmen von Grundlagenvereinbarungen kann die Grenze zur Sittenwidrigkeit etwa dann überschritten werden, wenn aufgrund einer äußerst ausgeprägten schuldrechtlichen Bindung die Handlungsfreiheit einer Vertragspartei unverhältnismäßig stark eingeschränkt wird.[411] Ist etwa das Stimmrecht eines Gesellschafters aufgrund einer Stimmbindung in zeitlicher und sachlicher Hinsicht so weit eingeschränkt, dass das Mitgliedschaftsrecht faktisch auf null reduziert wird, widerspricht dies den Wertungen des Verbots eines Rechtsverzichts nach Art. 9 Pkt. 2 ZGB RF und ist nach Art. 169 S. 1 ZGB RF nichtig.

d) Rechtsmissbrauch und Gesetzesumgehung, Art. 10 ZGB RF

Schließlich sind bei der Gestaltung von Grundlagenvereinbarungen die Grenzen zum Rechtsmissbrauch und zur Gesetzesumgehung zu achten. Art. 10 Pkt. 1 Abs. 1 ZGB RF enthält zwei Formen des Rechtmissbrauchs, und zwar ein Schikaneverbot nach Var. 1, wonach die Ausübung von Rechten mit der ausschließlichen Absicht, einer anderen Person Schaden zuzufügen, verboten ist, sowie einen Auffangtatbestand für rechtsmissbräuchliches Verhalten in Var. 3, wonach jegliche vorsätzlich unredliche Ausübung von Rechten verboten ist. Im Rahmen von Gesellschaftervereinbarungen ist dabei beispielsweise an eine Vergrößerung des eigenen Einflusses auf vorsätzlich rechtsmissbräuchliche Art und Weise, etwa mittels Erpressung, zu denken.[412] Als Rechtsfolge wird der rechtswidrig handelnden Person der vollständige oder teilweise Schutz des ihr zustehenden Rechts verwehrt, wobei das Gericht auch andere gesetzlich vorgesehene Maßnahmen treffen darf, siehe Art. 10 Pkt. 2 ZGB RF.

Art. 10 Pkt. 1 Abs. 1 Var. 2 ZGB RF verbietet darüber hinaus Handlungen, welche ein Gesetz umgehen und dabei auf eine rechtswidrige Zielsetzung gerichtet sind. Eine Gesetzesumgehung liegt vor, wenn Handlungen einer Person zwar formal als rechtmäßig einzuordnen sind, dabei jedoch rechtswidrigen Zielen dienen, welche dem Sinn sowie dem sozialen Zweck des Gesetzes widersprechen.[413] Als Rechtsfolge legt Art. 10 Pkt. 3 ZGB RF für Gesetzesumgehungen fest, dass die Rechtsfolge des Art. 10 Pkt. 2 ZGB RF subsidiär zu anderen im ZGB RF für solche Handlungen geregelten Rechtsfolgen gilt. Die Subsidiarität der Rechtsfolge des Art. 10 Pkt. 2 ZGB RF hat insbesondere bei Gesetzesumgehungen im Rahmen von Rechtsgeschäften, wie einer Grundlagenvereinbarung,

---

411 *Allenhöfer*, Gesellschaftervereinbarungen bei Kapitalgesellschaften, S. 209.

412 *Suvorov*, Vestnik VAS RF 2011, Nr. 10, 44 (63).

413 *Em*, in: Suchanov, Graždanskoe pravo: Učebnik (Zivilrecht: Ein Lehrbuch), Bd. I, S. 478.

Relevanz.[414] Für diese Fälle ist die Unwirksamkeit nach Art. 168 ZGB RF in Form der Anfechtbarkeit, Pkt. 1, oder Nichtigkeit, Pkt. 2, speziell.[415] Eines Rückgriffs auf die Rechtsfolge des Art. 10 ZGB RF bedarf es daher in der Regel für Rechtsgeschäfte, wie der Grundlagenvereinbarung, nicht.

IV. Zusammenfassung

Zusammenfassend ist zum zulässigen Regelungsinhalt von Grundlagenvereinbarungen zunächst festzuhalten, dass einer weiten Auslegung des Regelungsgegenstands aufgrund des Wortlauts, der Vertragsfreiheit und des rechtshistorischen Hintergrunds von Gesellschaftervereinbarungen in Russland der Vorzug zu geben ist. Einschränkungen ergeben sich danach insbesondere nicht aus dem Proportionalitätsgrundsatz oder Abspaltungsverbot und auch nicht daraus, dass der Inhalt aufgrund eines zu weiten Anwendungsbereichs einen engen Zusammenhang mit der Führung der Hauptgesellschaft aufweisen muss.

Gleichwohl sind bei der Gestaltung des Vertragsinhalts Beschränkungen aus imperativen Gesetzen zu berücksichtigen, welche sich im Falle der Grundlagenvereinbarung im Besonderen aus dem Gesellschaftsrecht sowie aus sonstigen allgemeinen Gesetzen und Rechtsgrundsätzen ergeben. Hierbei ist für die Vertragsgestaltung insbesondere relevant, dass die schuldrechtliche Verpflichtung von Gesellschaftern und die Beschränkung ihrer Gesellschafterrechte nicht die Grenze zur Sittenwidrigkeit bzw. des Rechtsmissbrauchs überschreiten darf.

G. Form

Nach Art. 67.2 Pkt. 3 ZGB RF, Art. 8 Pkt. 3 Abs. 1 S. 2 GmbHG RF i. V. m. Art. 434 Pkt. 4 ZGB RF schließen die Vertragsparteien die Grundlagenvereinbarung schriftlich in Ausfertigung eines Dokuments ab. Damit wird die grundsätzliche Formfreiheit von Verträgen einfacher Gesellschaften eingeschränkt bzw. die unter Umständen erforderliche einfache Schriftlichkeit dieser[416] weiter verschärft. Mögliche Gründe für die Entscheidung des Gesetzgebers, ein generelles weitreichendes Schriftformerfordernis für Gesellschaftervereinbarungen

---

414 *Em,* in: Suchanov, Graždanskoe pravo: Učebnik (Zivilrecht: Ein Lehrbuch), Bd. I, S. 479.

415 Siehe zum Verhältnis des Art. 10 ZGB RF zu anderen Unwirksamkeitsgrundlagen im Rahmen von Gesetzesumgehungen den Plenumsbeschluss des Obersten Gerichts RF vom 23.06.2015 Nr. 25 „Über die Anwendung einiger Vorschriften des Abschnitt I des Ersten Teils des ZGB RF durch Gerichte der RF", Pkt. 8.

416 Siehe hierzu oben unter § 5 E. III. 1.

vorzusehen, könnten in der mit der Unterzeichnung nur eines Dokuments verbundenen einfacheren Beweisbarkeit des Inhalts und der beschlossenen Vertragsbedingungen sowie der beteiligten Vertragsparteien und des Zeitpunkts des Vertragsabschlusses liegen.[417] Nach Art. 452 Pkt. 1 ZGB RF unterliegen Änderungen und Aufhebungen der Gesellschaftervereinbarungen derselben verschärften Schriftform wie deren Abschluss.

Mangels Anordnung einer speziellen Rechtsfolge für die Nichtbeachtung des Formerfordernisses richtet sich diese nach dem allgemeinen Art. 162 Pkt. 1 ZGB RF. Danach zieht die Nichteinhaltung der Schriftlichkeit keine materiellrechtliche Unwirksamkeit des Rechtsgeschäfts nach sich, sondern lediglich die prozessual-rechtliche Erschwernis, dass Zeugenaussagen als Beweis für das Rechtsgeschäft oder dessen Vertragsinhalts nicht zugelassen sind. Schriftliche und andere Beweise stehen den Parteien nach wie vor zur Verfügung.

In Abhängigkeit vom konkreten Vertragsinhalt kann das Gesetz eine weitere Verschärfung der Formanforderungen vorsehen. Das Erfordernis einer notariellen Beurkundung aufgrund von Vertragsbestimmungen, die Verfügungen von Geschäftsanteilen im Falle des Auftretens bestimmter Umstände regeln, wird kontrovers diskutiert.[418]

Die Verpflichtung zur Einbringung von Grundeigentum als Einlage hingegen unterliegt nach russischem Recht nicht der notariellen Beurkundung, wie auch die Verpflichtung zur Übertragung von unbeweglichen Sachen generell nicht, sondern erfordert lediglich einen schriftlichen Vertragsabschluss in einem Dokument, Art. 550 ZGB RF. Der Übergang des Eigentumsrechts ist erst nach Gründung des Gemeinschaftsunternehmens möglich und bedarf darüber hinaus der Registrierung im Einheitlichen Staatlichen Register unbeweglicher Sachen, Art. 551 ZGB RF.

Auch die Verpflichtung in der Gesellschaftervereinbarung zur Einbringung von Geschäftsanteilen an einer OOO als Einlage in das Gemeinschaftsunternehmen unterliegt noch nicht der notariellen Beurkundung. Diese ist erst bei der zwingend zusätzlich abzuschließenden Vereinbarung über die Übertragung der Geschäftsanteile erforderlich.[419]

417 *Allenhöfer*, Gesellschaftervereinbarungen bei Kapitalgesellschaften, S. 242; *Stepanov/Vogel/Schramm*, Vestnik VAS RF 2012, Nr. 10, 22–69.

418 Siehe hierzu bei *Galander*, in: Galander, Russisches Wirtschaftsrecht, S. 166.

419 *Gluchov*, Korporativnyj dogovor (Der gesellschaftsrechtliche Vertrag), S. 112 f.

H. Publizität

Eine zentrale Eigenschaft von Gesellschaftervereinbarungen und damit auch von Grundlagenvereinbarungen ist, dass sie als privatrechtliche Rechtsgeschäfte grundsätzlich nicht der Veröffentlichung unterliegen und vertraulich behandelt werden. Dies ist auch ein Hauptbeweggrund für die weitverbreitete Verwendung dieses Rechtsinstituts in nichtöffentlichen Gesellschaften.[420]

Das ZGB RF legt die Vertraulichkeit von Gesellschaftervereinbarungen mit der Ausnahme, dass per Gesetz etwas anderes bestimmt wird, ausdrücklich in Art. 67.2 Pkt. 4 Abs. 3 ZGB RF fest. Zu dieser Regel existieren zwei im RegisterG RF enthaltene Ausnahmen, wonach Vermerke zu Gesellschaftervereinbarungen unter bestimmten Voraussetzungen im EGRJuL einzutragen sind. Die erste Ausnahme findet sich in Art. 5 Pkt. 1 lit. l.1) RegisterG RF, welcher in Verbindung mit Art. 66 Pkt. 1 Abs. 2 S. 2 ZGB RF festlegt, dass Abweichungen des Umfangs von Gesellschafterrechten von der Geschäftsanteilshöhe in einer Gesellschaftervereinbarung vorgesehen werden dürfen, wenn die Existenz einer solchen Gesellschaftervereinbarung sowie der konkret vorgesehene Umfang der Gesellschafterrechte in das EGRJuL eingetragen werden. Abweichend von dem Grundsatz der Vertraulichkeit sind danach nicht nur die Existenz einer Gesellschaftervereinbarung, sondern auch ein Teil ihres Inhalts offenzulegen.

Die zweite Ausnahme sieht vor, dass die Existenz einer Gesellschaftervereinbarung im EGRJuL zu vermerken ist, wenn diese Beschränkungen oder generell Regelungen zur Verfügung über Geschäftsanteile enthält, siehe Art. 5 Pkt. 1 lit. l.2) RegisterG RF. Hiernach beschränkt sich die Offenlegungspflicht lediglich auf die Existenz der Gesellschaftervereinbarung; der konkrete Inhalt bleibt vertraulich. Obwohl beide Eintragungspflichten bereits 2015 in das RegisterG RF Eingang fanden,[421] können diese faktisch erst seit 2020 angewandt werden, da entsprechende Registerformulare erst seit diesem Datum durch die Föderale Steuerbehörde bestätigt wurden und verfügbar sind.[422] Die Eintragung im Fall von Abweichungen vom Umfang der Gesellschafterrechte ist als Wirksamkeitsvoraussetzung ausgestaltet, siehe Art. 66 Pkt. 1 Abs. 2 S. 2 ZGB RF, sodass ein gewisser Druck auf den Vertragsparteien lastet, diese Gesellschaftervereinbarung der Registerbehörde anzuzeigen. Darüber hinaus ist die Nichtanzeige von eintragungspflichtigen Tatsachen bußgeldbewehrt, Art. 14.25 Föderales Gesetz

---

420 *Stepanov/Vogel/Schramm*, Vestnik VAS RF 2012, Nr. 10, 22–69.

421 Siehe Art. 9 des Föderalen Gesetzes vom 29.06.2015 Nr. 210-FZ.

422 Rechtsverordnung der Föderalen Steuerbehörde Russlands vom 31.08.2020 Nr. ED-7-14/617@.

vom 30.12.2001 Nr. 195-FZ. Dennoch stellt sich hier, wie auch sogleich an ähnlicher Stelle, aufgrund der Vertraulichkeit von Gesellschaftervereinbarungen die Frage, ob und wie die Publizitätsvorschriften effektiv durchgesetzt werden können.

Neben der ausnahmsweisen Eintragungspflicht in das EGRJuL besteht für alle Gesellschaftervereinbarungen die Verpflichtung der Vertragsparteien, die Gesellschaft über die Tatsache, dass eine Gesellschaftervereinbarung abgeschlossen wurde, zu informieren, wobei der Vertragsinhalt nicht preisgegeben werden muss, Art. 67.2 Pkt. 4 Abs. 1 S. 1 ZGB RF, Art. 8 Pkt. 3 Abs. 2 S. 1 GmbHG RF. Das GmbHG RF sieht für die Benachrichtigung eine Frist von 15 Tagen ab Vertragsabschluss vor und konstatiert es als ausreichend, dass eine der Vertragsparteien das Benachrichtigungsschreiben absendet, Art. 8 Pkt. 3 Abs. 2 S. 1, S. 2 GmbHG RF. Mangels gesetzlicher Regelung ist unklar, welche Frist einzuhalten ist, wenn eine Gesellschaftervereinbarung bereits vor der Eintragung einer zu gründenden Gesellschaft im EGRJuL abgeschlossen wird, wie es etwa bei einer Grundlagenvereinbarung im Rahmen eines Joint Ventures häufig der Fall ist. Interessensgerecht erscheint, die 15-Tage-Frist ab Eintragung der Gesellschaft, also ab ihrer Entstehung, laufen zu lassen, sodass den Gesellschaftern in ausreichendem Maße Zeit zur Kenntnisnahme von der erfolgten Eintragung und zur Vorbereitung der Benachrichtigung gegeben ist, ohne die Regelung etwa durch eine verkürzte Frist zu verkomplizieren.

Bei Nichteinhaltung der Informationspflicht sieht Art. 67.2 Pkt. 4 Abs. 1 S. 2 ZGB RF einen Schadensersatzanspruch der nicht beteiligten Gesellschafter gegen die Vertragsparteien der Gesellschaftervereinbarung vor. An diese als Sanktionsvorschrift ausgestaltete Rechtsfolge der Nichteinhaltung der Publizitätsanforderungen schließen sich zwei Probleme an. Zum einen ist es dem bloßen Zufall überlassen, dass anspruchsberechtigte Gesellschafter überhaupt von einer vertraulichen Gesellschaftervereinbarung ihrer Mitgesellschafter erfahren. Zum anderen gestaltet sich der Nachweis eines Schadens sowie eines kausalen Zusammenhangs eines solchen zur Nichtanzeige der Existenz einer Gesellschaftervereinbarung als schwierig.[423] Mögliche Nachteile für unbeteiligte Mitgesellschafter ergeben sich vorrangig durch die in der Gesellschaftervereinbarung getroffenen Absprachen, welche mittelbare Auswirkungen auf sie haben können. Der Vertragsinhalt bleibt jedoch geheim und muss der Gesellschaft nicht offengelegt werden. Denkbar ist eine Konstellation, in welcher ein unbeteiligter Gesellschafter seinen Geschäftsanteil an einen Dritten veräußert

423 *Gluchov*, Korporativnyj dogovor (Der gesellschaftsrechtliche Vertrag), S. 194.

und in diesem Zusammenhang eine Garantie über das Nichtvorhandensein von Gesellschaftervereinbarungen übernimmt. Ein hierbei gut beratener Gesellschafter garantiert jedoch lediglich seine Unkenntnis von einer bestehenden Gesellschaftervereinbarung.

Die Androhung der Schadensersatzpflicht sowie die daran anschließenden Problematiken sind weniger relevant im Falle der Grundlagenvereinbarung eines Joint Ventures, an der sämtliche Gesellschafter beteiligt sind. An Bedeutung können diese bei Änderungs- oder Ergänzungsvereinbarungen im Laufe des Lebens des Gemeinschaftsunternehmens gewinnen, etwa wenn weitere Gesellschafter hinzutreten oder zusätzliche Gesellschaftervereinbarungen unter Beteiligung Dritter nach Art. 67.2 Pkt. 9 ZGB RF abgeschlossen werden. Der Erfahrung aus der Praxis nach melden Gesellschafter die Gesellschaftervereinbarung der Gesellschaft nicht, wenn sämtliche Gesellschafter an der Vereinbarung beteiligt sind.[424]

Festzuhalten ist, dass die gesetzlichen Rechtsfolgen für die Nichteinhaltung der Informationspflicht nach Art. 67.2 Pkt. 4 Abs. 1 ZGB RF sowie der Eintragungspflicht nach Art. 5 Pkt. 1 lit. l.1) und l.2) RegisterG RF und jeweils die effektive Durchsetzbarkeit dieser Regelungen eher schwach ausgestaltet wurden. Das Gesetz verlässt sich hinsichtlich der Einhaltung der Publizitätspflicht weitgehend auf die Gewissenhaftigkeit der Gesellschafter.

Sinn und Zweck der Informationspflicht aus Art. 67.2 Pkt. 4 ZGB RF ist es, dass die Gesellschaft, konkret die Geschäftsführung, die Verteilung der faktischen Machtverhältnisse überschauen können soll.[425] Ob der Zweck der Vorschrift auch eine Informationsmöglichkeit der nicht beteiligten Gesellschafter umfasst, ist anzuzweifeln, da es mangels konkreter Informationsanfrage durch die Gesellschafter im Ermessen der Geschäftsführung liegt, ob sie die Information über die Existenz einer Gesellschaftervereinbarung weitergibt. Fraglich ist, ob dem Sinn und Zweck der Vorschrift mittels einer Informationspflicht lediglich hinsichtlich der Existenz einer Gesellschaftervereinbarung überhaupt genüge getan ist.[426] Nicht mitzuteilen, aber für die Überschaubarkeit der Machtverhältnisse in einer Gesellschaft essentiell, ist zum einen die Information über

---

424 *Gluchov*, Korporativnyj dogovor (Der gesellschaftsrechtliche Vertrag), S. 194.

425 *Allenhöfer*, Gesellschaftervereinbarungen bei Kapitalgesellschaften, S. 245.

426 Die Zielsetzung des Drittschutzes ebenfalls in Frage stellend *Osipenko*, Dogovor ob osuščestvlennii prav učastnikov chozjajstvennych obščestv v rossijskom i anglijskom prave (Vertrag über die Verwirklichung von Gesellschafterrechten in Handelsgesellschaften im russischen und englischen Recht), Kap. 3 § 1.

die Personen der Vertragsparteien[427] und zum anderen über die konkreten inhaltlichen Regelungen.

Regelungsgrund für die Eintragungspflichten nach Art. 5 Pkt. 1 lit. l.1) und l.2) RegisterG RF für Abweichungen des Umfangs der Gesellschafterrechte sowie im Hinblick auf die Verfügung von Geschäftsanteilen ist ein gesteigertes Schutzbedürfnis Dritter, insbesondere der nicht beteiligten Mitgesellschafter, zukünftiger Gesellschafter und Vertragspartner der Gesellschaft, welche ein schutzwürdiges Interesse an einem realistischen Bild von den Machtverhältnissen und Einflüssen auf die Führung der Gesellschaft haben. Aber auch hier ist die Erreichung des Gesetzeszwecks aufgrund der Vertraulichkeit von Gesellschaftervereinbarungen und maßgeblichen Abhängigkeit vom Belieben der Vertragsparteien, rechtmäßig zu handeln, erschwert, da die Behörde keine Möglichkeit hat, eigenständig von der Existenz einer Gesellschaftervereinbarung und umso weniger von ihrem Inhalt zu erfahren.

Den verschiedenen Publizitätsvorschriften ist gemein, dass sie die Spannung zwischen öffentlichem Interesse an der Kenntnis der faktischen Machtverhältnisse in einer Gesellschaft und dem Bedürfnis sowie dem privaten Recht der Vertragsparteien an der Geheimhaltung ihrer schuldrechtlichen Vereinbarungen interessensgerecht lösen müssen. Die Antwort des russischen Gesetzgebers auf diesen Interessenskonflikt sind weiche Veröffentlichungspflichten, deren Einhaltung weitgehend den Verpflichteten überlassen ist. Der russische Gesetzgeber hat sich damit eher für den Schutz des privaten Rechts auf Vertraulichkeit von schuldrechtlichen Verträgen entschieden, sodass Gesellschaftervereinbarungen in nichtöffentlichen Gesellschaften weitestgehend geheim gehalten werden können und was den Interessen der Vertragsparteien einer Grundlagenvereinbarung zugutekommt.

§ 6 Gemeinschaftsunternehmen

Auf Ebene des Gemeinschaftsunternehmens findet sich als zweite Vertragsgruppe in einem Equity Joint Venture der Gesellschaftsvertrag bzw. die Satzung sowie der Gründungsvertrag. Bevor auf letztere unter C. und B. näher eingegangen wird, ist zunächst die Frage vorgelagert, welche russische Gesellschaftsform sich für ein deutsch-russisches Joint Venture eignet (siehe A.).

427 Dazu siehe *Allenhöfer*, Gesellschaftervereinbarungen bei Kapitalgesellschaften, S. 245.

A. Geeignete Rechtsform

Nach der Entscheidung zur Errichtung eines Equity Joint Ventures stellt sich den Joint-Venture-Partnern als eine der nächsten Fragen diejenige nach der geeignetsten russischen Rechtsform für das zu errichtende Gemeinschaftsunternehmen. Das russische Gesellschaftsrecht bietet den Partnern dafür eine Auswahl an Rechtsformen an, wobei nicht jede den spezifischen Anforderungen eines Joint Ventures sowie den typischen Erwartungen von Joint-Venture-Partnern entspricht.

Im Allgemeinen sind von wesentlicher Bedeutung für die Entscheidung für oder gegen eine Rechtsform die folgenden drei Aspekte.[428] Die Joint-Venture-Partner werden regelmäßig an einer Haftungsbeschränkung interessiert sein sowie die Rechtsverhältnisse untereinander sowie in der Gesellschaft möglichst flexibel und an die konkrete Situation angepasst gestalten wollen. Letzteres betrifft insbesondere die Organstruktur sowie die Kompetenzverteilung unter den Organen inklusive der Möglichkeit der Fremdorganschaft, den Gestaltungsfreiraum bei Gesellschafterrechten und -pflichten sowie die Möglichkeit[429] zum Abschluss vertraulicher Gesellschaftervereinbarungen. Schließlich spielt die steuerliche Behandlung der Rechtsform aufgrund der finanziellen Planung eine nicht zu vernachlässigende Rolle.[430]

Im Folgenden werden zur Bestimmung der am besten geeigneten Rechtsform für das Gemeinschaftsunternehmen eines deutsch-russischen Joint Ventures zunächst Grundlagen zu russischen Gesellschaftsformen (I.) sowie alle in Frage kommenden Rechtsformen (II.-VI.) vorgestellt und anschließend einer Bewertung (VII.) unterzogen.

I. Grundlagen zu russischen Rechtsformen

Anders als im deutschen Recht, welches das (Handels-)Gesellschaftsrecht größtenteils nicht im Bürgerlichen Gesetzbuch, sondern im Handelsgesetzbuch sowie in Sondergesetzen für einzelne Rechtsformen regelt, findet sich die

---

428 Siehe zu diesen *Gluchov*, Korporativnyj dogovor (Der gesellschaftsrechtliche Vertrag), S. 80; *Schulte/Pohl*, Joint-Venture-Gesellschaften, Rn. 67 f., 79.

429 Dies war bis 2008/2009 bei russischen Kapitalgesellschaften nicht selbstverständlich, weswegen in diesen beiden Jahren entsprechende Regelungen in das russische Aktien- bzw. GmbH-Gesetz, gefolgt von Art. 67.2 ZGB RF in 2014, aufgenommen wurden. Siehe zur Bedeutung von Gesellschaftervereinbarungen in einem Joint Venture *Gluchov*, Korporativnyj dogovor (Der gesellschaftsrechtliche Vertrag), S. 76.

430 *Schulte/Pohl*, Joint-Venture-Gesellschaften, Rn. 79, 258 ff.

Hauptrechtsquelle des russischen Gesellschaftsrechts im Allgemeinen Teil des Zivilgesetzbuchs.[431] Die Regelungen sind ausführlich, in sich geschlossen und enthalten den verschiedenen Rechtsformen gemeinsame Prinzipien.[432] Sie werden nur vereinzelt durch Spezialgesetze, etwa für die Aktiengesellschaft sowie die Gesellschaft mit beschränkter Haftung, ergänzt, welche weitgehend Wiederholungen des ZGB RF enthalten.

Das russische Gesellschaftsrecht präsentiert sich vorrangig als Körperschaftsrecht.[433] Es wird grundlegend zwischen der einfachen Gesellschaft[434] und den juristischen Personen unterschieden, was bereits daran erkennbar ist, dass die Regelungen zur einfachen Gesellschaft nicht im Allgemeinen Teil des ZGB RF, sondern im Besonderen Teil des Schuldrechts verortet sind.[435] Die einfache Gesellschaft ist ein rein vertraglicher Zusammenschluss ohne Bildung einer neuen Rechtspersönlichkeit, siehe Art. 1041 ZGB RF, und ohne eigene Rechtsfähigkeit.[436] Im Unterschied zur deutschen Gesellschaft bürgerlichen Rechts („GbR") bildet die einfache Gesellschaft nicht die Grundform der übrigen Rechtsformen.[437]

Nach Art. 48 Pkt. 1 ZGB RF wird eine juristische Person dadurch definiert, dass sie mit einem gesonderten Vermögen ausgestattet ist, mit welchem sie für eigene Verpflichtungen haftet, dass sie in eigenem Namen zivilrechtliche Rechte erwerben und durchsetzen sowie Träger zivilrechtlicher Pflichten sein kann, und dass sie in einem gerichtlichen Verfahren parteifähig ist. Im Vergleich zum deutschen Gesellschaftsrecht ergibt sich die Besonderheit, dass sowohl Kapital[438]- als auch Personengesellschaften[439] juristische Personen darstellen, Art. 50

---

431 ZGB RF Teil 1 (Allgemeiner Teil, Sachenrecht, Allgemeiner Teil des Schuldrechts), Abschnitt I. Allgemeiner Teil, Unterabschnitt 1. Personen, Kapitel 4. Juristische Personen.

432 *Nübler/Trunk*, Einführung in die russisch-deutsche Rechtsterminologie, S. 89 f.

433 *Görlitz*, in: Süß/Wachter, Handbuch des internationalen GmbH-Rechts, 3. Aufl. 2016, Kapitel Russland, Rn. 1; *Schmitt/Melnikov*, in: Breidenbach/Institut für Ostrecht München, Handbuch WiRO, Länderteil Russland, Stand: 103. EL November 2011, Kapitel D.I. Gesellschaftsrecht, Rn. 1.

434 Russ. *prostoe tovariščestvo*.

435 Art. 1041–1054 ZGB RF, nicht in den Art. 48–123.28 ZGB RF.

436 *Pashchenko*, in: Nußberger, Einführung in das russische Recht, S. 216; Einordnung als „besonderer Vertragstyp" bei *Görlitz*, in: Süß/Wachter, Handbuch des internationalen GmbH-Rechts, 3. Aufl. 2016, Kapitel Russland, Rn. 2.

437 *Arzinger/Galander*, Russisches Wirtschaftsrecht, S. 76; *Pashchenko*, in: Nußberger, Einführung in das russische Recht, S. 216; *Galander*, DRRZ 2017, 136.

438 Russ. (Sg.) *obščestvo*.

439 Russ. (Sg.) *tovariščestvo*.

Pkt. 2 ZGB RF, und beide Rechtsformgruppen mit Registrierung im EGRJuL entstehen, Art. 48 Pkt. 2, Art. 49 Pkt. 3 S. 1 ZGB RF. Dennoch bleibt es auch in Russland bei dem Grundsatz, dass bei Personengesellschaften die Vereinigung der Gesellschafter und bei Kapitalgesellschaften die Kapitalbeschaffung im Vordergrund stehen, was sich wiederum in den unterschiedlichen Haftungsregimen der beiden Rechtsformgruppen niederschlägt.

Nach Art. 66 Pkt. 3 ZGB RF zählen zu den Personengesellschaften die Vollgesellschaft[440] sowie Kommanditgesellschaft[441] (siehe zu beiden näher sogleich unter III.) und nach Art. 66 Pkt. 4 ZGB RF zu den Kapitalgesellschaften die Aktiengesellschaft[442] („AO") (unter V.) sowie Gesellschaft mit beschränkter Haftung[443] („OOO") (unter VI.). Um die Investitionstätigkeit zu fördern, wurden 2012 zwei neue Gesellschaftsformen eingeführt – die Investitionsgesellschaft[444] (unter II.) und Wirtschaftspartnerschaft[445] (unter IV.).[446]

II. Einfache Gesellschaft und Investitionsgesellschaft

Nach Art. 1041 Pkt. 1, Pkt. 2 ZGB RF basiert die einfache Gesellschaft auf einem vertraglichen Zusammenschluss von mindestens zwei Personen, um ihre Beiträge zu vereinen und gemeinsam ohne Bildung einer juristischen Person mit Gewinnerzielungsabsicht oder zu einem anderen nicht rechtswidrigen Zweck zusammenzuwirken.[447] Ist eine unternehmerische Tätigkeit der einfachen Gesellschaft beabsichtigt, muss es sich bei den Personen um Einzelunternehmer oder Handelsgesellschaften handeln, Art. 1041 Pkt. 2 ZGB RF. Der Vertragsschluss erfolgt nach den allgemeinen Regeln der Art. 158 ff. ZGB RF grundsätzlich formlos.[448] Die einfache Gesellschaft erinnert im Grundsatz an die deutsche GbR bis zur ihrer Reform durch das Personengesellschaftsrechtsmodernisierungsgesetz.[449] Sie stellt eine organisationsrechtliche Einheit auf

440 Russ. *polnoe tovariščestvo.*

441 Russ. *kommanditnoe tovariščestvo* oder *tovariščestvo na vere* (wörtlich: Gesellschaft auf Vertrauen).

442 Russ. *akcionernoe obščestvo.*

443 Russ. *obščestvo s ograničennoj otvetstvennoct'ju.*

444 Russ. *investicionnoe tovariščestvo.*

445 Russ. *chosjajstvennoe partnërstvo.*

446 *Galander*, in: Galander, Russisches Wirtschaftsrecht, S. 131.

447 Zur einfachen und stillen Gesellschaft bereits ausführlich siehe § 5 E. III. 1.

448 *Stein*, WiRO 2013, 144 (146).

449 Gesetz zur Modernisierung des Personengesellschaftsrechts („MoPeG") vom 25.06.2021, verkündet am 17.08.2021, BGBl. I S. 3436.

vermögensrechtlicher Grundlage ohne Erlangung eigener Rechtspersönlichkeit dar.[450] Sie ist als auf Dauer angelegte Innengesellschaft konzipiert,[451] deren Gesellschaftsvertrag das Innenverhältnis der Gesellschafter regelt, während sich das Außenverhältnis nach den vertraglichen Verpflichtungen jedes einzelnen Gesellschafters mit Dritten bestimmt.[452] Nach Art. 1044 Pkt. 2 ZGB RF ist dem gesetzlichen Grundfall nach jeder Gesellschafter berechtigt, mit Dritten im Namen aller Gesellschafter Rechtsgeschäfte abzuschließen. Die Vertretungsmacht ergibt sich durch gesonderte schriftliche Vollmachterteilung oder sie wird innerhalb eines schriftlichen Gesellschaftsvertrags erteilt, Art. 1044 Pkt. 2 ZGB RF. Bei Abschluss von Rechtsgeschäften mit Dritten wird – anders als bei der deutschen Außen-GbR seit einem Grundsatzurteil des BGH[453] – nicht primär die Gesellschaft selbst verpflichtet, sondern ausschließlich alle Gesellschafter in unbeschränkter Haftung als Gesamtschuldner, Art. 1047 ZGB RF. Die einfache Gesellschaft selbst kann ihrer Konzeption nach keine Außenwirkung entfalten und nicht am Rechtsverkehr teilnehmen; es kann lediglich von einer Außenwirkung der Gesellschafter gesprochen werden. Die einfache Gesellschaft verfügt über keine (Teil-)Rechtsfähigkeit.[454]

Diese Rechtsnatur der einfachen Gesellschaft spiegelt sich ebenfalls in den Eigentumsverhältnissen wider. Nach Art. 1043 Pkt. 1 S. 1 ZGB RF gehen geleistete Einlagen und Produktionsergebnisse sowie erwirtschaftete Früchte und Erlöse in das Miteigentum nach Bruchteilen aller Gesellschafter über und nicht in ein verselbstständigtes Vermögen der Gesellschaft, aber auch nicht in ein Gesamthandseigentum der Gesellschafter.

Seit ihrer Einführung in 2012 steht für kollektive Investitionstätigkeiten die Rechtsform der Investitionsgesellschaft zur Verfügung.[455] Als Variante der einfachen Gesellschaft, siehe Verweis in Art. 1041 Pkt. 3 ZGB RF, stellt sie keine juristische Person dar und ist nicht im EGRJuL einzutragen, Art. 3 Pkt. 1 InvGesG. Im

---

450 *Šitkina*, in: Šitkina, Korporativnoe pravo: Učebnik (Gesellschaftsrecht: Ein Lehrbuch), S. 207.

451 *Pashchenko*, in: Nußberger, Einführung in das russische Recht, S. 216.

452 *Šitkina*, in: Šitkina, Korporativnoe pravo: Učebnik (Gesellschaftsrecht: Ein Lehrbuch), S. 208 f.

453 BGHZ 146, 341.

454 So ausdrücklich auch *Plagemann*, WiRO 2011, 231.

455 Föderales Gesetz vom 28.11.2011 Nr. 335-FZ „Über die Investitionsgesellschaft" („InvGesG"), in Kraft seit dem 01.01.2012; deutsche Übersetzung des Gesetzestexts (Stand 21.07.2014) bei *Stein*, WiRO 2015, 271 (Teil 1) und *Stein*, WiRO 2015, 298 (Teil 2).

Gegensatz zur einfachen Gesellschaft unterliegt das Gründungsdokument jedoch einer strengen notariellen Form, welche die Registrierung des Vertrags im Register notarieller Handlungen des Einheitlichen Informationssystems des Notariats vorsieht, Art. 8 Pkt. 1, Art. 3 Pkt. 8 InvGesG. Die notarielle Beurkundung wirkt für die Entstehung der Gesellschaft konstitutiv, Art. 3 Pkt. 11 InvGesG.

Als zwingenden Gesellschaftszweck gibt Art. 3 Pkt. 1 InvGesG die Gewinnerzielung vor. Darüber hinaus wird der Unternehmensgegenstand auf „gemeinsame Investitionstätigkeiten" beschränkt, Art. 3 Pkt. 1, Art. 1 Pkt. 2, Art. 11 Pkt. 2 InvGesG. Darunter wird nach Art. 2 Pkt. 1 InvGesG die gemeinsam ausgeübte Tätigkeit der Investition des Miteigentums der Gesellschafter in per Gesetz und durch den Gesellschaftsvertrag zugelassene Investitionsobjekte zur Durchführung von Investitionsprojekten, einschließlich im innovativen Bereich verstanden. Die Investitionsgesellschaft ist damit darauf ausgelegt, als bloßes Beteiligungs- und Investitionsvehikel zu fungieren.

Ihrer Struktur nach soll die Investitionsgesellschaft den weltweit am weitesten verbreiteten kollektiven Investitionsrechtsformen aus dem Bereich des Venture-Capitals angenähert werden, insbesondere den einschlägigen Rechtsformen aus dem anglo-amerikanischen Rechtskreis, etwa der britischen *Limited Partnership*.[456] Entsprechend wird zwischen geschäftsführenden und einfachen[457] Gesellschaftern unterschieden, Legaldefinitionen in Art. 3 Pkt. 2 und Pkt. 12 InvGesG. Nach Art. 9 Pkt. 1 InvGesG sind die einfachen Gesellschafter sowie ausländische Unternehmen, welche ihre Geschäftstätigkeit in der RF nicht durch eine ständige Repräsentanz durchführen, von der Geschäftsführung ausgeschlossen. Die Vertretungsmacht der geschäftsführenden Gesellschafter ergibt sich aus dem Gesellschaftsvertrag und bedarf keiner gesonderten Erteilung, Art. 9 Pkt. 8 InvGesG.

Wie auch bei der einfachen Gesellschaft besteht das Vermögen in der Investitionsgesellschaft aus dem Miteigentum der Gesellschafter nach Bruchteilen,

---

456 Gesetzesbegründung des Eigentumsausschusses der Staatsduma vom 02.06.2011 zu den Gesetzesprojekten Nr. 557184-5 und Nr. 557192-5, S. 1; abrufbar unter: https://sozd.duma.gov.ru/bill/557184-5 und https://sozd.duma.gov.ru/bill/557192-5; *Šitkina*, in: Šitkina, Korporativnoe pravo: Učebnik (Gesellschaftsrecht: Ein Lehrbuch), S. 211 f.; *Stein*, WiRO 2013, 144.

457 Die dem Originalwortlaut am nächsten kommende Übersetzung der Bezeichnung für die nicht-geschäftsführenden Gesellschafter lautet „einlageerbringende Gesellschafter", siehe auch bei *Stein*, WiRO 2015, 271 (274); auf Deutsch erweckt diese Terminologie jedoch den fälschlichen Eindruck, dass geschäftsführende Gesellschafter keine Beiträge erbringen müssen.

Art. 7 Pkt. 1 InvGesG. Für vertragliche Verbindlichkeiten haften die einfachen Gesellschafter beschränkt auf die Höhe ihrer Einlage, Art. 14 Pkt. 3 InvGesG. Sollten diese nicht ausreichen, haften die geschäftsführenden Gesellschafter subsidiär und gesamtschuldnerisch mit ihrem gesamten Vermögen. Für außervertragliche Verbindlichkeiten haften alle Gesellschafter gesamtschuldnerisch und unbeschränkt mit ihrem gesamten Vermögen, Art. 14 Pkt. 1 InvGesG.

Verboten sind die Bewerbung der eigenen Tätigkeit außerhalb des Internets sowie die Gewinnung neuer Gesellschafter mithilfe öffentlicher Ausschreibung, Art. 3 Pkt. 7, Pkt. 7.1 InvGesG. Weitere Besonderheiten der Investitionsgesellschaft sind die Beschränkung der Gesellschaftergesamtzahl auf 50 sowie der Vertragslaufzeit auf 15 Jahre, siehe Art. 3 Pkt. 6 und Art. 13 Pkt. 1 InvGesG. Die Investitionsgesellschaft selbst unterliegt nicht der Gewinnsteuerpflicht. Die Gesellschafter sind jedoch für die Entrichtung der Einkommens- und Gewinnsteuer, die auf ihren jeweiligen Geschäftsanteil entfällt, verantwortlich.[458]

Sowohl die einfache Gesellschaft als auch die Rechtsform der Investitionsgesellschaft haben bisher nur eine geringe Bedeutung in der Praxis erlangt.[459] Seit 2012 wurden im Register notarieller Handlungen des Einheitlichen Informationssystems des Notariats nur ca. 80 Anmeldungen von Investitionsgesellschaften verzeichnet.[460]

III. Personengesellschaften

Wie bereits einführend genannt bietet das russische Gesellschaftsrecht zwei Rechtsformen der Personengesellschaften – zum einen die Vollgesellschaft, Art. 69–81 ZGB RF, welche der deutschen offenen Handelsgesellschaft („OHG“) nahesteht, und zum anderen die Kommanditgesellschaft („KG“), Art. 82–86 ZGB RF. Als juristische Personen ist bei beiden Gesellschaftsrechtsformen zwar grundsätzlich die persönliche Haftung der Gesellschafter nach Art. 56 Pkt. 2 ZGB RF ausgeschlossen. Jedoch enthält dieser Artikel eine Öffnung für gesetzlich vorgesehene abweichende Fälle, wovon bei den Personengesellschaften

458 *Galander*, in: Galander, Russisches Wirtschaftsrecht, S. 132.

459 Für die einfache Gesellschaft siehe etwa *Arzinger/Galander*, Russisches Wirtschaftsrecht, S. 76; *Galander*, in: Galander, Russisches Wirtschaftsrecht, S. 35, für die Investitionsgesellschaft bis zu ihrer ersten umfangreichen Reform in 2014 siehe *Stein*, WiRO 2015, 271.

460 Zahl der von der Föderalen Notarkammer veröffentlichten Liste notarieller Beurkundungen von Verträgen zu Investitionsgesellschaften entnommen; abrufbar unter: https://notariat.ru/ru-ru/help/dogovory-investicionnogo-tovarishestva/.

umfassend Gebrauch gemacht wurde. Die Gesellschafter der Vollgesellschaft sowie die Komplementäre der Kommanditgesellschaft haften subsidiär, gesamtschuldnerisch und persönlich unbeschränkt mit ihrem gesamten Vermögen für Verbindlichkeiten der Gesellschaft, Art. 69 Pkt. 1, Art. 75 Pkt. 1 ZGB RF sowie Art. 82 Pkt. 1, 2 i.V.m. Art. 75 Pkt. 1 ZGB RF. Die Haftung der Kommanditisten hingegen ist auf die Höhe ihrer Einlage beschränkt, Art. 82 Pkt. 1 ZGB RF.

Zwar sind zur Abwendung der Folgen einer persönlichen unbeschränkten Haftung in der Kommanditgesellschaft Mischformen wie die OOO bzw. AO & Co. KG möglich,[461] was jedoch die Beliebtheit der Rechtsform nicht signifikant steigert. Die Personengesellschaften spielen in Russland eine nur untergeordnete Rolle, da sie als juristische Personen eigenständige Steuersubjekte darstellen, dadurch gewinnsteuerpflichtig sind und in dieser Hinsicht keinen Vorteil im Vergleich zu den Kapitalgesellschaften bieten.[462]

IV. Wirtschaftspartnerschaft

Fast zeitgleich mit der Investitionsgesellschaft hat der russische Gesetzgeber zur Förderung von Venture-Capital-Investitionen, ebenfalls mit Blick auf den innovativen Bereich, als zweite neue Rechtsform die Wirtschaftspartnerschaft eingeführt.[463] Der Konzeptentwurf zur Wirtschaftspartnerschaft basiert auf ausländischen Rechtsformen ohne Komplementär wie der amerikanischen *Limited Liability Company* und britischen *Limited Liability Partnership*.[464] Die Wirtschaftspartnerschaft stellt eine juristische Person dar, siehe etwa in Art. 50 Pkt. 2 ZGB RF, entsteht somit durch Eintragung in das EGRJuL, Art. 2 Pkt. 6 WirtPartG, und vereint in sich Elemente sowohl einer Personen- als auch Kapitalgesellschaft.[465] Als solche Mischform wird sie nicht einer der beiden

461 *Görlitz*, in: Süß/Wachter, Handbuch des internationalen GmbH-Rechts, 3. Aufl. 2016, Kapitel Russland, Rn. 2; *Pashchenko*, in: Nußberger, Einführung in das russische Recht, S. 217.

462 *Galander*, in: Galander, Russisches Wirtschaftsrecht, S. 35; *Pashchenko*, in: Nußberger, Einführung in das russische Recht, S. 217; *Schmitt/Melnikov*, in: Breidenbach/Institut für Ostrecht München, Handbuch WiRO, Länderteil Russland, Stand: 103. EL November 2011, Kapitel D.I. Gesellschaftsrecht, Rn. 1.

463 Föderales Gesetz vom 03.12.2011 Nr. 380-FZ „Über Wirtschaftspartnerschaften" („WirtPartG"), in Kraft seit 01.07.2012.

464 Gesetzesbegründung des Eigentumsausschusses der Staatsduma vom 02.06.2011 zum Gesetzesprojekt Nr. 557159-5, S. 5; abrufbar unter: https://sozd.duma.gov.ru/bill/557159-5.

465 *Galander*, in: Galander, Russisches Wirtschaftsrecht, S. 133.

Gesellschaftsformengruppen zugeordnet, sondern steht als „Novum des russischen Gesellschaftsrechts“[466] neben diesen.[467]

Als krasse Ausnahme zum Konzept der Rechtsfähigkeit von Handelsgesellschaften des russischen Rechts sieht das Gesetz Beschränkungen für ihre Rechtsfähigkeit vor, siehe Art. 2 Pkt. 4, Pkt. 5 und Pkt. 7 WirtPartG.[468] Danach ist es einer Wirtschaftspartnerschaft verwehrt, Schuldverschreibungen oder Emissionswertpapiere auszugeben, für sich zu werben sowie Gründer oder Gesellschafter anderer juristischer Personen mit Ausnahme einzelner Rechtsformen, die keine Handelsgesellschaften darstellen, zu sein. Rechtsgeschäfte, die diese Verbote überschreiten, sind nichtig. Gerade letzteres Verbot schränkt die Universalität und die Einsatzmöglichkeiten der Rechtsform in der Praxis stark ein.

Einen der Grundpfeiler der Wirtschaftspartnerschaft stellt nach Art. 2 Pkt. 2 WirtPartG die Haftungsbeschränkung der Gesellschafter in Höhe ihrer Einlage, ein Grundelement der Kapitalgesellschaften, dar. Dieses Privileg der Gesellschafter wird gesetzlich jedoch nicht durch entsprechende Schutzmechanismen für Gläubiger ausbalanciert.[469] Ein Mindestkapital sieht das Gesetz nicht vor; stattdessen enthält es in Art. 2 Pkt. 9 WirtPartG eine Ermächtigung der Regierung der RF zum Erlass von Kapitalstandards für bestimmte Geschäftstätigkeiten,[470] welcher die Regierung aber nicht nachkommen muss und es auch bisher nicht getan hat. Des Weiteren muss die Liste der Gesellschafter im EGRJuL neben deren Benennung nicht auch weitere Angaben über ihre Anteile, etwa Höhe der Einlage oder den Status der Einlagenleistung, beinhalten.[471] Einem Gläubiger ist es somit verwehrt, sich unabhängig ein Bild von der finanziellen Ausstattung der Gesellschaft zu machen.

Was jedoch Gläubigern durch das WirtPartG grundsätzlich ermöglicht wird, ist die Beteiligung an der durch die Gesellschafter bereits bei der Gründung abzuschließenden sog. Verwaltungsvereinbarung, einem weiteren Grundelement der Wirtschaftspartnerschaft. Jene hat zentrale Bedeutung für die Regulierung

466 *Dubovitskaya/Kashanin*, RIW 2016, 268 (274).

467 Siehe die gleichgeordnete Aufzählung in Art. 50 Pkt. 2 ZGB RF: „Juristische Personen [...] können in den Rechtsformen der Personen- und Kapitalgesellschaften, [...] Wirtschaftspartnerschaften, [...] gegründet werden“.

468 Dazu insgesamt *Dubovitskaya/Kashanin*, RIW 2016, 268 (271).

469 Ausführlich dazu *Lomakin*, Zakon 2012, Nr. 1, 23–25; vgl. auch *Dubovitskaya/Kashanin*, RIW 2016, 268 (271).

470 Kritisch zur vollumfänglichen Entscheidungsmacht der Exekutive *Suchanov*, Zakon 2012, Nr. 1, 19 f.

471 *Dubovitskaya/Kashanin*, RIW 2016, 268 (272).

der Organverfassung, für welche gesetzlich nur vorgeschrieben ist, dass die Gesellschaft über ein Einzelvertretungsorgan in Selbstorganschaft durch eine natürliche Person verfügen muss, Art. 18 Pkt. 3 WirtPartG. Diese Gesellschaftervereinbarung, welche *de facto* im Vergleich zur Satzung eine übergeordnete Rolle spielt,[472] soll maximale Flexibilität bei der Regelung der eigenen Verwaltung, aber auch darüber hinaus, etwa bei der Finanzierung, ermöglichen.[473] Neben den Gesellschaftern können an der Verwaltungsvereinbarung Dritte, wie zum Beispiel Gläubiger, sowie, wenn in der Satzung vorgesehen, auch die Gesellschaft selbst beteiligt werden, Art. 6 Pkt. 2 S. 1, S. 2 WirtPartG.[474] Die Vereinbarung wird nicht im EGRJuL offengelegt, ist dementsprechend im Hinblick auf Existenz und Inhalt vertraulich, erfordert jedoch einer notariellen Beurkundung, Art. 6 Pkt. 2 S. 5, S. 4 WirtPartG.

Als juristische Person ist die Wirtschaftspartnerschaft ein eigenes Steuersubjekt und unterliegt der Gewinnsteuer, was ihre Attraktivität für die Gesellschafter im Vergleich zu ihren internationalen Vorbildern mindert.[475]

Trotz der guten Absichten des Gesetzgebers, die Investitionstätigkeit des innovativen Bereichs zu fördern, hat sich die Rechtsform der Wirtschaftspartnerschaft in der Praxis nicht durchgesetzt. Das EGRJuL verzeichnete zum September 2020 66 Registrierungen von Wirtschaftspartnerschaften.[476] Von der Literatur wird das WirtPartG vor allem im Hinblick auf die durch die Verwaltungsvereinbarung ermöglichte Fremdbeeinflussung der Gesellschaft bei

---

472 *Povarov*, Jurist 2012, Nr. 18, 14 (15).

473 Gesetzesbegründung des Eigentumsausschusses der Staatsduma vom 02.06.2011 zum Gesetzesprojekt Nr. 557159-5, S. 5 ff.; abrufbar unter: https://sozd.duma.gov.ru/bill/557159-5.

474 Kritisch *Fëdorov*, Zakon 2012, Nr. 7, 95–104; kritisch zur Beteiligung Dritter *Suchanov*, Zakon 2012, Nr. 1, 19.

475 *Dubovitskaya/Kashanin*, RIW 2016, 268 (271).

476 Trefferzahl der Online-Abfrage von Wirtschaftspartnerschaften im EGRJuL (https://egrul.nalog.ru/index.html) vom 23.09.2020; laut RVK (russ. *Rossijskaja venčurnaja kompanija*, Staatsfond und Institut zur Entwicklung des Venture-Markts) wurden bis September 2016 41 Wirtschaftspartnerschaften registriert, wovon 3 liquidiert wurden oder sich im Liquidationsprozess befanden, siehe RVK, Wirtschaftspartnerschaften im modernen System der juristischen Personen. Probleme der Adaption, 2016, S. 15; abrufbar unter: https://www.rvc.ru/upload/iblock/096/RVC_economic_partnership.pdf.

gleichzeitiger Haftungsbeschränkung und fehlendem gesetzlichem Gläubigerschutz sowie im Hinblick auf die Beschränkung der Rechtsfähigkeit scharf kritisiert.[477]

V. Aktiengesellschaft (AO)

Eine in Russland häufig anzutreffende Gesellschaftsform ist die Aktiengesellschaft. Konkrete Regelungen zur AO finden sich in den Art. 96–104 ZGB RF sowie im eigens zu ihr erlassenen AktG RF.

Nach Art. 66.3 ZGB RF, Art. 7 Pkt. 1 AktG RF werden Aktiengesellschaften in öffentliche[478] und nichtöffentliche[479] unterteilt.[480] Eine öffentliche Aktiengesellschaft liegt nach Art. 66.3 Pkt. 1 ZGB RF vor, wenn die Aktien der Gesellschaft oder ihre Wertpapiere, welche in Aktien umgewandelt werden können, nach den Regeln der Wertpapiergesetze öffentlich gehandelt werden. Der Status einer öffentlichen Aktiengesellschaft zieht strenge Veröffentlichungspflichten, geregelt durch das WertpapierG RF[481], nach sich, Art. 92 Pkt. 1 AktG RF.

Die AO ist eine juristische Person, deren Gesellschafter nicht persönlich für Gesellschaftsverbindlichkeiten haften und im Zusammenhang mit der Gesellschaftstätigkeit ein maximales Verlustrisiko in Höhe ihrer Einlage tragen, Art. 96 Pkt. 1 Abs. 1 2. Hs. ZGB RF. Das gesetzliche Mindestkapital einer nichtöffentlichen AO beträgt 10.000 Rubel, Art. 26 AktG RF,[482] und hat in dieser Höhe eher symbolischen als gläubigerschützenden Charakter.

Neben der Eintragung der Aktiengesellschaft in das EGRJuL, Art. 48 Pkt. 2 ZGB RF, sind weiterhin alle ausgegebenen Aktien sowohl öffentlicher als auch nichtöffentlicher AO in einem Wertpapierregister zu registrieren, Art. 19, Art. 20, Art. 20.1 WertpapierG RF. Die Satzung ist einziges sogenanntes Gründungsdokument der Aktiengesellschaft und kann im EGRJuL öffentlich eingesehen

---

477 Etwa durch *Dubovitskaya/Kashanin*, RIW 2016, 268 (271–273, 276); *Fëdorov*, Zakon 2012, Nr. 7, 95–104; *Lomakin*, Zakon 2012, Nr. 1, 23; *Suchanov*, Zakon 2012, Nr. 1, 19.

478 Russ. *publičnoe akcionernoe obščestvo* („PAO").

479 Russ. *nepubličnoe akcionernoe obščestvo* („NPAO").

480 Diese Unterscheidung löst die ursprüngliche Unterscheidung in offene und geschlossene Aktiengesellschaften in Art. 97 ZGB RF a.F. seit der Gesellschaftsrechtsreform 2014 ab.

481 Föderales Gesetz vom 22.04.1996 Nr. 39-FZ „Über den Wertpapiermarkt" („WertpapierG RF"); insbesondere Art. 30 WertpapierG RF.

482 Entspricht bei einem Umtauschkurs von 1 Euro = 86,77 Rubel (Stand 14.02.22) einem Betrag in Höhe von ca. 115 Euro (Vorkriegsniveau) und 1 Euro = 58,76 Rubel (Stand 18.07.22) einem Betrag in Höhe von ca. 170 Euro.

werden, siehe Art. 98 Pkt. 3 ZGB RF, Art. 11 Pkt. 1 AktG RF sowie Art. 6 Pkt. 1, Art. 5 Pkt. 6, Art. 12 lit. v) RegisterG RF[483]. Einpersonen-Aktiengesellschaften sind nach Art. 98 Pkt. 6 ZGB RF zulässig, es sei denn, der einzige Gesellschafter stellt selbst eine Einpersonen-Gesellschaft dar.

Die Rechte und Pflichten der Aktionäre richten sich unter anderem nach den Art. 65.2, 67 ZGB RF sowie Art. 31, 32 AktG RF. Diese umfassen Vermögens-, Mitverwaltungs-, Informations- und Kontrollrechte sowie Pflichten wie die Einlage- und Geheimhaltungspflicht.[484] Einer individuellen Gestaltung der Aktionärsrechte und -pflichten sind bei der AO enge Grenzen gesetzt. Es gibt zwar generell die Möglichkeit der Ausgabe von stimmberechtigten Stammaktien und grundsätzlich stimmlosen Vorzugsaktien, siehe Art. 31, Art. 32 AktG RF. Innerhalb der Stammaktien gilt jedoch der obligatorische Grundsatz der Gleichheit nach Art. 31 Pkt. 1 AktG RF, wonach alle Stammaktien denselben Umfang an Rechten haben müssen. Darüber hinaus gilt grundsätzlich das Prinzip, dass jede stimmberechtigte Aktie eine Stimme bei der Abstimmung auf der Hauptversammlung gewährt, Art. 59 AktG RF. Allein die Pflichten der Aktionäre einer nichtöffentlichen AO sind per Satzung erweiterbar, Art. 7 Pkt. 7 AktG RF.[485] Die Möglichkeit zum Abschluss einer Aktionärsvereinbarung besteht ausdrücklich nach Art. 32.1 AktG sowie Art. 67.2 ZGB RF.

Zur Wahrung der Vermögensgrundlage der Aktiengesellschaft kann, anders als bei einem Gesellschafter einer OOO, per Satzung kein jederzeitiges Austrittsrecht des Aktionärs durch Veräußerung der Aktien an die Gesellschaft vorgesehen werden.[486] Den Erwerb seiner Aktien durch die Gesellschaft kann ein Aktionär nur in den Sonderfällen des Art. 75 Pkt. 1 AktG RF fordern.

Das Prinzip der freien Veräußerbarkeit der Aktien bildet ein elementares Merkmal der Aktiengesellschaft und dient der Anziehung von Kapital eines großen Personenkreises.[487] Grundsätzlich gilt daher, dass die Aktien ohne Zustimmung der anderen Aktionäre oder der Gesellschaft veräußert werden können,

---

483 Föderales Gesetz vom 08.08.2001 Nr. 129-FZ „Über die staatliche Registrierung juristischer Personen und Einzelunternehmer" („RegisterG RF").

484 Siehe dazu ausführlich *Šitkina*, in: Šitkina, Korporativnoe pravo: Učebnyj kurs (Gesellschaftsrecht: Ein Studienkurs), Bd. 1, S. 245–247.

485 Vgl. auch *Šitkina*, in: Šitkina, Korporativnoe pravo: Učebnyj kurs (Gesellschaftsrecht: Ein Studienkurs), Bd. 1, S. 257.

486 *Gluchov*, Korporativnyj dogovor (Der gesellschaftsrechtliche Vertrag), S. 85; *Weidemann*, in: Galander, Russisches Wirtschaftsrecht, S. 114.

487 *Šitkina*, in: Šitkina, Korporativnoe pravo: Učebnik (Gesellschaftsrecht: Ein Lehrbuch), S. 119.

Art. 2 Pkt. 1 Abs. 4 AktG RF. Ausnahmen sind jedoch bei der nichtöffentlichen AO möglich. Per Satzung kann für den Fall einer Veräußerung an eine dritte Person die Zustimmung[488] sowie ein Vorkaufsrecht der übrigen Aktionäre vorgesehen werden, siehe Art. 7 Pkt. 3, Pkt. 5 AktG RF.

Die Aktiengesellschaft muss über eine Hauptversammlung, das höchste Organ der Gesellschaft, Art. 47 AktG RF, sowie über einen oder mehrere Generaldirektoren als Exekutivorgan, Art. 65.3 Pkt. 3 Abs. 1 ZGB RF, Art. 69 AktG RF, verfügen.[489] Bei einer öffentlichen Aktiengesellschaft ist weiterhin die Bildung eines Direktorenrats, einem hybriden Organ der Unternehmensleitung, welches strategische Leitungs- aber auch Kontrollfunktionen übernimmt, obligatorisch, Art. 65.3 Pkt. 4, Art. 97 Pkt. 3 ZGB RF, Art. 64 AktG RF.[490] Fakultativ kann zusätzlich zum Generaldirektor ein Vorstand,[491] Art. 70 AktG RF, sowie als inneres Kontrollorgan eine Revisionskommission, Art. 66.3 Pkt. 3 UPkt. 4) ZGB RF, Art. 85 Pkt. 1 Abs. 1 AktG RF, vorgesehen werden, wobei der gesetzliche Regelfall bei letzterer vom Charakter der AO abhängig ist. Während bei einer nichtöffentlichen AO grundsätzlich eine Revisionskommission zu bilden ist, aber per Satzung abbedungen werden kann, liegt bei einer öffentlichen AO der gegenteilige Fall – bei gleichzeitigem Greifen anderer Schutzmechanismen – vor.[492]

Während die Kompetenzen der Organe bei öffentlichen AO streng gesetzlich vorgegeben sind,[493] gewährt das Gesetz bei nichtöffentlichen Aktiengesellschaften

---

488 Eine solche Vinkulierungsmöglichkeit ist durch das Föderale Gesetz vom 29.06.2015 Nr. 210-FZ neu in das Aktienrecht eingeführt worden; siehe noch zum alten Recht *Pashchenko*, in: Nußberger, Einführung in das russische Recht, S. 230; *Plagemann*, WiRO 2011, 231 (235).

489 *Šitkina*, in: Šitkina, Korporativnoe pravo: Učebnyj kurs (Gesellschaftsrecht: Ein Studienkurs), Bd. 2, S. 181.

490 Art. 64 Pkt. 1 Abs. 2 S. 1 AktG RF, der nahe legt, dass auch bei nichtöffentlichen AO ab einer Gesellschafteranzahl von 50 ein Direktorenrat zu bilden ist, wird gemäß Art. 3 Pkt. 4 GesellschaftsrechtsreformG aufgrund Widerspruchs zu der neuen ZGB RF-Regelung nicht angewandt; siehe *Šitkina*, in: Šitkina, Korporativnoe pravo: Učebnyj kurs (Gesellschaftsrecht: Ein Studienkurs), Bd. 2, S 206.

491 Obligatorisch bei Kreditinstituten, siehe Art. 11.1 Abs. 1 Föderales Gesetz vom 02.12.1990 Nr. 395-1 „Über Banken und Bankentätigkeit".

492 Siehe zur jüngsten Gesetzesänderung sowie zur nicht vollständig einheitlichen Regelung des AktG RF und des ZGB RF zur Bildung des Direktorenrats in der öffentlichen AO *Breig*, WiRO 2019, 102 (105–107).

493 Siehe etwa die ausdrückliche Beschränkung der Kompetenzen der Hauptversammlung aus Art. 48 Pkt. 3 AktG RF.

den Gesellschaftern eine gewisse Flexibilität bei der Kompetenzverteilung.[494] So sind die Kompetenzen der Hauptversammlung erweiterbar, Art. 66.3 Pkt. 3 UPkt. 8) ZGB RF, Art. 48 Pkt. 4 AktG RF, und können teilweise auf den Direktorenrat übertragen werden, Art. 66.3 Pkt. 3 UPkt. 1) ZGB RF, Art. 48 Pkt. 2.1 AktG. Des Weiteren sind Satzungsregelungen zur Verteilung der Kompetenzen zwischen Vorstand und Direktorenrat möglich, Art. 66.3 Pkt. 3 UPkt. 2) ZGB RF, Art. 65 Pkt. 1 UPkt. 18), Art. 70 Pkt. 1 AktG.

VI. Gesellschaft mit beschränkter Haftung (OOO)

Die russische Gesellschaft mit beschränkter Haftung genießt große Beliebtheit in Russland und stellt nicht nur bei ausländischer Beteiligung die am häufigsten verwendete Gesellschaftsrechtsform dar.[495] In ihren Grundstrukturen ähnelt die OOO sehr der deutschen GmbH, da diese dem russischen Gesetzgeber als Vorbild diente.[496] Gesetzliche Regelungen zur OOO finden sich in Art. 87–94 ZGB RF sowie im GmbHG RF.

Wie auch die AO stellt die OOO eine haftungsbeschränkte juristische Person dar und entsteht durch Eintragung in das EGRJuL, siehe Art. 87 Pkt. 1 Abs. 1 ZGB RF sowie Art. 48 Pkt. 2 ZGB RF. Das gesetzliche Mindestkapital beträgt wie auch bei der nichtöffentlichen AO 10.000 Rubel, Art. 14 Pkt. 1 Abs. 2 GmbHG RF.[497]

Anders als bei der Aktiengesellschaft gilt für die OOO eine maximale Gesellschafteranzahl von 50 Personen, bei deren Überschreiten die OOO innerhalb eines Jahres zwingend etwa in eine öffentliche AO umzuwandeln ist oder andernfalls per Gerichtsurteil aufgelöst werden kann, Art. 7 Pkt. 3 GmbHG RF. Das doppelstöckige Einzelgesellschafterverbot gilt auch bei der OOO, siehe Art. 7 Pkt. 2 Abs. 3 GmbHG RF, Art. 66 Pkt. 2 Abs. 2 ZGB RF. Die Streichung des Art. 88 Pkt. 2 Abs. 2 ZGB RF a.F., welcher im ZGB RF dieses Verbot speziell für die OOO wiederholte, bei gleichzeitiger Einführung des allgemein für alle

---

494 Vgl. dazu auch *Malovickij/Baryšev*, Vestnik Arbitražnogo suda Moskovskogo okruga 2016, Nr. 2, 65–78.

495 *Šitkina*, in: Šitkina, Korporativnoe pravo: Učebnik (Gesellschaftsrecht: Ein Lehrbuch), S. 120; *Steininger/Olejnik*, WiRO 2017, 129.

496 *Galander*, in: Galander, Russisches Wirtschaftsrecht, S. 66; *Heidemann*, GmbHR 2002, 732; *Steininger/Olejnik*, WiRO 2017, 129; *Suchanov*, Chozjajstvo i pravo 1998, Nr. 5; *Wedde*, Osteuropa Recht 2009, 154.

497 Entspricht bei einem Umtauschkurs von 1 Euro = 86,77 Rubel (Stand 14.02.22) einem Betrag in Höhe von ca. 115 Euro (Vorkriegsniveau) und 1 Euro = 58,76 Rubel (Stand 18.07.22) einem Betrag in Höhe von ca. 170 Euro.

Handelsgesellschaften geltenden Art. 66 Pkt. 2 Abs. 2 ZGB RF sowie Beibehaltung der speziellen Regelung im ZGB RF für die AO in Art. 98 Pkt. 6 Abs. 2 ZGB RF durch die Gesellschaftsrechtsreform 2014 sind nicht als bewusste Entscheidung des Gesetzgebers zur Abschaffung des doppelstöckigen Einzelgesellschafterverbots zu werten. Diese Gesetzesänderung ist im Rahmen der umfangreichen Reform als eher unwesentlichem Bestandteil nicht kohärent vorgenommen worden.[498]

Aus den Art. 65.2, 67 ZGB RF sowie Art. 8, 9 AktG RF ergeben sich Gesellschafterrechte wie Mitverwaltungs-, Informations- und Vermögensrechte sowie Gesellschafterpflichten wie die Einlage- und Geheimhaltungspflicht. Anders als bei der nichtöffentlichen AO sind per Satzung sowohl die Rechte als auch Pflichten aller oder einzelner Gesellschafter erweiterbar, Art. 8 Pkt. 2, Art. 9 Pkt. 2 GmbHG RF. Das GmbHG RF und ZGB RF sehen in Art. 26 und Art. 94 Pkt. 1 Nr. 1 respektive ausdrücklich die Möglichkeit vor, per Satzung ein jederzeitiges Austrittsrecht der Gesellschafter unabhängig von der Zustimmung der übrigen Gesellschafter oder der Gesellschaft zu regeln, durch welches der Gesellschafter sich seines Geschäftsanteils per Veräußerung an die Gesellschaft entledigen kann.[499] Der Abschluss einer Gesellschaftervereinbarung ist nach Art. 8 Pkt. 3 GmbHG RF, Art. 67.2 ZGB RF gestattet.

Grundsätzlich sind die Geschäftsanteile an Mitgesellschafter und Dritte frei veräußerbar. Per Satzung können jedoch Zustimmungserfordernisse der übrigen Gesellschafter oder der Gesellschaft selbst sowie ein Verbot der Veräußerung an Dritte vorgesehen werden, Art. 21 Pkt. 2 GmbHG RF, Art. 94 Pkt. 2 Abs. 1 ZGB RF. Im Falle der Veräußerung an Dritte besteht weiterhin ein unabdingbares, nicht abtretbares Vorkaufsrecht der übrigen Gesellschafter, Art. 93 Pkt. 2 ZGB RF, Art. 21 Pkt. 4 GmbHG RF. Näheres zur Ausübung des Vorkaufsrechts kann flexibel in der Satzung geregelt werden.[500]

Die Gesellschafterversammlung als höchstes Organ der Gesellschaft sowie das Exekutivorgan, bestehend aus einem oder mehreren Generaldirektoren, siehe dazu Art. 65.3 Pkt. 3 Abs. 1 ZGB RF, sind obligatorische Gesellschaftsorgane

---

498 *Galander*, in: Galander, Russisches Wirtschaftsrecht, S. 67; auf die Abweichung der Regelungen bloß hinweisend *Borisov*, Kommentar zum GmbHG RF, Art. 7 Pkt. 2; *Šitkina*, in: Šitkina, Korporativnoe pravo: Učebnyj kurs (Gesellschaftsrecht: Ein Studienkurs), Bd. 1, S. 567.

499 *Dubovitskaya* und *Kashanin* bezeichnen das Austrittsrecht des Gesellschafters als „diese heilige Kuh des russischen Gesellschaftsrechts", RIW 2016, 268 (270).

500 *Galander*, in: Galander, Russisches Wirtschaftsrecht, S. 81 f.; *Görlitz*, in: Süß/Wachter, Handbuch des internationalen GmbH-Rechts, 3. Aufl. 2016, Kapitel Russland, Rn. 72.

der OOO, Art. 32 Pkt. 1, Pkt. 4 GmbHG RF. Darüber hinaus kann die Satzung fakultativ die Bildung eines Direktorenrats, Art. 32 Pkt. 2 GmbHG RF, eines zum Generaldirektor zusätzlichen Vorstands, Art. 41 Pkt. 1 Abs. 1 GmbHG RF, sowie einer Revisionskommission, Art. 32 Pkt. 6 GmbHG RF, vorsehen. Diese Binnenstruktur stimmt bis hierher mit derjenigen der nichtöffentlichen AO überein. Ab einer Gesellschafteranzahl von 15 Personen jedoch ist bei der OOO anders als bei der nichtöffentlichen AO die Bildung der einem internen Wirtschaftsprüfungsorgan gleichkommenden[501] Revisionskommission obligatorisch, Art. 32 Pkt. 6 Abs. 1 S. 2 GmbHG RF.

Auch bei der Flexibilität der Kompetenzverteilung unter den Gesellschaftsorganen ähneln sich nichtöffentliche AO und OOO. So ist parallel zu den Regelungen der AO per Satzung die Erweiterung der Kompetenzen der Gesellschafterversammlung, Art. 66.3 Pkt. 3 UPkt. 8) ZGB RF, Art. 33 Pkt. 2 UPkt. 13) GmbHG RF, sowie die Übertragung bestimmter Kompetenzen der Gesellschafterversammlung auf den Direktorenrat möglich, siehe Art. 66.3 Pkt. 3 UPkt. 1) ZGB RF sowie per Rückschluss aus Art. 33 Pkt. 2 Abs. 2 GmbHG RF. Für die Kompetenzverteilung zwischen Vorstand und Direktorenrat gewähren Art. 66.3 Pkt. 3 UPkt. 2) ZGB RF und Art. 32 Pkt. 2.1 UPkt. 11) GmbHG RF gewisse Freiheiten.

VII. Eignung für ein deutsch-russisches Joint Venture

Den Joint-Venture-Partnern stehen damit mehrere russische Rechtsformen für ihr Kooperationsvorhaben zur Verfügung, der Großteil welcher jedoch regelmäßig nicht ihren Erwartungen sowie den Anforderungen eines Equity Joint Ventures entsprechen.

Gegen die Entscheidung für eine einfache Gesellschaft spricht neben den Eigenschaften der unbeschränkten Haftung der Gesellschafter sowie der nicht möglichen Fremdorganschaft vor allem bereits die Grundkonzeption dieser Gesellschaftsform als bloßem vertraglichem Zusammenschluss ohne inkorporierter Gemeinschaftsgesellschaft und ohne eigenständige Außenwirkung. Eine solche Gesellschaft ist vielmehr regelmäßig im Falle von Contractual Joint Ventures anzutreffen.[502]

Bei der Schwester der einfachen Gesellschaft, der Investitionsgesellschaft, könnte man zwar der unbeschränkten subsidiären Haftung der geschäfts-

---

501 *Steininger/Olejnik*, WiRO 2017, 172 (174).

502 *Gluchov*, Korporativnyj dogovor (Der gesellschaftsrechtliche Vertrag), S. 27.

führenden Gesellschafter wie bei einer deutschen Kapitalgesellschaft & Co. KG mithilfe einer zusätzlich gegründeten russischen Kapitalgesellschaft, welche als geschäftsführende Gesellschafterin eingesetzt würde und an welcher die Joint-Venture-Partner ebenfalls zu gleichen Teilen beteiligt wären, Abhilfe schaffen. Diese Konstruktion würde sogar ebenfalls wie im deutschen Recht mangels Gewinnsteuerpflicht der Investitionsgesellschaft einen steuerlichen Vorteil bergen. Jedoch hat diese Rechtsform ihren größten Schwachpunkt in ihrer nur beschränkten Einsatzfähigkeit als Beteiligungsvehikel, welche die Investitionsgesellschaft für ein deutsch-russisches Joint Venture, insbesondere wenn eine produzierende oder handelbetreibende Geschäftstätigkeit beabsichtigt ist, ungeeignet macht.

Die Vollgesellschaft trägt die wesentlichen Nachteile der unbeschränkten Haftung sowie aufgrund des Prinzips der Selbstorganschaft der unflexiblen Gestaltung der Geschäftsführung. Die unerwünschte unbeschränkte Haftung lässt sich zwar für den Komplementär der KG durch die Strukturierung als Mischform mithilfe einer Kapitalgesellschaft als Komplementär abwenden. Jedoch balanciert diesen erhöhten Gründungs- und Strukturierungsaufwand nicht ein steuerlicher Vorteil aus, da die Personengesellschaften in Russland als juristische Personen gleichermaßen wie Kapitalgesellschaften der Gewinnsteuer unterliegen.

Auf den ersten Blick erscheint die Wirtschaftspartnerschaft für ein deutsch-russisches Joint Venture sehr gut geeignet zu sein. Sie bietet wesentliche Vorzüge, wie die Haftungsbeschränkung ihrer Gesellschafter sowie weitreichende Freiheiten bei der Gestaltung der Binnenstruktur und -verfassung. Ein für viele Joint-Venture-Partner entscheidendes Merkmal umfasst dieser Gestaltungsfreiraum jedoch gerade nicht, und zwar die Fremdorganschaft. Die zwingend angeordnete Selbstorganschaft kann bei einem paritätischen Joint Venture zu Konflikten der Besetzung führen und schafft einen zusätzlichen Aufwand für die Partner, welchen diese im Zweifel bevorzugt an eine dritte Person ausgliedern. Darüber hinaus wird auch diese Rechtsform in ihrer Einsatzfähigkeit eingeschränkt und darf nicht selbst Gesellschafterin einer anderen Gesellschaft sein. Schließlich scheint die Akzeptanz dieser relativ neuen Gesellschaftsform niedrig zu sein und ist daher als wirtschaftliche Betätigungsform am russischen Markt nicht zu empfehlen.

Bei der öffentlichen AO hemmen strikte Vorschriften für Binnenstruktur und -abläufe, des Weiteren nicht vorhandene Möglichkeiten, per Satzung Aktionärsrecht oder -pflichten individuell zu gestalten, sowie strenge Veröffentlichungspflichten die Eignung für ein Joint Venture. Der öffentliche Charakter dieser Rechtsform eignet sich nur in starken Ausnahmefällen für ein Joint Venture in der Anfangsphase. Sollte jedoch in einer späteren Phase zusätzliches Kapital benötigt werden, welches nicht von den Joint-Venture-Partnern zur Verfügung gestellt wird, so kann eine Umwandlung in die Rechtsform der öffentlichen AO vorteilhaft sein.

Letztlich ist es sehr wahrscheinlich, dass sich die Joint-Venture-Partner zwischen der nichtöffentlichen AO und der OOO als Rechtform für ihre Wirtschaftskooperation entscheiden werden.

Auch wenn sich seit Neueinteilung der russischen Rechtsformen in öffentliche und nichtöffentliche beide Rechtsformen weitestgehend aneinander angeglichen haben, so bleibt dennoch die OOO die flexibelste Rechtsform des russischen Gesellschaftsrechts.[503] Zum einen besteht bei der AO ein erhöhter Gründungsaufwand aufgrund der zusätzlichen Registrierung der Aktien. Des Weiteren bietet die OOO eine größere Dispositivität der Binnenstruktur und -abläufe sowie bei der Gestaltung der Organkompetenzen. In der OOO ist es den Gesellschaftern ermöglicht, Austrittsrechte sowie Veräußerungsverbote an Dritte, welche bei Joint Ventures regelmäßig in Betracht kommen, per Satzung vorzusehen, was ihnen bei der AO verwehrt ist. Schließlich müssen bei der OOO im Vergleich zur AO so gut wie keine Veröffentlichungspflichten beachtet werden.

Vom Konzept her ist die OOO personalistischer ausgestaltet, was beispielsweise am nicht abdingbaren Vorkaufsrecht der Mitgesellschafter erkennbar ist, und damit passender für ein paritätisches Joint Venture in der Anfangsphase. Sollte jedoch in einer späteren Phase ein Börsengang beabsichtigt und dies bereits bei Errichtung absehbar sein, ist die Gründung als nichtöffentliche AO in Betracht zu ziehen.

Vor dem Hintergrund der außerordentlichen Bedeutung der OOO für Joint Ventures in Russland beschränken sich die Ausführungen dieser Arbeit auf diese Rechtsform.

B. Gründungsvertrag

Neben dem Gründungsakt der Gesellschafter, welcher in der einstimmigen Beschlussfassung der Gründungsgesellschafter über die Gründung einer Gesellschaft auf der Gründerversammlung liegt,[504] sieht das russische Recht vor,

503 *Galander*, in: Galander, Russisches Wirtschaftsrecht, S. 66; *Šitkina*, in: Šitkina, Korporativnoe pravo: Učebnik (Gesellschaftsrecht: Ein Lehrbuch), S. 120.

504 *Görlitz*, in: Süß/Wachter, Handbuch des internationalen GmbH-Rechts, 3. Aufl. 2016, Kapitel Russland, Rn. 8.

dass die Gründer einen schriftlichen Gründungsvertrag[505] abschließen, Art. 89 Pkt. 1 ZGB RF, Art. 11 Pkt. 5 GmbHG RF. Nach Art. 67.2 Pkt. 10, Pkt. 3 ZGB RF ist er darüber hinaus von den Parteien in einem Dokument zu unterzeichnen. Der Gründungsvertrag dient den Gründern dazu, ihre Gründungstätigkeiten zu koordinieren und bestimmte Kernfragen zum Stammkapital abzustimmen. Seiner Rechtsnatur nach ist er als Vertrag über eine einfache Gesellschaft nach Art. 1041 Pkt. 1 ZGB RF einzustufen.[506] Er darf damit nicht als Pendant zum Gesellschaftsvertrag nach deutschem Recht gesehen werden, sondern stellt lediglich eine schuldrechtliche Vereinbarung der Gründungsgesellschafter zur Abstimmung ihrer Gründungstätigkeiten dar. Aufgrund der übereinstimmenden Rechtsnatur und möglichen inhaltlichen Überlagerung zur Grundlagenvereinbarung liegt bei einem Equity Joint Venture zum Zweck der Arbeits- und Kostenminimierung der Schritt nahe, den Gründungsvertrag und die Grundlagenvereinbarung in einem Dokument zusammenzufassen. Die Nähe beider Vertragsarten zueinander spiegelt sich ferner darin wider, dass das Gesetz in Art. 67.2 Pkt. 10 ZGB RF vorsieht, die Regeln über Gesellschaftervereinbarungen auf Gründungsverträge entsprechend anzuwenden, wenn sich nichts anderes aus dem Gesetz oder aus dem Wesen der Rechtsbeziehung der Vertragsparteien ergibt. Auch wenn der Abfassung in einem Vertragswerk rechtlich grundsätzlich nichts entgegensteht, sollten die Verträge jeweils getrennt formuliert werden. Der Gründungsvertrag stellt ein vom Gesetz zur Gründung vorgesehenes technisches Dokument dar, während die Grundlagenvereinbarung ein rein fakultatives Rechtsinstrument ist.[507] Darüber hinaus haben beide Vertragsarten unterschiedliche, wenn auch nicht komplett unvereinbare Regelungsgegenstände. Während sich der Gründungsvertrag rein auf die Koordinierung der Gesellschaftertätigkeiten hinsichtlich der Gründung und in der Gründungsphase bis zur vollständigen Einzahlung des Stammkapitals beschränkt, zielt die Grundlagenvereinbarung auf die Koordinierung der Gesellschaftertätigkeiten während des gesamten Lebens des Joint Ventures und unter Umständen auch danach ab. Unter anderem dieser Unterschied begründet auch, dass der

505 Russ. *dogovor ob učreždenii obščestva / dogovor o sozdanii obščestva / dogovor o sovmestnoj dejatel'nosti po sozdaniju juridičkogo lica*; zur Bezeichnung des Gründungsvertrags werden verschiedene Begriffe synonym verwendet.

506 Die Rechtsnatur ist umstritten. Wie hier siehe *Kozlova,* in: Suchanov, Graždanskoe pravo: Učebnik (Zivilrecht: Ein Lehrbuch), Bd. IV, S. 454; zum Streitstand insgesamt siehe *Braginskij,* in: Braginskij/Vitrjanskij, Dogovornoe pravo (Vertragsrecht), Buch 5, Bd. 1, Kap. XII. 2.

507 *Gluchov*, Korporativnyj dogovor (Der gesellschaftsrechtliche Vertrag), S. 103 f.

Gründungsvertrag zur Vertragsgruppe auf Ebene des Gemeinschaftsunternehmens einzustufen ist. Er ist als gesetzlich vorgesehenes technisches Dokument zur Gründung der Ebene der Gesellschaft nah.

Hinsichtlich des anwendbaren Rechts ergibt sich aus dem für alle Rechtsverhältnisse geltenden Art. 1210 Pkt. 1 ZGB RF sowie aus einem Rückschluss aus Art. 1214 Pkt. 1 Alt. 1 ZGB RF, dass der Gründungsvertrag einem anderen als dem russischen Recht unterstellt werden kann. Wie auch die Grundlagenvereinbarung kann somit der Gründungsvertrag eines in Russland gegründeten oder zu gründenden Gemeinschaftsunternehmens einem ausländischen Recht unterstellt werden. Genauso zu beachten ist in diesem Fall jedoch, dass der Vertragsinhalt nach Art. 1214 Pkt. 1 Alt. 1 ZGB RF nicht bestimmten imperativen Gesetzen des russischen Rechts widersprechen darf. Konkret darf der Gründungsvertrag nicht gegen imperative Gesetze aus dem in Art. 1202 Pkt. 2 ZGB RF aufgelisteten Fragenkatalog verstoßen, wobei UPkt. 4) „Gründung" und UPkt. 7) „innere Verhältnisse" für den Gründungsvertrag relevant sind. Bei der Wahl eines ausländischen Rechts für den Gründungsvertrag bestehen dieselben Risiken wie bei der Grundlagenvereinbarung, dass ein russisches Gericht einen Verstoß gegen russische imperative Gesetze annimmt.[508] Werde keine Rechtswahl für den Gründungsvertrag getroffen, so ist nach Art. 1214 Pkt. 2 ZGB RF das Recht des Gründungslandes der Gesellschaft, im Falle einer russischen Gesellschaft also russisches Recht, anwendbar.

C. Satzung

Neben Grundlagenvereinbarung und Gründungsvertrag findet sich in einem Equity Joint Venture in der Form einer russischen OOO die Satzung als weitere Regelungsquelle für die Rechtsbeziehungen im Joint Venture. Sie zählt gemeinsam mit dem Gründungsvertrag zu der Vertragsgruppe auf Ebene des Gemeinschaftsunternehmens.

Als die beiden wichtigsten Regelungsdokumente in einem Equity Joint Venture übernehmen Satzung und Grundlagenvereinbarung unterschiedliche Aufgaben. Die Satzung ist aufgrund ihrer Registerpublizität regelmäßig lediglich mit dem Mindestinhalt sowie mit fakultativen Regelungen, die für ihre Wirksamkeit der Satzungsform bedürfen, ausgestattet. Darüber hinaus erschwert das Erfordernis eines Gesellschafterbeschlusses eine schnelle Anpassung der Satzung an geänderte Umstände – wenn auch keine notarielle Beurkundung erforderlich

508 Siehe hierzu oben unter § 5 B.

ist.[509] Die Grundlagenvereinbarung hingegen beinhaltet aufgrund ihrer Vertraulichkeit umfassende Regelungen zu den Rechtsbeziehungen der Joint-Venture-Partner, welche häufig die Bestimmungen der Satzung wiederholen und diese ergänzen.[510] Einen zusätzlichen Vorteil der Regelung in der Grundlagenvereinbarung bietet die schnelle Abänderbarkeit aufgrund des geringeren Formerfordernisses der Schriftlichkeit in Ausfertigung eines Dokuments.[511] Gleichzeitig ist Einstimmigkeit erforderlich, derer es jedoch bei einer paritätischen Geschäftsanteilsverteilung zwischen zwei Gesellschaftern auch bei einer Satzungsänderung bedarf.

Als gesellschaftsrechtliches Dokument mit Drittwirkung ist es der Satzung vorbehalten, für alle Themenbereiche, die die Schwelle zur korporativen Sphäre überschreiten, Regelungen zu treffen.

I. Gesellschaftsstatut

Das Gesellschaftsstatut richtet sich in Russland nach dem Gründungsland einer Gesellschaft, siehe Art. 1202 Pkt. 1 ZGB RF. Die russische Rechtsordnung folgt damit der Gründungstheorie. Auf eine in Russland gegründete oder zu gründende Gesellschaft ist russisches Recht anzuwenden.

II. Inhalt

In der Satzung müssen die Gesellschafter Bestimmungen zum Mindestinhalt nach Art. 12 Pkt. 2 Abs. 1 GmbHG RF vorsehen. Dies umfasst sowohl die Firmenbezeichnung, den Sitz sowie die Höhe des Satzungskapitals der Gesellschaft als auch die Zusammensetzung und Kompetenzen der Gesellschaftsorgane, Rechte und Pflichten der Gesellschafter, Regeln und Rechtsfolgen des Gesellschafteraustritts, Regeln der vollständigen und teilweisen Übertragung von Geschäftsanteilen sowie Regelungen zur Verwahrung von Dokumenten und Bereitstellung von Informationen gegenüber Gesellschaftern und anderen Personen. Die Verwendung einer Mustersatzung ist möglich, Art. 12 Pkt. 1 Abs. 2 GmbHG RF. Darüber hinaus steht es den Gesellschaftern offen, in der Satzung weitere fakultative Regelungen zu treffen, wenn diese nicht den Gesetzen widersprechen, Art. 12 Pkt. 2 Abs. 2 GmbHG RF.

---

509 Siehe sogleich unter III.

510 Zur Bedeutung der Grundlagenvereinbarung im Equity Joint Venture mit weiteren Nachweisen siehe bereits unter § 5 A.

511 Siehe § 5 G.

III. Bestätigung und Form

Die Satzung ist nach Art. 89 Pkt. 3 Abs. 1 ZGB RF, Art. 12 Pkt. 1 Abs. 1 GmbHG RF einziges Gründungsdokument der OOO und wird durch einstimmigen Beschluss der Gründergesellschafter auf der Gründerversammlung bestätigt, Art. 11 Pkt. 3 GmbHG RF. Als Form genügt die einfache Schriftform. Die Satzungsbestätigung durch die Gründer bedarf keiner notariellen Beglaubigung.[512]

IV. Verhältnis zur Grundlagenvereinbarung

Regelmäßig kommt es bei Equity Joint Ventures aufgrund der Eigenschaft der Grundlagenvereinbarung als zentralem Vertragswerk, das sämtliche Bereiche der gemeinsamen Arbeit abbilden soll, dazu, dass sich die inhaltlichen Regelungen von Satzung und Grundlagenvereinbarung überschneiden. Im Idealfall führt eine konsistente Vertragsdokumentation zur Widerspruchsfreiheit aller Vertragswerke, insbesondere von Satzung und Grundlagenvereinbarung,[513] und so zur Verhinderung möglicher Konflikte im Joint Venture. Aber selbst bei einer initial widerspruchsfrei aufgesetzten Dokumentation kann es aufgrund der einfacheren Änderung der Grundlagenvereinbarung im Vergleich zur Satzung, welche zur Wirksamkeit die Eintragung in das EGRJuL erfordert, siehe Art. 12 Pkt. 4 Abs. 2, Abs. 3 GmbHG RF, schnell zur Unvereinbarkeit der beiden Dokumente kommen. Für diese Situationen gilt es zu bestimmen, der Regelung welchem der beiden Rechtsdokumente der Vorrang zu gewähren ist.

Während es Regelungsbereiche gibt, in welchen bei einem Widerspruch eindeutig die Satzung oder die Grundlagenvereinbarung vorrangig ist (siehe sogleich unter 1.), ist diese Frage im Hinblick auf dispositive Regelungsbereiche in der russischen Rechtsliteratur umstritten (siehe 2.).

1. Unstreitiger Vorrang der Satzung oder der Grundlagenvereinbarung

Eindeutig und unstreitig sind in erster Linie Situationen, in welchen das Gesetz ausdrücklich und zwingend die Satzungsform zur Regelung eines bestimmten Themenbereichs vorsieht.[514] Dazu zählen die Themen aus dem Fragenkatalog

---

512 *Galander*, in: Galander, Russisches Wirtschaftsrecht, S. 73; *Görlitz*, in: Süß/Wachter, Handbuch des internationalen GmbH-Rechts, 3. Aufl. 2016, Kapitel Russland, Rn. 26.

513 *Schulte/Pohl*, Joint-Venture-Gesellschaften, Rn. 93; *Stepanov/Vogel/Schramm*, Vestnik VAS RF 2012, Nr. 10, 22–69).

514 *Stepanov/Vogel/Schramm*, Vestnik VAS RF 2012, Nr. 10, 22–69; in einem Rückschluss auch *Šitkina/Birjukov*, Chozjajstvo i pravo 2020, Nr. 3, 12 (21).

des Mindestinhalts der Satzung, siehe Art. 12 Pkt. 2 Abs. 1 GmbHG RF, sowie weitere Zuweisungen aus Einzelnormen.[515] Insbesondere die Festlegung der Organstruktur und der Organkompetenzen sind der Satzung vorbehalten, siehe ebenfalls Art. 12 Pkt. 2 Abs. 1 GmbHG RF sowie aus einem Rückschluss aus Art. 67.2 Pkt. 2 Abs. 1 ZGB RF. Darüber hinaus stellt das Gesetz es den Gesellschaftern in einigen wenigen Regelungsfeldern ausdrücklich frei, die Satzungsform oder die Form einer Gesellschaftervereinbarung zu wählen, siehe Art. 66.3 Pkt. 4 ZGB RF sowie Art. 66 Pkt. 1 Abs. 2 S. 2 ZGB RF. Sollten hier sich widersprechende Bestimmungen nebeneinander bestehen, stellt sich die Frage nach dem Vorrang eines der beiden Rechtsdokumente, welche sogleich unter 2. allgemein behandelt wird.

Der Vorrang der Satzung liegt weiterhin bei Rechtsbeziehungen zu Dritten, also zur Gesellschaft selbst, zu an einer Gesellschaftervereinbarung nicht beteiligte Gesellschafter sowie zu außerhalb der Gesellschaft stehende Dritte, vor, es sei denn, dieser Dritte wusste von einer etwaigen Beschränkung der Gesellschaftervereinbarung im Hinblick auf sein Rechtsgeschäft oder musste davon wissen, Art. 67.2 Pkt. 6 Abs. 3 ZGB RF.[516] In der Praxis ist das Vorliegen dieser Einschränkung aufgrund der Vertraulichkeit des Inhalts von Gesellschaftervereinbarungen selten zu erwarten. Die Vertraulichkeit ist mitunter zusammen mit der relativen Rechtswirkung von Gesellschaftervereinbarungen ein Grund für den Vorrang der Satzung gegenüber Dritten. Die Satzung verfügt über eine gesellschaftsrechtliche Rechtswirkung für und wider jeden, den sie betrifft oder betreffen wird, insbesondere auch gegenüber zukünftigen Gesellschaftern und, ohne dass diese von einer konkreten Beschränkung Kenntnis haben, was durch die Registerpublizität der Satzung gerechtfertigt ist.

Schließlich ist bei der Bewertung des Vorrangs eines der beiden Rechtsdokumente zu beachten, ob eine der Bestimmungen gegen imperative Gesetze verstößt. Der Vorrang ist dann in der Regel demjenigen Dokument zu gewähren, welches gesetzeskonform ist.[517]

---

515 Siehe zu Themenbereichen, die zwingend der Satzungsform bedürfen, auch unter § 5 F. III. 2. d).

516 Hierzu *Malovickij/Baryšev*, Vestnik Arbitražnogo suda Moskovskogo okruga 2016, Nr. 2, 65–78; *Šitkina/Birjukov*, Chozjajstvo i pravo 2020, Nr. 3, 12 (21); *Suvorov*, Vestnik VAS RF 2011, Nr. 10, 44 (71).

517 *Gluchov*, Korporativnyj dogovor (Der gesellschaftsrechtliche Vertrag), S. 178 f.

2. *Streitstand bei dispositiven Regelungsbereichen*

Die eigentliche Frage nach dem Verhältnis zwischen Satzung und Grundlagenvereinbarung bzw. Gesellschaftervereinbarung stellt sich nach dem voran Gesagten ausschließlich im Bereich der dispositiven Regelungsfelder sowie nur im Verhältnis der Vertragsparteien der Gesellschaftervereinbarung zueinander.

Das Gesetz äußert sich zum Verhältnis der beiden Rechtsdokumente in Art. 67.2 Pkt. 7 ZGB RF, wonach ein Widerspruch von Satzung und Gesellschaftervereinbarung nicht zur Unwirksamkeit der Gesellschaftervereinbarung führt. Mit dieser Vorschrift wird jedoch weniger geklärt, welches der beiden vorrangig gelten soll, sondern vielmehr noch einmal mit der Klarstellung der Unabhängigkeit der Dokumente zueinander die schuldrechtliche Rechtsnatur der Gesellschaftervereinbarung bekräftigt.[518]

Die Frage nach dem Verhältnis von Satzung zu Gesellschaftervereinbarung wird in der russischen Rechtsliteratur nicht einheitlich beantwortet. Im Wesentlichen haben sich zwei Positionen herausgebildet. Eine Gruppe sieht die Satzung jederzeit als vorrangig an,[519] während die zweite Gruppe an die Frage in zweierlei Hinsicht differenzierend herantritt. Dieser nach sei bei der Bewertung im Einzelfall zu beachten, welcher Personenkreis an der Gesellschaftervereinbarung beteiligt sei, konkret ob sämtliche oder nur einige Gesellschafter beteiligt seien, sowie welches der beiden Rechtsdokumente das jüngere Datum aufweise.[520]

Die erste Gruppe, welche stets die Satzung als vorrangig ansieht, argumentiert mit der Bedeutung der Satzung für die Gesellschaft, welche zu ihrer Rechtspersönlichkeit erst durch die Gabe einer inneren Verfassung komme und deren Handlungsfähigkeit im Rechtskreis unter anderem durch die Satzung bestimmt werde, indem die Gesellschaft nach Art. 12 Pkt. 1 GmbHG RF auf Grundlage der Satzung handele und wirke.[521] Darüber hinaus ergebe sich die geringere Bedeutung der Gesellschaftervereinbarung gegenüber der Satzung im Hinblick auf Widersprüche aus dem Art. 67.2 Pkt. 2 und Pkt. 5 ZGB RF, welche zum einen

518 *Zubova*, Rossijskij juridičeskij žurnal 2017, Nr. 4, 143–154.

519 *Gluchov*, Korporativnyj dogovor (Der gesellschaftsrechtliche Vertrag), S. 179 f.; *Malovickij/Baryšev*, Vestnik Arbitražnogo suda Moskovskogo okruga 2016, Nr. 2, 65–78; sehr strikt *Suvorov*, Vestnik VAS RF 2011, Nr. 10, 44 (71), welcher der Satzung einen normenähnlichen Charakter verleihen möchte und die Gesellschaftervereinbarung im Falle eines Widerspruchs zur Satzung als rechtswidrig ansieht.

520 *Šitkina/Birjukov*, Chozjajstvo i pravo 2020, Nr. 3, 12 (20); *Stepanov/Vogel/Schramm*, Vestnik VAS RF 2012, Nr. 10, 22–69; *Zubova*, Rossijskij juridičeskij žurnal 2017, Nr. 4, 143–154.

521 *Gluchov*, Korporativnyj dogovor (Der gesellschaftsrechtliche Vertrag), S. 179.

den möglichen Vertragsinhalt und zum anderen die Rechtswirkung von Gesellschaftervereinbarungen im Vergleich zur Satzung stark eingrenzten.[522]

Diese Ansicht verleiht der Satzung einen gesetzesähnlichen Charakter, über welchen sie nicht verfügt. Der fortwährende Anwendungsvorrang der Satzung käme einer Unwirksamkeit der jeweiligen Regelung der Gesellschaftervereinbarung im Verhältnis der Vertragsparteien zueinander gleich. Eine Unwirksamkeit ist nach Art. 422 Pkt. 1 ZGB RF jedoch nur bei einem Verstoß gegen ein Gesetz oder andere Rechtsnormen anzunehmen. Die schuldrechtliche Ebene der Gesellschaftervereinbarung und gesellschaftsrechtliche Ebene der Satzung sind zu trennen, sodass sich die Vertragsparteien untereinander wirksam zu etwas verpflichten können, was der Satzung widerspricht.[523] Ein genereller Vorrang der Satzung ist abzulehnen.

Die zweite Ansicht differenziert zum einen nach dem Personenkreis der Gesellschaftervereinbarung sowie zum anderen danach, welches Dokument zuletzt unterschrieben wurde.[524] So habe eine Gesellschaftervereinbarung, die von sämtlichen Gesellschaftern nach der Satzungsbestätigung abgeschlossen wurde, Vorrang vor der Satzungsregelung und umgekehrt eine Satzung Vorrang vor der allseitigen Gesellschaftervereinbarung, sollte jene nach dieser beschlossen worden sein. Die zweite Variable, die Frage nach dem Personenkreis der Gesellschaftervereinbarung, schließt an das zuvor Festgestellte an, dass ein Vorrang einer Gesellschaftervereinbarung nur im Verhältnis der Vertragsparteien der Gesellschaftervereinbarung zueinander möglich ist. Im Verhältnis zu nicht beteiligten Dritten ist stets die Satzung vorrangig. Darüber hinaus ist der zweiten Ansicht nach, der Vorrang einer Gesellschaftervereinbarung, welche nur von einigen Gesellschaftern abgeschlossen wurde, nur möglich, wenn die Rechte und Pflichten von nicht beteiligten Gesellschaftern nicht direkt oder mittelbar berührt werden.

Die von dieser Ansicht vertretene Herangehensweise an das Verhältnis von Satzung zu Gesellschaftervereinbarung ermöglicht es, den Willen der Vertragsparteien zu berücksichtigen und diesem unter Umständen den Vorrang vor der

522 *Malovickij/Baryšev*, Vestnik Arbitražnogo suda Moskovskogo okruga 2016, Nr. 2, 65–78.

523 Zur Frage, ob die Gesellschaftervereinbarung bei einem Verstoß gegen die Satzung nichtig ist, mit ähnlicher Argumentation *Allenhöfer*, Gesellschaftervereinbarungen bei Kapitalgesellschaften, S. 299.

524 Zu den folgenden Ausführungen siehe *Šitkina/Birjukov*, Chozjajstvo i pravo 2020, Nr. 3, 12 (20 f.).

Satzungsregelung einzuräumen, ohne dabei die Rechte nicht beteiligter Dritter zu gefährden. Damit würdigt sie die schuldrechtliche Rechtsnatur der Gesellschaftervereinbarung und gliedert sich in das System des Art. 67.2 ZGB RF ein, welcher in Pkt. 5 die Belastung Dritter verbietet und gleichzeitig in Pkt. 7 festlegt, dass sich die Vertragsparteien einer Gesellschaftervereinbarung nicht auf die Unwirksamkeit der Gesellschaftervereinbarung aufgrund eines Widerspruchs zur Satzung berufen dürfen. Die Parteien der Gesellschaftervereinbarung können sich aufgrund ihrer Vertragsfreiheit auch zu Handlungen verpflichten, die grundsätzlich gegen die Satzung verstoßen. Die Trennung dieser schuldrechtlichen Ebene sowie der gesellschaftsrechtlichen Ebene der Satzung wird durch die differenzierte Beurteilung des Verhältnisses von Satzung zu Gesellschaftervereinbarung im Einzelfall Rechnung getragen. Die differenzierende Ansicht ist vorzuziehen.

3. Zusammenfassung und Schlussfolgerungen

Zusammenfassend ist festzuhalten, dass das russische Recht bereits zu einem großen Teil durch die Festlegung der Satzungsform und Regelung durch imperative Gesetze den Vorrang eines der beiden Rechtsdokumente vorgibt. Darüber hinaus stellt sich die Frage nach dem Verhältnis der Satzung zur Gesellschaftervereinbarung ebenfalls nicht, wenn Rechte und Pflichten Dritter betroffen sind. In diesem Fall hat die Satzung Vorrang. Für den streitigen Fall dispositiver Regelungsbereiche, welche ausschließlich das Verhältnis der Vertragsparteien der Gesellschaftervereinbarung untereinander betreffen, ist danach zu differenzieren, ob die Satzung oder die Gesellschaftervereinbarung ein jüngeres Datum aufweist.

Im Idealfall kommt es jedoch gar nicht erst zu der Frage, welchem Rechtsdokument der Vorrang einzuräumen ist, indem die Vertragswerke widerspruchsfrei und inhaltlich konsistent sind. Um diesen Zustand auch nach initialem Vertragsabschluss möglichst zu bewahren, empfiehlt es sich, konkrete Regelungen zum Vorrang eines Dokuments und Anpassungspflichten der Vertragsparteien, in der Regel der Satzung an die Gesellschaftervereinbarung, zu vereinbaren.[525]

---

525 *Gluchov*, Korporativnyj dogovor (Der gesellschaftsrechtliche Vertrag), S. 180; *Schulte/Pohl*, Joint-Venture-Gesellschaften, Rn. 93, 98.

§ 7 Begleitverträge

Die dritte Gruppe von Regelungsquellen für ein Equity Joint Venture bilden die Begleitverträge, welche zusätzlich zu Satzung und Gesellschaftervereinbarung abgeschlossen werden und sich meist jeweils einem speziellen Regelungsfeld der Rechtsverhältnisse im Joint Venture widmen.

Je nach Ausgestaltung der Beiträge der Joint-Venture-Partner und nach Geschäftsfeld und Gestaltung des konkreten Joint Ventures werden weitere Verträge zur erfolgreichen Durchführung des Joint Ventures erforderlich. Beispielhaft seien Liefer-, Abnahme- und Vertriebsverträge sowie Finanzierungs-, Lizenz-, Dienstleistungsverträge und Verträge über Personalüberlassungen genannt. Diese Begleitverträge bestimmen meist maßgeblich den wirtschaftlichen Erfolg des Joint Ventures und sollten daher eine angemessene Gewichtung in der Vertragsgestaltung erhalten.[526] Häufig ist neben den Joint-Venture-Partnern auch das Gemeinschaftsunternehmen selbst Vertragspartei der Begleitverträge. Um Konflikte über den Inhalt und Abschluss dieser Verträge zu verhindern, sollten bereits in der Grundlagenvereinbarung die wichtigsten Eckpunkte des Vertragsinhalts festgelegt und die Vertragsparteien dazu verpflichtet werden, dass sie den ihnen möglichen Einfluss auf das Gemeinschaftsunternehmen zum Abschluss der Begleitverträge ausüben.[527]

§ 8 Zusammenfassung

Das Vertragsgerüst eines Equity Joint Ventures besteht aus drei verschiedenen Gruppen von Regelungsquellen, welche jeweils über ihre eigenen Aufgaben und Möglichkeiten zur wirksamen Regelung der bestehenden Rechtsverhältnisse verfügen. Während die Grundlagenvereinbarung die zentrale Bedeutung für die Joint-Venture-Partner einnimmt, hat diese dennoch nicht die mit der Satzung mögliche Reichweite der gesellschaftsrechtlichen Wirkung. Demgegenüber sind die Begleitverträge für den wirtschaftlichen Erfolg des Joint Ventures maßgeblich.

Aufgrund der außerordentlichen Bedeutung der Grundlagenvereinbarung für ein Joint Venture wurden vorrangig rechtliche Probleme im Zusammenhang mit Gesellschaftervereinbarungen behandelt. Wesentliche Ergebnisse umfassen, dass (1) Gesellschaftervereinbarungen und damit Grundlagenvereinbarungen

526 *Schulte/Pohl*, Joint-Venture-Gesellschaften, Rn. 101; *Stengel*, in: Beck PersGes-HB, 4. Aufl. 2014, § 23 Rn. 96.

527 *Wirbel*, in: MHdB GesR I, 5. Aufl. 2019, § 28 Rn. 40.

über eine rein schuldrechtliche Rechtsnatur verfügen, dass (2) auf Grundlage von Gesellschaftervereinbarungen regelmäßig eine einfache oder stille Gesellschaft nach Art. 1041–1054 ZGB RF entsteht, dass (3) keine grundsätzliche Beschränkung des Regelungsinhalts von Gesellschaftervereinbarungen vorzunehmen ist, sondern diese den Beschränkungen aus allgemeinen Gesetzen und Rechtsgrundsätzen unterliegen, und dass (4) im Falle eines Widerspruchs von Satzung und Gesellschaftervereinbarung zu dispositiven Regelungen eine nach Personenkreis und Abschlussdatum differenzierende Bewertung vorzunehmen ist.

Als übergeordnetes Fazit zur Behandlung der in einem Equity Joint Venture anzutreffenden Regelungsdokumente lässt sich festhalten, dass oberstes Ziel der Dokumentation eine angemessene Regelungstiefe der Verträge sowie die Konsistenz und Konformität einzelner Regelungen der Dokumente untereinander zur Verhinderung von Konflikten sein sollten, um so den Weg für eine erfolgreiche Durchführung des Joint Ventures zu ebnen.

Viertes Kapitel: Interessen- und Gefährdungslage der Joint-Venture-Partner

Hinter der Entscheidung zur Durchführung eines Joint Ventures stehen konkrete mit der Unternehmung verbundene Interessen der Joint-Venture-Partner. Ihre Interessen- und Gefährdungslage ist wesentliche Grundlage für alle im Rahmen des Gemeinschaftsprojekts zu entscheidenden Themen sowie für die rechtliche Gestaltung von Verträgen und anderen Rechtsdokumenten des Joint Ventures.[528] Im Vorfeld zur Untersuchung der rechtlichen Gestaltung von deutsch-russischen Joint Ventures sollen daher im Folgenden zunächst potentielle Motive, Risiken und Interessen der Joint-Venture-Partner skizziert (siehe § 9 bis § 11) und anschließend zusammenfassend Anforderungen an die Verträge formuliert werden (siehe § 12). Behandelt werden sowohl allgemeine Aspekte, welche in jedem Joint Venture, ob national oder international, zum Tragen kommen können, als auch relevante Themen spezifisch für den deutsch-russischen Kontext.

Bereits an dieser Stelle sei festgehalten, dass nicht alle nachfolgend aufgeführten Aspekte bei jedem deutsch-russischen Joint Venture Bedeutung erlangen. Gleichermaßen können nicht genannte spezifische Aspekte im Einzelfall zusätzlich relevant werden. Trotz dieser maßgeblichen Abhängigkeit vom Einzelfall soll nachfolgend ein Überblick über typische Themen geschaffen werden, welcher als Ausgangspunkt für die rechtliche Gestaltung von deutsch-russischen Joint Ventures genutzt werden kann.

§ 9 Motive für die Durchführung eines Joint Ventures

Zunächst werden die Motive eines Joint-Venture-Partners, sprich die Beweggründe, überhaupt ein Joint Venture durchführen zu wollen, erörtert.

A. Erzielung eines wirtschaftlichen Erfolgs

Oberstes Motiv jeglichen wirtschaftlichen Handelns ist die Gewinnerzielung.[529] Die Zusammenkunft zweier Partner zum Betrieb eines Joint Ventures dient in der Regel der Erzielung eines Erfolgs, welcher für die einzelnen Beteiligten nicht

528 *Schmolke*, in: Vogt/Fleischer/Kalss, Gesellschafts- und Kapitalmarktrecht in Deutschland, Österreich und der Schweiz 2014, S. 107 (109).

529 *Iann*, Deutsch-russische Joint-ventures als internationale Kooperationsform, S. 141.

oder nur unter erschwerten Umständen realisierbar wäre. Grundsätzlich voneinander unabhängige Joint-Venture-Partner erhalten dadurch die Möglichkeit, ihre jeweils individuellen Stärken in der gemeinsamen Unternehmung zusammenzuführen und so gegenseitig von den Assets des jeweils anderen Partners zu profitieren.[530] Umgekehrt ermöglicht eine Kooperation auch die Aufteilung von Risiken und Ausgaben – ein Motiv, welches vornehmlich bei investitionsaufwendigen Vorhaben eine hohe Relevanz aufweist.[531] Ein Beispiel hierfür sind insbesondere forschungs- und technologieintensive Wirtschaftsbereiche wie die Pharmaindustrie.

B. Weiterentwicklung und Optimierung der operativen Tätigkeit

Durch die bereits angesprochene Vereinigung von Ressourcen ist es den Joint-Venture-Partnern ermöglicht, ihre individuellen Fähigkeiten gegenseitig zu ergänzen und so ihre Geschäftstätigkeit oder eine angestrebte neue operative Tätigkeit weiterzuentwickeln und zu optimieren.[532] In einer typischen Konstellation eines deutsch-russischen Joint Ventures, operierend in Russland, bringt der deutsche Joint-Venture-Partner Know-how, Technologiekenntnisse und moderne Anlagen sowie wirtschaftliche Erfahrung und finanzielle Investitionen in die gemeinsame Unternehmung ein, während der russische Partner Kenntnisse des lokalen Markts und des nationalen Rechts, ein Geschäftsnetzwerk und Kontakte zu Behörden, Vertriebsstrukturen, Rohstoffe und sonstige Ressourcen, so etwa auch günstige Arbeit, bereitstellen kann.[533] Durch die Vereinigung von Ressourcen kann eine qualitative Neuschaffung eines Produkts oder einer Dienstleistung, eine quantitative Vergrößerung der Produktion, die Absicherung der Zulieferung bestimmter Rohstoffe bzw. der Zugang zu diesen oder die

---

530 *Schmolke*, in: Vogt/Fleischer/Kalss, Gesellschafts- und Kapitalmarktrecht in Deutschland, Österreich und der Schweiz 2014, S. 107 (109); *Stengel*, in: Beck PersGes-HB, 4. Aufl. 2014, § 23 Rn. 2.

531 *Gluchov*, Korporativnyj dogovor (Der gesellschaftsrechtliche Vertrag), S. 26.

532 *Gluchov*, Korporativnyj dogovor (Der gesellschaftsrechtliche Vertrag), S. 25; *Stengel*, in: Beck PersGes-HB, 4. Aufl. 2014, § 23 Rn. 6.

533 Zur typischen Kompetenzverteilung unter den Joint-Venture-Partnern insgesamt, siehe *Mundry*, in: Breidenbach/Institut für Ostrecht München, Handbuch WiRO, Länderteil Russland, Stand: 119. EL September 2014, Kap. C., Rn. 199;*Yankovskaya*, Business in Russland, Wirtschaftsjournal 2017, Nr. 2.

Steigerung der Effizienz durch Bündelung der Verwaltungs- und Personalkosten erzielt werden.[534]

C. Ausweitung der operativen Tätigkeit auf neue Märkte

Die Expansion in neue Märkte unterfällt zwar bereits dem soeben genannten Aspekt der Weiterentwicklung der operativen Tätigkeit, ist als Motiv für ein Joint Venture jedoch von solch' außerordentlicher Bedeutung, dass sie gesonderte Erwähnung verdient. Ein Joint Venture eignet sich in besonderem Maße für die Erschließung neuer Märkte oder die Erweiterung der eigenen Produktpräsenz auf bereits grundsätzlich erschlossenen Märkten.[535] Dabei kommen sowohl internationale Konstellationen, bei denen die operative Tätigkeit über die Landesgrenze hinaus erweitert wird, als auch rein nationale Konstellationen, bei denen die Expansion etwa durch Einführung eines neuen Produkts oder den Eintritt in eine neue Branche erfolgt, in Betracht. Ein deutsch-russisches Joint Venture ist für den deutschen Partner häufig im Rahmen der Expansion seiner operativen Tätigkeit auf den russischen Markt die Alternative zu einer 100%igen Tochtergesellschaft in Russland. Durch den lokalen Partner wird die fehlende eigene Erfahrung auf dem Markt ausgeglichen und der Eintritt durch vorhandene Geschäftskontakte erleichtert. Darüber hinaus kann durch eine neue Markterschließung auch der Zugang zu Drittmärkten beabsichtigt sein.[536] Eine Etablierung auf dem russischen Markt etwa ermöglicht aufgrund des EAWU-Binnenmarkts mit Zollunion auch günstigere Handelsbeziehungen zu Armenien, Kasachstan, Kirgisistan und Weißrussland.

D. Wahrung gesetzlicher Beschränkungen für ausländische Investitionen

Als Alternative zu 100%igen Tochtergesellschaften wird ein Equity Joint Venture mit einem lokalen Partner insbesondere auch im Zusammenhang mit nationalen Ausschlussregelungen im Rahmen des Investitionsrechts relevant. So können durch die kapitalmäßige Beteiligung eines lokalen Partners nationale

534 *Gluchov*, Korporativnyj dogovor (Der gesellschaftsrechtliche Vertrag), S. 25; *Iann*, Deutsch-russische Joint-ventures als internationale Kooperationsform, S. 143; *Stengel*, in: Beck PersGes-HB, 4. Aufl. 2014, § 23 Rn. 6; *Zacher*, IStR 1997, 408 (412).

535 *Gluchov*, Korporativnyj dogovor (Der gesellschaftsrechtliche Vertrag), S. 26; *Stengel*, in: Beck PersGes-HB, 4. Aufl. 2014, § 23 Rn. 6; *Zacher*, IStR 1997, 408 (412).

536 *Iann*, Deutsch-russische Joint-ventures als internationale Kooperationsform, S. 142.

Regelungen gewahrt werden.[537] In Russland gibt es eine Reihe von Beschränkungen für Ausländer im Rahmen von Investitionen in strategisch bedeutende Branchen sowie im Bereich des Grundeigentums, der Medien und anderer vereinzelter Wirtschaftszweige.[538]

Darüber hinaus können Handelshemmnisse in Form von Local-Content-Vorschriften, wonach die Einfuhr bestimmter Produkte verboten und die Fertigung dieser im Inland zwingend vorgeschrieben wird, Importe beschränken und so zu der Errichtung eines Joint Ventures zur Produktion dieser Waren im Zielland veranlassen.[539] Derart protektionistische Maßnahmen wurden in Russland als Reaktion auf westliche Wirtschaftssanktionen im Zusammenhang mit der Ukrainekrise im Jahr 2014 sowie im Rahmen einer Politik der Importsubstitution und Lokalisierung erlassen.[540]

E. Markt- und finanzstrategische Motive

Schließlich stehen hinter einem Joint Venture im Wesentlichen auch markt- und finanzstrategische Motive. Im Falle eines Joint Ventures unter Konkurrenten kann beispielsweise eine solche Kooperation im Rahmen der kartellrechtlichen Grenzen der Einschränkung des Wettbewerbs zwischen ihnen dienen.[541] In einem anderen Fall kann sich die Kooperationsform des Joint Ventures auch für die Ausstattung mit Eigenkapital durch Beteiligung eines Finanzinvestors als Joint-Venture-Partner anbieten.[542] Schließlich kann es bei einer Unternehmensübernahme für die Vorbereitung sinnvoll sein, dass Verkäufer und Käufer zunächst gemeinsam als Joint-Venture-Partner und Gesellschafter des Zielunternehmens agieren, sodass der Käufer sich für eine gewisse Zeit von dem Geschäftsbetrieb überzeugen kann.[543]

Im deutsch-russischen Kontext kommt darüber hinaus das Motiv zur Verbesserung der Reputation beider Partner in Betracht. So kann der deutsche Partner beabsichtigen, durch ein deutsch-russisches Joint Venture seine Bekanntheit

537 *Stengel*, in: Beck PersGes-HB, 4. Aufl. 2014, § 23 Rn. 6.

538 Siehe hierzu ausführlich unter § 3 B.

539 *Stengel*, in: Beck PersGes-HB, 4. Aufl. 2014, § 23 Rn. 6; *Zacher*, IStR 1997, 408 (412).

540 Siehe hierzu im Einzelnen unter § 3 D.

541 *Stengel*, in: Beck PersGes-HB, 4. Aufl. 2014, § 23 Rn. 6.

542 *Gluchov*, Korporativnyj dogovor (Der gesellschaftsrechtliche Vertrag), S. 25 f.; *Iann*, Deutsch-russische Joint-ventures als internationale Kooperationsform, S. 145; *Zacher*, IStR 1997, 408 (412).

543 *Gluchov*, Korporativnyj dogovor (Der gesellschaftsrechtliche Vertrag), S. 26 f.

und die Bekanntheit seiner Produkte und Dienstleistungen auf dem russischen Markt zu erhöhen. Der russische Partner seinerseits könnte insbesondere durch eine Kooperation mit einem deutschen Unternehmen eine Verbesserung seines Rufs anstreben, da Produkte deutscher Unternehmen nach wie vor auf dem russischen Markt ein sehr hohes Ansehen genießen.[544]

§ 10 Risiken und Gefährdung der Joint-Venture-Partner

Im Rahmen eines Joint Ventures ergeben sich wie bei jeder wirtschaftlichen Unternehmung nicht nur Chancen, sondern auch Risiken und mögliche Gefährdungen für die Joint-Venture-Partner. An oberster Stelle der Risiken für die Joint-Venture-Partner stehen Umstände, welche die Tätigkeit des Joint Ventures und seine Durchführung gefährden und im äußersten Fall zum Scheitern des Joint Ventures führen. Daneben treten Risiken und Gefährdungen, welche die Joint-Venture-Partner direkt betreffen. Die Grenze zwischen Risikofaktoren des Joint Ventures und Risikofaktoren der Joint-Venture-Partner verschwimmt, da Umstände, welche vorrangig der Unternehmung schaden, mittelbar auch den Partnern schaden, und umgekehrt eine Gefährdung eines Partners auch mittelbar auf das Joint Venture Auswirkungen haben kann.

Im Folgenden wird eine Auswahl häufiger Risiken und Gefährdungen im Rahmen von Joint Ventures allgemein und konkret im deutsch-russischen Kontext dargestellt.

A. Gefährdungen aus der Sphäre des Zusammenwirkens der Joint-Venture-Partner

Eine Hauptursache für das Scheitern von Joint Ventures ist die Komplexität der Entscheidungsfindung, welche im äußersten Fall zu nicht auflösbaren Meinungsverschiedenheiten und einem Entscheidungsstillstand, dem sog. *Deadlock*, führen kann.[545] Paritätische Joint Ventures mit nur zwei Partnern sind diesem Risiko besonders stark ausgesetzt, da in diesen bei jeglichen Entscheidungen

---

544 *Iann*, Deutsch-russische Joint-ventures als internationale Kooperationsform, S. 148 f.; *Wittmann*, GTAI-Artikel „"Made in Germany" genießt in Russland sehr guten Ruf - Missbrauch des Labels nimmt zu" vom 13.08.2018, ursprünglich erschienen auf: https://www.gtai.de, Hinweis zum Artikel auch bei AHK Russland unter: https://russland.ahk.de/infothek/news/detail/made-in-germany-geniesst-in-russland-sehr-guten-ruf.

545 *Schmolke*, in: Vogt/Fleischer/Kalss, Gesellschafts- und Kapitalmarktrecht in Deutschland, Österreich und der Schweiz 2014, S. 107 (110).

faktisch Einstimmigkeit erforderlich ist. Durch Sonderregelungen zur Stimmabgabe in Satzung oder Grundlagenvereinbarung, wie zum Beispiel Letztentscheidungsrechte, kann Pattsituationen entgegengewirkt werden.[546]

Neben Meinungsverschiedenheiten drohen weitere Risiken aus der Sphäre des Zusammenwirkens der Joint-Venture-Partner. Divergenzen in der Führung des Joint Ventures sowie Missverständnisse, welche potenziell in Meinungsverschiedenheiten münden, können die konstruktive Zusammenarbeit lähmen oder gar vollständig missglücken lassen. Insbesondere bei grenzüberschreitenden Joint Ventures drohen aufgrund von Mentalitätsunterschieden und divergenten Unternehmenskulturen unterschiedliche Vorstellungen zum Beispiel über die Unternehmensführung, die Abwicklung des Tagesgeschäfts und die Zeitplanung. Im deutsch-russischen Verhältnis ist beispielsweise zu beachten, dass in Russland ein starkes Hierarchiegefüge und ein ausgeprägtes Bewusstsein für Rangordnungen überwiegen – anders als in Deutschland, wo ein grundsätzlich eher flaches Hierarchieverständnis herrscht und ein Schwerpunkt auf selbstverantwortliches Handeln der Mitarbeiter gelegt wird.[547] Russische Mitarbeiter erwarten klare Anweisungen und haben häufig eine eher passive Arbeitseinstellung. Bei der Zusammenarbeit insbesondere mit staatlichen Unternehmen ist weiterhin zu beachten, dass auf jeder Rangebene Verantwortung eher widerwillig übernommen wird und dass die Einhaltung formaler Prozeduren höher priorisiert wird als der geschäftliche Erfolg. Beides basiert auf der Sorge vor persönlichen Konsequenzen und auf dem Bestreben, jeden Korruptionsverdacht verhindern zu wollen.

Ein weiterer grundsätzlicher Unterschied zwischen der deutschen und russischen Unternehmenskultur ist der Umgang mit Risiken.[548] Während die eher sicherheitsverliebten Deutschen auf Prävention setzen und einen hohen Planungsaufwand im Vorfeld zu Projekten betreiben, sind Russen in der Regel risikoaffiner und setzen auf Schadensbeseitigung nach dem Auftreten von Schwierigkeiten. Des Weiteren genießen in Russland zwischenmenschliche Beziehungen einen besonders hohen Stellenwert.[549] Auf gleicher Rangebene

---

546 Zum gesamten Repertoire an Konfliktvorbeugungs- und Konfliktbewältigungsmechanismen in Deadlock-Situationen siehe beispielsweise *Gluchov*, Korporativnyj dogovor (Der gesellschaftsrechtliche Vertrag), S. 304–361; *Schulte/Pohl*, Joint-Venture-Gesellschaften, S. 160–163.

547 Zu Hierarchieverständnis und Arbeitseinstellung siehe *Wambach*, Unternehmerische Erwartung trifft ausländische Realität, S. 227 f.

548 *Wambach*, Unternehmerische Erwartung trifft ausländische Realität, S. 228.

549 Hierzu siehe *Wambach*, Unternehmerische Erwartung trifft ausländische Realität, S. 228.

drückt sich dies in Form eines kameradschaftlichen Umgangs unter Kollegen aus. Im Über-/Unterordnungsverhältnis wird von Führungskräften Verständnis für persönliche Belange und Bedürfnisse der Mitarbeiter erwartet. Lange Bekanntschaften, Loyalität und Vertrauen sind von hoher Bedeutung im Geschäfts- und Unternehmensbereich und unter Umständen wichtiger als die fachliche Qualifikation eines Mitarbeiters.

Eine weitere Schwierigkeit im Rahmen des Zusammenwirkens der Joint-Venture-Partner kann die Sprachbarriere darstellen, durch welche sich kleine Missverständnisse zu grundsätzlichen Konflikten entwickeln können. Im Ergebnis ist daher die kulturelle und sprachliche Vorbereitung von zu entsendenden Managern essentiell für den Erfolg eines internationalen Joint Ventures.[550] Um grundsätzlich Missverständnisse zu vermeiden, ist bereits zu Beginn der Vertragsverhandlungen auf eine ausreichende Verständigung über die individuellen Ziele und Vorstellungen der Joint-Venture-Partner zu achten. Gleichwohl ist festzuhalten, dass kulturelle Unterschiede der konstruktiven Zusammenarbeit nicht nur hinderlich sein können, sondern auch eine Basis für Kreativität und neue Impulse bieten.[551]

Weitere Risiken im Hinblick auf das Zusammenwirken der Joint-Venture-Partner sind ein etwaiges Nichtvermögen des Partners zur Weiterführung des Joint Ventures, zum Beispiel aufgrund einer wirtschaftlichen Schieflage, oder auch ein nachträgliches Desinteresse des Partners, etwa aufgrund fehlender Anreize zur konstruktiven Fortführung der Zusammenarbeit.[552]

Ferner stellt fremder Einfluss in die Sphäre des Partners durch unangekündigte Weiterveräußerung der Beteiligung des Partners an Dritte oder durch einen Inhaberwechsel beim Partner eine mögliche Gefährdung der gemeinsamen Unternehmung dar, welcher durch entsprechende Regelungen zu Verfügungen über Geschäftsanteile und durch eine Change-of-Control-Klausel entgegengewirkt werden kann.

Aktuell werden die wirtschaftlichen Beziehungen Deutschlands und Russlands von der Initiierung des Ukrainekriegs durch Russland gestört[553] und ziehen einen Vertrauensverlust nach sich, welcher sich auf die Ebene, insbesondere neuer Geschäftspartner niederschlägt. Anzumerken ist, dass dieser

550 *Iann*, Deutsch-russische Joint-ventures als internationale Kooperationsform, S. 156.

551 *Iann*, Deutsch-russische Joint-ventures als internationale Kooperationsform, S. 145.

552 *Schmolke*, in: Vogt/Fleischer/Kalss, Gesellschafts- und Kapitalmarktrecht in Deutschland, Österreich und der Schweiz 2014, S. 107 (110).

553 Siehe hierzu einleitend unter § 1 B. II.

Vertrauensverlust nicht nur einseitig aus deutscher Sicht besteht, sondern aufgrund entsprechender Steuerung russischer Medienberichte, in welchen der Westen als ursprünglicher Aggressor gegen Russland dargestellt wird, auch auf russischer Seite vorhanden sein kann. Darüber hinaus besteht die öffentliche Aufforderung des russischen Präsidenten gegenüber russischen Unternehmern, sich aus Investitionen mit dem Westen zurückzuziehen.[554] Diese gegenwärtige Situation lähmt das Zusammenwirken von russischen und deutschen Geschäftspartnern beidseitig.

B. Finanzrisiko

Nicht selten erfordert ein Joint Venture einen hohen Investitionsaufwand.[555] Entsprechend hoch gestaltet sich daher ebenso das Verlustrisiko im Falle eines Scheiterns. Es ist daher bei Errichtung des Joint Ventures auf eine ausreichende Finanzierung zu achten und ratsam, Vorkehrungen zu einer Nachfinanzierung vorzusehen, um dem Umstand, dass später keine Einigung der Joint-Venture-Partner erreicht werden kann, zuvorzukommen.

C. Kontrollverlust

Ein mögliches Risiko kann sich weiterhin durch eine Verselbstständigung des Joint Ventures und dem damit einhergehenden Kontrollverlust bei beiden Joint-Venture-Partnern ergeben. Gründe für eine Verselbstständigung liegen häufig darin, dass der Führung und Zielsetzung nicht ausreichend Zeit und der Kontrolle seitens der Gesellschafter nicht genügend Bedeutung beigemessen wird.[556] Darüber hinaus ist der Kontakt zu den Muttergesellschaften regelmäßig auf Formales und die Behebung von Schwierigkeiten begrenzt, sodass eine gewisse Distanz der Joint-Venture-Partner zur Geschäftsführung des Gemeinschaftsunternehmens entsteht. Verstärkt wird dieses Problem in Russland durch die bereits angesprochene hohe Bedeutung zwischenmenschlicher Kontakte. Zwar ist in einer russischen Gesellschaft mit beschränkter Haftung durch eine jederzeit mögliche Abberufung der Geschäftsführung durch die

---

554 Rede des Präsidenten der RF zur Lage der Nation vom 21.02.2023; abrufbar unter: http://kremlin.ru/events/president/news/70565.

555 *Schmolke*, in: Vogt/Fleischer/Kalss, Gesellschafts- und Kapitalmarktrecht in Deutschland, Österreich und der Schweiz 2014, S. 107 (109).

556 Siehe zum Kontrollverlust insgesamt *Iann*, Deutsch-russische Joint-ventures als internationale Kooperationsform, S. 162–165.

Gesellschafterversammlung dem Risiko eines Kontrollverlusts Rechnung getragen, siehe Art. 33 Pkt. 2 UPkt. 4 GmbHG RF. Um jedoch diesen Extremfall, welcher mit inneren Unruhen und auch einer negativen Außenwirkung verbunden sein wird, zu vermeiden, ist bereits im Vorfeld auf ein gut funktionierendes System der internen sowie externen Kontrolle zu achten[557] und in Grundlagenvereinbarung und vor allem Satzung eine ausbalancierte Verteilung der Organkompetenzen vorzusehen.

Neben einem Verlust an Kontrolle über die Joint-Venture-Gesellschaft insgesamt ist des Weiteren eine Machtverschiebung zugunsten eines Partners denkbar. Auch in einem paritätischen Joint Venture mit nur zwei Partnern kann durch tatsächliche Umstände, etwa die örtliche und kulturelle Nähe eines Partners zum Joint Venture oder durch Bekanntschaft mit der Geschäftsführung, eine Verschiebung des Machtgefüges entstehen. Hier gilt es, zur frühzeitigen Konfliktvermeidung die Entscheidungsmacht unter den Joint-Venture-Partnern in den Vertragswerken fair und aufeinander abgestimmt zu verteilen, insbesondere im Hinblick auf die Besetzung der Geschäftsführung und anderer Gesellschaftsorgane des Gemeinschaftsunternehmens.

D. Schädigung durch den Partner

Jede Kooperation mit einem Geschäftspartner geht damit einher, dass zu einem gewissen Grad eigene Geschäftsinterna dem Partner preisgegeben werden. Darüber hinaus stehen dem Geschäftspartner regelmäßig Informationen über in das Joint Venture eingebrachte sowie durch dieses neu erarbeitete Technologien und technische Verfahren zur Verfügung. Ein bedeutendes Risiko bei Joint Ventures ergibt sich daher aus potentiellen Schädigungen des eigenen Unternehmens oder des Gemeinschaftsunternehmens durch einen Geschäftspartner, welcher diese Informationen zu seinem eigenen Vorteil nutzt. Der Geschäftspartner könnte sich beispielsweise dieses Wissen zu eigen machen und selbst in Konkurrenz zu den Produkten des Joint Ventures oder zu den Produkten des Partners treten oder Leistungsträger abwerben.[558] Vertragliche Vorkehrungen mit

557 Für eine Auswahl von in Frage kommenden unternehmerischen Kontrollmechanismen wie die Kapitalbeteiligung von Managern, gemeinsame Zielvereinbarungen und ihre regelmäßige Evaluierung etc. siehe *Iann*, Deutsch-russische Joint-ventures als internationale Kooperationsform, S. 163–165.

558 *Iann*, Deutsch-russische Joint-ventures als internationale Kooperationsform, S. 159, 161.

Vertraulichkeitsvereinbarungen, Wettbewerbsklauseln und Abwerbeverboten können diesen Risiken entgegenwirken.

Des Weiteren kann sich auch das allgemeine Risiko von Vertragsbeziehungen verwirklichen, wonach der Geschäftspartner wichtige Informationen vorenthält oder über Tatsachen täuscht. Hier kann zusätzlich zu den Regeln des allgemeinen Vertragsrechts sowie des Deliktsrechts unter anderem die Übernahme von Garantien zum Einsatz kommen.

E. Unsicherheiten aufgrund hoher Komplexität der Rechtsbeziehungen

Joint Ventures sind in der Regel auf eine längere Dauer angelegt, damit sich die Investitionskosten amortisieren. Zusätzlich sind Joint Ventures häufig durch fortlaufende Transaktionen zwischen den Partnern geprägt mit der Folge, dass die Rechtsbeziehungen eine gewisse Komplexität aufweisen. Bereits aufgrund der beiden Umstände, dass es sich bei den Vertragswerken um Langzeitverträge handelt und dass die Rechtsbeziehungen sich regelmäßig durch eine hohe Komplexität auszeichnen, geht die Unternehmung mit einer relativ hohen Unsicherheit einher.[559] Dies macht eine umfängliche Abstimmung unter den Joint-Venture-Partnern und eine sorgfältige Ausarbeitung der Verträge essentiell.

F. Instabilität der wirtschaftlichen, politischen und rechtlichen Lage in Russland

Als externer Risikofaktor ist die gesamtwirtschaftliche, politische und rechtliche Lage in Russland zu nennen. Zwar ist Russland nach wie vor ein für deutsche Unternehmen attraktiver Wirtschaftsstandort,[560] jedoch gab es in den letzten Jahren aufgrund internationaler oder nationaler Krisen auch immer wieder Wirtschaftseinbrüche, welche die gesamtwirtschaftliche Entwicklung rückläufig beeinflussten. So verzeichneten die Jahre 2015 aufgrund der Annexion der Krim und der dadurch vollständig entfachten Ukrainekrise sowie 2020 aufgrund der weltweiten COVID-19-Pandemie einen Entwicklungsrückgang

559 *Schmolke*, in: Vogt/Fleischer/Kalss, Gesellschafts- und Kapitalmarktrecht in Deutschland, Österreich und der Schweiz 2014, S. 107 (109).

560 *Wittmann*, GTAI, SWOT-Analyse Russland, Juni 2020, abrufbar unter: https://www.gtai.de/gtai-de/trade/wirtschaftsumfeld/swot-analyse/russland/attraktiver-aber-schwieriger-wirtschaftsstandort--584182#toc-anchor—1.

des Bruttoinlandsprodukts um -2,0% bzw. -3,1%.[561] Hinzu kommen starke und fortwährende Kursschwankungen des Rubels[562] sowie Schwächen der Gesamtwirtschaft wie etwa die maßgebliche Abhängigkeit[563] von Erdöl und Erdölerzeugnissen.

Auch innen- und außenpolitisch ist die Situation in Russland immer wieder von Turbulenzen geprägt. So führten in den letzten Jahren die Ukrainekrise, die Verwicklung in den syrischen Bürgerkrieg, der fortwährende Konflikt im Kaukasus sowie Bürgerproteste gegen die eigene Regierung und der Umgang mit Regierungskritikern zu einer unruhigen politischen Lage. Ebenfalls ist Russlands Politik in Richtung Isolation und Abkehr von Europa als Gefährdung im deutsch-russischen Wirtschaftskontext zu sehen.[564]

Zwar zeichnet sich Russland mit Vladimir Putin als Präsidenten durch Kontinuität an der Regierungsspitze aus, was Politik und Rechtsetzung grundsätzlich berechenbarer erscheinen lässt. Durch die Machtkonzentration in seiner Person, welche jüngst durch die Durchsetzung der Verfassungsreform[565] und unter anderem durch die darin vorgenommene Verlängerung seiner möglichen Amtszeit in Art. 81 Pkt. 3, Pkt. 3.1 n. F. VRF weiter verdichtet wurde, wird das Vertrauen in die russische Rechtsordnung jedoch vielmehr geschmälert.

Diese Gegebenheiten stellen keine grundsätzlichen Hindernisse für die Durchführung eines deutsch-russischen Joint Ventures dar. Die wirtschaftliche, politische und rechtliche Lage in Russland sollte jedoch bei Errichtung des Joint Ventures berücksichtigt, mögliche Absicherungen gegen eine Verschlechterung

---

561 *Botschaft der Bundesrepublik Deutschland (Moskau)/GTAI/AHK Russland*, „Russland in Zahlen – Frühjahr 2021“, S. 4; abrufbar unter: https://russland.ahk.de/infothek/medien/russland-in-zahlen.

562 In den letzten fünf Jahren vor Ausbruch des Ukrainekriegs bewegte sich der Rubelkurs zwischen einem Höchststand von 1 Euro = 59,52 Rubel (18.04.2017) und einem Tiefststand von 1 Euro = 93,36 Rubel (03.11.2020); abgerufen unter: https://www.onvista.de/devisen/chart/Euro-Rubel-Rubelkurs-EUR-RUB (Stand: 20.07.2022).

563 2019 machten Erdöl und die Petrochemie 44,3% des gesamten Exporthandels aus, siehe GTAI, „Wirtschaftsdaten Kompakt – Russland“, Mai 2021, S. 4; abrufbar unter: https://www.gtai.de/resource/blob/18370/0006e5221da4333953328fb9861078f6/GTAI-Wirtschaftsdaten_Mai_2021_Russland.pdf.

564 So *Schaich*, *Wedde* und *Luchterhandt* auf einer Tagung der DRJV zur Reform der russischen Verfassung am 18.09.2020, siehe Tagungsbericht bei *Wedde*, DRRZ 2020, 196 (197).

565 Gesetz der Russischen Föderation über eine Änderung der Verfassung der Russischen Föderation vom 14.03.2020 Nr. 1-FKZ „Über die Vervollkommnung der Regulierung einzelner Fragen der Organisation und des Funktionierens der öffentlichen Gewalt“.

der Rahmenbedingungen erwogen[566] und die Entwicklung während des Lebens des Joint Ventures streng im Auge behalten werden, um gegebenenfalls schnell auf veränderte Umstände reagieren zu können.

G. Risiken und Probleme der gerichtlichen Durchsetzung, der Rechtsprechung und der Schiedsgerichtsbarkeit

Schließlich ergeben sich vereinzelte Risiken und Probleme im Zusammenhang mit der gerichtlichen Durchsetzung, der Rechtsprechung und der Schiedsgerichtsbarkeit.

In einer Grundlagenvereinbarung, dem zentralen Vertragswerk eines Joint Ventures, werden regelmäßig Stimmbindungen vereinbart, wonach ein Gesellschafter verpflichtet wird, in einer bestimmten Weise oder in Absprache mit einer anderen Person abzustimmen. Die Durchsetzung solcher Verpflichtungen in Form der Naturalerfüllung ist jedoch nach russischem Recht nicht möglich, da dieses keine Verurteilung auf Abgabe einer Willenserklärung und entsprechend auch keine dem deutschen § 894 ZPO vergleichbare Fiktion als Vollstreckung kennt.[567] Schutz wird dem Gläubiger in diesen Fällen lediglich durch Sekundäransprüche in Form von Schadensersatzforderungen und Vertragsstrafen gewährt. In einer Grundlagenvereinbarung sollte dieses Risiko daher durch ein gut ausgearbeitetes Sanktionsmodell minimiert werden, welches idealerweise abschreckend wirkt und damit zur vertragsgemäßen Erfüllung der Primärleistung bewegt.

Darüber hinaus ist als Risiko die nach wie vor junge Rechtsprechung zu den Vorschriften über Gesellschaftervereinbarungen zu nennen, welche die maßgebliche gesetzliche Grundlage auch für die Grundlagenvereinbarung eines Joint Ventures bilden. Erste gesetzliche Regelungen zu Gesellschaftervereinbarungen wurden 2008 bzw. 2009 in die Spezialgesetze der russischen Gesellschaft mit beschränkter Haftung und der russischen Aktiengesellschaft eingeführt,[568] woraufhin eine umfassende Regelung im Rahmen der Gesellschaftsrechtsreform 2014 in das Zivilgesetzbuch in Art. 67.2 ZGB RF aufgenommen wurde. Erste Gerichtsentscheidungen zu den Vorschriften liegen mittlerweile zwar vor, von einer gefestigten Rechtsprechung in Hinblick auf jegliche Belange

566 Siehe zu möglichen Maßnahmen unter § 3 A.

567 Siehe zu diesem Problem insgesamt *Dubovitskaya/Kashanin*, RIW 2016, 268 (276).

568 Siehe Art. 8 Pkt. 3 Föderales Gesetz vom 08.02.1998 Nr. 14-FZ „Über Gesellschaften mit beschränkter Haftung“ und Art. 32.1 Föderales Gesetz vom 26.12.1995 Nr. 208-FZ „Über Aktiengesellschaften“.

der Gesellschaftervereinbarungen kann jedoch nicht gesprochen werden. Dies begründet sich dadurch, dass die Gerichte in der relativ kurzen Zeit nicht die Möglichkeit erhielten, über alle offenen Fragen zu entscheiden. So sind zahlreiche Fragestellungen, teilweise grundlegender Natur, noch nicht rechtssicher geklärt. Beispiele hierfür umfassen Themen wie etwa die Rechtsnatur von Gesellschaftervereinbarungen, der zulässige Regelungsinhalt und das Verhältnis der Gesellschaftervereinbarung zur Satzung.[569]

Des Weiteren ist zu beachten, dass mangels Verbürgung der Gegenseitigkeit für die Anerkennung und Vollstreckung von Gerichtsentscheidungen zwischen Deutschland und Russland zurzeit keine Möglichkeit besteht, russische Gerichtsurteile in Deutschland zu vollstrecken.[570] Umgekehrt ist auch die Anerkennung und Vollstreckung von deutschen Gerichtsurteilen in Russland unsicher, da es keinen bilateralen Vertrag sowie keine übliche Praxis der „Höflichkeit" in Bezug auf Deutschland gibt und da vor dem Hintergrund der ablehnenden deutschen Rechtsprechung keine Anerkennung durch russische Gerichte erwartet werden kann.[571]

Aufgrund dieser Umstände wird in deutsch-russischen Vertragswerken sehr häufig die Schiedsgerichtsbarkeit vereinbart.[572] Um maximale Unvoreingenommenheit zu gewährleisten, würde es im Interesse der Parteien liegen, dabei ein Schiedsgericht eines Drittlandes oder ein internationales Schiedsgericht zu wählen. Für gesellschaftsrechtliche Streitigkeiten zwischen einer in Russland errichteten Gesellschaft und ihren Gesellschaftern ist diese Möglichkeit jedoch eingeschränkt. Art. 7 Pkt. 5 S. 5 des Föderalen Gesetzes vom 29.12.2015 Nr. 382-FZ „Über die Schiedsgerichtsbarkeit (Schiedsrichterliche Verfahren) in der Russischen Föderation" schreibt für solche Streitigkeiten Russland als zwingenden Schiedsort vor. Die Wahl eines neutralen Schiedsortes bleibt den Joint-Venture-Partnern für diese Streitigkeiten daher verwehrt.[573]

569 Zu diesen Themen mit vereinzelten Rechtsprechungsnachweisen siehe *Šitkina/Birjukov*, Chozjajstvo i pravo 2020, Nr. 3, 12 (14–21); die Fragen werden ausführlich in § 5 D, § 5 F. und § 6 C. IV. behandelt.

570 OLG Hamburg, Urt. v. 13.07.2016 – 6 U 152/11, DRRZ 2016, 127 (Anm. *Wedde*, S. 133); BGH, Beschl. v. 20.02.2017 – IX ZR 195/16 und Beschl. v. 05.07.2018 – IX ZR 195/16 (nicht veröffentlicht), DRRZ 2018, 140 (Anm. *Wedde*).

571 Siehe zur deutschen Rechtsprechung Fn. 570 und zum Ganzen *Mosgo/Belova*, WiRO 2018, 321; von einer Nichtanerkennung und -vollstreckung durch russische Gerichte ausgehend ebenso *Schramm*, WiRO 2017, 72.

572 *Marenkov*, DRRZ 2020, 90.

573 Zum Ganzen siehe *Karimullin*, SchiedsVZ 2017, 23 (28).

§ 11 Interessen der Joint-Venture-Partner

Im Unterschied zu den Motiven für eine Durchführung eines Joint Ventures befasst sich der folgende Abschnitt mit den Interessen der Joint-Venture-Partner innerhalb des Joint Ventures und damit vorrangig während seines Lebens. Die Partner verfolgen zwar das gemeinsame Ziel eines erfolgreichen Joint Ventures, im Einzelnen können sie dabei jedoch durchaus divergierende Individualinteressen verfolgen.[574] Im Joint Venture herrscht damit ein besonderes Spannungsverhältnis zwischen gemeinsamen und unterschiedlichen, unter Umständen sogar sich widersprechenden Interessen der Partner, wobei für eine erfolgreiche Durchführung und für eine Zusammenarbeit auf Dauer eine möglichst weite Übereinstimmung der Interessen und die Einigkeit der Partner angestrebt werden sollte.[575]

Teilweise spiegeln die Interessen der Partner die mit einem Joint Venture verbundenen, bereits behandelten Risiken wider. Entsprechende Aspekte werden im Folgenden bei besonderer Relevanz nochmals in gebotener Kürze erörtert.

A. Erfolgreicher Bestand und ordentliche Beendigung des Joint Ventures

Als Folge des häufig obersten Motivs, der Gewinnerzielung, haben die Joint-Venture-Partner ein Interesse an der Sicherung des erfolgreichen Bestands des Joint Ventures mindestens bis zur Amortisierung ihrer Investitionen.[576] Die Partner sind bestrebt, alle Gefährdungen vom Joint Venture abzuwenden, welche das Scheitern des Gemeinschaftsprojekts zur Folge haben könnten. Als potentielle Gefährdungen sei insbesondere auf die unter § 10 genannten Risiken verwiesen.

Nach Erreichung der mit dem Joint Venture verfolgten Ziele streben die Partner in der Regel eine ordentliche, das heißt planmäßige und faire Beendigung an. Gleichzeitig besteht auch ein Interesse an einer außerplanmäßigen vorzeitigen Beendigung der Kooperation bei Vorliegen bestimmter außergewöhnlicher Umstände, welche eine Weiterführung für die Joint-Venture-Partner

---

574 *Fett/Spiering*, in: Fett/Spiering, Handbuch Joint Venture, 1. Kap. Rn. 13; *Hohmuth*, ZIP 2016, 658; *Schmolke*, in: Vogt/Fleischer/Kalss, Gesellschafts- und Kapitalmarktrecht in Deutschland, Österreich und der Schweiz 2014, S. 107 (108).

575 *Stengel*, in: Beck PersGes-HB, 4. Aufl. 2014, § 23 Rn. 5.

576 *Schmolke*, in: Vogt/Fleischer/Kalss, Gesellschafts- und Kapitalmarktrecht in Deutschland, Österreich und der Schweiz 2014, S. 107 (110).

unzumutbar machen. Auch wenn Verhandlungen über die Beendigung der Kooperation noch vor der eigentlichen Errichtung eines Joint Ventures Irritationen hervorrufen können, so ist es dennoch wichtig, bereits zu diesem Zeitpunkt, zu welchem ein eher neutrales und noch nicht vorbelastetes Verhältnis zwischen den Partnern besteht, gemeinsame Regelungen für eine möglichst reibungslose Beendigung der gemeinsamen Unternehmung zu treffen.

B. Vertrauensvolle und produktive Zusammenarbeit

Eine vertrauensvolle und produktive Zusammenarbeit der Joint-Venture-Partner beeinflusst den Erfolg eines Joint Ventures maßgeblich und liegt daher im Interesse beider Beteiligter. Gegenseitiges Vertrauen ist essentiell,[577] nicht zuletzt da die Partner regelmäßig von den Fähigkeiten und Ressourcen des jeweils anderen abhängig sind.[578] Als Basis gilt eine konstruktive und offene Kommunikation, welche es ihnen ermöglicht, Meinungsverschiedenheiten und Missverständnissen, etwa auch aufgrund unterschiedlicher Mentalitäten, vorzubeugen und diese zu beseitigen. Die Bedeutung dieses Aspekts zeigt sich auch darin, dass selbst eine optimale rechtliche Gestaltung der Verträge und Joint-Venture-Struktur keinen Ausgleich für eine fehlende Vertrauensbasis der Joint-Venture-Partner schaffen kann.[579]

C. Finanzielle Interessen

Zur Absicherung des Erfolgs des Joint Ventures sind die Partner bestrebt, die gemeinsame Unternehmung ausreichend mit finanziellen Mitteln auszustatten und für den Bedarfsfall sinnvolle Regelungen einer Nachfinanzierung zu treffen.

Weitere finanzielle Interessen im Rahmen eines Joint Ventures umfassen eine sinnvolle Gewinnverwendung, welche vor allem in der Entscheidung über Thesaurierung und Reinvestition oder Gewinnausschüttung besteht, im Fall einer Ausschüttung eine faire Gewinnverteilung und im Fall der Beendigung der Kooperation eine faire Erlösverteilung unter den Partnern.

---

577 *Fett/Spiering*, in: Fett/Spiering, Handbuch Joint Venture, 1. Kap. Rn. 16; *Göthel*, BB 2014, 1475 (1475); *Hohmuth*, ZIP 2016, 658; *Wirbel*, in: MHdB GesR I, 5. Aufl. 2019, § 28 Rn. 3.

578 *Schmolke*, in: Vogt/Fleischer/Kalss, Gesellschafts- und Kapitalmarktrecht in Deutschland, Österreich und der Schweiz 2014, S. 107 (110).

579 *Hohmuth*, ZIP 2016, 658.

D. Kontroll- und Einflusssicherung

Aufgrund der bereits behandelten möglichen Verselbstständigung des Joint Ventures sowie eines potentiellen Machtabflusses an den Joint-Venture-Partner hat jeder Beteiligte an einem Joint Venture das Interesse, den eigenen Einfluss auf die gemeinsame Unternehmung und die Kontrolle über ihre Tätigkeit zu wahren. Dies umfasst insbesondere die Absicherung des eigenen Einflusses auf die Führung und Unternehmensleitung des Gemeinschaftsunternehmens, etwa durch Etablierung von Entscheidungsmacht über die Besetzung der Gesellschaftsorgane und des höheren Managements. Darüber hinaus sind die Joint-Venture-Partner an einer Wahrung der Beteiligungsverhältnisse am Gemeinschaftsunternehmen und damit an einem Schutz vor Verwässerung der eigenen Anteile im Falle künftiger Kapitalerhöhungsmaßnahmen sowie an der Kontinuität der Person des eigenen Geschäftspartners interessiert. Um Einfluss und Kontrollmacht sichern zu können, ist stetige und wahre Information eine Grundvoraussetzung, sodass die Partner weiterhin über ein Informationsinteresse verfügen.

Da die Partner jeweils dazu neigen werden, den eigenen Einfluss möglichst groß zu gestalten und stets auszuweiten, um die eigenen Ziele, Interessen und Meinungen durchzusetzen,[580] entsteht ein Spannungsverhältnis zu dem bereits beschriebenen Interesse an einer vertrauensvollen Zusammenarbeit mit offener und konstruktiver Kommunikation, welche jeder Partner anstreben sollte. Das Spannungsverhältnis divergierender Interessen entsteht damit nicht nur zwischen den Joint-Venture-Partnern, sondern auch innerhalb der Interessen eines Partners. Eines der Hauptziele der Vorbereitung eines Joint Ventures ist es daher, einen möglichst ausbalancierten, den jeweiligen Interessen gerechten Ausgleich zu finden und so die Basis für ein erfolgreiches Joint Venture zu schaffen.[581]

E. Schutzinteressen

Schließlich verfügen die Joint-Venture-Partner über eine Vielzahl verschiedener Schutzinteressen im Rahmen eines Joint Ventures. Allen voran steht das Interesse an der Freihaltung und Abwendung von Schaden, insbesondere die Verhinderung von Schädigungen durch den Partner. Dies umfasst den Schutz des geistigen Eigentums sowie von Betriebs- und Geschäftsgeheimnissen, jeweils in

---

580 Siehe hierzu und zum Spannungsverhältnis unter den Joint-Venture-Partnern untereinander *Busch*, RNotZ 2020, 249 (251).

581 *Göthel*, BB 2014, 1475 (1475).

Bezug zum eigenen Unternehmen sowie zur Joint-Venture-Gesellschaft. Darüber hinaus hat ein Joint-Venture-Partner ein Interesse daran, vor Wettbewerb durch den Partner, etwa zum gemeinsamen Produkt, sowie vor Abwerbungen von Leistungsträgern geschützt zu werden.

In Bezug auf Russland besteht ein besonderes Interesse grundsätzlich beider Joint-Venture-Partner an einem Schutz vor einer Verschlechterung politischer, wirtschaftlicher und rechtlicher Rahmenbedingungen sowie an einer effektiven Durchsetzung ihrer Rechtspositionen.

§ 12 Anforderungen an die Gestaltung eines deutsch-russischen Joint Ventures

Zur Erreichung ihrer Ziele und zur Senkung der mit einem Joint Venture verbundenen Risiken steht den Joint-Venture-Partnern insbesondere das Mittel der rechtlichen Gestaltung der Vereinbarungen zur Verfügung. Im Folgenden wird zusammenfassend dargestellt, welche Themenbereiche auf Grundlage der erarbeiteten Interessen- und Gefährdungslage besonderer Beachtung bei der Verhandlung der in einem Joint Venture zum Tragen kommenden Regelwerke bedürfen (siehe unter A.) und welche Anforderungen an diese Verträge zu stellen sind (siehe unter B.).

A. Interessen und Risiken als Regelungsprogramm für das Joint Venture

Die individuellen Interessen und Risiken der Joint-Venture-Partner bilden das Fundament für die in Grundlagenvereinbarung, in Satzung des Gemeinschaftsunternehmens und in sonstigen Begleitverträgen zu treffenden Regelungen. Da an oberster Stelle der Erfolg des Joint Ventures steht, ist bereits in den vorbereitenden Verhandlungen die Grundlage für eine produktive Zusammenarbeit zu schaffen. Eine offene und vertrauensvolle Kommunikation sowie die Beachtung von Mentalität und Sprache des Vertragspartners sind hierfür förderlich. Auf Vertragsebene sind Regelungen zur Verhinderung und Lösung von Konflikten sowie Anreize zur konstruktiven, kontinuierlichen und aktiven Förderung des Joint Ventures zu schaffen. Eine gründliche Due Diligence ermöglicht es, Probleme und Risiken in der Person des Geschäftspartners, in der angestrebten gemeinsamen Unternehmung oder in den allgemeinen Rahmenbedingungen zu erkennen und entsprechende Vorkehrungen zu treffen.[582]

---

582 *Drinhausen,* in: MHdB GesR VI, 4. Aufl. 2013, § 43 Rn. 2.

Weitere wesentliche Themen der Vertragsgestaltung umfassen die Finanzierung bzw. Nachfinanzierung des Gemeinschaftsunternehmens, die Etablierung eines effektiven Systems zur Kontrolle und Einflusssicherung sowie ein wirksames Sanktionsmodell, um die Einhaltung der Vertragsregelungen durch die Partner zu sichern. Darüber hinaus kann einzelnen Risiken durch entsprechende Vertragsklauseln entgegengewirkt werden. In Betracht kommen hierfür unter anderem die Übernahme von Garantien, Wettbewerbsverbote, Abwerbungsverbote, Change-of-Control-Klauseln und Verfügungsbeschränkungen bezüglich der Geschäftsanteile.

B. Anforderungen an die Vertragswerke

Aufgrund der Fülle der zu verhandelnden Themen, der Komplexität der Rechtsbeziehungen, aber auch aufgrund der Eignung zur Verhinderung möglicher Schwierigkeiten sollte der vertraglichen Regelung der Rechtsbeziehungen in einem Joint Venture ausreichend Aufmerksamkeit gewidmet werden. Dafür sollten die Verträge eine angemessene Regelungstiefe aufweisen,[583] zum Schutz der Joint-Venture-Partner jedoch nicht zu konkrete und kleinteilige Regelungen beinhalten, um alle potentiellen Problemfälle auffangen zu können.[584]

Darüber hinaus sind die Verträge inhaltlich aufeinander abzustimmen und die Konsistenz der Vertragswerke untereinander während des Lebens des Joint Ventures durch entsprechende Anpassungs- und Änderungspflichten möglichst zu bewahren.[585] Vertragliche Widersprüche könnten sonst in Unsicherheiten und Konflikten resultieren.

Schließlich ist selbstredend auf eine strenge Regelkonformität mit dem geltenden Recht zu achten[586] und, falls zulässig und zweckmäßig, etwaigen Rechtsunsicherheiten durch privatvertragliche Regelung vorzubeugen.

583 *Göthel*, BB 2014, 1475 (1476).

584 *Schmolke*, in: Vogt/Fleischer/Kalss, Gesellschafts- und Kapitalmarktrecht in Deutschland, Österreich und der Schweiz 2014, S. 107 (109 f.).

585 *Schulte/Pohl*, Joint-Venture-Gesellschaften, Rn. 93; *Stepanov/Vogel/Schramm*, Vestnik VAS RF 2012, Nr. 10, 22–69.

586 Siehe zu *Compliance*-Fragen im Joint Venture *Fett/Spiering*, in: Fett/Spiering, Handbuch Joint Venture, 1. Kap. Rn. 17–19.

Fünftes Kapitel: Rechtliche Gestaltung der Leitung des Gemeinschaftsunternehmens

§ 13 Vorbemerkungen zum richtigen Regelungsort

Die Grundlagenvereinbarung eines Joint Ventures hat zentrale Bedeutung für dessen rechtliche Gestaltung und enthält in der Regel alle wichtigen Regelungen und Absprachen der Joint-Venture-Partner.[587] Aus diesem Grund und aufgrund der Untersuchung der Mustervereinbarung beziehen sich die folgenden Ausführungen vorrangig, aber nicht ausschließlich auf Regelungen und Formulierungen in einer Grundlagenvereinbarung.

Wie jedoch bereits festgestellt wurde,[588] bedürfen zahlreiche Gestaltungsmöglichkeiten im Gesellschaftsrecht für ihre Wirksamkeit der Satzungsform oder zumindest eines förmlichen Beschlusses der Gesellschafterversammlung. Besondere Relevanz hat die richtige Form bei der rechtlichen Gestaltung der Leitung des Gemeinschaftsunternehmens, da Art. 67.2 Pkt. 2 Abs. 1 ZGB RF ausdrücklich verbietet, die Organstruktur oder Organkompetenzen per Gesellschaftervereinbarung zu regeln. Entgegenstehende vertragliche Bestimmungen sind nach Art. 67.2 Pkt. 2 Abs. 2 ZGB RF nichtig.[589]

Da es sich bei der Gesellschaftervereinbarung um einen schuldrechtlichen Vertrag handelt,[590] ist es den Joint-Venture-Partnern jedoch möglich, Struktur und Kompetenzen der Gesellschaftsorgane mittels Stimmbindungsvereinbarungen in der Grundlagenvereinbarung anzulegen. Art. 67.2 Pkt. 2 Abs. 3 ZGB RF erlaubt es den Parteien einer Gesellschaftervereinbarung ausdrücklich, sich zu einer Stimmabgabe für die Aufnahme von Bestimmungen in die Satzung zu verpflichten, welche die Struktur und Kompetenzen der Gesellschaftsorgane festlegen.[591] Voraussetzung dafür ist, dass das ZGB RF oder die Spezialgesetze der

587 Siehe hierzu ausführlich bereits unter § 5 A.

588 Insbesondere unter § 5 F. III. 2. d) und § 6 C. IV. 1.

589 Dazu auch *Gluchov*, Korporativnyj dogovor (Der gesellschaftsrechtliche Vertrag), S. 197.

590 Siehe § 5 D.

591 Die Mustervereinbarung enthält in Fn. 14 unter Pkt. 3 „Leitung der Gesellschaft" aufgrund Art. 67.2 Pkt. 2 ZGB RF die Empfehlung, möglichst keine Themen, welche der Satzungsform bedürfen, in der Grundlagenvereinbarung zu regeln. Falls jedoch eine Regelung unumgänglich sei, sollte diese als Verpflichtung formuliert werden.

Kapitalgesellschaften die rechtliche Gestaltung der betroffenen Frage per Satzung gestatten.

Diese Vorgehensweise erlaubt es den Joint-Venture-Partnern, die Grundlagenvereinbarung als umfassendes, zentrales Vertragswerk zur Regelung der Rechtsbeziehungen untereinander und im Gemeinschaftsunternehmen zu nutzen. Mangels Möglichkeit der gerichtlichen Durchsetzung von Stimmbindungen im russischen Recht[592] ist dabei jedoch zu beachten, dass zur Sicherstellung der Erfüllung entsprechender Stimmbindungen ein effektives Sanktionsmodell in der Grundlagenvereinbarung vorgesehen wird. Daneben kann es sinnvoll sein, zumindest die wichtigsten und strittigsten Regelungen der Satzung bereits zum Abschluss der Grundlagenvereinbarung auszuhandeln und den Satzungsentwurf der Grundlagenvereinbarung als Anlage anzufügen.

§ 14 Organstruktur

Eine juristische Person wird durch seine Organe handlungsfähig und erhält Rechtspersönlichkeit durch Verabschiedung der Satzung als innere Verfassung. Die Festlegung der Struktur der Gesellschaftsorgane bildet daher die Basis für die Gestaltung der Leitung des Gemeinschaftsunternehmens durch die Joint-Venture-Partner.

Um mögliche Organstrukturen eines deutsch-russischen Joint Ventures zu erschließen, werden im Folgenden zunächst unter A. die Gesellschaftsorgane einer russischen OOO und unter B. verschiedene Organkonstellationen und ihre Vor- und Nachteile vorgestellt. Unter C. werden sodann die in der Mustervereinbarung vorgenommenen Regelungen zur Organstruktur untersucht.

A. Gesellschaftsorgane und ihre Aufgaben nach russischem Recht

Zunächst soll ein Überblick über die Gesellschaftsorgane mitsamt ihrer Aufgaben in einer russischen OOO geschaffen werden, wobei zunächst die obligatorischen Organe (siehe I.) und sodann die fakultativen Organe (unter II.) vorgestellt werden.

592 Siehe hierzu unter § 10 G.

I. Obligatorische Organe einer OOO

In der OOO sind lediglich zwei Gesellschaftsorgane zwingend zu bilden – die Gesellschafterversammlung und der Generaldirektor.

1. Gesellschafterversammlung

Wie auch bei der deutschen GmbH, ist die Gesellschafterversammlung[593] das höchste Organ der OOO, Art. 65.3 Pkt. 1 ZGB RF, Art. 32 Pkt. 1 Abs. 1 S. 1 GmbHG RF. Alle anderen Gesellschaftsorgane werden direkt oder mittelbar durch die Gesellschafterversammlung gebildet.[594] Die Gesellschafterversammlung selbst bedarf keines gesonderten Einsetzungsakts, sondern ist auf der Grundlage juristischer Tatsachen automatisch mit den Anteilseignern des Unternehmens besetzt – in der Regel bei natürlichen Personen als Gesellschafter mit diesen selbst und bei juristischen Personen als Gesellschafter mit deren gesetzlichen Vertretern.[595]

Als höchstes Organ gibt die Gesellschafterversammlung die strategische Planung der Gesellschaft vor und trifft strategische Entscheidungen. Daneben ist sie auch mit Aufgaben zur Kontrolle des operativen Geschäfts betraut, etwa aufgrund des ihr durch den gesetzlichen Grundfall verliehenen Rechts zur personellen Besetzung des Direktorenrats, des Vorstands und der Position des Generaldirektors sowie aufgrund von Zustimmungsvorbehalten bezüglich bestimmter Rechtsgeschäfte.[596]

2. Generaldirektor (Einzelexekutivorgan)

Das zweite obligatorische Gesellschaftsorgan ist das Einzelexekutivorgan[597], Art. 65.3 Pkt. 3 Abs. 1 S. 1 ZGB RF, Art. 32 Pkt. 4 GmbHG RF, welches dem Geschäftsführer einer deutschen GmbH entspricht.[598] Im Regelfall wird die Position mit einer natürlichen Person besetzt und diese gängig als Generaldirektor[599]

---

593 Russ. *obščee sobranie učastnikov*.

594 *Šitkina*, in: Šitkina, Korporativnoe pravo: Učebnyj kurs (Gesellschaftsrecht: Ein Studienkurs), Bd. 2, S. 185.

595 *Šitkina*, in: Šitkina, Korporativnoe pravo: Učebnik (Gesellschaftsrecht: Ein Lehrbuch), S. 255.

596 Zu den Funktionen der Gesellschafterversammlung insgesamt siehe *Gluchov*, Korporativnyj dogovor (Der gesellschaftsrechtliche Vertrag), S. 200.

597 Russ. *edinoličnyj ispolnitel'nyj organ*.

598 *Steininger/Olejnik*, WiRO 2017, 129 (134).

599 Russ. *general'nyj direktor*.

(so auch in dieser Arbeit) oder Präsident[600] bezeichnet, siehe Art. 40 Pkt. 1 Abs. 1 S. 1 GmbHG RF. Nach Art. 40 Pkt. 2, Art. 42 GmbHG RF ist jedoch auch die Möglichkeit eröffnet, die Aufgaben und Rechte des Einzelexekutivorgans vollständig oder teilweise einem externen Verwalter oder einer Verwaltungsgesellschaft per Vertrag zu übertragen.

Durch die Gesellschaftsrechtsreform 2014 wurde die Bestellung mehrerer Generaldirektoren – mit Einzel- oder Gesamtvertretungsmacht – erlaubt, siehe Art. 65.3 Pkt. 3 Abs. 1 S. 2, Art. 53 Pkt. 1 Abs. 3 ZGB RF. Die Möglichkeit der Fremdorganschaft ist in Art. 40 Pkt. 1 Abs. 1 S. 2 GmbHG RF vorgesehen. Im Hierarchiegefüge der OOO nimmt der Generaldirektor eine der Gesellschafterversammlung sowie einem etwaigen fakultativ gebildeten Direktorenrat untergeordnete Stellung ein, Art. 32 Pkt. 4 S. 2 GmbHG RF.

Der Generaldirektor ist das zentrale Geschäftsleitungsorgan, von dessen Fähigkeiten maßgeblich der Erfolg eines Unternehmens abhängt.[601] Er führt nach Art. 32 Pkt. 4 S. 1 Alt. 1 GmbHG RF den laufenden Geschäftsbetrieb der OOO und trifft operative Entscheidungen. Als gesetzliches Vertretungsorgan der Gesellschaft ist er berechtigt, ohne gesonderte Vollmacht im Namen der Gesellschaft zu handeln, Art. 40 Pkt. 3 UPkt. 1) GmbHG RF.

II. Fakultative Organe einer OOO

In einer OOO ist die Bildung von drei fakultativen Gesellschaftsorganen möglich. Dies sind der Direktorenrat, der Vorstand und die Revisionskommission bzw. der Revisor.

1. Direktorenrat

Als kollegiales Gesellschaftsorgan der Unternehmensleitung[602] kann in der OOO per Satzung ein Direktorenrat[603], Aufsichtsrat[604] oder sonstiger Rat vorgesehen werden, Art. 65.3 Pkt. 4 Abs. 1 S. 1 ZGB, Art. 32 Pkt. 2 Abs. 1 GmbHG RF. Funktionen und Kompetenzen dieses Gesellschaftsorgans sind nicht zwingend vorgegeben, sondern maßgeblich abhängig von der konkreten Gestaltung

600 Russ. *prezident.*

601 *Gluchov*, Korporativnyj dogovor (Der gesellschaftsrechtliche Vertrag), S. 245.

602 Russ. *kollegial'nyj organ upravlenija.*

603 Russ. *sovet direktorov*, die am weitesten verbreitete Bezeichnung für dieses Gesellschaftsorgan, siehe *Šitkina,* in: Šitkina, Korporativnoe pravo: Učebnyj kurs (Gesellschaftsrecht: Ein Studienkurs), Bd. 2, S. 206, Fn. 1.

604 Russ. *nabljudatel'nyj sovet.*

durch die Satzung in Übereinstimmung mit den Vorgaben des GmbHG RF, siehe Art. 32 Pkt. 2 Abs. 4, Pkt. 2.1 GmbHG RF. Eine in den kontinentaleuropäischen Rechtsordnungen überwiegende Färbung des Parallelorgans, zum Beispiel des Aufsichtsrats in Deutschland, als Kontrollorgan der Anteilsinhaber über die Geschäftsführung ist im russischen Recht nicht vorgegeben.[605] Typischerweise übernimmt der Direktorenrat sowohl Aufgaben der strategischen Planung der Gesellschaft, zum Beispiel die Ausarbeitung und Abstimmung der strategischen Ausrichtung der Geschäftstätigkeit sowie die Erstellung der Business- und Budgetpläne, als auch Aufgaben der Kontrolle über die Exekutivorgane, zum Beispiel in Form von Zustimmungsvorbehalten zu bestimmten Rechtsgeschäften oder in Form von Rechten zur personellen Besetzung.[606] Der Direktorenrat kann als ein allgemeines Führungsorgan der Unternehmensleitung vorgesehen werden, in dessen Funktion er dem Interessenausgleich zwischen den Gesellschaftern und der Geschäftsführung bzw. des gesamten Managements dient und ein mögliches Instrument zur Lösung des Prinzipal-Agenten-Problems darstellt.[607]

Innerhalb der Unternehmensstruktur befindet sich der Direktorenrat untergeordnet zur Gesellschafterversammlung und übergeordnet zu den Exekutivorganen Generaldirektor und Vorstand, Art. 32 Pkt. 4 S. 2 GmbHG RF.

2. *Vorstand (kollegiales Exekutivorgan)*

Das russische Recht sieht die Möglichkeit vor, zusätzlich zum Generaldirektor per Satzung ein kollegiales Exekutivorgan[608], überwiegend als Vorstand[609], daneben auch als Direktion[610] bezeichnet, vorzusehen, siehe Art. 65.3 Pkt. 3 Abs. 2 ZGB, Art. 41 Pkt. 1 GmbHG RF. Der Vorstand ist ein regelmäßig mit Fachexperten für einzelne Ressorts, insbesondere mit dem höheren Management der Gesellschaft besetztes Gremium,[611] welches nach Art. 32 Pkt. 4 S. 1 GmbHG RF gemeinsam mit dem Generaldirektor für die Führung des laufenden Geschäftsbetriebs zuständig ist. Letzterer übernimmt zwingend den Vorsitz des Vorstands, es sei

---

605 *Šitkina,* in: Šitkina, Korporativnoe pravo: Učebnyj kurs (Gesellschaftsrecht: Ein Studienkurs), Bd. 2, S. 207.

606 *Gluchov*, Korporativnyj dogovor (Der gesellschaftsrechtliche Vertrag), S. 216.

607 *Šitkina,* in: Šitkina, Korporativnoe pravo: Učebnyj kurs (Gesellschaftsrecht: Ein Studienkurs), Bd. 2, S. 206 f.

608 Russ. *kollegial'nyj ispolnitel'nyj organ.*

609 Russ. *pravlenie.*

610 Russ. *direkcija.*

611 *Šitkina,* in: Šitkina, Korporativnoe pravo: Učebnyj kurs (Gesellschaftsrecht: Ein Studienkurs), Bd. 2, S. 225.

denn, die Funktion des Generaldirektors wurde einem externen Verwalter oder einer Verwaltungsgesellschaft übertragen, Art. 41 Pkt. 1 Abs. 4 GmbHG RF.

Ausprägung und Umfang der Geschäftsführungsbefugnis des Vorstands bestimmen sich nach der konkreten Regelung seiner Kompetenzen in der Satzung, Art. 41 Pkt. 1 Abs. 3 GmbHG RF. Typische Aufgaben des Vorstands umfassen zum einen Zustimmungsvorbehalte zu Rechtsgeschäften eines bestimmten Geschäftsbereichs oder ab einem bestimmten Geschäftswert und zum anderen Vorbereitungshandlungen im Rahmen der Rechnungslegung sowie der Budget- und Businessplanung.[612] Die gesetzliche Vertretungsbefugnis ist im russischen Recht dem Einzelexekutivorgan vorbehalten, Art. 40 Pkt. 3 UPkt. 1) GmbHG RF. Die Mitglieder des Vorstands und andere Personen können lediglich durch den Generaldirektor rechtsgeschäftlich bevollmächtigt werden, Art. 40 Pkt. 3 UPkt. 2) GmbHG RF. Das Konzept einer Prokura ist dem russischen Recht nicht bekannt.[613]

Ebenso wie der Generaldirektor ist auch der Vorstand der Gesellschafterversammlung sowie einem fakultativ gebildeten Direktorenrat untergeordnet, Art. 32 Pkt. 4 S. 2 GmbHG RF.

3. *Revisionskommission und Revisor*

Ein für das russische Recht spezifisches Gesellschaftsorgan, welches beispielsweise im deutschen Recht keine direkte Entsprechung kennt,[614] stellen die Revisionskommission[615] bzw. der Revisor[616] dar. Die Revisionskommission und im Falle der Bestellung einer einzelnen Person der Revisor sind nach Art. 66.3 Pkt. 3 UPkt. 4) ZGB RF und Art. 32 Pkt. 6 Abs. 1 S. 1 GmbHG RF fakultative Gesellschaftsorgane, wobei die Regelung des ZGB RF so formuliert ist, dass die Bildung einer Revisionskommission bzw. eines Revisors in einer nichtöffentlichen Gesellschaft als Grundfall anzusehen ist, von welchem per einstimmiger Satzungsregelung abgewichen werden kann. Art. 32 Pkt. 6 Abs. 1 S. 2 GmbHG RF schreibt indessen vor, dass die Bildung einer Revisionskommission oder eines Revisors obligatorisch ist, wenn die Gesellschafterzahl 15 überschreitet, was dem Art. 66.3 Pkt. 3 UPkt. 4) ZGB RF, welcher keinerlei Einschränkung der Wahlfreiheit vornimmt, widerspricht.

---

612 *Gluchov*, Korporativnyj dogovor (Der gesellschaftsrechtliche Vertrag), S. 279.

613 *Steininger/Olejnik*, WiRO 2017, 129 (135).

614 *Steininger/Olejnik*, WiRO 2017, 172 (173).

615 Russ. *revizionnaja komissija*.

616 Russ. *revizor*.

Trotz des Umstands, dass dieser Widerspruch für deutsch-russische Joint Ventures mit ursprünglich zwei Gesellschaftern lediglich perspektivische Relevanz hat, wird an dieser Stelle genauer auf das im russischen Recht vorliegende Problem der Normenhierarchie von ZGB RF und einfachen Gesetzen eingegangen, da dies im weiteren Verlauf der Untersuchung mehrmals Bedeutung erlangen wird. Art. 3 Pkt. 2 Abs. 2 ZGB RF sieht einen generellen Anwendungsvorrang des ZGB RF vor einfachen Gesetzen vor, was insbesondere in Fällen, wenn neue Regelungen in Spezialgesetzen erlassen werden, aber im ZGB RF noch nicht gespiegelt sind, zu Rechtsunsicherheit des geltenden Rechts führt. Der wohl herrschenden und zu folgenden Meinung nach ist eine harmonisierende Auslegung vorzunehmen,[617] wobei im unauflösbaren Widerspruchsfall die *lex posterior* unter Wahrung des durch das ZGB RF geschaffenen systematischen Rahmens vorrangig anzuwenden sei.[618] Im vorliegenden Fall kommt zusätzlich hinzu, dass das Einführungsgesetz des Art. 66.3 ZGB RF eine Übergangsregelung vorsieht, wonach Spezialgesetze bis zu ihrer Anpassung lediglich insoweit anzuwenden sind, inwieweit sie dem ZGB RF nicht widersprechen, Art. 3 Pkt. 4 GesellschaftsrechtsreformG.[619] Im Ergebnis ist daher basierend auf allen drei Grundlagen, und zwar mit der herrschenden Meinung nach der *lex posterior* sowie gemäß Art. 3 Pkt. 2 Abs. 2 ZGB RF und gemäß der Übergangsregelung nach dem Vorrang des ZGB RF, wohl anzunehmen, dass auch bei einer Überschreitung von 15 Gesellschaftern die Bildung einer Revisionskommission oder eines Revisors fakultativ bleibt.[620]

Die Revisionskommission bzw. der Revisor haben reine Aufsichtsfunktion und führen keine Tätigkeiten im Rahmen der Geschäftsführung aus.[621] In dieser Funktion besteht ihre Hauptaufgabe in der Überwachung und Kontrolle der finanzwirtschaftlichen Tätigkeit der Gesellschaft im Interesse der Gesellschafter.[622] Die konkreten Kompetenzen sind in der Satzung festzulegen.[623] Zur

617 *Nübler/Trunk*, Einführung in die russisch-deutsche Rechtsterminologie, S. 88 f.

618 *Breig*, WiRO 2019, 102 (106).

619 Siehe zu einem parallelen Fall bereits unter Fn. 490.

620 So auch *Konsul'tantPljus*, Gotovoe rešenie: Kak izbiraetsja revizionnaja komissija (revizor) OOO (Fertige Lösung: Wie wird die Revisionskommission (der Revisor) einer OOO gebildet), Aufsatz veröffentlicht auf SPS Konsul'tantPljus, Stand 10.01.2022, Pkt. 1; *Vajpan*, Vestnik arbitražnoj praktiki 2020, Nr. 4, 15, Pkt. 5.1.

621 *Steininger/Olejnik*, WiRO 2017, 172 (173 f.).

622 *Gluchov*, Korporativnyj dogovor (Der gesellschaftsrechtliche Vertrag), S. 284; *Steininger/Olejnik*, WiRO 2017, 172 (173 f.).

623 *Šitkina*, in: Šitkina, Korporativnoe pravo: Učebnyj kurs (Gesellschaftsrecht: Ein Studienkurs), Bd. 2, S. 259.

Erfüllung ihrer Aufgaben sind die Organe nach Art. 47 Pkt. 2 GmbHG berechtigt, jederzeit auf eigene Initiative Untersuchungen durchzuführen und Zugang zur gesamten Dokumentation der Gesellschaftstätigkeit zu erhalten. Eine Verpflichtung der Mitglieder von Direktorenrat und Exekutivorganen sowie der Arbeitnehmer zur Auskunft in mündlicher oder schriftlicher Form findet sich in Art. 47 Pkt. 2 S. 2 GmbHG, deren Nichteinhaltung jedoch nicht durch die Revisionskommission bzw. den Revisor sanktioniert werden kann.[624] Über die Einzeluntersuchungen hinaus prüfen die Revisionskommission und der Revisor zwingend die Jahresberichte und Bilanzen vor ihrer Bestätigung auf der Gesellschafterversammlung, Art. 47 Pkt. 3 GmbHG RF.

Zur Sicherung der Unabhängigkeit dürfen Mitglieder der Revisionskommission bzw. der Revisor nicht gleichzeitig Mitglied der sonstigen Gesellschaftsorgane mit Ausnahme der Gesellschafterversammlung sein, Art. 32 Pkt. 6 Abs. 3 GmbHG RF.

B. Gestaltungsvarianten in einem Joint Venture

Die obligatorischen und die vom russischen Gesellschaftsrecht zur Verfügung gestellten fakultativen Gesellschaftsorgane einer OOO ermöglichen zahlreiche Gestaltungsvarianten der Organstruktur für ein Joint Venture. Im Folgenden werden diese zusammengefasst in drei Hauptgruppen dargelegt und die Vor- und Nachteile der jeweiligen Gestaltungsvariante erörtert.

I. Schlanke Organstruktur

Die schlichteste Gestaltungsvariante der Gesellschaftsorgane in einer OOO umfasst lediglich die zwei obligatorischen Organe, und zwar Gesellschafterversammlung und Einzelexekutivorgan. Diese Organstruktur genießt über die Rechtsform der OOO hinaus große Popularität und ist bei russischen Gesellschaften weit verbreitet.[625]

Hervorstechendes Merkmal dieser Organstruktur ist, dass die Aufgaben der zusätzlichen Gesellschaftsorgane, also eines etwaigen Direktorenrats, Vorstands oder einer Revisionskommission, und damit in vollem Umfang insbesondere die Funktionen zur Überwachung der Geschäftsführung durch die Gesellschafterversammlung wahrgenommen werden.[626] Dies führt zu einer übersichtlichen

624 *Steininger/Olejnik*, WiRO 2017, 172 (174).

625 *Šitkina,* in: Šitkina, Korporativnoe pravo: Učebnyj kurs (Gesellschaftsrecht: Ein Studienkurs), Bd. 2, S. 181.

626 *Gluchov*, Korporativnyj dogovor (Der gesellschaftsrechtliche Vertrag), S. 200.

und klaren Aufgabenverteilung zwischen Gesellschafterversammlung und Generaldirektor. Außerdem ermöglicht eine flache Hierarchie kurze Kommunikationswege und potentiell eine effizientere Entscheidungsfähigkeit der Gesellschaftsorgane.

Durch die Abwesenheit eines vermittelnden Akteurs steigt allerdings gleichzeitig, insbesondere bei einem Joint Venture mit nur zwei Gesellschaftern, die Gefahr eines Entscheidungsstillstands. Weitere mögliche Nachteile können sich aus einer unter Umständen zu hohen Arbeits- und Entscheidungslast der Gesellschafterversammlung ergeben, da keine Kompetenzen einem anderen Organ zugewiesen werden können. Des Weiteren ist denkbar, dass auch dem Einzelexekutivorgan in dieser Gestaltungsvariante eine Optimierung der Arbeitsweise verwehrt wird, da diesem kein mit fachlicher Expertise ausgestatteter Vorstand beratend und entlastend zur Seite gestellt wird. Dieser Nachteil kann jedoch beispielsweise durch die Bestellung mehrerer Generaldirektoren, die Personalausstattung der fachlichen Geschäftsführungsassistenz sowie die Organisation der Arbeitsweise mehrerer Generaldirektoren zumindest abgemildert werden.

Aus den beschriebenen Vor- und Nachteilen folgt, dass sich die schlanke Gestaltungsvariante der Organstruktur vor allem für zwei Arten von Joint-Venture-Gesellschaften eignet. Zum einen bietet sich diese Struktur für Gesellschaften kleineren Maßstabs an, in welchen relativ wenige Entscheidungen zu treffen sind, für welche es genügt, dass Beratungen, Diskussionen und Meinungsverschiedenheiten der Joint-Venture-Partner in der Gesellschafterversammlung ausgetragen werden, und in welchen im Extremfall zusätzliche Gesellschaftsorgane sogar überflüssig wären.[627] Zum anderen ist diese Struktur vorteilhaft, wenn ein Bedürfnis der Joint-Venture-Partner besteht, maximal in den Geschäftsbetrieb des Gemeinschaftsunternehmens involviert zu sein.[628]

II. Klassische Organstruktur: Gesellschafterversammlung, Direktorenrat und Generaldirektor

Eine ebenfalls weit verbreitete Organstruktur sieht zusätzlich zu den obligatorischen Gesellschaftsorganen einen Direktorenrat vor.[629] Im Unterschied zur

627 *Gluchov*, Korporativnyj dogovor (Der gesellschaftsrechtliche Vertrag), S. 200 f.; *Mundry*, in: Breidenbach/Institut für Ostrecht München, Handbuch WiRO, Länderteil Russland, Stand: 119. EL September 2014, Kap. C, Rn. 260.

628 *Gluchov*, Korporativnyj dogovor (Der gesellschaftsrechtliche Vertrag), S. 200.

629 *Šitkina*, in: Šitkina, Korporativnoe pravo: Učebnyj kurs (Gesellschaftsrecht: Ein Studienkurs), Bd. 2, S. 181.

schlanken Organstruktur bietet diese Variante die Möglichkeit einer flexibleren Gestaltung der Aufgabenverteilung unter den Gesellschaftsorganen. Per Satzung können dem Direktorenrat verschiedene Funktionen übertragen werden, zum Beispiel Aufgaben zur Kontrolle der Geschäftsführung oder gar Mitwirkung an ihr sowie zur Beratung der Gesellschafterversammlung. Durch entsprechende Aufgabenzuweisungen sind eine Entlastung der Gesellschafterversammlung und die Beschränkung der Geschäftsführungsbefugnis des Einzelexekutivorgans ermöglicht. Darüber hinaus kann der Direktorenrat, insbesondere wenn er mit externen Dritten besetzt ist, als Vermittler zwischen Geschäftsführung und Gesellschaftern dienen[630] sowie als Schlichtungsgremium im Fall eines Entscheidungsstillstands eingesetzt werden.

Aufgrund der flexiblen Gestaltungsmöglichkeiten der Aufgabenverteilung auf eine übersichtliche Anzahl von Gesellschaftsorganen ist diese Organstruktur universell, sowohl für kleinere als auch größere Gemeinschaftsunternehmen geeignet. Die universelle Eignung sowie weite Verbreitung machen diese Gestaltungsvariante zur klassischen Organstruktur in russischen OOO.

III. Komplexe Organstrukturen

In der dritten Gruppe von Organstrukturen sind verschiedene Organgefüge zusammengefasst, welche dadurch gekennzeichnet sind, dass sie neben den obligatorischen Gesellschaftsorganen mindestens ein weiteres fakultatives Organ vorsehen. Aufgrund ihrer besonderen Bedeutung wurde die klassische Organstruktur, bestehend aus Gesellschafterversammlung, Generaldirektor und Direktorenrat, gesondert bereits unter II. behandelt.

Im Hinblick auf den Vorstand ist festzustellen, dass dieser in einer Joint-Venture-Gesellschaft eher selten anzutreffen ist. Die Joint-Venture-Partner ziehen häufig den vielseitig einsetzbaren Direktorenrat vor. Ein zum Direktorenrat zusätzlicher Vorstand könnte als überflüssiges Element die Organstruktur überfrachten.

Grundsätzlich denkbar ist eine Variante, in welcher ein Vorstand ohne Bildung eines Direktorenrats vorgesehen ist. Die typischerweise durch den Direktorenrat ausgeübten Aufgaben, zum Beispiel zur Überwachung und Mitwirkung an der Geschäftsführung, würden dann dem Vorstand zugewiesen werden.[631]

---

630 *Šitkina,* in: Šitkina, Korporativnoe pravo: Učebnyj kurs (Gesellschaftsrecht: Ein Studienkurs), Bd. 2, S. 206 f.

631 Zu den bisherigen Ausführungen zum Vorstand siehe *Gluchov*, Korporativnyj dogovor (Der gesellschaftsrechtliche Vertrag), S. 277 f.

Hintergrund einer solchen Entscheidung könnte das Bedürfnis sein, zwei grundsätzlich in der Organhierarchie gleichgeordnete Organe, Generaldirektor und Vorstand, einzusetzen. Die Wahrung der Überwachung der Geschäftsführung sowie Aufteilung der Geschäftsführungsaufgaben ohne Schaffung einer zusätzlichen Hierarchieebene könnte jedoch ebenfalls durch die Bestellung mehrerer Generaldirektoren mit Gesamtvertretungsbefugnis erreicht werden.

Die Bildung eines Vorstands ist angezeigt, wenn das höhere Management in operative Entscheidungen einbezogen werden soll, um dadurch zum Beispiel dessen Status zu erhöhen,[632] oder wenn externe Fachexpertise in operative Entscheidungen einfließen soll. Ein weiterer Beweggrund für die Bildung eines Vorstands besteht in der Entlastung des Direktorenrats. Dem Vorstand können demnach beispielsweise Zustimmungsvorbehalte zum Abschluss bestimmter Rechtsgeschäfte oder zur Ausführung anderer Handlungen übertragen werden.[633] Die Bildung eines Vorstands und die Übertragung der typischen Aufgaben auf ihn führt automatisch zu einer Begrenzung der Geschäftsführungsbefugnis des Generaldirektors, was ebenfalls durch die Einsetzung eines Vorstands bezweckt werden kann.[634]

Eine Revisionskommission bzw. ein Revisor bieten sich insbesondere bei einem gesteigerten finanzwirtschaftlichen Kontrollbedürfnis der Gesellschafter an.[635] Ein solches Bedürfnis könnte sich beispielsweise aus dem Umfang der Geschäftstätigkeit und der Größe des Gemeinschaftsunternehmens oder aus den Besetzungsregelungen der sonstigen Gesellschaftsorgane ergeben. Aufgrund der nicht erlaubten Personengleichheit mit den Mitgliedern anderer Organe außer der Gesellschafterversammlung ist die Unabhängigkeit der Revisionskommission und des Revisors sichergestellt, Art. 32 Pkt. 6 Abs. 3 GmbHG RF. Gleichzeitig kann die Effektivität der Untersuchungsmöglichkeiten der Revisionskommission bzw. des Revisors eingeschränkt sein, wenn die übrigen Organe ihrer Auskunftspflicht nicht nachkommen, da dem Kontrollorgan keine Sanktionsmöglichkeiten zur Verfügung stehen.[636]

Insgesamt ist festzuhalten, dass komplexe Organstrukturen den Vorteil haben, dass die in einer Gesellschaft anfallenden Aufgaben auf mehrere

---

632 *Gluchov*, Korporativnyj dogovor (Der gesellschaftsrechtliche Vertrag), S. 277.

633 *Gluchov*, Korporativnyj dogovor (Der gesellschaftsrechtliche Vertrag), S. 277 f.

634 *Šitkina*, in: Šitkina, Korporativnoe pravo: Učebnyj kurs (Gesellschaftsrecht: Ein Studienkurs), Bd. 2, S. 226.

635 *Gluchov*, Korporativnyj dogovor (Der gesellschaftsrechtliche Vertrag), S. 284.

636 *Steininger/Olejnik*, WiRO 2017, 172 (174).

Entscheidungsträger verteilt werden können, um dadurch die Gesellschaftsorgane zu entlasten. Die Kehrseite dieses Vorteils ist jedoch das Risiko, dass je nach konkreter Ausgestaltung eine komplizierte Struktur zu einer unklaren Aufgabenverteilung führen kann, was insbesondere ab vier Gesellschaftsorganen oder bei der zusätzlichen Bildung eines Vorstands zum Generaldirektor relevant wird. Letztere sind nach Art. 32 Pkt. 4 S. 1 GmbHG RF zur gemeinsamen Führung des laufenden Geschäftsbetriebs verpflichtet, wobei Art. 65.3 Pkt. 3 Abs. 3 ZGB RF und Art. 40 Pkt. 3 UPkt. 4) GmbHG RF gleichzeitig vorschreiben, dass die Kompetenzen der Gesellschaftsorgane strikt voneinander zu trennen sind und sich nicht überschneiden dürfen. Eine Zuspitzung dieser Thematik findet sich bei der nach russischem Recht möglichen Gestaltungsvariante, nach welcher sowohl mehrere Generaldirektoren als auch ein Vorstand gebildet werden.[637]

Zu beachten ist weiterhin, dass die Effizienz der Geschäftstätigkeit gehemmt werden kann, wenn eine Entscheidung mehrere Zustimmungsstationen passieren muss. Dies gründet zum einen darauf, dass infolge des zu durchlaufenden internen Prozesses generell mehr Zeit für die Entscheidungsfindung benötigt wird, und zum anderen darauf, dass je mehr Personen an einer Entscheidung beteiligt werden, desto mehr Meinungen aufeinandertreffen und in Einklang gebracht werden müssen. Letzteres kann eine Lösungsfindung durch die Meinungsvielfalt zwar bereichern, im unnachgiebigen Widerspruchsfall aber auch blockieren.

Die Gegenüberstellung von Vor- und Nachteilen der komplexen Organstrukturen zeigt, dass eine scharfe Abgrenzung sowie eine effiziente Verteilung der Aufgabenbereiche erhebliche Bedeutung haben, um Verantwortungszuweisung und Konflikte zu verhindern und einen fließenden Geschäftsbetrieb zu sichern. Komplexe Organstrukturen eignen sich für Joint-Venture-Gesellschaften mit einem individuellen Bedürfnis nach den Vorzügen eines Vorstands oder einer Revisionskommission und im Grundsatz eher für Unternehmen größeren Maßstabs mit einem höheren Entscheidungspensum.

C. Regelungen der Mustervereinbarung

Entsprechend den gesetzlichen Vorgaben für eine russische OOO sieht auch die in dieser Arbeit untersuchte Mustervereinbarung aus der Praxis[638] in Pkt. 3.1 *„Struktur der Leitungs- und Kontrollorgane der Gesellschaft“* die obligatorischen

637 Siehe zu dieser Möglichkeit kritisch *Sedgarjan*, Graždanskoe pravo 2019, Nr. 3, 17.
638 Zum Hintergrund der Mustervereinbarung siehe unter § 2 C.

Gesellschaftsorgane als Grundfall vor und überlässt die Bildung der fakultativen Gesellschaftsorgane den Joint-Venture-Partnern nach ihrem Ermessen. Die folgenden Abschnitte, konkret Pkt. 3.2–3.6 der Mustervereinbarung, enthalten zu jedem Gesellschaftsorgan umfassende Regelungsvorschläge zu Kompetenzen, Zahl und Bestellung der Organmitglieder sowie internen Verfahren und Abstimmungsordnungen. Hinsichtlich der verschiedenen Gestaltungsmöglichkeiten des Organgefüges verzichtet die Mustervereinbarung auf generalisierte Empfehlungen, etwa nach der Größe des Gemeinschaftsunternehmens, und gibt stattdessen vereinzelte Entscheidungshinweise zu den fakultativen Gesellschaftsorganen.

I. Direktorenrat

In Fn. 24 unter Pkt. 3.3 „*Direktorenrat*" der Mustervereinbarung wird der Vorteil des Direktorenrats hervorgehoben, dass durch seine Einsetzung Fragen der Geschäftstätigkeit, zum Beispiel hinsichtlich der Zustimmung zu bestimmten Rechtsgeschäften, effizient gelöst werden können. Alternativ sei in einer OOO die Übertragung solcher Kompetenzen auf die Gesellschafterversammlung möglich.

Des Weiteren wird in Fn. 24 der Mustervereinbarung im Zusammenhang mit der Entscheidung für oder gegen die Bildung eines Direktorenrats die Verpflichtung der Gesellschafter, für die Ausführung bestimmter Handlungen durch die Direktoren zu sorgen, thematisiert. Solche Verpflichtungen sowie eine etwaige Verantwortlichkeit der Gesellschafter für Handlungen der Direktoren könnten nach russischem Recht nicht rechtssicher wirksam vereinbart werden. Dies liege erstens daran, dass im russischen Recht die Wirksamkeit von Verpflichtungen zur Sicherstellung, dass eine dritte Person eine bestimmte Handlung erfüllt, fraglich sei und das Risiko bestehe, dass solche Verpflichtungen vom Gericht als unwirksam erklärt würden. Zweitens könne die Vollstreckung solcher Verpflichtungen sowie einer vereinbarten Verantwortlichkeit der Gesellschafter für die Verletzung solcher Verpflichtungen erschwert oder unmöglich sein. Drittens seien die Mitglieder eines Direktorenrats nach russischem Recht gebunden, im Interesse der Gesellschaft und nicht im Interesse der Gesellschafter, weder im Interesse aller noch im Interesse einiger von ihnen, zu handeln.

Gleichwohl sieht die Mustervereinbarung in den Pkt. 3.3.5 sowie 3.6.4 solche für Grundlagenvereinbarungen typische Verpflichtungen der Gesellschafter im Zusammenhang mit der Wahl der Vorsitzenden des Direktorenrats und der

Revisionskommission vor.[639] Danach verpflichten sich die Gesellschafter dafür zu sorgen, dass die Direktoren bzw. Mitglieder der Revisionskommission, welche auf ihren Vorschlag hin in das jeweilige Gremium gewählt wurden, für einen Kandidaten desjenigen Gesellschafters als Vorsitzenden stimmen, der zu diesem Zeitpunkt nicht das Vorschlagsrecht für die Position des Generaldirektors innehat. Bei einer Verletzung dieser Verpflichtungen sieht Pkt. 14.1.4 der Mustervereinbarung eine Vertragsstrafe in Höhe einer zu bestimmenden festen Summe für jeden einzelnen Verstoß vor.

Dass die Wirksamkeit einer Verpflichtung, wonach eine Person dafür zu sorgen hat, dass eine dritte Person eine Handlung ausführt, in Frage gestellt wird, erscheint vor dem Hintergrund der Vertragsfreiheit aus Art. 421 ZGB RF klärungsbedürftig. Eine Diskussion der Wirksamkeit einer solchen Verpflichtung ist in der russischen Literatur nicht erkennbar. Da die dritte Person jedoch keine rechtliche Verpflichtung trifft, liegt jedenfalls kein Fall der unzulässigen Belastung Dritter nach Art. 308 Pkt. 3 Abs. 1 ZGB RF vor.

Im dritten Argumentationsstrang greift die Mustervereinbarung die Regelungen der Art. 53 Pkt. 3 ZGB, Art. 44 Pkt. 1 GmbHG RF auf, wonach die Generaldirektoren, die Mitglieder des Vorstands sowie die Mitglieder des Direktorenrats dazu verpflichtet sind, bei der Ausübung ihrer Rechte und der Erfüllung ihrer Pflichten gewissenhaft und vernünftig im Interesse der Gesellschaft zu handeln. Diese Maßgabe für das Handeln eines Mitglieds des Direktorenrats könnte beeinträchtigt werden, wenn das Direktorenratsmitglied entsprechend der Weisung eines Gesellschafters handelt. Eine etwaige Verpflichtung des Gesellschafters, für die Ausführung einer bestimmten Handlung durch einen Direktor zu sorgen, könnte auf dieser Grundlage als unzulässig einzustufen sein. Wann ein Verstoß gegen die Verpflichtung zu gewissenhaftem und vernünftigem Handeln durch ein Direktorenratsmitglied vorliegt und ob eine schuldrechtliche Verpflichtung eines Gesellschafters, für die Ausführung einer bestimmten Handlung durch einen Direktor zu sorgen, gegen diese Handlungsmaßgabe verstößt, wird nachfolgend untersucht.

Gewissenhaftes und vernünftiges Handeln liegt vor, wenn bei der Ausübung der auf sie entfallenden Aufgaben die Mitglieder der Gesellschaftsorgane die

639 Eine entsprechende Verpflichtung eines Gesellschafters zur Sicherstellung der Handlung eines Dritten ist weiterhin in Pkt. 3.4.4. der Mustervereinbarung vorgesehen, und zwar die Verpflichtung des zum Vorschlag der Generaldirektorkandidaten berechtigten Gesellschafters dafür zu sorgen, dass der Generaldirektor die Satzungsregelungen streng einhält.

erforderlichen und hinreichenden Maßnahmen für die Erreichung des Unternehmensziels, zwecks dessen die Gesellschaft errichtet wurde, vornehmen.[640] Bei der Ermittlung der Interessen der Gesellschaft ist zu beachten, dass das Hauptziel jeder Handelsgesellschaft grundsätzlich die Erwirtschaftung eines Gewinns ist. Darüber hinaus sind für die Ermittlung der konkreten Gesellschaftsinteressen die Gründungsdokumente und Entscheidungen der Gesellschaftsorgane, zum Beispiel hinsichtlich der Unternehmensstrategie, hinzuzuziehen.[641] Dies ermöglicht grundsätzlich, auch die Interessen der Gesellschafter im Rahmen des Gesellschaftsinteresses zu beachten. Ein Direktorenratsmitglied, das zwar im Interesse eines oder mehrerer Gesellschafter handelt, dies jedoch zu einem Schaden der Gesellschaft führt, kann indessen nicht als im Interesse der Gesellschaft handelnd anerkannt werden.[642] Hierzu wird in einem Informatorischen Brief der Bank Rossii ein Beispiel skizziert.[643] Danach entspricht ein Mitglied des Direktorenrats nicht seinen Verpflichtungen aus Art. 53 Pkt. 3 ZGB RF, wenn er auf Weisung des Mehrheitsgesellschafters für den Erwerb von Aktiva außerhalb des Unternehmensgegenstands stimmt, obwohl der Generaldirektor keine überzeugenden Belege für die Rentabilität vorgetragen hat. Mitglieder des Direktorenrats seien angehalten, ihre unabhängige Meinung auszusprechen und selbstständig, gewissenhaft und vernünftig im Interesse der Gesellschaft zu handeln.

Die Regelungen des Art. 53 Pkt. 3 ZGB RF, Art. 44 Pkt. 1 GmbHG RF schützen damit unter anderem die Unabhängigkeit der Mitglieder der an der Geschäftsführung beteiligten Gesellschaftsorgane sowie vor einer Instrumentalisierung dieser durch andere Personen, etwa auch durch die Gesellschafter. Das dabei übergeordnete Ziel ist der Schutz der Gesellschaft vor schädigenden Handlungen ihrer Organmitglieder. Dieser Regelungszweck wird durch die Haftung der Mitglieder der genannten Gesellschaftsorgane im Falle eines Verstoßes gegen

---

640 Plenumsbeschluss des Obersten Wirtschaftsgerichts RF vom 30.07.2013 Nr. 62 „Über einige Fragen der Schadensersatzpflicht von Mitgliedern der Gesellschaftsorgane", Pkt. 4 Abs. 1.

641 Zur Erläuterung von „Interessen der Gesellschaft" siehe Plenumsbeschluss des Obersten Wirtschaftsgerichts RF vom 30.07.2013 Nr. 62 „Über einige Fragen der Schadensersatzpflicht von Mitgliedern der Gesellschaftsorgane", Pkt. 2 Abs. 4.

642 Plenumsbeschluss des Obersten Wirtschaftsgerichts RF vom 30.07.2013 Nr. 62 „Über einige Fragen der Schadensersatzpflicht von Mitgliedern der Gesellschaftsorgane", Pkt. 2 Abs. 4.

643 Informatorischer Brief der Bank Rossii vom 28.02.2019 Nr. IN-06-28/18 „Leitfaden für Mitglieder von Direktorenräten (Aufsichtsräten) von Finanzinstituten", S. 23.

diese Pflichten und eines dadurch entstandenen Schadens der Gesellschaft abgesichert, siehe Art. 53.1 ZGB RF, Art. 44 Pkt. 2–5 GmbHG RF.

Bei der Beurteilung der Wirksamkeit der in Frage stehenden Verpflichtung eines Gesellschafters ist zunächst festzuhalten, dass der Weisung an sich grundsätzlich nicht bereits schädigende Wirkung gegenüber der Gesellschaft zukommt, da den Direktor keine gesetzliche Pflicht zur Befolgung trifft. Des Weiteren ist zu berücksichtigen, dass nicht jeglicher Inhalt einer Weisung auf eine Schädigung der Gesellschaft gerichtet ist und ein einer Weisung entsprechend handelnder Direktor nicht zwingend gegen seine Pflichten aus Art. 53 Pkt. 3 ZGB RF, Art. 44 Pkt. 1 GmbHG RF verstößt. Ein Verstoß ist von den Umständen des Einzelfalls abhängig. Eine generelle Einschränkung der Rechtmäßigkeit der in Frage stehenden Verpflichtungen ergibt sich aus diesen Normen nicht.

Der Wirksamkeit der Verpflichtung eines Gesellschafters gegenüber einem anderen Gesellschafter, für eine Handlung eines Direktors zu sorgen, steht der hier vertretenen Ansicht nach im russischen Recht grundsätzlich nichts entgegen.[644] Gleichermaßen ist in Bezug auf eine Verpflichtung hinsichtlich eines Mitglieds der Revisionskommission zu entscheiden, für welches die Pflichten aus Art. 53 Pkt. 3 ZGB RF, Art. 44 Pkt. 1 GmbHG RF nicht gelten. Zu denken ist jedoch daran, dass mangels einer positivgesetzlichen Regelung sowie einer Gerichtsentscheidung, welche die Wirksamkeit solcher Klauseln bestätigt, generell das Risiko einer Ablehnung der Wirksamkeit durch ein russisches Gericht besteht.

Durchaus problematisch gestaltet sich hingegen die Durchsetzung, da die Mitglieder des Direktorenrats und der Revisionskommission mangels anderweitiger Satzungsregelung keine Pflicht trifft, entsprechend der Verpflichtung des Gesellschafters zu handeln. Die Vereinbarung einer Vertragsstrafe für den Fall, dass die genannten Personen nicht entsprechend der Verpflichtung des Gesellschafters handeln, kann Druck auf den verpflichteten Gesellschafter ausüben, diese Personen umzustimmen, bietet aber in der Regel keinen adäquaten Ersatz für den eigentlich beabsichtigten Erfolg.

II. Vorstand

Im Zusammenhang mit der Bildung eines Vorstands weist die Mustervereinbarung in Fn. 33 unter Pkt. 3.5 „*Vorstand*“ darauf hin, dass das GmbHG RF keine

---

644 In einer Randbemerkung und ohne Problematisierung derselben Ansicht wohl auch *Gluchov*, Korporativnyj dogovor (Der gesellschaftsrechtliche Vertrag), S. 256, Fn. 1 mit Rechtsprechungsbeispielen zu schuldrechtlichen Verträgen aus der Baubranche.

Bildung solcher Gesellschaftsorgane wie zum Beispiel eines Finanzdirektors oder eines Technischen Direktors vorsieht. Bei einem Bedarf, bestimmte Fragen der Geschäftstätigkeit der gemeinsamen Entscheidung des Generaldirektors und solcher Schlüsselakteure zu unterwerfen, biete sich die Bildung eines Vorstands an.[645] Beabsichtigen die Joint-Venture-Partner die Bildung eines solchen, sieht Pkt. 3.5.4. der Mustervereinbarung vor, dass der Vorstand aus dem Generaldirektor, einem Technischen Leiter, einem Leiter der Finanzen sowie anderen im Einzelfall gebotenen Führungspersonen besteht. Durch die nicht als Vorschlag gekennzeichnete, feste Aufzählung der Leiter für Technik und Finanzen kommt die besondere Bedeutung dieser beiden Bereiche für Joint Ventures des russischen Unternehmens zum Ausdruck, von welchem die Mustervereinbarung stammt und in dessen Interesse die Mustervereinbarung formuliert wurde. Während Finanzen für jedes gewinnorientierte Unternehmen von Relevanz sind, ist spezifisches technisches Wissen und Verständnis für Unternehmen der Erdölindustrie von außerordentlicher Bedeutung, sodass die Geschäftsführung in diesem Bereich durch Fachexperten unterstützt werden soll.

III. Revisionskommission und Revisor

Hinsichtlich der Revisionskommission bzw. des Revisors enthält die Mustervereinbarung keine besonderen Hinweise darauf, wann dieses Gesellschaftsorgan zu bilden sei. In Fn. 36 unter Pkt. 3.6 „*Revisionskommission/Revisor*“ der Mustervereinbarung wird lediglich darauf verwiesen, dass es sich um ein fakultatives Organ handele, wobei die relevanten Gesetzesnormen aus GmbHG RF und ZGB RF zitiert werden. Dabei wird wohl aufgrund der Anpassung der Mustervereinbarung auf lediglich zwei Gesellschafter nicht auf den Widerspruch der beiden Gesetze bei einer Gesellschafterzahl von über 15 eingegangen.[646]

D. Zusammenfassung

Die Festlegung einer Organstruktur stellt die Weichen für die grundsätzliche Organisation der Leitung des Gemeinschaftsunternehmens. Durch die Wahl und Bildung der Gesellschaftsorgane werden die Positionen der möglichen Akteure, die das Wirken und Handeln der juristischen Person bestimmen, geschaffen. Welche Gesellschaftsorgane in einem Gemeinschaftsunternehmen vorgesehen werden sollten, ist von den konkreten Umständen der Unternehmung und

645 Siehe hierzu auch unter § 14 B. III.
646 Siehe zu diesem Widerspruch bereits unter § 14 A. II. 3.

vom individuellen Bedürfnis der Joint-Venture-Partner abhängig. In die Entscheidung einfließende Kriterien sind die Größe des Gemeinschaftsunternehmens, die Komplexität der Geschäftstätigkeit sowie spezifische Umstände der Gesellschaft, wie zum Beispiel die Eingliederung in eine Unternehmensgruppe oder eine beabsichtigte Beteiligung von Schlüsselakteuren des Gemeinschaftsunternehmens an Unternehmensentscheidungen. Des Weiteren ist zu berücksichtigen, inwiefern die Joint-Venture-Partner als Gesellschafter selbst in die Unternehmenstätigkeit involviert sein wollen und können. Eng mit diesem Bedürfnis der Joint-Venture-Partner verbunden ist die für die Organstruktur generell ebenfalls relevante Frage danach, welches Gesellschaftsorgan welche Aufgaben im Unternehmen übernimmt. Die Festlegung der Organstruktur steht insoweit in einem sich gegenseitig bedingenden Verhältnis mit anderen, im Folgenden zu behandelnden Elementen, welche die Leitung des Gemeinschaftsunternehmens prägen.

§ 15 Bestellung der Gesellschaftsorgane

Die Möglichkeit, die personelle Besetzung von Gesellschaftsorganen zu bestimmen, hat signifikante Auswirkung auf die Verteilung der Leitungsmacht in einem Joint Venture. Mit der Auswahl einer bestimmten Person wird maßgeblich die Tätigkeit des Gesellschaftsorgans und damit mittelbar bzw. im Falle des Generaldirektors unmittelbar die Unternehmenstätigkeit des Gemeinschaftsunternehmens beeinflusst. Ein Joint-Venture-Partner kann so durch die Ausübung eines Bestellungsrechts die Unternehmenstätigkeit nach seinen Vorstellungen vorprägen. Daneben bieten weitere Entscheidungen im Zusammenhang mit der Bestellung der Gesellschaftsorgane den Gesellschaftern Möglichkeit zur gemeinsamen Gestaltung der Leitung im Gemeinschaftsunternehmen, zum Beispiel durch Festlegung einer geraden oder ungeraden Zahl von Mitgliedern in den kollegialen Organen oder durch Festlegung des konkreten Verfahrensablaufs zur Bestimmung der Organmitglieder.

Im Folgenden werden für jedes Gesellschaftsorgan die gesetzlichen Vorgaben und Gestaltungsmöglichkeiten im Hinblick auf die Bestellung ihrer Mitglieder erörtert sowie die entsprechenden Regelungen in der Mustervereinbarung vorgestellt und untersucht.

A. Generaldirektor

Als einziges gesetzlich vertretungsberechtigtes Exekutivorgan stellt der Generaldirektor die wichtigste im Gemeinschaftsunternehmen zu besetzende Position dar. Die Fähigkeiten und Entscheidungen der Person, die diese Aufgabe in der Gesellschaft übernimmt, bestimmen maßgeblich den Erfolg des Gemeinschaftsunternehmens. Die Regelung der Besetzung dieser Position ist daher eine der Hauptfragen im Rahmen der Gestaltung einer Grundlagenvereinbarung.[647]

I. Gesetzliche Vorgaben und Gestaltungsmöglichkeiten

Im Hinblick auf die Bestellung des Generaldirektors ist eine Reihe von Erwägungen vorzunehmen. Die relevanten Themenbereiche umfassen die Festlegung der Zahl der Generaldirektoren und der Art ihrer Vertretungsmacht, die Wahl eines zuständigen Gesellschaftsorgans, die Ausarbeitung eines Verfahrens zur Besetzung der Position sowie die Regelung von Amtsdauer und Abberufung. Dabei überlässt das russische Recht den Gesellschaftern häufig Raum für Gestaltung.

1. Zahl der Generaldirektoren und Vertretungsbefugnis

Bis zur Gesellschaftsrechtsreform 2014 war in russischen Gesellschaften die Zahl der Generaldirektoren auf eine Person begrenzt. Seit ihrer Änderung bzw. Neueinführung ist nach Art. 53 Pkt. 1 Abs. 3 S. 1, Art. 65.3 Pkt. 3 Abs. 1 S. 2 ZGB RF nunmehr die Bestellung mehrerer Personen als Generaldirektoren per Satzung möglich. Diese handeln entweder gemeinschaftlich mit Gesamtvertretungsbefugnis oder unabhängig voneinander mit Einzelvertretungsbefugnis. Diese Angaben unterliegen nach Art. 53 Pkt. 1 Abs. 3 S. 2 ZGB RF, Art. 5 Pkt. 1 lit. l) RegisterG RF der Eintragungspflicht in das EGRJuL.[648] Fehlt im Register die Eintragung der Art der Vertretungsbefugnis, ist von der Einzelvertretungsbefugnis jedes Generaldirektors auszugehen.[649] Sieht die Satzung Gesamtvertretungsbefugnis vor, welche im EGRJuL jedoch nicht eingetragen ist, ist diese Beschränkung gegenüber Dritten nicht wirksam, es sei denn, der Dritte wusste von der Gesamtvertretungsbefugnis zum Zeitpunkt des Abschlusses des Rechtsgeschäfts oder musste von dieser offenkundig wissen, siehe Grundgedanke des Art. 174 Pkt. 1 ZGB RF. Als Regel formuliert das Oberste Gericht RF, dass eine dritte Person im Falle der Eintragung mehrerer Personen als Generaldirektoren

---

647 *Gluchov*, Korporativnyj dogovor (Der gesellschaftsrechtliche Vertrag), S. 245.

648 Technisch ist es erst seit 25.11.2020 möglich, die Art der Vertretungsbefugnis in das EGRJuL eintragen zu lassen, siehe Rechtsverordnung der Föderalen Steuerbehörde Russlands vom 31.08.2020 Nr. ED-7-14/617@.

649 Plenumsbeschluss des Obersten Gerichts RF vom 23.06.2015 Nr. 25 „Über die Anwendung einiger Vorschriften des Abschnitt I des Ersten Teils des ZGB RF durch Gerichte der RF“, Pkt. 24.

von der unbeschränkten Vertretungsbefugnis jedes einzelnen und im Falle der zusätzlichen Eintragung einer Gesamtvertretungsbefugnis von der unbeschränkten Vertretungsmacht nur aller gemeinsam auszugehen hat.[650]

Die Möglichkeit zur Bestellung mehrerer Generaldirektoren wurde im GmbHG RF noch nicht widergespiegelt. Im Rahmen der Frage, welche gesetzliche Regelung vorgehe, ist mit dem generellen Anwendungsvorrang des ZGB RF nach Art. 3 Pkt. 2 Abs. 2 ZGB RF, der *lex posterior*-Annahme sowie der Übergangsregelung des Änderungsgesetzes, siehe Art. 3 Pkt. 4 GesellschaftsrechtsreformG, die neue ZGB-Regelung vorrangig anzuwenden.[651]

Infolge der Flexibilität bei der Gestaltung der Geschäftsführung stellt sich die Frage, welche Variante für ein Gemeinschaftsunternehmen besser geeignet ist – Einzelgeneraldirektor oder Mehrheit von Generaldirektoren, und falls letzteres, ob mit Einzel- oder Gesamtvertretungsbefugnis.

Für einen Einzelgeneraldirektor spricht die klare Struktur der Geschäftsführung sowie unzweifelhafte Kompetenzverteilung und Vertretungsregelung. Durch die nicht erforderliche Abstimmung mit anderen Personen können Entscheidungen und Rechtsgeschäfte schnell und effektiv getroffen bzw. abgeschlossen werden. Durch die Machtkonzentration in einer Person und das Streben jeder Person nach der eigenen Nutzenmaximierung gemäß der Prinzipal-Agenten-Theorie ist die Bestellung nur eines Entscheidungsträgers jedoch auch mit Risiken verbunden. Zum einen ist aufgrund der nicht zwingenden Beratung mit anderen Personen das Risiko von Fehlern und Fehleinschätzungen erhöht und zum anderen mangels anderweitiger Kontrollmechanismen Raum für opportunistisches und missbräuchliches Handeln geschaffen.[652]

Im Zusammenhang mit der Bestellung mehrerer Generaldirektoren wird die Möglichkeit zur Schaffung eines gerechten Interessenausgleichs zwischen den Gesellschaftern hervorgehoben.[653] Jeder Gesellschafter könne danach einen eigens ausgewählten Generaldirektor entsenden. Darüber hinaus bietet die

---

650 Siehe zu dieser und der vorherigen Aussage den Plenumsbeschluss des Obersten Gerichts RF vom 23.06.2015 Nr. 25 „Über die Anwendung einiger Vorschriften des Abschnitt I des Ersten Teils des ZGB RF durch Gerichte der RF", Pkt. 22.

651 Siehe zu einem ähnlichen Fall und einer Beschreibung des Problems der Hierarchie von ZGB RF und Spezialgesetzen bereits unter § 14 A. II. 3.

652 *Gluchov*, Korporativnyj dogovor (Der gesellschaftsrechtliche Vertrag), S. 271 f.; *Šitkina*, in: Šitkina, Korporativnoe pravo: Učebnyj kurs (Gesellschaftsrecht: Ein Studienkurs), Bd. 2, S. 228.

653 *Malovickij/Baryšev*, Vestnik Arbitražnogo suda Moskovskogo okruga 2016, Nr. 2, 65–78.

Bestellung mehrerer Generaldirektoren die Möglichkeit zur Aufteilung der Aufgabenfelder im Innenverhältnis, was diese wiederum entlastet und ihr Profil spezialisiert.

Zu beachten ist jedoch, dass sich bei Bestellung mehrerer Generaldirektoren mit Einzelvertretungsbefugnis die Risiken eines Einzeldirektors, konkret die Risiken von Fehlern und missbräuchlichem Handeln, um die Zahl der bestellten Generaldirektoren vervielfachen. Dritten gegenüber sind diese Generaldirektoren jeweils einzeln berechtigt, Rechtsgeschäfte abzuschließen. Die Verringerung dieser Risiken und damit der Schutz der Gesellschafterinteressen kann erreicht werden, wenn nach dem „Vier-Augen"- bzw. „Zwei-Schlüssel-Prinzip" die Generaldirektoren mit Gesamtvertretungsbefugnis ausgestattet werden und die Gesamtvertretungsbefugnis in das EGRJuL eingetragen wird.[654]

Gleichzeitig ist festzuhalten, dass die Gesamtvertretungsbefugnis auch negative Aspekte mit sich bringen kann. So kann die Führung der Gesellschaft durch Erhöhung des Risikos von Pattsituationen bei der Bestellung einer geraden Anzahl von Generaldirektoren und der Verlängerung der Dauer interner Prozesse aufgrund der zwingenden Abstimmung mehrerer Personen und der zwingenden Unterzeichnung von Vertragsdokumenten durch mehrere Personen erschwert werden. In der Folge kann sich dies negativ auf die Geschäftstätigkeit der Gesellschaft auswirken.[655]

Zusammenfassend kann festgehalten werden, dass bei Einzelvertretung unabhängig davon, ob eines Einzelgeneraldirektors oder mehrerer Generaldirektoren, ein zusätzlicher Kontrollmechanismus zur Reduzierung der Risiken von Fehlern und missbräuchlichem Handeln erforderlich ist. Ein solcher kann beispielsweise in einer Beschränkung der Geschäftsführungsbefugnis mit Haftungsandrohung bei Überschreitung bestehen. Denkbar sind Beschränkungen nach der Höhe des Geschäftswerts, Art des Rechtsgeschäfts oder Vertragsgegenstands, also etwa bei Geschäften über Immobilien, Produktionsmittel oder geistiges Eigentum. Diese können als interne Zustimmungserfordernisse anderer Gesellschaftsorgane, etwa der Gesellschafterversammlung, des Direktorenrats oder des Vorstands, ausgestaltet werden. Alternativ ist im Innenverhältnis auch

654 *Gluchov*, Korporativnyj dogovor (Der gesellschaftsrechtliche Vertrag), S. 271 f.; *Šitkina*, in: Šitkina, Korporativnoe pravo: Učebnyj kurs (Gesellschaftsrecht: Ein Studienkurs), Bd. 2, S. 228.

655 Zum gesamten Absatz siehe *Gluchov*, Korporativnyj dogovor (Der gesellschaftsrechtliche Vertrag), S. 272.

die Gestaltung als gemeinsame Geschäftsführungsbefugnis mehrerer Generaldirektoren für bestimmte Rechtsgeschäfte möglich.

Die Gesamtvertretung mit einer geraden Anzahl von Generaldirektoren, in welcher die vorgenannten Risiken deutlich reduziert sind, birgt eine weitere Steigerung des in paritätisch besetzten Joint Ventures mit zwei Gesellschaftern ohnehin erhöhten Risikos von Pattsituationen. Zwar könne auf den ersten Blick durch Entsendung je eines Generaldirektors pro Gesellschafter ein gerechter Ausgleich der Interessen der Gesellschafter geschaffen werden. Vor dem Hintergrund der effektiveren Handlungsmöglichkeiten nur eines Generaldirektors und der Möglichkeit, durch Vorschlagsrechte und Rotationsmechanismen dem Interessensausgleich der Gesellschaft im Falle von Einzelgeneraldirektoren Rechnung zu tragen,[656] könnte die Bestellung eines Einzelgeneraldirektors im konkreten Fall den Interessen der Gesellschafter mehr entsprechen. Mit ähnlicher Argumentation, und zwar dass das Risiko von Pattsituationen verringert wird, ist grundsätzlich auch die Bestellung einer ungeraden Anzahl von Generaldirektoren mit Gesamtvertretungsbefugnis denkbar. Je mehr Generaldirektoren jedoch bestellt werden und an einer Entscheidung beteiligt werden müssen, umso ineffektiver wird ihre Handlungsfähigkeit.

2. *Bestellungskompetenz*

Bei der Wahl des zuständigen Gesellschaftsorgans für die Bestellung des Generaldirektors stehen den Gesellschaftern zwei Möglichkeiten offen. Dem gesetzlichen Grundfall aus Art. 40 Pkt. 1 Abs. 1 S. 1 GmbHG RF nach ist für die Bestellung des Einzelexekutivorgans die Gesellschafterversammlung zuständig. Als alternative Kompetenz ist per Satzung die Übertragung dieser Aufgabe auf den Direktorenrat möglich.

In der Praxis verbleibt die Kompetenz häufig bei der Gesellschafterversammlung, da die Gesellschafter meist die volle Kontrolle über die Besetzung der Position des Generaldirektors behalten möchten. Daneben treffen die Gesellschafter nicht die gleichen strengen Haftungsregeln für ihre Entscheidungen wie Mitglieder des Direktorenrats, sodass ihnen bei der Auswahl des Kandidaten mehr Freiheit zusteht, was insbesondere in Fällen relevant ist, in welchen ein eher technischer Generaldirektor ausgewählt werden soll, der hauptsächlich den Anweisungen der Gesellschafter entsprechend handelt.[657]

---

656 Siehe hierzu sogleich unter § 15 A. I. 3.

657 Zum Ganzen siehe *Gluchov*, Korporativnyj dogovor (Der gesellschaftsrechtliche Vertrag), S. 241.

Die Übertragung der Bestellungskompetenz auf den Direktorenrat ist angezeigt, wenn die Joint-Venture-Partner kein besonderes Bedürfnis der Teilnahme an der Unternehmenstätigkeit haben und eine Entlastung der Gesellschafterversammlung im Hinblick auf deren Entscheidungspensum angestrebt wird. Dabei ist zu beachten, dass die Kompetenz zur personellen Besetzung des Exekutivorgans aufgrund ihrer Bedeutung für den Erfolg des Gemeinschaftsunternehmens nicht unüberlegt abgegeben werden sollte.

3. *Verfahren zur Bestimmung des Generaldirektors*

Aufgrund der Bedeutung für die Verteilung der Leitungsmacht in einem Joint Venture werden in Grundlagenvereinbarung und Satzung üblicherweise detaillierte Regelungen zur Bestimmung des Generaldirektors eines Gemeinschaftsunternehmens getroffen. Für ein paritätisches Joint Venture mit zwei Partnern bieten sich im Grundsatz drei verschiedene Modelle an, nach denen der Generaldirektor ausgewählt wird. Dem ersten Modell nach erhält ein Gesellschafter dauerhaft ein exklusives Vorschlagsrecht, welches durch Stimmbindung des anderen Gesellschafters abgesichert wird, siehe a). Alternativ kann vorgesehen werden, dass ein solches Vorschlagsrecht in einem regelmäßigen Turnus unter den Gesellschaftern rotiert, siehe b). Schließlich ist es möglich, dass ein von den Gesellschaftern unabhängiger Kandidat für die Position des Generaldirektors gewählt werden soll, siehe e). Als Varianten zu den ersten beiden Modellen sind des Weiteren eine Kombination mit einem Vetorecht des nichtberechtigten Gesellschafters (siehe c)) oder eine Trennung des Vorschlags- und Auswahlrechts (siehe d)) denkbar.

Alle Modelle sind unabhängig davon, ob die Bestellungskompetenz der Gesellschafterversammlung oder dem Direktorenrat übertragen ist, durch entsprechende Anpassung der Formulierung realisierbar.

a) Exklusives Vorschlagsrecht mit Stimmbindung

Einem häufig angewandten Verfahren nach wird zur Besetzung der Position des Generaldirektors einem Gesellschafter ein dauerhaftes exklusives Vorschlagsrecht eingeräumt. Dieser Gesellschafter nominiert nach seinem Ermessen einen Kandidaten, welcher sodann den gesetzlichen Regeln entsprechend durch Entscheidung des zuständigen Gesellschaftsorgans bestellt werden muss. In einer Gesellschaft mit unterschiedlichen Beteiligungshöhen der Gesellschafter steht dieses Recht faktisch demjenigen Gesellschafter zu, welcher die Stimmenmehrheit in der Gesellschafterversammlung oder bei Bestellungskompetenz des Direktorenrats die Mehrheit dessen Mitglieder stellt, also in der Regel dem

Mehrheitsgesellschafter.[658] In einem paritätischen Joint Venture mit zwei Partnern würde die bloße Regelung eines Vorschlagsrechts ins Leere laufen, da dem nichtberechtigten Gesellschafter aufgrund der erforderlichen Mehrheitsentscheidung stets die Möglichkeit gegeben ist, die Wahl des vorschlagenden Gesellschafters zu blockieren. Zur Absicherung des Vorschlagsrechts ist daher in diesem Fall eine Kombination mit einer Stimmbindung des nichtberechtigten Gesellschafters geboten. Als Gegengewicht erhält der nichtberechtigte Gesellschafter häufig das Vorschlagsrecht für andere wichtige Positionen in der Gesellschaft, beispielweise für den Vorsitz des Direktorenrats, den stellvertretenden Generaldirektor oder einen Finanzdirektor.[659]

Das alleinige Vorschlagsrecht eines Gesellschafters kann in Konstellationen vorteilhaft sein, in welchen dieser Joint-Venture-Partner über breiteres Fachwissen oder mehr Erfahrung in Bezug auf die Geschäftstätigkeit des Gemeinschaftsunternehmens verfügt und damit eine kompetentere Auswahl des Kandidaten vornehmen kann.[660] Relevant sind diese Erwägungen insbesondere auch, wenn den Joint-Venture-Partnern unterschiedliche Aufgaben und Leistungen in Bezug auf das Gemeinschaftsunternehmen zukommen, zum Beispiel wenn ein Partner für die Finanzierung und der andere für die Begleitung des operativen Geschäfts durch Know-how und Branchenerfahrung zuständig ist.

Als weiteren Vorteil bietet dieses Modell eine klare Aufgabenverteilung zwischen den Joint-Venture-Partnern. Durch das alleinige Vorschlagsrecht eines Gesellschafters wird die Möglichkeit einer stabilen und kontinuierlichen Geschäftsführung geschaffen, mit welcher auch Langzeitziele der gemeinsamen Unternehmung effektiv verfolgt werden können.

Gerade bei paritätisch besetzten Joint Ventures ist jedoch nicht unmittelbar einleuchtend und daher mit entsprechendem Argumentationsaufwand verbunden, warum ein in gleicher Höhe beteiligter Gesellschafter dauerhaft von der Bestimmung des Generaldirektors und damit von direkten Einflussmöglichkeiten auf die Geschäftsführung ausgeschlossen sein soll. Zu rechtfertigen könnte dies durch eine besondere Aufgabenverteilung der Gesellschafter untereinander oder durch die Schaffung eines gleichzeitigen Gegengewichts in der Leitung des Gemeinschaftsunternehmens, zum Beispiel in Form der Gewährung von Besetzungsrechten im Hinblick auf andere Gesellschaftsorgane, sein.

---

658 *Gluchov*, Korporativnyj dogovor (Der gesellschaftsrechtliche Vertrag), S. 246.
659 *Gluchov*, Korporativnyj dogovor (Der gesellschaftsrechtliche Vertrag), S. 247.
660 *Gluchov*, Korporativnyj dogovor (Der gesellschaftsrechtliche Vertrag), S. 246.

b) Rotation des Vorschlagsrechts

Um der Gleichberechtigung der Joint-Venture-Partner im Hinblick auf die Bestimmung des Generaldirektors Rechnung zu tragen, können die Gesellschafter eine Rotation des Vorschlagsrechts in einem regelmäßigen Abstand, zum Beispiel alle 3 Jahre, vereinbaren. Danach würde das Recht zur Bestimmung des Generaldirektors die ersten drei Jahre einem Gesellschafter zustehen und die darauffolgenden drei Jahre dem anderen Gesellschafter. Turnus und Amtszeit des Generaldirektors müssen in diesem Modell aufeinander abgestimmt werden.

Die russische Praxis zeigt, dass dieses Modell nur sehr selten zur Anwendung kommt. Es ist entweder gar nicht vorgesehen oder, selbst wenn, wird es nicht gelebt, sondern der Generaldirektor dennoch stets durch einen Gesellschafter bestimmt. Ein Grund dafür ist das Streben nach Stabilität der Geschäftsführung. Ein Wechsel auf der Führungsebene bedeutet häufig zusätzlich auch einen Wechsel des Personals im Unterbau, sodass Kontinuität der Arbeit und unter Umständen die Erreichung mittel- und langfristiger Ziele gehemmt wird.[661]

Als Vorteil dieses Modells ist die Möglichkeit eines Interessenausgleichs zwischen den Joint-Venture-Partnern im Hinblick auf die Bestimmung des Generaldirektors anzusehen. Gleichzeitig kann sich der regelmäßige Wechsel des Generaldirektors jedoch nachteilig auf die Geschäftstätigkeit des Gemeinschaftsunternehmens auswirken. Gerade für junge Joint Ventures ist die Etablierung von Stabilität und Kontinuität bedeutend, welche durch einen regelmäßigen Unternehmensführungswechsel in den ersten Jahren gestört werden kann. Diesem kann zwar grundsätzlich durch entsprechende Verlängerung der Amtsdauer des Generaldirektors entgegengewirkt werden, was jedoch wiederum die Einflussmöglichkeiten des zu diesem Zeitpunkt nichtberechtigten Gesellschafters auf die Geschäftsführung einschränkt.

c) Variante 1: Vetorecht des nichtberechtigten Joint-Venture-Partners

Grundsätzlich unabhängig davon, welcher Gesellschafter das Vorschlagsrecht innehat, aber insbesondere im Falle des exklusiven Vorschlagsrechts eines Gesellschafters, kann es zum Schutz des nichtberechtigten Gesellschafters sinnvoll sein, bestimmte Kriterien und Anforderungen an die Person des Generaldirektors zu stellen und in den Vertragswerken festzulegen. Diese umfassen beispielsweise Anforderungen an Ausbildung und Erfahrung im relevanten

---

661 Siehe zum Ganzen *Gluchov*, Korporativnyj dogovor (Der gesellschaftsrechtliche Vertrag), S. 253.

Industriebereich des Gemeinschaftsunternehmens oder andere Kriterien, wie beispielsweise die Abwesenheit eines Eintrags im Vorstrafenregister. Da jedoch solche allgemein formulierten Kriterien entweder regelmäßig durch alle in Frage kommenden Kandidaten erfüllt werden oder solche Kriterien den Bestellungsprozess im Falle eines von allen Gesellschaftern für gut befunden Kandidaten, der die Kriterien nicht erfüllt, aufgrund zwingender Zusatzvereinbarung der Gesellschafter verzögern, kann als Alternative ein Vetorecht des nichtberechtigten Joint-Venture-Partners in Betracht gezogen werden.

Danach wird im Falle eines exklusiven Vorschlagsrechts oder im Falle der Rotation des Vorschlagsrechts dem nichtberechtigten oder aktuell nichtberechtigten Gesellschafter das Recht gewährt, gegen den vorgeschlagenen Kandidaten ein Veto einzulegen. Der berechtigte Gesellschafter wäre im Falle eines Vetos dazu angehalten, einen neuen Kandidaten auszuwählen.

Um eine dauerhafte Blockade der Kandidaten des berechtigten Gesellschafters durch den nichtberechtigten zu verhindern, bietet es sich an, das Vetorecht auf eine Maximalanzahl zu begrenzen. Bei Erschöpfung aller Vetomöglichkeiten würde dem berechtigten Gesellschafter das Recht zukommen, nach seinem Ermessen einen der vorherigen Kandidaten zu bestimmen, was durch Stimmbindung des nichtberechtigten Gesellschafters abgesichert werden muss.[662]

Zu beachten ist, dass durch geschickte Platzierung der Kandidaten, zum Beispiel eines angestrebten, aber dem nichtberechtigten Gesellschafter widrigen Kandidaten und ansonsten gänzlich ungeeigneter Kandidaten, der berechtigte Gesellschafter das Vetorecht aushebeln könnte. Darüber hinaus kann es unter Umständen bereits schwierig sein, überhaupt einen geeigneten Kandidaten für die Position des Generaldirektors zu finden. Wenn sodann aufgrund Ausübung des Vetorechts weitere Kandidaten als Alternative gefunden werden müssen, kann dies in der Folge zur Hemmung der gemeinsamen Unternehmung führen.

d) *Variante 2: Trennung des Vorschlags- und Auswahlrechts*

Eine weitere Variante, welche einem Ausgleich der Machtverteilung der Joint-Venture-Partner auf die Geschäftsführung dienen kann, ist die Trennung des Vorschlags- und Auswahlrechts. Danach würde einem Gesellschafter das Recht zukommen, eine bestimmte Zahl von Kandidaten vorzuschlagen, aus welchen

---

662 Zu den Anforderungen an einen Generaldirektor sowie zum Vetorecht insgesamt siehe *Gluchov*, Korporativnyj dogovor (Der gesellschaftsrechtliche Vertrag), S. 247–251.

der andere Gesellschafter den Generaldirektor auswählen darf. Die Wahl wird durch Stimmbindung des vorschlagenden Gesellschafters abgesichert.[663]

Zwar werden auch hier beide Gesellschafter in den Bestimmungsprozess des Generaldirektors eingebunden, es bestehen jedoch dieselben Risiken wie unter Variante 1. Auch hier kann durch gezielten Vorschlag der Kandidaten die Auswahl beeinflusst werden und bereits der zwingende Vorschlag mehrerer Kandidaten nur schwer zu realisieren sein.

e) Wahl eines unabhängigen Kandidaten

Schließlich könnten die Joint-Venture-Partner vereinbaren, einen von ihnen unabhängigen Kandidaten für die Position des Generaldirektors auszuwählen, um möglichst eine Beeinflussung durch den einen oder anderen Gesellschafter auszuschließen. Dieses Modell wird in Russland nur äußerst selten in Betracht gezogen.[664] Nachteil dieser Vorgehensweise ist, dass im Voraus geringere Kontrollmöglichkeiten bestehen, die zu einer schlechteren Berechenbarkeit der Arbeitsweise und Fähigkeiten des Kandidaten führen.

In der Folge eignet sich dieses Modell eher für bereits stabilisierte länger bestehende Joint Ventures, in denen die Partner bereits ein hohes Level an gegenseitigem Vertrauen erreicht haben, was durch die wenigen in der Praxis vorkommenden Fälle bestätigt wird.[665]

4. Amtszeit und vorzeitige Abberufung

Nach Art. 40 Pkt. 1 Abs. 1 S. 1 GmbHG RF wird der Generaldirektor auf eine in der Satzung zu bestimmende Dauer bestellt. Durch diese Formulierung ist grundsätzlich auch eine Bestellung auf unbegrenzte Zeit möglich.[666] Typische Amtsdauern eines Generaldirektors in Russland umfassen ein oder drei, seltener fünf Jahre.[667] Kurze Amtsdauern halten zwar die Gesellschafter an, die Arbeit des amtierenden Generaldirektors regelmäßig zu evaluieren, und bieten die stete Möglichkeit zu einem ordentlichen Wechsel. Gleichzeitig hemmen kurze Amtszeiten eine kontinuierliche Planung und Durchsetzung von mittel- und langfristigen Zielen. Hinzu kommt ein regelmäßiger organisatorischer Aufwand der

663 *Gluchov*, Korporativnyj dogovor (Der gesellschaftsrechtliche Vertrag), S. 251.
664 *Gluchov*, Korporativnyj dogovor (Der gesellschaftsrechtliche Vertrag), S. 253.
665 *Gluchov*, Korporativnyj dogovor (Der gesellschaftsrechtliche Vertrag), S. 254.
666 *Šitkina*, in: Šitkina, Korporativnoe pravo: Učebnyj kurs (Gesellschaftsrecht: Ein Studienkurs), Bd. 2, S. 230.
667 *Gluchov*, Korporativnyj dogovor (Der gesellschaftsrechtliche Vertrag), S. 245.

Bestellung eines neuen Generaldirektors bzw. der Verlängerung der Amtszeit des aktuellen Generaldirektors. Schließlich werden nach dem russischen Recht keine hohen Voraussetzungen an die vorzeitige Abberufung eines Generaldirektors gestellt, sodass kurze Amtsdauern nicht als Mechanismus zum Generaldirektorenwechsel genutzt werden müssen. Zu lange Amtszeiten können sich jedoch ebenfalls negativ auf die Arbeit des Generaldirektors auswirken. So wird durch diese weniger Anreiz geschaffen, innerhalb einer kürzeren Zeit Erfolge zu erzielen. Strukturen können einfahren und träge werden. Die Festlegung der Amtszeit eines Generaldirektors ist eng mit dem von den Gesellschaftern vereinbarten Bestellungsverfahren abzustimmen, wobei ein Ausgleich zwischen dem individuellen Bedarf an Stabilität und Flexibilität erfolgen sollte.

Für den Fall einer vorzeitigen Abberufung des Generaldirektors empfiehlt sich hinsichtlich der Berechtigung eines Gesellschafters der Gleichlauf mit dem Vorschlagsrecht für die Bestellung, da sonst Blockademöglichkeiten des nichtberechtigten Gesellschafters entstehen.[668] An die vorzeitige Abberufung des Generaldirektors stellt das Gesetz keine qualifizierten Anforderungen, sodass durch einfachen Beschluss des zuständigen Gesellschaftsorgans eine jederzeitige Abberufung möglich ist. Zu beachten sind dabei jedoch die auf den Anstellungsvertrag anzuwendenden Regelungen des Arbeitsrechts.[669]

II. Regelungen der Mustervereinbarung

Die Mustervereinbarung sieht zur Bestellung des Generaldirektors unter Pkt. 3.4 „Generaldirektor" gestaltende Regelungen vor. Diese umfassen vorwiegend die Bestellungskompetenz, das Bestimmungsverfahren sowie eine Übergangsregelung zur Verhinderung der Führungslosigkeit zwischen zwei Amtszeiten unterschiedlicher Generaldirektoren.

1. Zahl der Generaldirektoren und Vertretungsbefugnis

Im Rahmen der Regelungen unter Pkt. 3.4 „Generaldirektor" der Mustervereinbarung fällt zunächst auf, dass ohne weitere Erläuterung nur von einem Generaldirektor ausgegangen wird. Unklar ist, ob die selbstverständliche Formulierung eines Einzelgeneraldirektors eine bewusste Entscheidung gegen jegliche Mehrheiten von Generaldirektoren, sowohl mit Einzel- als auch

---

668 *Gluchov*, Korporativnyj dogovor (Der gesellschaftsrechtliche Vertrag), S. 245 f.

669 Siehe hierzu weiter *Šitkina*, in: Šitkina, Korporativnoe pravo: Učebnyj kurs (Gesellschaftsrecht: Ein Studienkurs), Bd. 2, S. 231–233.

Gesamtvertretungsbefugnis, darstellt oder ob dies darauf zurückzuführen ist, dass zum Zeitpunkt der Datierung der Mustervereinbarung (Dezember 2017) noch keine technische Möglichkeit bestand, die Art der Vertretungsbefugnis in das EGRJuL einzutragen. Letzteres führte zu einer Erhöhung der Risiken einer Einzelvertretungsbefugnis, welche nicht durch eine im Außenverhältnis wirksam beschränkende Gesamtvertretungsbefugnis abgefangen werden konnten.[670] In jedem Fall kann entsprechend den Ausführungen unter § 15 A. I. 1. festgehalten werden, dass die Vereinbarung eines Einzelgeneraldirektors in vielen Konstellationen eine sinnvolle und effektive Gestaltung dieses Exekutivorgans darstellt.

2. Bestellungskompetenz

Hinsichtlich der Bestellungskompetenz wird den Joint-Venture-Partnern unter Pkt. 3.4.2. der Mustervereinbarung frei überlassen, ob sie diese Zuständigkeit bei der Gesellschafterversammlung belassen oder dem Direktorenrat übertragen. Eine konkrete Empfehlung wird nicht ausgesprochen. In Fn. 29 unter Pkt. 3.4.2. der Mustervereinbarung werden in Abhängigkeit von der Entscheidung jedoch Hinweise auf die weitere Vertragsgestaltung gegeben. Sollte die Bestellungskompetenz dem Direktorenrat übertragen sein, seien danach zwingend in Satzung und der Ordnung des Direktorenrats die Rechte der Gesellschafter vorzusehen, dass sie Punkte zur Tagesordnung von Direktorenratssitzungen beifügen dürfen und dass sie die Kandidaten für die Position des Generaldirektors vorschlagen dürfen. Damit sichert die Mustervereinbarung die Einflussnahme der Gesellschafter auf die Personenauswahl des Generaldirektors ab. Lediglich der organisatorische Bestellungsakt wird aus der Gesellschafterversammlung ausgelagert.

3. Verfahren zur Bestimmung des Generaldirektors

Zur Bestimmung des Generaldirektors sieht die Mustervereinbarung in Pkt. 3.4.3. zwei alternative Verfahren vor.

Die erste Alternative besteht aus einem exklusiven Vorschlagsrecht eines der beiden Gesellschafter, welcher konkret festzulegen ist. Dieses Recht wird im Fall der Bestellungskompetenz der Gesellschafterversammlung durch Stimmbindung des jeweils anderen Gesellschafters und im Fall der Bestellungskompetenz des Direktorenrats durch Verpflichtung des jeweils anderen Gesellschafters, auf

670 Siehe hierzu bereits unter § 15 A. I. 1. und Fn. 648.

die durch ihn ausgewählten Mitglieder des Direktorenrats so einzuwirken, dass sie in entsprechender Weise für den Kandidaten des berechtigten Gesellschafters abstimmen, abgesichert.

Die zweite Alternative sieht die Rotation des Vorschlagsrechts in einem festzulegenden zeitlichen Rhythmus vor. Der jeweils nichtberechtigte Gesellschafter wird für den entsprechenden Zeitraum verpflichtet, keine eigenen Kandidaten für die Position des Generaldirektors vorzuschlagen. Wie bereits in der ersten Alternative wird das Vorschlagsrecht je nach Bestellungskompetenz durch Stimmbindung oder Verpflichtung zur Einwirkung auf die Mitglieder des Direktorenrats abgesichert. Des Weiteren ist nach der Mustervereinbarung festzulegen, welchem Gesellschafter das Vorschlagsrecht im ersten Zeitintervall zusteht.

Aufgrund der besonderen Wichtigkeit der Stimmbindungen zur Absicherung des Vorschlagsrechts werden diese in Pkt. 3.2.3.3. der Mustervereinbarung innerhalb des Abschnitts zur Gesellschafterversammlung in einer Auflistung weiterer Abstimmungsregelungen wiederholt.

Im Unterschied zu den bisher unter § 15 A. I. 3. vorgestellten Verfahren spricht die Mustervereinbarung stets davon, dass der Generaldirektor aus „einer Zahl von Kandidaten“[671] des berechtigten Gesellschafters ausgewählt werden muss. Auch die Stimmbindungen beziehen sich darauf, dass der Generaldirektor aus „einer Zahl von Kandidaten“ des berechtigten Gesellschafters bestimmt werden muss. Wie jedoch nach einer getroffenen Vorauswahl an Kandidaten durch den berechtigten Gesellschafter weiter verfahren werden soll, um den Generaldirektor zu bestimmen, wird nicht weiter erläutert. Entsprechend dem allgemeinen gesetzlichen Verfahren müsste darauffolgend das zuständige Gesellschaftsorgan, Gesellschafterversammlung bzw. Direktorenrat, über die vorgeschlagenen Kandidaten abstimmen und den Generaldirektor in der Regel durch Mehrheitsbeschluss bestellen. Im Ergebnis wird hiermit eine weitere Variante des Vorschlagsrechts beschrieben, wonach zwar ein Gesellschafter die Kandidaten auf die Position vorschlägt, das Auswahlrecht jedoch nicht genauer definiert wird und somit bei beiden Gesellschaftern gemeinsam bzw. bei den Mitgliedern des Direktorenrats im Rahmen des förmlichen Bestellungsakts verbleibt. Faktisch entspricht diese Variante der Trennung von Vorschlags- und Auswahlrecht, da die Zustimmung des nichtberechtigten Gesellschafters zu einem der Kandidaten automatisch zur Bestimmung der Person des Generaldirektors führt. Andererseits erhält der nichtberechtigte Gesellschafter durch das beschriebene Verfahren faktisch auch ein dauerhaftes, potentiell blockierendes Vetorecht,

671 Russ. *iz čisla kandidatov, predložennych učastnikom 1 ili učastnikom 2.*

wie zuvor unter § 15 A. I. 3. c) bei der ersten Variante eines Vorschlagrechts beschrieben. Der nichtberechtigte Gesellschafter ist zwar dazu verpflichtet, für einen Kandidaten des berechtigten Gesellschafters zu stimmen. Mangels genauer Spezifizierung, aus wie vielen vorgeschlagenen Kandidaten eine Entscheidung erfolgen muss, hat der nichtberechtigte Gesellschafter jedoch ein unbegrenztes Vetorecht inne.

Vor dem Hintergrund dieser Parallelen zu den bereits erläuterten Varianten des Vorschlagsrechts entsprechen auch die mit diesem Verfahren verbunden Risiken derer der bereits unter § 15 A. I. 3. c) und d) beschriebenen. Einerseits kommt es den Interessen beider Gesellschafter zugute, dass stets beide auf die Auswahl des Generaldirektors Einfluss nehmen können. Andererseits erhöht sich insbesondere in Joint Ventures mit zwei gleichmäßig beteiligten Partnern jedoch das Risiko einer Pattsituation, wenn sie sich auf eine Entscheidung gemeinsam einigen müssen. Weiterhin wird impliziert, dass der nichtberechtigte Gesellschafter zumindest für einen der vorgeschlagenen Kandidaten stimmen muss. Eine eindeutige Regelung und damit klare Verpflichtung des Gesellschafters ist jedoch nicht vorhanden. Es kann durchaus angenommen werden, dass in der Praxis aufgrund des gemeinsamen Ziels der erfolgreichen Durchführung des Joint Ventures eine Einigung auf einen durch den berechtigten Gesellschafter vorgeschlagenen Kandidaten erzielt wird. Vertraglich sollte indessen im Sinne der Risikominimierung und Rechtssicherheit das Auswahlverfahren detaillierter gestaltet und formuliert werden. Dies ist insbesondere im Hinblick auf die Bestimmung des zur Auswahl berechtigten Gesellschafters, der Anzahl der vorzuschlagenden Kandidaten und etwaiger Sicherungsmechanismen für mögliche Blockadesituationen relevant.

Daneben ist auch denkbar, dass die vorliegende Mustervereinbarung zunächst lediglich als reiner Entwurf dient und im konkreten Einzelfall durch detailliertere Regelungen vervollständigt wird. Ein weiterer Grund für die Unvollständigkeit könnte sein, dass die Mustervereinbarung eher der Vorgabe einer groben Struktur dienen soll, welche sodann in Satzung oder internen Dokumenten konkretisiert wird. Letzteres würde dem allgemeinen Wesen von Grundlagenvereinbarungen jedoch widersprechen.

Als Gegengewicht zum einseitigen Bestimmungsrecht der Kandidaten auf den Posten des Generaldirektors schafft die Mustervereinbarung mehrere Gestaltungsmöglichkeiten, mit welchen ein Ausgleich der Leitungsmacht im Joint Venture erzielt werden kann. Dafür setzt sie die Bestellung weiterer wichtiger Positionen im Gemeinschaftsunternehmen in Abhängigkeit dazu, welcher Gesellschafter berechtigt ist, den Generaldirektor vorzuschlagen. So sollen der Vorsitzende des Direktorenrats und der Vorsitzende der Revisionskommission bzw. der Einzelrevisor aus den Kandidaten desjenigen Gesellschafters ernannt werden, der nicht den Generaldirektor stellt, Pkt. 3.3.5., 3.6.4. (Variante Revisionskommission), 3.6.1. (Variante Revisor) der Mustervereinbarung. Damit kommt dem nichtberechtigten Gesellschafter entscheidender Einfluss auf Gesellschaftsorgane zu, welche typischerweise Kontrollfunktionen im Unternehmen ausüben. Je nach Gestaltung der Kompetenzen des Direktorenrats und dessen Vorsitzenden erhält der nichtberechtigte Gesellschafter darüber hinaus Wirkungsmacht im Hinblick auf strategische Entscheidungen. Des Weiteren wird in Pkt. 3.5.4.2., 3.5.4.3. ff. der Mustervereinbarung für jede Vorstandsfunktion einzeln bestimmt, ob für deren Auswahl derselbe Gesellschafter, der den Generaldirektor vorschlägt, oder der nichtberechtigte Gesellschafter zuständig ist. Entsprechend dieser Entscheidung hat das Vorstandsmitglied eine eher die operative Tätigkeit des Gemeinschaftsunternehmens unterstützende oder eine kontrollierende Funktion.

4. *Amtszeit und vorzeitige Abberufung*

Hinsichtlich der Amtszeit des Generaldirektors überlässt Pkt. 3.4.2. der Mustervereinbarung die Festlegung der regelmäßigen Dauer den Gesellschaftern und sieht keine konkreten Empfehlungen vor. Auch zur vorzeitigen Abberufung finden sich keine Gestaltungen. Zur Verhinderung der Führungslosigkeit wird jedoch eine Übergangsregelung für den Fall getroffen, dass zum Ende der Amtszeit des Generaldirektors noch kein Nachfolger gefunden wurde, Pkt. 3.4.11. der Mustervereinbarung. Danach kann die Amtszeit des letzten Generaldirektors um maximal sechs Monate verlängert werden. Damit wird den Gesellschaftern eine mit einem gewissen Druck versehene Übergangszeit gewährt, um einen Nachfolger zu bestellen.

B. Direktorenrat

Je nach Kompetenzzuweisung im konkreten Einzelfall fungiert der Direktorenrat als rechter Arm der Gesellschafter im Unternehmen. Häufig trifft der Direktorenrat grundlegende strategische Entscheidungen oder übernimmt wesentliche Kontrollaufgaben, sodass beide Joint-Venture-Partner danach streben, ihre Interessen in dem Gremium vertreten zu sehen und im Idealfall eine Stimmenmehrheit zu eigenen Gunsten zu bilden. Eine bedeutende Frage stellt daher auch dar, wer den Vorsitz des Direktorenrats bestimmen darf.

I. Gesetzliche Vorgaben und Gestaltungsmöglichkeiten

Die Zahl der Mitglieder sowie das Verfahren zur Bildung des Direktorenrats sind per Satzung frei bestimmbar, Art. 66.3 Pkt. 3 UPkt. 6) ZGB RF, Art. 32 Pkt. 2 Abs. 3 GmbHG RF. In personeller Hinsicht ergeben sich jedoch Beschränkungen im Zusammenhang mit den Exekutivorganen. Nach Art. 65.3 Pkt. 4 Abs. 1 S. 2 ZGB RF, Art. 32 Pkt. 2 Abs. 4 GmbHG RF dürfen die Mitglieder des Vorstands sowie der Generaldirektor bzw. die Generaldirektoren nicht mehr als ein Viertel der Mitglieder des Direktorenrats umfassen. Darüber hinaus sind sie vom Vorsitz des Direktorenrats ausgeschlossen.

1. Zahl der Mitglieder

Als kollegiales Gesellschaftsorgan beträgt die Mindestzahl der Mitglieder des Direktorenrats zwei. Typischerweise sehen Joint-Venture-Partner fünf, seltener sieben und mehr Mitglieder für das Gremium vor.[672] Die Zahl der Mitglieder ist maßgeblich vom Umfang der für den Direktorenrat vorgesehenen Kompetenzen und der damit verbundenen Arbeit abhängig. Das Arbeitspensum des Direktorenrats wird darüber hinaus von der Breite und Komplexität der Unternehmenstätigkeit beeinflusst. Je nach Bedarf an Ressourcen ist die Zahl der Mitglieder des Direktorenrats anzupassen.

2. Bestellungskompetenz

Die freie Gestaltung der Bildung des Direktorenrats nach Art. 66.3 Pkt. 3 UPkt. 6) ZGB RF umfasst auch die Festlegung der Bestellungskompetenz, erfordert jedoch Einstimmigkeit sowie Satzungsform. Für die Zuständigkeit in Betracht kommen die Gesellschafterversammlung, welche die Mitglieder mittels eines förmlichen Beschlusses auswählt, oder die Gesellschafter selbst, welchen in diesem Fall jeweils ein direktes Ernennungsrecht eingeräumt wird.[673] Während die erste Variante einerseits die Möglichkeit einer kumulativen Abstimmung, siehe Art. 37 Pkt. 9 GmbHG RF, bietet, sind andererseits die gesetzlichen Regelungen eines förmlichen Beschlusses zu befolgen, welche den Prozess durch Anforderungen an Vorbereitung, Einberufung und Durchführung einer

---

672 *Gluchov*, Korporativnyj dogovor (Der gesellschaftsrechtliche Vertrag), S. 217.

673 Siehe zu beiden Alternativen ausführlich *Konsul'tantPljus*, Gotovoe rešenie: Kak izbrat' sovet direktorov (nabljudatel'nyj sovet) OOO (Fertige Lösung: Wie wird der Direktorenrat (Aufsichtsrat) einer OOO gewählt), Aufsatz veröffentlicht auf SPS Konsul'tant-Pljus, Stand 18.03.2022.

Gesellschafterversammlung zeitlich verlängern. Im Rahmen einer direkten Ernennung durch die Gesellschafter hingegen können die Mitglieder schnell bestellt und nötigenfalls ausgewechselt werden, ohne einen förmlichen Gesellschafterbeschluss fassen zu müssen.

Gluchov lehnt die Rechtmäßigkeit eines Ernennungsrechts mit der Begründung ab, dass Art. 66.3 Pkt. 3 ZGB RF von der „Wahl“[674] der Mitglieder des Direktorenrats spricht.[675] Ein Ernennungsrecht stehe daher der wörtlichen Auslegung des Gesetzes entgegen. Allerdings findet sich die zitierte Stelle in Art. 66.3 Pkt. 3 UPkt. 1) ZGB RF, welcher Kompetenztitel der Gesellschafterversammlung auflistet, die nicht dem Direktorenrat übertragen werden können. Der für die freie Gestaltung der Bestellung der Direktorenratsmitglieder relevante Unterpunkt ist Art. 66.3 Pkt. 3 UPkt. 6) ZGB RF, welcher allgemein von dem „Verfahren zur Bildung“[676] des Direktorenrats spricht und damit auch die Bestellungskompetenz umfasst.

3. *Verfahren zur Bestimmung der Mitglieder*

Parallel zu den zwei möglichen Trägern der Bestellungskompetenz ergeben sich die Verfahrensoptionen der Joint-Venture-Partner, durch welche sie die Mitglieder des Direktorenrats bestimmen.

Im Falle der direkten Ernennung durch die Gesellschafter muss in der Satzung ein entsprechendes Recht jedes Gesellschafters vorgesehen werden, wie viele der Mitglieder des Direktorenrats er ernennen darf.

Im Falle dass die Bestellungskompetenz bei der Gesellschafterversammlung liegt, ergeben sich die gleichen Verfahrensmodelle wie auch bei der Bestimmung des Generaldirektors, siehe oben unter § 15 A. I. 3. Dabei ist zu beachten, dass sich die Rotation eines Vorschlagsrechts ausschließlich im Hinblick auf die Position des Vorsitzenden des Direktorenrats anbietet. Aufgrund des häufig erweiterten Verantwortungsbereichs des Vorsitzenden, zum Beispiel hinsichtlich der Vorbereitung, Einberufung und Durchführung der Ratssitzungen, kann es, wie bereits erwähnt, für eine gerechte Verteilung der Leitungsmacht unter den Joint-Venture-Partnern sinnvoll sein, das Vorschlags- oder Ernennungsrecht für den Posten des Vorsitzenden des Direktorenrats demjenigen zukommen zu lassen, der nicht berechtigt ist, Kandidaten als Generaldirektoren vorzuschlagen.

---

674 Russ. *izbranie.*

675 *Gluchov*, Korporativnyj dogovor (Der gesellschaftsrechtliche Vertrag), S. 223 f.

676 Russ. *porjadok formirovanija.*

Die Anzahl der Mitglieder, welche ein Gesellschafter bestimmen darf, orientiert sich regelmäßig an der Höhe des Geschäftsanteils des Gesellschafters.[677] Im Falle eines paritätischen Joint Ventures mit zwei Partnern kann es daher bei einer ungeraden Gesamtzahl der Mitglieder des Direktorenrats schwierig sein, eine Einigung zu finden, welcher Gesellschafter über den maßgeblichen Posten, der zu einer Stimmenmehrheit im Direktorenrat führt, entscheiden darf. Als Ausweg ist denkbar, die letzte Stelle durch die übrigen Mitglieder selbst bestimmen zu lassen,[678] was jedoch aufgrund der geraden Anzahl der abstimmenden Personen die Gefahr einer Pattsituation birgt.

Im Falle einer geraden Gesamtzahl der Mitglieder des Direktorenrats jedoch ist die Gefahr einer Pattsituation bei jeder Beschlussfassung gegeben. Sollten sich die Joint-Venture-Partner dennoch dafür entscheiden, sollte durch entsprechende Vorkehrungen das Risiko von Pattsituationen verringert werden.[679] Eine Methode zur Verhinderung von Deadlock-Situationen auf Ebene des Direktorenrats ist ein Letztentscheidungsrecht des Vorsitzenden, welches in Satzung und Geschäftsordnung des Direktorenrats zu regeln ist. Dieses ist auf dem russischen Markt nicht weit verbreitet, da es im Hinblick auf die Machtverteilung unter den Gesellschaftern faktisch auf dasselbe Ergebnis hinausläuft, wie wenn eine ungerade Gesamtzahl von Mitgliedern vereinbart worden wäre. Andere Mittel umfassen beispielsweise die Verringerung der Kompetenzen des Direktorenrats, um den Mitgliedern weniger Gelegenheit zur Entstehung einer Pattsituation zu bieten, oder das Recht desjenigen Gesellschafters, der nicht den Generaldirektor stellt, das gesamte höhere Management des Gemeinschaftsunternehmens einzustellen, was faktisch zu einer Verringerung von Meinungsverschiedenheiten im gesamten Unternehmen führt.

II. Regelungen der Mustervereinbarung

Die Mustervereinbarung sieht in den Pkt. 3.3.3. und 3.3.4. unter dem Abschnitt Pkt. 3.3. „Direktorenrat" die Festlegung einer Gesamtzahl der Mitglieder des Direktorenrats sowie eine feste, von der Entwicklung der Höhe des Geschäftsanteils unabhängige Zahl von Mitgliedern je Gesellschafter vor, welche auf dessen Vorschlag hin bestimmt werden. Wie auch bei den Regelungen zum

677 *Gluchov*, Korporativnyj dogovor (Der gesellschaftsrechtliche Vertrag), S. 219.

678 Siehe zum deutschen Recht im Rahmen eines Aufsichts- oder Beirats *Fett/Spiering*, in: Fett/Spiering, Handbuch Joint Venture, 7. Kap. Rn. 480.

679 Siehe zu den folgenden Mechanismen im Detail *Gluchov*, Korporativnyj dogovor (Der gesellschaftsrechtliche Vertrag), S. 220–222.

Generaldirektor weisen die Bestimmungen zur Bestellung der Mitglieder des Direktorenrats auf ein Vorschlagsrecht der Gesellschafter hin, wobei die Stimmbindung der Gesellschafter auf der Gesellschafterversammlung laut Pkt. 3.2.3.2. der Mustervereinbarung lediglich auf die Festlegung der Gesamtzahl der Mitglieder bezogen wird. Die Diskussion eines Letztentscheidungsrechts in Pkt. 3.3.6. und Fn. 27 der Mustervereinbarung ist ein Hinweis darauf, dass von einer geraden Gesamtzahl der Mitglieder des Direktorenrats ausgegangen wird.

Nach Pkt. 3.3.5. der Mustervereinbarung wird der Vorsitzende des Direktorenrats aus den vorgeschlagenen Kandidaten desjenigen Gesellschafters ausgewählt, welcher zu diesem Zeitpunkt nicht das Recht innehat, den Generaldirektor zu bestimmen. Damit folgt die Mustervereinbarung der grundlegenden Regel, die Leitungsmacht unter den Gesellschaftern durch Zuordnung von Vorschlagsrechten bezüglich bedeutender Positionen im Unternehmen zu verteilen. Im Hinblick auf ein etwaiges Letztentscheidungsrecht des Vorsitzenden empfiehlt die Mustervereinbarung in Fn. 27, ein solches ausschließlich für die beiden Fälle in Erwägung zu ziehen, dass der Vorsitzende stets durch denjenigen Joint-Venture-Partner bestimmt wird, in dessen Interesse die vorliegende Mustervereinbarung formuliert ist, oder dass Generaldirektor und Vorsitzender des Direktorenrats stets von unterschiedlichen Gesellschaftern bestimmt werden. Die Empfehlung zielt darauf ab, dem Partner des Unternehmens, in dessen Interesse die Mustervereinbarung formuliert wurde, nicht mehr als nötig Einfluss auf die Leitung des Gemeinschaftsunternehmens zu verschaffen. In dem Fall, dass Generaldirektor und Vorsitzender des Direktorenrats von unterschiedlichen Gesellschaftern bestimmt werden, dient das Letztentscheidungsrecht einem Ausgleich der Leitungsmacht. In dem Fall, dass der Vorsitzende dauerhaft von dem Unternehmen, in dessen Interesse die Mustervereinbarung formuliert wurde, bestimmt wird, ist aus Sicht dieses Unternehmens ein Letztentscheidungsrecht vorteilhaft, unabhängig davon, wer welche sonstigen Bestellungsrechte trägt. Die Absicherung des Partners in derselben Situation ist aus der Sicht des Unternehmens nicht von Relevanz. Im Fall also, dass der Partner ein dauerhaftes Vorschlagsrecht bezüglich des Vorsitzes des Direktorenrats innehat, ist ein Letztentscheidungsrecht des Partners für das Unternehmen nicht von Interesse, sodass das Recht für diesen Fall nicht empfohlen wird.

Die insgesamt eher kurz gehaltenen Regelungen und nicht vorhandenen Stimmbindungen zu den Vorschlägen der jeweils berechtigten Gesellschafter könnten darin begründet sein, dass zur Wirksamkeit des vereinbarten Verfahrens zur Bestellung der Direktorenratsmitglieder nach Art. 66.3 Pkt. 3 UPkt. 6) ZGB RF, Art. 32 Pkt. 2 Abs. 3 GmbHG RF ohnehin die Satzungsform erforderlich ist.

Die Regelungen der Grundlagenvereinbarung dienen in diesem Fall als Vorvereinbarung der groben Strukturierung und Verteilung der Leitungsmacht.

C. Vorstand

In seiner Relevanz spielt der Vorstand im Vergleich zu anderen Gesellschaftsorganen prinzipiell eher eine untergeordnete Rolle. Aufgrund seiner möglichen unterstützenden oder kontrollierenden Funktion gegenüber dem Generaldirektor kann dieses Organ jedoch gut zur Gestaltung der Verteilung des Einflusses der Joint-Venture- Partner im Unternehmen eingesetzt werden.

I. Gesetzliche Vorgaben und Gestaltungsmöglichkeiten

Die Zahl der Mitglieder des Vorstands kann nach Art. 41 Pkt. 1 Abs. 1 S. 1 GmbHG RF per Satzung individuell festgelegt werden. Bis zu fünf Mitglieder ist eine übliche Stärke im Fall eines Joint Ventures.[680] Als Mitglieder kommen nach Art. 41 Pkt. 1 Abs. 2 GmbHG RF ausschließlich natürliche Personen in Betracht.

Den Vorsitz des Vorstands übernimmt per Gesetz zwingend der Generaldirektor, es sei denn, die Aufgaben des Einzelexekutivorgans wurden einer Verwaltungsgesellschaft oder einem Verwalter übertragen, Art. 41 Pkt. 1 Abs. 2 GmbHG RF. Aus dieser Regelung ergeben sich für den Fall, dass in der Gesellschaft mehr als eine Person für die Position des Generaldirektors bestellt sind, zwei Fragen, und zwar welcher der Generaldirektoren den Vorsitz übernimmt und ob die restlichen Generaldirektoren automatisch Mitglied des Vorstands werden. Aus der wörtlichen Auslegung des Gesetzes wird nur eine Person Vorsitzender und damit Mitglied des Vorstands. Allerdings bestand Art. 41 Pkt. 1 Abs. 4 GmbHG RF bereits vor der Ermöglichung der Bestellung mehrerer Generaldirektoren in 2014,[681] sodass der damalige Gesetzgeber diese neue Konstellation bei der gesetzlichen Regelung nicht berücksichtigen konnte. Da ein Vorsitz in der Regel jedoch zweckmäßig durch eine Person ausgeführt wird, erscheint die Begrenzung auf einen einzelnen Vorsitzenden sachgerecht. Die Bestellung mehrerer Generaldirektoren ist im Hinblick auf die Übernahme des Vorstandsvorsitzes vergleichbar mit dem Fall, dass die Aufgaben des Einzelexekutivorgans nach Art. 42 GmbHG RF einer Verwaltungsgesellschaft oder einem Verwalter übertragen sind. In diesem Fall übernimmt der Vertreter der Verwaltungsgesellschaft, der Verwalter

---

680 *Gluchov*, Korporativnyj dogovor (Der gesellschaftsrechtliche Vertrag), S. 278.

681 Siehe hierzu unter § 15 A. I. 1.

selbst oder eine dritte, per Satzung bestimmte Person den Vorsitz.[682] Die Entscheidung, welche der in Frage kommenden Personen den Vorsitz übernehmen soll, obliegt den Gesellschaftern. Im Fall mehrerer Generaldirektoren kommt es der gesetzlichen Regelung am nächsten, die Kandidatenauswahl auf die Personen der Generaldirektoren zu begrenzen. Im Ergebnis ist festzuhalten, dass die Gesellschafter im Fall mehrerer Generaldirektoren einen von diesen als Vorsitzenden des Vorstands bestimmen müssen.[683]

Es bleibt zu klären, ob die restlichen Generaldirektoren automatisch Mitglieder des Vorstands werden. Die Regelung des Art. 41 Pkt. 1 Abs. 4 GmbHG RF, welche den Generaldirektor gleichzeitig zum Vorsitzenden und Mitglied des Vorstands bestimmt, dient ihrem Sinn und Zweck nach der Synchronisierung der Tätigkeiten beider Exekutivorgane.[684] Generaldirektor und Vorstand sind gemeinsam für die Führung des laufenden Geschäftsbetriebs zuständig, siehe Art. 32 Pkt. 4 S. 1 GmbHG RF. Vor diesem Hintergrund erscheint es sinnvoll, dass bei mehreren Generaldirektoren sämtliche Personen in dieser Position Mitglied des Vorstands werden, um ihren jeweiligen Tätigkeitsbereich im Vorstand zu vertreten, an Entscheidungen über Freigaben bestimmter Rechtsgeschäfte der Gesellschaft beteiligt und über alle Themen des Vorstands informiert zu sein. Auch wenn ein gesetzlicher Zwang zur Aufnahme aller Generaldirektoren nach aktueller Gesetzeslage wohl nicht besteht,[685] empfiehlt sich eine solche Gestaltung aus den vorgenannten Gründen in Satzung und Grundlagenvereinbarung.

Die Kompetenz zur Bestellung der Mitglieder des Vorstands liegt nach Art. 41 Pkt. 1 Abs. 1 S. 1 GmbHG RF grundsätzlich bei der Gesellschafterversammlung. Nach Art. 41 Pkt. 1 Abs. 1 S. 2 GmbHG RF kann diese per Satzung auf den Direktorenrat übertragen werden. Darüber hinaus besteht im Falle einer OOO gemäß Art. 66.3 Pkt. 3 UPkt. 6) ZGB RF wie auch beim Direktorenrat die Möglichkeit, von den gesetzlichen Vorgaben hinsichtlich des Verfahrens zur Bildung des

---

682 *Konsul'tantPljus*, Gotovoe rešenie: Kak izbiraetsja pravlenie (kollegial'nyj ispolnitel'nyj organ) OOO (Fertige Lösung: Wie wird der Vorstand (das kollegiale Exekutivorgan) einer OOO gebildet), Aufsatz veröffentlicht auf SPS Konsul'tantPljus, Stand 22.03.2022, Pkt. 5.

683 Im Ergebnis wie bisher ebenso *Gluchov*, Korporativnyj dogovor (Der gesellschaftsrechtliche Vertrag), S. 278.

684 *Šitkina,* in: Šitkina, Naučno-praktičeskij kommentarij k Federal'nomu zakonu „Ob obščestvach s ograničennoj otvetsvennost'ju“ (Wissenschaftlich-praktischer Kommentar zum Föderalen Gesetz “Über Gesellschaften mit beschränkter Haftung), Bd. 2, Art. 41 Pkt. 1.4.

685 *Gluchov*, Korporativnyj dogovor (Der gesellschaftsrechtliche Vertrag), S. 278.

Vorstands per einstimmiger Satzungsregelung abzuweichen. In der Folge stehen den Joint-Venture-Partnern die gleichen Optionen zur Gestaltung des Bestimmungsverfahrens wie beim Direktorenrat zur Verfügung, und zwar Vorschlagsrechte in den verschiedenen Varianten sowie direkte Ernennungsrechte.[686]

II. Regelungen der Mustervereinbarung

Die Mustervereinbarung sieht unter Pkt. 3.5. „Vorstand" etwa halb so viele Bestimmungen im Vergleich zu den bisherigen Gesellschaftsorganen vor, wovon lediglich zwei der Bestellung der Vorstandsmitglieder gewidmet sind. In Pkt. 3.5.3. der Mustervereinbarung sind die Bestellungskompetenz, Gesamtzahl der Mitglieder und ihre Amtszeit durch die Gesellschafter festzulegen. Während für die beiden letzten Fragen keine konkreten Vorschläge gemacht werden, gibt die Mustervereinbarung hinsichtlich der Bestellungskompetenz den Gesellschaftern die Wahl zwischen der Gesellschafterversammlung und dem Direktorenrat, siehe auch Art. 41 Pkt. 1 Abs. 1 GmbHG RF. Damit schließt die Mustervereinbarung das mögliche Bestimmungsverfahren per Ernennungsrecht aus. Hinsichtlich der Bestimmung der Vorstandsmitglieder wird in Pkt. 3.5.4. der Mustervereinbarung für jede Vorstandsfunktion (technischer Direktor, Finanzdirektor, etc.) einzeln festgelegt, aus den vorgeschlagenen Kandidaten welchen Gesellschafters die Person zu wählen ist. Demnach wird wie auch beim Direktorenrat ein Vorschlagsrecht der Joint-Venture-Partner vorgesehen, ohne jedoch den Ablauf des weiteren Bestimmungsverfahrens detailliert zu beschreiben. Im Hinblick auf die Festlegung, welcher Gesellschafter berechtigt ist, einen bestimmten Vorstandsposten zu bestimmen, ist interessant, dass dies jeweils nicht als dauerhaftes Recht eines der beiden Gesellschafter ausgestaltet ist, sondern stets in Abhängigkeit davon, welcher Gesellschafter den Generaldirektor stellt. Die Entscheidung, ob ein Vorstandsposten von demselben Gesellschafter wie der Generaldirektor bestimmt wird, oder nicht, hat neben der Festlegung der Kompetenzen des Vorstands Auswirkungen auf seine Funktion in der Gesellschaft insgesamt. Je mehr Mitglieder des Vorstands von demselben Gesellschafter bestimmt werden, der auch den Generaldirektor stellt, desto mehr erhält der Vorstand eine die operative Tätigkeit unterstützende Funktion. Sollten hingegen mehr Mitglieder von demjenigen Gesellschafter bestimmt werden, der

686 Das Ernennungsrecht mit gleicher Argumentation wie beim Direktorenrat ablehnend *Gluchov*, Korporativnyj dogovor (Der gesellschaftsrechtliche Vertrag), S. 278.

nicht den Generaldirektor stellt, umso mehr übernimmt der Vorstand eher eine den Generaldirektor kontrollierende Funktion.

D. Revisionskommission und Revisor

Als reines Kontrollorgan über finanzwirtschaftliche Belange der Gesellschaft sowie je nach Ausgestaltung der Kompetenzen über die gesamte Unternehmenstätigkeit dient die Revisionskommission bzw. der Revisor rein den Interessen der Gesellschafter. Wer die zuständigen Personen bestimmen kann, hat entsprechenden Einfluss auf die Initiierung interner Untersuchungen. Im Organgefüge steht die Revisionskommission den übrigen Gesellschaftsorganen, Generaldirektor, Direktorenrat und Vorstand, gegenüber.

I. Gesetzliche Vorgaben und Gestaltungsmöglichkeiten

Die Zahl der Mitglieder der Revisionskommission sowie die Amtsdauer dieser bzw. des Einzelrevisors sind per Satzung festzulegen, siehe Art. 47 Pkt. 1 GmbHG RF. Üblicherweise umfasst die Revisionskommission drei oder fünf Mitglieder.[687] Diese sowie der Einzelrevisor dürfen im Sinne der Unabhängigkeit nicht gleichzeitig Mitglied anderer Gesellschaftsorgane mit Ausnahme der Gesellschafterversammlung sein, Art. 36 Pkt. 6 Abs. 3 GmbHG RF.

Hinsichtlich der Bestellung der Mitglieder der Revisionskommission bzw. des Einzelrevisors in einer OOO sehen Art. 47 Pkt. 1, Art. 33 Pkt. 2 Abs. 1 UPkt. 5), Art. 33 Pkt. 2 Abs. 2 GmbHG RF und Art. 65.3 Pkt. 2 Abs. 9 ZGB RF die ausschließliche Kompetenz der Gesellschafterversammlung vor. Dieser schließt sich auch die allgemeine Meinung in der Literatur an.[688] Überraschend ist, warum in der Literatur in diesem Zusammenhang nicht weiterhin die Öffnungsregelung des Art. 66.3 Pkt. 3 UPkt. 1) ZGB RF zitiert wird. Danach ist es den Gesellschaftern einer nichtöffentlichen Gesellschaft gestattet, per einstimmiger Satzungsregelung Kompetenzen, welche per Gesetz der Gesellschafterversammlung zugeordnet sind, auf den Direktorenrat oder den Vorstand zu übertragen. Davon

---

687 *Gluchov*, Korporativnyj dogovor (Der gesellschaftsrechtliche Vertrag), S. 284.

688 Siehe stellvertretend *Charitonova/Šitkina*, Predprinimatel'skoe pravo, Beilage „Pravo i Biznes" 2020, Nr. 4, 4, Pkt. 2.14.; *Gluchov*, Korporativnyj dogovor (Der gesellschaftsrechtliche Vertrag), S. 284, 207; *Konsul'tantPljus*, Gotovoe rešenie: Kakie voprosy otnosjatsja k kompetencii obščego sobranija učastnikov OOO (Fertige Lösung: Welche Fragen zählen zu den Kompetenzen der Gesellschafterversammlung einer OOO), Aufsatz veröffentlicht auf SPS Konsul'tantPljus, Stand 26.03.2022, Pkt. 1.1. Ziff. 5); *Vajpan*, Vestnik arbitražnoj praktiki 2020, Nr. 4, 15, Pkt. 1.3.

ausgenommen sind elementare Kompetenztitel, welche bei der Gesellschafterversammlung verbleiben sollen, und zwar Satzungsänderungen und -neufassungen, Entscheidungen über Reorganisation und Liquidation, Bestellung von Direktorenrat und Vorstand, es sei denn, die Bildung des letzteren wurde dem Direktorenrat übertragen, Anzahl, Nominalwert, Art und verkörperte Rechte der Geschäftsanteile, Kapitalerhöhungen in Abweichung der proportionalen Verteilung der Geschäftsanteile oder zur Aufnahme einer dritten Person in den Gesellschafterkreis sowie die Bestätigung interner Dokumente neben den Gründungsdokumenten. Mangels einschlägigem Ausnahmetatbestand wäre es rechtlich grundsätzlich möglich, die Bestellung der Revisionskommission bzw. des Einzelrevisors auch dem Direktorenrat oder dem Vorstand per einstimmiger Satzungsregelung zu übertragen.[689] In der Praxis wird dies jedoch wohl häufig von den Gesellschaftern nicht gewollt sein, da aufgrund der reinen Kontrollfunktion zugunsten der Gesellschafter diese die zuständigen Personen selbst bestimmen möchten.[690] Infolge des eher geringen Bedarfs wird die Übertragung der Bestellungskompetenz wahrscheinlich auch nicht in der Literatur diskutiert.

In der Konsequenz stehen den Gesellschaftern für die Festlegung des Verfahrens zur Bestellung der Mitglieder der Revisionskommission bzw. des Revisors lediglich die verschiedenen Vorschlagsrechte sowie die Wahl unabhängiger Mitglieder zur Verfügung. Ein direktes Ernennungsrecht der Gesellschafter entfällt, da Art. 66.3 Pkt. 3 UPkt. 1) ZGB RF die Übertragung von Kompetenzen zwar auf Direktorenrat und Vorstand ermöglicht, aber nicht auf die Gesellschafter selbst.

II. Regelungen der Mustervereinbarung

Die Mustervereinbarung sieht unter Pkt. 3.6. „Revisionskommission/Revisor" zwei alternative Formulierungsvorschläge vor, einen für die Revisionskommission und einen für einen Einzelrevisor. Die Entscheidung, ob eine einzelne Person für die Besetzung des Gesellschaftsorgans genügt oder mehrere Personen erforderlich sind, hängt vom Umfang der zu kontrollierenden Unternehmenstätigkeit, der übertragenen Kompetenzen und der jährlich zu prüfenden Jahresberichte und Bilanzen ab.

Im ersten Formulierungsvorschlag (Revisionskommission) sind in Pkt. 3.6.1. und 3.6.2. der Mustervereinbarung die Anzahl der Mitglieder, ihre Amtszeiten sowie je Gesellschafter die Zahl der Mitglieder festzulegen, welche aus dessen

---

689 Siehe zu dieser Frage ausführlich unter § 16 A. I. 4.

690 Siehe ebenso zu nichtöffentlichen Aktiengesellschaften *Gluchov*, Korporativnyj dogovor (Der gesellschaftsrechtliche Vertrag), S. 284.

Kandidatenvorschlägen zu wählen sind. Die Mustervereinbarung sieht demnach ein Vorschlagsrecht der Gesellschafter vor. Die Bestellungskompetenz liegt nach Pkt. 3.6.1. der Mustervereinbarung bei der Gesellschafterversammlung. Für die Position des Vorsitzenden der Revisionskommission bestimmt die Mustervereinbarung in Pkt. 3.6.4., dass dieser aus den Kandidaten desjenigen Gesellschafters zu bestimmen ist, welcher zu dem jeweiligen Zeitpunkt nicht berechtigt ist, den Generaldirektor zu stellen. Mit dieser Regelung trägt die Mustervereinbarung wiederum dem Ausgleich der Leistungsmacht im Joint Venture Rechnung.

Der zweite Formulierungsvorschlag (Revisor) fällt vom Umfang der Regelungen her mit lediglich zwei Bestimmungen vergleichsweise kurz aus. Parallel zu den beiden Optionen des Bestimmungsverfahrens beim Generaldirektor sieht auch Pkt. 3.6.1. der Mustervereinbarung vor, dass das Vorschlagsrecht für die Position des Revisors entweder dauerhaft einem der beiden Gesellschafter oder in Form einer Rotation abwechselnd dem einen oder anderen Gesellschafter zusteht. Die Amtszeit bzw. der zeitliche Abstand der Rotationswechsel sind jeweils zu bestimmen. Es wird zwar nicht in den Kommentaren zur Mustervereinbarung ausdrücklich darauf hingewiesen, sachgerecht und wohl beabsichtigt ist jedoch, dass durch die Festlegung des zuständigen Gesellschafters beiden Gesellschaftern durch Verteilung des Einflusses Rechnung getragen wird, indem die Bestimmung des Revisors jeweils dem Gesellschafter zusteht, welcher nicht den Generaldirektor stellt.

E. Zusammenfassung

Bei der Bestellung der Gesellschaftsorgane überlässt das russische Recht den Gesellschaftern viel Spielraum für Gestaltungen und sieht nur wenige zwingende Regelungen bzw. Einschränkungen, wie zum Beispiel zur gleichzeitigen Besetzung mehrerer Gesellschaftsorgane durch dieselbe Person, vereinzelt zur Bestellungskompetenz oder hinsichtlich der Form der Gestaltung, vor. Die Gestaltungsmöglichkeiten gestatten es den Gesellschaftern, ihren jeweiligen Einfluss auf die Leitung des Unternehmens individuell auf den Einzelfall anzupassen. Dies wird insbesondere durch die Verteilung der Bestellungsrechte erzielt. Dabei lässt sich stets ein Spannungsverhältnis zwischen dem Interessenausgleich und der Gleichberechtigung der Gesellschafter einerseits sowie der Entscheidungseffektivität und Verhinderung von Pattsituationen andererseits feststellen, welches sich wie ein roter Faden durch jegliche Erwägungen im Zusammenhang mit der Bestellung der Gesellschaftsorgane zieht. So müssen die Joint-Venture-Partner diese Abwägung beispielsweise bei der Festlegung der Zahl und der Art der Vertretungsbefugnis der Generaldirektoren, bei der Bestimmung des Verfahrens zur Bestellung des Generaldirektors sowie insbesondere bei der Festlegung der Zahl der Organmitglieder der kollegialen Gesellschaftsorgane, konkret bei der Entscheidung für eine gerade oder ungerade Zahl von Mitgliedern, vornehmen.

Die Mustervereinbarung zeigt einen eher konservativen Ansatz bei der Gestaltung der Bestellung der Gesellschaftsorgane. Dies wird insbesondere durch die kommentarlose Festlegung eines Einzelgeneraldirektors deutlich. Auffällig ist, dass die Bestimmungsverfahren zur personellen Besetzung aller Organe nicht bis ins Detail in der Mustervereinbarung geregelt sind. Dies könnte daran liegen, dass bei der konkreten Ausformulierung Bestimmungen hinzugefügt werden oder die konkreten Regelungen in der Satzung oder den Geschäftsordnungen der Gesellschaftsorgane erfolgen und die Grundlagenvereinbarung eher zur Festlegung der groben Struktur dient. Schließlich wird, wie zu erwarten, an vereinzelten Stellen insbesondere durch Kommentare deutlich, dass die Mustervereinbarung keinen neutralen Entwurf einer Grundlagenvereinbarung darstellt, sondern Empfehlungen und Regelungen im Sinne desjenigen Unternehmens vorgenommen werden, in dessen Auftrag die Mustervereinbarung erstellt wurde, siehe hierzu als Beispiel das Letztentscheidungsrecht des Vorsitzenden des Direktorenrats.

§ 16 Verteilung der Kompetenzen

Neben der Struktur und Bestellung der Gesellschaftsorgane bietet des Weiteren die Verteilung der Kompetenzen unter den Gesellschaftsorganen den Joint-Venture-Partnern die Möglichkeit, die Leitung des Gemeinschaftsunternehmens individuell zu gestalten und an ihren Bedarf und den Einzelfall anzupassen. So kann beispielsweise die Leitungsmacht eines Joint-Venture-Partners, der berechtigt ist, die Kandidaten auf die Position des Generaldirektors vorzuschlagen, eingeschränkt werden, indem die Kompetenzen des Generaldirektors im Innenverhältnis beschränkt werden.

Wie die Verteilung der Zuständigkeiten ferner gestaltet und dadurch die Leitung im Gemeinschaftsunternehmen beeinflusst werden kann, wird im Folgenden anhand der geltenden Regeln des russischen Rechts zu den Kompetenzen der Gesellschaftsorgane (A.) und anhand möglicher Gestaltungsansätze (B.) erarbeitet und anschließend mit den Regelungen der Mustervereinbarung (C.) abgeglichen.

A. Kompetenzen der Gesellschaftsorgane nach russischem Recht

Zunächst werden die gesetzlichen Vorgaben zu den Kompetenzen der einzelnen Gesellschaftsorgane erörtert, wobei insbesondere auf Art. 66.3 Pkt. 3 UPkt. 1) ZGB RF und seine Einordnung in das System der Organkompetenzen eingegangen wird.

I. Gesellschafterversammlung

Mittels der Gesellschafterversammlung, dem höchsten Organ der Gesellschaft, wirken die Gesellschafter selbst an der Leitung des Unternehmens mit. Dabei kommen der Gesellschafterversammlung per Gesetz grundsätzlich die eher bedeutenden Fragen im Rahmen einer Gesellschaft als Kompetenzen zu. Den Umfang der gesetzlich zugeordneten Kompetenzen können die Gesellschafter unter bestimmten Voraussetzungen um jegliche Angelegenheiten erweitern. Der Festlegung der Zuständigkeiten der Gesellschafterversammlung kommt eine besondere Bedeutung zu, da die Joint-Venture-Partner dadurch die Fragen bestimmen, auf welche sie selbst im Unternehmen direkten Einfluss nehmen können.

Die Zuständigkeiten der Gesellschafterversammlung teilen sich in drei Gruppen auf, und zwar in die ausschließliche (siehe 1.), die alternative (2.) und die fakultativ erweiterte Zuständigkeit (3.). Neben diesen wird im Folgenden unter 4. die Bedeutung des Art. 66.3 Pkt. 3 UPkt. 1) ZGB RF für die Kompetenzstruktur der Gesellschafterversammlung erörtert.

1. Ausschließliche Zuständigkeit

Nach Art. 33 Pkt. 2 Abs. 2 GmbHG RF gehören die unter Art. 33 Pkt. 2 Abs. 1 GmbHG RF aufgezählten Kompetenztitel UPkt. 2), 5)-7), 11) und 12) sowie andere nach dem GmbHG RF geregelten Fälle[691] zur ausschließlichen Kompetenz der Gesellschafterversammlung und dürfen ausdrücklich nicht per Satzung einem anderen Gesellschaftsorgan übertragen werden. Die angegebenen Kompetenztitel umfassen die Themen Satzungsänderung, Verwendung einer Mustersatzung, Änderung des Stammkapitals, Firma der Gesellschaft,

---

691 Siehe eine beispielhafte Aufzählung bei *Konsul'tantPljus*, Gotovoe rešenie: Kakie voprosy otnosjatsja k kompetencii obščego sobranija učastnikov OOO (Fertige Lösung: Welche Fragen zählen zu den Kompetenzen der Gesellschafterversammlung einer OOO), Aufsatz veröffentlicht auf SPS Konsul'tantPljus, Stand 26.03.2022, Pkt. 1.1.

Gesellschaftssitz, Bestellung und Abberufung der Revisionskommission bzw. des Revisors, Beschluss der Jahresberichte und -bilanzen, Gewinnverteilung sowie Entscheidungen über und im Zusammenhang mit Reorganisationen und Liquidation. Darüber hinaus finden sich weitere ausschließliche Kompetenzen der Gesellschafterversammlung im GmbHG RF, siehe beispielsweise Art. 8 Pkt. 2 GmbHG RF (zusätzliche Gesellschafterrechte), Art. 9 Pkt. 2 GmbHG RF (zusätzliche Gesellschafterpflichten) oder Art. 21 Pkt. 4 GmbHG RF (Regelungen zum Vorkaufsrecht im Falle der Veräußerung eines Geschäftsanteils).

Art. 65.3 Pkt. 2 ZGB RF sieht ebenfalls ausschließliche Kompetenzen der Gesellschafterversammlung vor, wobei lediglich der Kompetenztitel unter Abs. 4 einen in Art. 33 Pkt. 2 Abs. 2 GmbHG RF nicht aufgezählten Themenbereich vorsieht, und zwar die Regelung der Aufnahme und des Ausschlusses von Gesellschaftern, es sei denn, entsprechende Abläufe seien bereits per Gesetz reguliert.[692] Nach Art. 65.3 Pkt. 2 Abs. 11 ZGB RF können ausschließliche Kompetenzen des ZGB RF oder anderer Gesetze nicht den übrigen Gesellschaftsorganen übertragen werden, wenn nicht etwas anderes im ZGB RF oder in einem anderen Gesetz geregelt ist.

Schließlich weist Art. 67.1 Pkt. 2 ZGB RF dem Wortlaut nach drei weitere Kompetenztitel der ausschließlichen Zuständigkeit der Gesellschafterversammlung zu. Dies sind zunächst die Verteilung von Gewinn und Verlust (UPkt. 3)) sowie mangels anderweitiger spezialgesetzlicher Regelung die Entscheidung über die Änderung der Höhe des Stammkapitals (UPkt. 1)). UPkt. 2) regelt die Übertragung der Aufgaben des Einzelexekutivorgans auf einen Verwalter oder eine Verwaltungsgesellschaft und ist streng genommen der alternativen Zuständigkeit zuzuordnen, da diese Frage dem Wortlaut des UPkt. 2) nach per Satzung dem Direktorenrat übertragen werden kann.

2. *Alternative Zuständigkeit*

Als alternative Zuständigkeiten werden Kompetenzen bezeichnet, die grundsätzlich per Gesetz der Gesellschafterversammlung zugeordnet sind, jedoch per Satzung auf den Direktorenrat oder andere Gesellschaftsorgane übertragen werden können.[693]

Auf den Direktorenrat übertragbar sind beispielsweise die aufgelisteten Kompetenztitel des Art. 32 Pkt. 2.1 GmbHG RF. Diese umfassen unter anderem

---

692 Siehe zum Ausschluss von Gesellschaftern Art. 10 GmbHG RF.

693 *Šitkina*, in: Šitkina, Korporativnoe pravo: Učebnyj kurs (Gesellschaftsrecht: Ein Studienkurs), Bd. 2, S. 188.

die Festlegung der Hauptausrichtung der Geschäftstätigkeit der Gesellschaft (UPkt. 1)), die Bestellung und Abberufung der Exekutivorgane (UPkt. 2)) sowie die Zustimmung zu sog. Rechtsgeschäften mit Interessiertheit oder zu Großgeschäften nach Art. 45 bzw. Art. 46 GmbHG RF (UPkt. 8) und 9)).

Des Weiteren ist aus einem Rückschluss aus Art. 33 Pkt. 2 Abs. 2 GmbHG RF die Übertragung der Kompetenzen aus UPkt. 1), 4) und 8)-10) des Art. 33 Pkt. 2 Abs. 1 GmbHG RF auf andere Leitungsorgane der Gesellschaft, also auf den Direktorenrat und dem Wortlaut nach grundsätzlich auch auf die Exekutivorgane, möglich. Da Art. 33 Pkt. 2 Abs. 1 UPkt. 4) GmbHG RF die Bestellung und Abberufung der Exekutivorgane regelt, ist jedoch mit Art. 32 Pkt. 2.1 UPkt. 2) GmbHG RF davon auszugehen, dass diese Kompetenz lediglich dem Direktorenrat übertragen werden kann.

3. *Fakultative Erweiterung des gesetzlichen Zuständigkeitenkatalogs*

Zusätzlich zu den bereits behandelten Zuständigkeiten der Gesellschafterversammlung können nach Art. 33 Pkt. 2 Abs. 1 UPkt. 13) GmbHG RF jegliche sonstige Fragen per Satzung der Gesellschafterversammlung einer OOO zugewiesen werden. Eine Verschärfung der Anforderungen an den Satzungsbeschluss in Form von Einstimmigkeit nach Art. 66.3 Pkt. 3 UPkt. 8) ZGB RF erfolgt nicht, da dieser Unterpunkt lediglich für nichtöffentliche Aktiengesellschaften gilt. Häufig umfasst die Erweiterung der Kompetenzen der Gesellschafterversammlung die Zustimmung zu einer Vielzahl näher bestimmter Rechtsgeschäfte der Gesellschaft.[694]

4. *Art. 66.3 Pkt. 3 UPkt. 1) ZGB RF im System der Kompetenzen der Gesellschafterversammlung*

Im Zusammenhang mit den vorgestellten verschiedenen Kompetenzarten der Gesellschafterversammlung ist zu klären, wie sich die Regelung des Art. 66.3 Pkt. 3 UPkt. 1) ZGB RF, welcher durch die Gesellschaftsrechtsreform 2014 neu eingeführt wurde, in die Struktur der Zuständigkeiten einfügt. Dieser Unterpunkt regelt, dass in einer nichtöffentlichen Gesellschaft die Gesellschafter per einstimmiger Satzungsregelung Fragen, welche per Gesetz der Kompetenz der Gesellschafterversammlung zugeordnet sind, auf den Direktorenrat oder den Vorstand übertragen können. Von dieser Zuweisungsmöglichkeit ausgeschlossen ist eine Reihe von Kompetenztiteln, die sich jedoch nicht vollständig mit

---

694 Siehe für eine beispielhafte Aufzählung zusätzlicher Zuständigkeiten *Gluchov*, Korporativnyj dogovor (Der gesellschaftsrechtliche Vertrag), S. 209 f.

den bereits behandelten ausschließlichen Zuständigkeiten der Gesellschafterversammlung in einer OOO decken. Die in Art. 66.3 Pkt. 3 UPkt. 1) ZGB RF aufgezählten Ausnahmen umfassen Satzungsänderungen und -neufassungen, Entscheidungen über Reorganisation und Liquidation, Bestellung und Zusammensetzung von Direktorenrat und Vorstand, es sei denn, die Bildung des letzteren wurde dem Direktorenrat übertragen, sowie ferner Anzahl, Nominalwert, Art und verkörperte Rechte von Aktien einer nichtöffentlichen Aktiengesellschaft, Kapitalerhöhungen in Abweichung der proportionalen Verteilung der Geschäftsanteile oder zur Aufnahme einer dritten Person in den Gesellschafterkreis in einer OOO und die Bestätigung anderer interner Dokumente als der Gründungsdokumente.[695]

Fraglich ist zunächst, ob Kompetenztitel der Gesellschafterversammlung, welche nicht unter diesen Ausnahmen aufgezählt sind, jedoch nach anderen gesetzlichen Regelungen der ausschließlichen Zuständigkeit der Gesellschafterversammlung in einer OOO zugeordnet sind, auf Grundlage des Art. 66.3 Pkt. 3 UPkt. 1) ZGB RF auf Direktorenrat oder Vorstand übertragen werden können. Konkret geht es beispielsweise um Art. 33 Pkt. 2 Abs. 1 UPkt. 5)-7) und wohl auch UPkt. 12) GmbHG RF sowie Art. 67.1 Pkt. 2 UPkt. 3) ZGB RF, also um die Themen Bestellung und Abberufung der Revisionskommission bzw. des Revisors, Bestätigung der Jahresberichte und -bilanzen, Bestellung einer Liquidationskommission und Bestätigung der Liquidationsbilanzen sowie Verteilung von Gewinn und Verlust.

Eine Wortlautauslegung führt zu keinem Ergebnis, da sich Art. 66.3 Pkt. 3 UPkt. 1) ZGB RF und die genannten Gesetzesbeispiele widersprechen. Zieht man die Auslegungsregeln für Widersprüche des ZGB RF mit Spezialgesetzen heran,[696] so hat mit der herrschenden Meinung nach der *lex posterior* sowie mit dem generellen Anwendungsvorrang des ZGB RF gemäß Art. 3 Pkt. 2 Abs. 2 ZGB RF und mit der Übergangsregelung des Art. 3 Pkt. 4 GesellschaftsrechtsreformG der Art. 66.3 Pkt. 3 UPkt. 1) ZGB RF zumindest gegenüber den Regelungen des GmbHG RF Vorrang.

Für die vorrangige Anwendung des Art. 66.3 Pkt. 3 UPkt. 1) ZGB RF spricht des Weiteren der Gesetzgeberwille, wonach mit der Gesellschaftsrechtsreform 2014 eine Erhöhung der Flexibilität des russischen Gesellschaftsrechts insgesamt und mit der Einführung des Art. 66.3 ZGB RF insbesondere in Bezug auf

695 Siehe zu Art. 66.3 Pkt. 3 UPkt. 1) ZGB RF bereits unter § 15 D. I.
696 Siehe hierzu unter § 14 A. II. 3.

nichtöffentliche Gesellschaften nach dem Vorbild angloamerikanischer Gesellschaften beabsichtigt wurde.[697]

Würde man die Anwendbarkeit des Art. 66.3 Pkt. 3 UPkt. 1) ZGB RF für Fälle der durch andere Gesetze geregelten ausschließlichen Zuständigkeit der Gesellschafterversammlung verneinen, würde sich der individuelle Anwendungsbereich des Art. 66.3 Pkt. 3 UPkt. 1) ZGB RF stark minimieren, da die übrigen Fälle der alternativen oder fakultativ erweiterten Zuständigkeit ohnehin auf andere Gesellschaftsorgane sogar zu niedrigeren Anforderungen, meist mittels einer einfachen Satzungsregelung, übertragbar sind.

Des Weiteren ist der Sinn und Zweck der Regelung des Art. 66.3 Pkt. 3 UPkt. 1) ZGB RF zu betrachten. Während eine Entlastung der Gesellschafterversammlung im Hinblick auf Bestellung und Abberufung der Revisionskommission bzw. des Revisors, Bestätigung der Jahresberichte und -bilanzen sowie Bestellung einer Liquidationskommission und Bestätigung der Liquidationsbilanzen noch vertretbar erscheint, kommen Zweifel bezüglich der Verteilung von Gewinn und Verlust auf. In der Folge würde die Übertragung dieser Kompetenz dazu führen, dass Dritte, also Direktorenrat oder Vorstand, über die Entwicklung der Investitionen der Gesellschafter und damit über ihr Vermögen entscheiden. Als Rechtfertigung dafür kann jedoch gesehen werden, dass die Gesellschafter aufgrund der erhöhten Anforderung der Einstimmigkeit selbst über die Übertragung dieser Zuständigkeit bestimmen und damit jeder Gesellschafter einzeln einwilligen muss. Ist ein Gesellschafter damit nicht einverstanden, kann diese Kompetenz der Gesellschafterversammlung nicht entzogen werden.

Schließlich spricht für die Möglichkeit der Übertragung der infrage stehenden Kompetenzen nach Art. 66.3 Pkt. 3 UPkt. 1) ZGB RF die ebenfalls durch die Gesellschaftsrechtsreform 2014 eingeführte Regelung des Art. 65.3 Pkt. 2 Abs. 11 ZGB RF. Danach sind ausschließliche Kompetenzen der Gesellschafterversammlung nicht auf andere Gesellschaftsorgane übertragbar, es sei denn, etwas anderes ist nach dem ZGB RF oder einem anderen Gesetz vorgesehen. Eine solche anderweitige gesetzliche Regelung kann Art. 66.3 Pkt. 3 UPkt. 1) ZGB RF sein.

Aus der Gesamtschau der Argumente ist davon auszugehen, dass nach russischem Recht mittels Art. 66.3 Pkt. 3 UPkt. 1) ZGB RF sonst als ausschließlich bezeichnete Zuständigkeiten der Gesellschafterversammlung, die nicht unter den Ausnahmen des Art. 66.3 Pkt. 3 UPkt. 1) ZGB RF aufgezählt sind, per Satzung auf Direktorenrat oder Vorstand übertragen werden können, wobei

---

697 *Suchanov*, Vestnik graždanskogo prava 2014, Nr. 5, 7–24.

jedoch die erhöhte Anforderung der Einstimmigkeit erfüllt sein muss. Dies bedeutet, dass sich die ausschließlichen Zuständigkeiten der Gesellschafterversammlung einer OOO faktisch auf die Ausnahmetatbestände des Art. 66.3 Pkt. 3 UPkt. 1) ZGB RF beschränken. Diese bilden die einzigen absolut ausschließlichen Kompetenzen der Gesellschafterversammlung, welche in keinem Fall auf andere Gesellschaftsorgane übertragen werden dürfen.

Des Weiteren ist fraglich, wie mit Kompetenztiteln umzugehen ist, welche nach Art. 66.3 Pkt. 3 UPkt. 1) ZGB RF nicht auf Direktorenrat oder Vorstand per einstimmiger Satzungsregelung übertragen werden dürfen, jedoch nach anderen gesetzlichen Regelungen sogar unter niedrigeren Voraussetzungen. Ein Beispiel hierfür ist die Bestätigung anderer interner Dokumente als der Gründungsdokumente. Die Kompetenz hierfür darf nach Art. 66.3 Pkt. 3 UPkt. 1) ZGB RF nicht auf Direktorenrat oder Vorstand übertragen werden, gehört aus einem Rückschluss aus Art. 33 Pkt. 2 Abs. 2 GmbHG RF in Verbindung mit Art. 33 Pkt. 2 Abs. 1 UPkt. 8) GmbHG RF und nach Art. 32 Pkt. 2.1 S. 2 UPkt. 6) GmbHG RF jedoch zur alternativen Zuständigkeit der Gesellschafterversammlung und darf danach eben jenen Gesellschaftsorganen bzw. nach letzterer Rechtsgrundlage dem Direktorenrat per einfachem Satzungsbeschluss zugewiesen werden. Nach der Auslegungsregelung für Widersprüche des ZGB RF mit Spezialgesetzen[698] ist wiederum der gesetzlichen Regelung des ZGB RF der Vorrang einzuräumen. In der Folge spricht auch ein Erst-Recht-Schluss für die vorrangige Geltung des Art. 66.3 Pkt. 3 UPkt. 1) ZGB RF. Wenn die Kompetenzübertragung bereits nach der neueren gesetzlichen Regelung nicht unter erhöhten Anforderungen erfolgen können soll, dann erst recht nicht unter den niedrigeren Anforderungen des GmbHG RF. Zwar ist der Sinn und Zweck, warum beispielsweise Gesellschaftsorgane nicht selbst über ihre Geschäftsordnungen entscheiden können sollen, diskutabel, die aktuell geltende Rechtslage gibt jedoch kein anderes Ergebnis her.

Zusammenfassend ist festzuhalten, dass das System der Zuständigkeiten der Gesellschafterversammlung seit der Einführung des Art. 66.3 ZGB RF nicht in sich geschlossen und widerspruchsfrei ist. Für die Grundlagenvereinbarung und Satzung eines Joint Ventures bietet sich daher eine Klarstellung durch Kompetenzkataloge der Gesellschafterversammlung sowie der anderen Gesellschaftsorgane an, um zumindest Unsicherheiten im Innenverhältnis der Gesellschaftsorgane zu verhindern.

698 Siehe § 14 A. II. 3.

II. Direktorenrat

Als fakultatives Organ können die Kompetenzen des Direktorenrats weitgehend flexibel durch die Gesellschafter gestaltet werden. Nach Art. 32 Pkt. 2.1 S. 1 GmbHG RF richtet sich die Zuständigkeit nach den in der Satzung festgelegten Kompetenzen in Übereinstimmung mit den gesetzlichen Vorgaben. Art. 32 Pkt. 2.1 S. 2 GmbHG RF enthält eine beispielhafte Aufzählung von möglichen Kompetenztiteln. Darunter finden sich zum Beispiel die Festlegung der Hauptausrichtung der Geschäftstätigkeit (UPkt. 1)), die Bestellung und Abberufung der Exekutivorgane (UPkt. 2)) und die Zustimmung zu sog. Rechtsgeschäften mit Interessiertheit oder zu Großgeschäften nach Art. 45 bzw. 46 GmbHG RF (UPkt. 8) und 9)). Daneben sind alle sonstigen durch das GmbHG RF für den Direktorenrat vorgesehen Fragen auf ihn übertragbar, Art. 32 Pkt. 2.1 S. 2 UPkt. 11) Alt. 1 GmbHG RF.

Wie bereits unter § 16 A. I. 2. erörtert, sind Kompetenzen der alternativen Zuständigkeit der Gesellschafterversammlung auf den Direktorenrat per Satzung übertragbar, siehe aus einem Rückschluss aus Art. 33 Pkt. 2 Abs. 2 GmbHG RF in Verbindung mit Art. 33 Pkt. 2 Abs. 1 GmbHG RF. Darüber hinaus können nach Art. 66.3 Pkt. 3 UPkt. 1) ZGB RF unter der erhöhten Anforderung eines einstimmigen Satzungsbeschlusses jegliche Kompetenzen der Gesellschafterversammlung dem Direktorenrat mit Ausnahme der ebenda aufgelisteten Fragen zugewiesen werden.[699]

Schließlich wird die Erweiterung der Kompetenzen des Direktorenrats per Satzung um zusätzliche Fragen, die nicht bereits der Gesellschafterversammlung oder dem Exekutivorgan der Gesellschaft zugeordnet sind, durch Art. 32 Pkt. 2.1 S. 2 UPkt. 11) Alt. 2 GmbHG RF ermöglicht.

III. Generaldirektor

Das Einzelexekutivorgan ist für die Geschäftsführung im Innenverhältnis, konkret für die Führung der laufenden Geschäftstätigkeit, Art. 32 Pkt. 4 S. 1 GmbHG RF, sowie für die Vertretung der Gesellschaft nach außen, Art. 40 Pkt. 3 UPkt. 1) GmbHG RF, zuständig. Als solches übernimmt der Generaldirektor die Ausführung aller Tätigkeiten, die nicht bereits per Gesetz oder Satzung anderen Gesellschaftsorganen zugeordnet sind, siehe Art. 40 Pkt. 3 UPkt. 4) GmbHG RF und Art. 65.3 Pkt. 3 Abs. 3 ZGB RF, was im Ergebnis zu einer Auffangkompetenz führt. Darüber hinaus weist Art. 40 Pkt. 3 GmbHG RF dem Einzelexekutivorgan

699 Siehe hierzu ausführlich § 16 A. I. 4.

die Erteilung von Vollmachten, auch mit Berechtigung zur Erteilung von Untervollmachten (UPkt. 2)), sowie die Einstellung und Entlassung von Mitarbeitern der Gesellschaft (UPkt. 3)) zu.

Per Satzung kann die Befugnis des Generaldirektors im Innenverhältnis in der Weise beschränkt werden, dass zu bestimmten Rechtsgeschäften die Zustimmung der Gesellschafterversammlung oder des Direktorenrats eingeholt werden muss, Art. 40 Pkt. 3.1 S. 1 GmbHG RF. Bei Zuwiderhandlung ist die Anfechtung des Rechtsgeschäfts mit Wirkung für das Außenverhältnis unter den Voraussetzungen des Art. 174 Pkt. 1 ZGB RF möglich, und zwar nur dann, wenn der Dritte von der Beschränkung wusste oder wissen musste, Art. 40 Pkt. 3.1 S. 2 GmbHG RF. Den Generaldirektor trifft zusätzlich eine Haftung gegenüber der Gesellschaft nach Art. 44 Pkt. 2 GmbHG RF, Art. 53 Pkt. 1 ZGB RF.

Die Arbeitsweise und Annahme von Entscheidungen des Einzelexekutivorgans bestimmen sich nach der Satzung, den internen Dokumenten sowie im Falle einer Verwaltungsgesellschaft bzw. eines Verwalters zusätzlich nach dem Verwaltervertrag, Art. 40 Pkt. 4 GmbHG RF.

IV. Vorstand

Dem Vorstand kommen als Exekutivorgan ebenso wie dem Generaldirektor nach Art. 65.3 Pkt. 3 Abs. 3 ZGB RF diejenigen Kompetenzen zu, die nicht bereits durch Gesellschafterversammlung oder Direktorenrat ausgeführt werden. Seine konkrete Zuständigkeit richtet sich nach der Satzung, Art. 41 Pkt. 1 Abs. 3 GmbHG RF.[700] Per einstimmigem Satzungsbeschluss lassen sich nach Art. 66.3 Pkt. 3 UPkt. 1) ZGB RF jegliche Fragen, die sonst durch Gesetz der Gesellschafterversammlung zugewiesen sind, auf den Vorstand übertragen, außer denjenigen, die unter den dortigen Ausnahmen aufgelistet sind.

Als Regel ist zu beachten, dass sich die Kompetenzen des Vorstands nicht mit denen des Generaldirektors doppeln dürfen.[701] Das Erfordernis einer klaren Abgrenzung der Kompetenzen gilt im Übrigen für alle Gesellschaftsorgane und ist in Art. 65.3 Pkt. 3 Abs. 3 ZGB RF, Art. 40 Pkt. 3 UPkt. 4) und Art. 32 Pkt. 2.1 UPkt. 11) GmbHG RF angelegt.

---

700 Für einen beispielhaften Fragenkatalog siehe *Gluchov*, Korporativnyj dogovor (Der gesellschaftsrechtliche Vertrag), S. 279.

701 *Šitkina,* in: Šitkina, Korporativnoe pravo: Učebnyj kurs (Gesellschaftsrecht: Ein Studienkurs), Bd. 2, S. 226.

V. Revisionskommission und Revisor

Die Revisionskommission bzw. der Revisor sind keine Leitungsorgane der Gesellschaft, sondern übernehmen reine Kontroll- und Aufsichtsaufgaben. Sie führen gemäß Art. 47 Pkt. 2 S. 1 GmbHG RF nach ihrem Ermessen Überprüfungen der finanzwirtschaftlichen Tätigkeit der Gesellschaft durch und verfügen dafür über Zugang zur gesamten Dokumentation der Gesellschaftstätigkeit. Darüber hinaus überprüfen die Revisionskommission bzw. der Revisor zwingend die Jahresberichte und Bilanzen vor ihrer Bestätigung durch die Gesellschafterversammlung, Art. 47 Pkt. 3 GmbHG RF. Die konkreten Kompetenzen werden in der Satzung festgelegt.[702] Die Arbeitsweise der Revisionskommission bzw. des Revisors richten sich nach der Satzung und den internen Dokumenten, Art. 47 Pkt. 4 GmbHG RF.

B. Gestaltungsansätze in einem Joint Venture

Die Verteilung der Kompetenzen hat maßgeblichen Einfluss auf die Stellung und Bedeutung der einzelnen Gesellschaftsorgane im Gesellschaftsgefüge und das Zusammenwirken der Organe untereinander. Die weitreichenden Öffnungen des russischen Rechts ermöglichen es den Joint-Venture-Partnern, eine individuelle, an den Einzelfall angepasste Gestaltung der Kompetenzstruktur vorzunehmen. Bei der Gestaltung der Zuständigkeiten können die Gesellschafter verschiedene Interessen verfolgen, wovon eine Auswahl mit entsprechenden Gestaltungsansätzen für die Organkompetenzen nachstehend vorgestellt wird.

Als zwingender Grundsatz ist bei der Verteilung der Zuständigkeiten zu berücksichtigen, dass eine Kompetenz unzweideutig einem Organ zugewiesen sein muss und es zu keinen Überschneidungen kommt, was in Art. 65.3 Pkt. 3 Abs. 3 ZGB RF, Art. 40 Pkt. 3 UPkt. 4) und Art. 32 Pkt. 2.1 UPkt. 11) GmbHG RF angelegt ist.

I. Kontrolle über die Geschäftsleitung

Eines der bei der Kompetenzverteilung häufig verfolgten Ziele ist die Etablierung einer effektiven Kontrolle über die Geschäftsleitung, um das Risiko eines opportunistischen Verhaltens des Generaldirektors zu reduzieren.[703] Da die

702 Siehe allgemein zu den Kompetenzen der Gesellschaftsorgane Art. 12 Pkt. 2 Abs. 4 GmbHG RF sowie zu Revisionskommission bzw. Revisor *Šitkina*, in: Šitkina, Korporativnoe pravo: Učebnyj kurs (Gesellschaftsrecht: Ein Studienkurs), Bd. 2, S. 259.

703 *Gluchov*, Korporativnyj dogovor (Der gesellschaftsrechtliche Vertrag), S. 255.

Zuständigkeit des Einzelexekutivorgans in Art. 40 Pkt. 3 UPkt. 4) GmbHG RF als Auffangkompetenz formuliert ist, führt jegliche Erweiterung der Zuständigkeiten anderer Gesellschaftsorgane automatisch zu einer Beschränkung der Kompetenzen des Generaldirektors. Die Verteilung der Kompetenzen wird daher häufig von den Gesellschaftern als Instrument zur Kontrolle und Überwachung der Tätigkeit des Generaldirektors herangezogen.[704] In der Regel werden solche Überwachungskompetenzen als Zustimmungsvorbehalte des jeweiligen Gesellschaftsorgans zu bestimmten Rechtsgeschäften der Gesellschaft mit Dritten ausgestaltet. Durch solche wird die Geschäftsführungsbefugnis des Generaldirektors im Innenverhältnis beschränkt, indem er die vorherige Zustimmung des Gesellschaftsorgans zum Abschluss eines betroffenen Rechtsgeschäfts einholen muss.[705] In Betracht kommen Beschränkungen beispielsweise ab einem bestimmten Geschäftswert des Rechtsgeschäfts oder im Hinblick auf einen bestimmten Vertragsgegenstand, etwa Rechtsgeschäfte über Immobilien, Wertpapiere, intellektuelles Eigentum und ähnliches.

Häufig haben die Gesellschafter selbst das Bedürfnis, mehr in die Geschäftstätigkeit involviert zu sein und bestimmte Rechtsgeschäfte zu überwachen, sodass die Zuständigkeiten der Gesellschafterversammlung um die entsprechenden Fragen erweitert werden. Ein Teil dieser Kompetenzen ist im Rahmen der gesetzlichen Vorgaben auf den Direktorenrat oder Vorstand übertragbar, siehe oben unter § 16 A., wobei in der Praxis deutlich seltener der Vorstand gewählt wird. Sollten diese Gesellschaftsorgane in einer Gesellschaft jedoch nicht vorgesehen sein, so kann die Kontrolle der operativen Tätigkeit in Form der Zustimmungsvorbehalte allein durch die Gesellschafterversammlung ausgeübt werden.[706]

Hinsichtlich des Umfangs der Kontrollkompetenzen des mit diesen betrauten Gesellschaftsorgans gehen die Interessen der Joint-Venture-Partner meist in entgegengesetzte Richtungen, je nachdem, welcher von diesen berechtigt ist, den Generaldirektor zu stellen. Der zum Vorschlag der Kandidaten berechtigte Gesellschafter ist möglichst an einer Minimierung dieser Kompetenzen interessiert, um seinen Einfluss ungestört ausüben zu können, während der nichtberechtigte Gesellschafter häufig eine Ausweitung dieser Kompetenzen zu

704 *Gluchov*, Korporativnyj dogovor (Der gesellschaftsrechtliche Vertrag), S. 210; zum Vorstand siehe *Šitkina*, in: Šitkina, Korporativnoe pravo: Učebnyj kurs (Gesellschaftsrecht: Ein Studienkurs), Bd. 2, S. 226.

705 *Gluchov*, Korporativnyj dogovor (Der gesellschaftsrechtliche Vertrag), S. 210, 255.

706 Siehe zum Ganzen *Gluchov*, Korporativnyj dogovor (Der gesellschaftsrechtliche Vertrag), S. 210 f., 256.

Kontrollzwecken anstrebt.[707] Die Gestaltung der Kompetenzen im Hinblick auf die Kontrolle des Generaldirektors ist jedoch nicht nur potentieller Streitpunkt der Joint-Venture-Partner bei der Vertragsgestaltung, sondern eignet sich gleichzeitig hervorragend dazu, zusammen mit der Gestaltung der Organstruktur und der Bestellung der Gesellschaftsorgane einen gerechten Ausgleich der Leitungsmacht zwischen den Joint-Venture-Partnern zu erreichen. So können demjenigen Gesellschafter, der nicht berechtigt ist, den Generaldirektor zu stellen, andere Rechte als Ausgleich gewährt werden, zum Beispiel in Form von Zustimmungsvorbehalten eines anderen Leitungsorgans, welches mehrheitlich von dem nichtberechtigten Gesellschafter besetzt wird.

Bei der Gestaltung der Kontrollkompetenzen über die Geschäftsleitung ist schließlich zu berücksichtigen, dass dem Generaldirektor noch ein flexibler Handlungsspielraum verbleibt und die Geschäftstätigkeit der Gesellschaft nicht durch zu viele erforderliche Zustimmungsverfahren gehemmt wird.[708]

II. Verhinderung und Beseitigung von Pattsituationen

Des Weiteren können durch die Gestaltung der Kompetenzen der Gesellschaftsorgane Vorkehrungen zur Verhinderung oder Beseitigung von Pattsituationen getroffen werden.

Wie in § 15 B. I. 3. im Zusammenhang mit dem Direktorenrat aufgezeigt, erhöht sich das Risiko von Pattsituationen, wenn kollegiale Organe mit einer geraden Anzahl von Mitgliedern besetzt werden. Um dieser Gefahr entgegenzuwirken, können die Joint-Venture-Partner gezielt die Zuständigkeiten betroffener Gesellschaftsorgane reduzieren.[709] Hat ein Organ weniger Kompetenzen, besteht auch seltener Gelegenheiten zu einem Deadlock. Allerdings geht dieser Ansatz auch mit einer Verringerung der Bedeutung des betroffenen Gesellschaftsorgans einher. Dies kann dazu führen, dass die beabsichtigte Funktion des Gesellschaftsorgans nicht vollumfänglich erfüllt werden kann.[710]

Zur Beseitigung von Pattsituationen kann per Gestaltung der Kompetenzen die Möglichkeit geschaffen werden, die Entscheidung über eine strittige Frage, welche in einem kollegialen Gesellschaftsorgan aufgrund einer Stimmengleichheit

707 *Gluchov*, Korporativnyj dogovor (Der gesellschaftsrechtliche Vertrag), S. 258.
708 *Gluchov*, Korporativnyj dogovor (Der gesellschaftsrechtliche Vertrag), S. 258 f.
709 *Gluchov*, Korporativnyj dogovor (Der gesellschaftsrechtliche Vertrag), S. 221.
710 Zur Verringerung der Kontrollfunktion des Direktorenrats im Sinne des Gesellschafters, der nicht berechtigt ist, den Generaldirektor zu stellen, als Beispiel siehe *Gluchov*, Korporativnyj dogovor (Der gesellschaftsrechtliche Vertrag), S. 221.

nicht angenommen werden konnte, auf ein höherrangiges Gesellschaftsorgan zu übertragen, zum Beispiel vom Direktorenrat auf die Gesellschafterversammlung.[711] Das konkrete Verfahren ist in Grundlagenvereinbarung und Satzung genau zu regeln. In Betracht kommt etwa, dass eine bestimmte Frage der Entscheidung eines übergeordneten Gesellschaftsorgans überlassen werden soll, wenn zwei Annahmeversuche gescheitert sind. Zu berücksichtigen ist weiterhin, dass das in Frage stehende Thema den gesetzlichen Regelungen nach auch der Kompetenz des höherrangigen Gesellschaftsorgans zugewiesen werden darf.

III. Grad der Einbindung der Gesellschafter in die Gesellschaftstätigkeit

Die Gestaltung der Zuständigkeiten der Gesellschaftsorgane ist ferner stark davon abhängig, wie hoch das Bedürfnis der Joint-Venture-Partner ist, in die Gesellschaftstätigkeit eingebunden zu sein. Motive für eine stärkere Einbindung könnten eine besondere Expertise der Gesellschafter im Tätigkeitsbereich der Gesellschaft oder ein erhöhtes Kontrollbedürfnis aufgrund der erst kürzlich abgeschlossenen Partnerschaft der Joint-Venture-Partner darstellen. Auf der anderen Seite sprechen beispielsweise reine Investitionsinteressen der Joint-Venture-Partner oder eine langjährige Geschäftspartnerschaft der Joint-Venture-Partner, in welcher bereits gegenseitiges Vertrauen etabliert ist, eher für ein geringes Bedürfnis nach Einbindung in die Gesellschaftstätigkeit.

Während die wichtigsten Fragen bereits per Gesetz von der Gesellschafterversammlung keinem anderen Gesellschaftsorgan übertragen werden können und die Gesellschafter bestimmte Fragen auch häufig nicht abgeben möchten,[712] besteht über den Großteil der in einer Gesellschaft anfallenden Aufgaben und Fragen Flexibilität in der Zuordnung, siehe dazu bereits unter § 16 A. Insbesondere durch Art. 66.3 Pkt. 3 UPkt. 1) ZGB RF ist den Joint-Venture-Partnern eine Möglichkeit zur maximalen Entlastung der Gesellschafterversammlung eröffnet. Ist hingegen eine Erweiterung der Kompetenzen der Gesellschafterversammlung beabsichtigt, sollte berücksichtigt werden, dass der Prozess der Einberufung und Durchführung der Gesellschafterversammlungen wesentlich Zeit in Anspruch nimmt. Im Sinne einer effektiven Entscheidungsfähigkeit sollten daher eine Verkürzung der Einberufungsfristen sowie die Möglichkeit zur

---

711 Siehe zum Ganzen *Gluchov*, Korporativnyj dogovor (Der gesellschaftsrechtliche Vertrag), S. 231.

712 *Gluchov*, Korporativnyj dogovor (Der gesellschaftsrechtliche Vertrag), S. 230.

digitalen oder telefonischen Abhaltung der Versammlung in Betracht gezogen werden.[713]

IV. Regulierung der Bedeutung einzelner Gesellschaftsorgane

Durch die individuelle Zuweisung von Kompetenzen wird weiterhin die Bedeutung eines Gesellschaftsorgans bestimmt und kann nachreguliert werden. So wird beispielsweise durch eine Entlastung der Gesellschafterversammlung und Übertragung der betroffenen Kompetenztitel auf den Direktorenrat dessen Bedeutung und Entscheidungsmacht in der Gesellschaft gestärkt. Im Vergleich zum Direktorenrat werden dem Vorstand in der Regel eher weniger bedeutende Fragen oder im Falle von Zustimmungsvorbehalten zu Rechtsgeschäften der Gesellschaft Kompetenzen mit niedrigeren Schwellen zugewiesen. Sollte jedoch der seltene Fall vorliegen, dass in der Gesellschaft ein Vorstand, aber kein Direktorenrat gebildet wird, umfasst die Zuständigkeit des Vorstands regelmäßig einen umfangreicheren Fragenkatalog.[714]

Schließlich kann durch die Übertragung bestimmter Fragen auch die Funktion eines Gesellschaftsorgans geprägt werden. Je nachdem, ob dem Direktorenrat oder Vorstand beispielsweise eher den Generaldirektor kontrollierende Aufgaben oder die Geschäftstätigkeit betreffende, jedoch nicht kontrollierende Entscheidungen übertragen werden, erhält er eine eher kontrollierende Funktion oder die operative Tätigkeit unterstützende Funktion.

C. Regelungen der Mustervereinbarung

Die Mustervereinbarung hält zunächst je Gesellschaftsorgan deklaratorisch fest, dass sich dessen Kompetenzen nach der Satzung richten, siehe Pkt. 3.2.2. (Gesellschafterversammlung), 3.3.2. (Direktorenrat), 3.4.1. (Generaldirektor), 3.5.2. (Vorstand), 3.6.3. (Revisionskommission) bzw. 3.6.2. (Revisor) der Mustervereinbarung. Bei der Gesellschafterversammlung nimmt die Mustervereinbarung zusätzlich Bezug auf die Kompetenzregelungen des GmbHG RF, und beim Generaldirektor sowie bei der Revisionskommission bzw. beim Revisor auf die jeweilige Geschäftsordnung.

---

713 *Konsul'tantPljus*, Gotovoe rešenie: Kakie voprosy otnosjatsja k kompetencii obščego sobranija učastnikov OOO (Fertige Lösung: Welche Fragen zählen zu den Kompetenzen der Gesellschafterversammlung einer OOO), Aufsatz veröffentlicht auf SPS Konsul'tantPljus, Stand 26.03.2022, Pkt. 2.

714 *Gluchov*, Korporativnyj dogovor (Der gesellschaftsrechtliche Vertrag), S. 279.

In Fn. 14 unter Pkt. 3.1. „Struktur der Leitungs- und Kontrollorgane der Gesellschaft“ der Mustervereinbarung wird empfohlen, möglichst keine Fragen in der Grundlagenvereinbarung zu regeln, welche per Gesetz der Satzungsform bedürfen, insbesondere die Organkompetenzen. Diese dürfen nach Art. 67.2 Pkt. 2 ZGB RF unter Androhung der Nichtigkeit nicht in der Grundlagenvereinbarung unmittelbar geregelt werden, siehe hierzu unter § 13. Gleichwohl macht die Mustervereinbarung Gebrauch von der in Art. 67.2 Pkt. 2 Abs. 3 ZGB RF geregelten Möglichkeit, Verpflichtungen der Gesellschafter zur Aufnahme entsprechender Kompetenzregelungen in die Satzung durch die Grundlagenvereinbarung zu begründen. Solche Verpflichtungen sieht die Mustervereinbarung für die Zuständigkeiten der Gesellschafterversammlung, des Direktorenrats sowie des Vorstands vor, Pkt. 3.2.2., 3.3.2. und 3.5.2. der Mustervereinbarung. Darin wird je nach Anwendbarkeit auf drei Fragenkataloge mit einzelnen Kompetenztiteln verwiesen, welche sich in Anhang 1 der Mustervereinbarung befinden. Laut Fn. 96 der Mustervereinbarung haben die Fragenkataloge informatorischen Charakter und sollten nicht exakt in der vorliegenden Form in die Grundlagenvereinbarung aufgenommen werden. Vielmehr sei im Einzelfall eine Anpassung an die Besonderheiten des konkreten Gemeinschaftsunternehmens, insbesondere in Abhängigkeit von den Absprachen der Joint-Venture-Partner hinsichtlich der Bestellung der Gesellschaftsorgane vorzunehmen.

Die Aufteilung der drei Fragenkataloge folgt der Gruppierung der Kompetenzen der Gesellschafterversammlung gemäß des GmbHG RF. Fragenkatalog 1 listet die ausschließlichen Kompetenzen der Gesellschafterversammlung nach dem GmbHG RF auf, Fragenkatalog 2 umfasst Titel der alternativen Kompetenz zwischen Gesellschafterversammlung und Direktorenrat und Fragenkatalog 3 schlägt Kompetenztitel vor, welche zur fakultativen Erweiterung der Zuständigkeiten der Gesellschafterversammlung, des Direktorenrats oder des Vorstands herangezogen werden können.

Konkret enthält Fragenkatalog 1 alle der Gesellschafterversammlung zugewiesenen Zuständigkeiten des Art. 33 Pkt. 2 Abs. 2 GmbHG RF sowie andere ausschließliche Zuständigkeiten der Gesellschafterversammlung aus dem GmbHG RF, darunter Entscheidungskompetenzen im Zusammenhang mit dem Vorkaufsrecht der Gesellschafter im Falle einer Veräußerung eines Geschäftsanteils, einem Gesellschafterausschluss, zusätzlichen Gesellschafterrechten und -pflichten sowie Kapitalerhöhungen und -verringerungen. Fragenkatalog 2 ist identisch zu den in Art. 32 Pkt. 2.1 GmbHG RF aufgelisteten alternativen Kompetenzen mit Ausnahme des UPkt. 10), welcher Entscheidungen im Zusammenhang mit der Vorbereitung, Einberufung und Durchführung von Gesellschafterversammlungen regelt und nicht in den Kompetenzkatalog der

Mustervereinbarung aufgenommen wurde. Fragenkatalog 3 enthält eine sehr umfangreiche Zahl an Kompetenztiteln. Darunter befinden sich Fragen der Rechnungslegung, des Businessplans und der Budgetierung, anderer unternehmerischer Entscheidungen inklusive der Mitarbeiterentlohnung sowie Fragen der internen Kontrolle der finanzwirtschaftlichen Tätigkeit. Darüber hinaus werden Zustimmungsvorbehalte zu Rechtsgeschäften der Gesellschaft ab einem bestimmten Geschäftswert oder mit einem bestimmten Vertragsgegenstand vorgesehen, zum Beispiel über Immobilien, geistiges Eigentum, Darlehen, Vermietung oder Gewährung anderer Nutzungsrechte bezüglich des Gesellschaftseigentums und bei Verkäufen von Anteilen an anderen Gesellschaften. Des Weiteren enthält Fragenkatalog 3 Kompetenztitel zu Entscheidungen über die Klageerhebung ab einem bestimmten Streitwert, über die Gründung einer einfachen Gesellschaft und den Abschluss von Partnerschaften oder Joint Ventures ohne Gründung einer Gesellschaft, über Nutzungs- oder Förderrechte im Zusammenhang mit Bodenschätzen, über Einstellungen auf Ebene des höheren Managements sowie Bestätigungen von Aufstellungen zulässiger Geschäftsbanken und Geschäftspartner. Da die Zuordnung der Fragen des letzten Fragenkatalogs auf unterschiedliche Gesellschaftsorgane möglich ist, wird in Fn. 98 unter Anhang 1 der Mustervereinbarung zusätzlich darauf hingewiesen, dass sich die Zuständigkeiten der Gesellschaftsorgane nicht überschneiden dürfen.[715]

Zur Verteilung der Kompetenzen unter den Gesellschaftsorganen enthält Fn. 17 unter Pkt. 3.2. „Gesellschafterversammlung“ der Mustervereinbarung zwei Empfehlungen in Abhängigkeit davon, welcher Gesellschafter den Generaldirektor bestellt bzw. wie die Bestellung des Generaldirektors ausgestaltet ist. Sollte der Generaldirektor dauerhaft durch das Unternehmen bestimmt werden, in dessen Interesse die Mustervereinbarung formuliert ist, braucht der ersten Empfehlung nach keine Erweiterung der Kompetenzen von Gesellschafterversammlung oder Direktorenrat erfolgen. Die Kompetenzen der beiden Organe sollten sich dann vielmehr auf die gesetzlichen Zuständigkeiten, also die Fragenkataloge 1 und 2, beschränken. Den Gesellschaftern stehe dann die per Gesetz minimal mögliche Kontrolle über den Generaldirektor zu. Sollte dennoch eine Erweiterung der Kontrolle gewollt sein, wird darauf hingewiesen, dass das Unternehmen, in dessen Interesse die Mustervereinbarung formuliert ist, unter Umständen keinen Einfluss auf diese Kontrolltätigkeiten haben werde. Anders sähe es aus, wenn dem Unternehmen entweder gleichzeitig zur Bestellung des Generaldirektors das Recht zustünde, den Vorsitzenden des Direktorenrats zu

715 Siehe hierzu bereits auch in der Einleitung zu § 16 B.

bestellen, welcher ein Letztentscheidungsrecht innehat, oder ihm eine Stimmenmehrheit in der Gesellschafterversammlung in diesen Fällen zukäme, was beispielsweise durch die Bestimmung der Stimmenanzahl jedes Gesellschafters unabhängig von dessen Geschäftsanteil erreicht werden könne, siehe Art. 32 Pkt. 1 Abs. 5 GmbHG RF. Werde hingegen der Generaldirektor per Rotation des Vorschlagsrechts bestimmt, so sei es der zweiten Empfehlung der Mustervereinbarung nach sinnvoll, die Kompetenzen des Generaldirektors zu beschränken, indem Kompetenztitel aus Fragenkatalog 3 dem Direktorenrat oder der Gesellschafterversammlung zugeordnet werden. Abschließend wird in Fn. 17 der Mustervereinbarung darauf hingewiesen, dass mittels Übertragung der Kompetenzen aus Fragenkatalog 2 auf den Direktorenrat die Gesellschafterversammlung entlastet werden könne.

Die Mustervereinbarung zeigt stellvertretend für viele Grundlagenvereinbarungen aus der Praxis auf, wie die Verteilung der Organkompetenzen rechtstechnisch in der Grundlagenvereinbarung angelegt und inhaltlich ausgestaltet werden kann. Zunächst wird je Gesellschaftsorgan deklaratorisch festgehalten, dass sich dessen Zuständigkeiten nach der Satzung und den geltenden gesetzlichen Regelungen richten. Daran schließen sich Stimmbindungen der Joint-Venture-Partner an, in welchen sie sich verpflichten, auf der Gesellschafterversammlung für die Aufnahme bestimmter Kompetenzen der Gesellschaftsorgane in die Satzung zu stimmen, welche im Anhang innerhalb eines Fragenkatalogs aufgelistet werden. Eine andere Ausprägung einer solchen Verpflichtung enthält keine konkrete Stimmbindung, sondern ist weiter formuliert. Danach verpflichten sich die Gesellschafter, dafür zu sorgen, dass die Satzung jederzeit bestimmte Regelungen enthalten muss. Beide Formulierungen werden in der Mustervereinbarung kombiniert und nehmen damit die Gesellschafter nicht nur in die Pflicht, bei einer Abstimmung ein bestimmtes Votum abzugeben, sondern auch beispielsweise dafür zu sorgen, dass sie bei der betroffenen Abstimmung anwesend sind oder auf andere Weise wirksam teilnehmen. In der Mustervereinbarung sind solche Kompetenzregelungen mittels schuldrechtlicher Verpflichtungen für die Gesellschafterversammlung, den Direktorenrat und den Vorstand vorgesehen, sodass die Zuständigkeiten dieser Gesellschaftsorgane direkt in der Mustervereinbarung vorgeprägt werden.

Keine konkreten Zuständigkeitsregelungen werden in der Mustervereinbarung für den Generaldirektor getroffen. Hier findet sich lediglich der Hinweis auf die Satzung und die Geschäftsordnung. Nichtsdestotrotz findet aufgrund des Charakters der Zuständigkeit des Generaldirektors als Auffangkompetenz[716]

716 Siehe hierzu unter § 16 A. III. und § 16 B. I.

eine indirekte Bestimmung durch die Festlegung der Kompetenzen der anderen Gesellschaftsorgane statt. Durch die fakultative Erweiterung der Zuständigkeiten der anderen Gesellschaftsorgane wird automatisch die Berechtigung des Generaldirektors im Innenverhältnis beschränkt.[717] Dies wird in der Mustervereinbarung durch Zuordnung von Kompetenztiteln des Fragenkatalogs 3 zu Gesellschafterversammlung, Direktorenrat oder Vorstand erreicht, wobei ein großer Teil des Fragenkatalogs spezifisch aus Zustimmungsvorbehalten zu bestimmten Rechtsgeschäften besteht.

Im Hinblick auf die Kompetenz des Vorstands ist in der Mustervereinbarung die Erstellung eines gesonderten Katalogs aus Kompetenztiteln des Fragenkatalogs 3 vorgesehen. Entsprechend wird in Fn. 34 unter Pkt. 3.5. „Vorstand" der Mustervereinbarung empfohlen, dem Vorstand Kompetenzen aus Fragenkatalog 3 oder andere Fragen der laufenden Geschäftstätigkeit der Gesellschaft, welche der Generaldirektor gemeinsam mit Schlüsselakteuren der Gesellschaft entscheiden soll, zuzuordnen. Im Zusammenhang des Fragenkatalogs 3 mit dem Vorstand fällt weiterhin auf, dass in Fn. 17 unter Pkt. 3.2. „Gesellschafterversammlung" der Mustervereinbarung, in welcher ausführliche Empfehlungen zur Verteilung der Kompetenzen aus Fragenkatalog 3 auf Gesellschafterversammlung und Direktorenrat mit der Folge einer möglichen Einschränkung der Berechtigungen des Generaldirektors vorgenommen werden, kein Bezug auf den Vorstand genommen wird. Die Nichtberücksichtigung des Vorstands bei der Erwägung der Berechtigungen des Generaldirektors in Abhängigkeit davon, wer den Generaldirektor bestellt, wird jedoch wohl damit begründet sein, dass, sollte ein Vorstand überhaupt im Gemeinschaftsunternehmen vorgesehen sein, ihm mangels eigenen gesetzlichen Zuständigkeitsbereichs ohnehin Fragen des Fragenkatalogs 3 zugewiesen werden. Dies erfolgt unabhängig davon, welcher der Joint-Venture-Partner den Generaldirektor bestellt.

Weiterhin fällt auf, dass die Zuständigkeit der Revisionskommission bzw. des Revisors in der Mustervereinbarung keine Rolle spielt und auch nicht in einem gesonderten Fragenkatalog konkretisiert werden soll. Dies kann daran liegen, dass aufgrund des Wesens als reines finanzwirtschaftliches Kontrollorgan, welches mit so gut wie keinen Durchsetzungsbefugnissen ausgestattet ist, keine Aufgaben aus dem operativen Tätigkeitsbereich übertragen werden. Andererseits besteht aufgrund eines Kompetenztitels des Fragenkatalogs 3, in welchem die Kontrolle über die finanzwirtschaftliche Tätigkeit geregelt wird, die Möglichkeit, diese Kompetenz auf Gesellschafterversammlung, Direktorenrat oder Vorstand

717 Siehe § 16 A. III.

zu übertragen. So kann im Fall, dass im Gemeinschaftsunternehmen keine Revisionskommission bzw. kein Revisor vorgesehen ist, diese Kontrollfunktion auf ein anderes Gesellschaftsorgan übertragen werden.

Eine Besonderheit der Mustervereinbarung stellt die Auflistung von drei Kompetenztiteln im Zusammenhang mit Bodenschätzen in Fragenkatalog 3 dar. Diese umfassen Entscheidungen zum Verzicht auf ein Nutzungsrecht von Böden, welche der Gesellschaft gehören, oder der Übertragung eines solchen Rechts auf Dritte, zur Änderung oder Ergänzung von Lizenzen der Gesellschaft zur Nutzung von Böden sowie zum Erwerb von Nutzungsrechten von Böden. Die Einbeziehung dieser Fragestellungen in die fakultativ erweiterbaren Kompetenzen der Leitungsorgane ist dem Industriebereich geschuldet, in welchem das Unternehmen, in dessen Interesse die Mustervereinbarung formuliert ist, tätig ist. Typischerweise schließt dieses Joint Ventures mit anderen Unternehmen zur Gewinnung und Verarbeitung von Erdöl ab. Entsprechende Sonderfragen können sich in jedem Industriebereich ergeben und können durch die Erweiterung der fakultativen Kompetenzen der Gesellschafterversammlung, dem Direktorenrat oder dem Vorstand übertragen werden.

Schließlich fällt bei der Analyse der Mustervereinbarung auf, dass Art. 66.3 Pkt. 3 UPkt. 1) ZGB RF keinerlei Berücksichtigung findet. Zwar setzt dieser die Satzungsform voraus. Da jedoch die Kompetenzen in der Mustervereinbarung mittels der Verpflichtung der Gesellschafter zur entsprechenden Regelung in der Satzung vorgeprägt werden, könnten auch die Erwägungen dieses Artikels Eingang in die Mustervereinbarung finden. Die Nichtberücksichtigung fällt insbesondere in Fragenkatalog 1 ins Auge. Dort werden die UPkt. 5)-7) des Art. 33 Pkt. 2 Abs. 1 GmbHG RF als rein ausschließliche Kompetenzen der Gesellschafterversammlung behandelt, obwohl mittels Art. 66.3 Pkt. 3 UPkt. 1) ZGB RF eine Übertragung auf Direktorenrat oder Vorstand bei einstimmiger Satzungsregelung möglich wäre. Diese Anforderung muss ohnehin aufgrund des Vorhandenseins lediglich zweier paritätischer Joint-Venture-Partner bei einem Satzungsbeschluss erfüllt sein, wenn sie nicht abweichend von der Proportionalität des Stimmanteils zum Geschäftsanteil vereinbaren, dass ein Gesellschafter eine Stimmmacht in der erforderlichen Höhe eines Satzungsbeschlusses erhält. Die Autoren der Mustervereinbarung möchten damit entweder im Hinblick auf mögliche Rechtsunsicherheiten[718] im Zusammenhang mit dem relativ neuen Art. 66.3 Pkt. 3 UPkt. 1) ZGB RF kein Risiko eingehen oder belassen bewusst die betroffenen Fragen, und zwar Bestellung der Revisionskommission bzw. des

718 Siehe zu diesem Artikel ausführlich unter § 16 A. I. 4.

Revisors, Bestätigung der Jahresberichte und -bilanzen sowie die Verteilung des Gewinns, in der Entscheidungsmacht der Gesellschafter.

Insgesamt lässt sich festhalten, dass in der Mustervereinbarung von den in § 16 B. behandelten Gestaltungsansätzen vor allem eine etwaig erforderliche Kontrolle des Generaldirektors als Richtmittel für die Verteilung der Organkompetenzen herangezogen wird. Ansonsten wird wiederholt betont, dass für die Verteilung der Zuständigkeiten die Gegebenheiten des Einzelfalls maßgeblich entscheidend sind.

Sechstes Kapitel: Gesamtzusammenfassung

Die wesentlichen Antworten auf die Forschungsfrage dieser Arbeit, welche rechtlichen Herausforderungen sich in einem deutsch-russischen Joint Venture stellen und wie diese beherrschbar gemacht werden können, werden im Folgenden thesenartig zusammengefasst. Sollte es sich bei den Herausforderungen um streitige Rechtsfragen handeln, wird die hierin vertretene Lösung dargelegt.

1. Der russische Markt ist von einer starken investitionsrechtlichen Regulierung geprägt. Beschränkungen für ausländische Investoren finden sich unter anderem für strategisch bedeutende Branchen, Grundeigentum, Landwirtschaft sowie Massenmedien. Gleichzeitig existieren gezielt investitionsschützende und -fördernde Maßnahmen für Auslandsinvestitionen allgemein sowie im Besonderen, beispielsweise für Sonderwirtschaftszonen und KMU. Für ein deutsch-russisches Joint Venture bedarf es daraus resultierend vorab einer umfassenden Compliance-Prüfung, in welcher Beschränkungen und Potentiale erkannt werden.

2. Weitgehende Einschränkungen ergeben sich aus den aktuell geltenden westlichen Sanktionen sowie russischen Gegensanktionen aufgrund der Ukrainekrise 2014 und des Ukrainekriegs 2022. Betroffen sind die Waffen- und Dual-Use-Güter-Branche, bestimmte Güter der Technologie- und Maschinenbranche, der Energiesektor, insbesondere die Ölindustrie, die Lebensmittelbranche, der Luft- und Seeverkehr sowie der Kapitalverkehr. Die hohe Regulierungsdichte erfordert eine umfassende Compliance-Prüfung und Risikoabwägung, ob und ggf. wie ein deutsch-russisches Joint Venture durchführbar ist.

3. Als Sonderform einer Gesellschaftervereinbarung finden die für diese geltenden Grundsätze auch auf die Grundlagenvereinbarung des Joint Ventures Anwendung. In der Frage nach der Rechtsnatur einer Gesellschaftervereinbarung ist zugunsten einer rein schuldrechtlichen und entgegen einer doppelten, sowohl schuld- als auch gesellschaftsrechtlichen Rechtsnatur zu entscheiden. Durch vereinzelte ausdrücklich geregelte gesetzliche Durchgriffe auf die Gesellschaftsebene wird keine zusätzliche gesellschaftsrechtliche Rechtsnatur begründet. Diese sind vielmehr ein Zeichen dafür, dass der Gesetzgeber eine gesetzliche Regelung für Ausnahmen von der schuldrechtlichen Wirkung als erforderlich erachtet. In der Folge strahlt die Grundlagenvereinbarung relative Wirkung *inter partes* aus, Änderungen haben mangels anderweitiger Absprachen einstimmig zu erfolgen und es gilt die Vertragsfreiheit nach Art. 1 Pkt. 1, Art. 421 ZGB RF.

Die Rechtsstellung als Vertragspartei der Grundlagenvereinbarung ist streng von der Gesellschafterstellung zu trennen.

4. Die Grundlagenvereinbarung stellt einen Mischvertrag dar, welcher sich vorrangig aus Elementen der Gesellschaftervereinbarung nach Art. 67.2 ZGB RF zusammensetzt. Die Gesellschaftervereinbarung ist als individueller Vertragstyp und nicht als unbenannter Vertrag einzustufen. In der Grundlagenvereinbarung sind darüber hinaus beispielsweise Elemente eines Kaufvertrags, Art. 454 ZGB RF, oder Darlehensvertrags, Art. 807 ZGB RF, denkbar.

5. In der Regel werden durch die Grundlagenvereinbarung die Voraussetzungen der einfachen Gesellschaft erfüllt, sodass die Art. 1041–1054 ZGB RF in diesen Fällen auf die Grundlagenvereinbarung Anwendung finden und eine sogenannte Doppelgesellschaft vorliegt. Die Existenz einer Außenwirkung durch Rechtsbeziehungen zu Dritten stellt keine Voraussetzung dafür dar, dass eine Gesellschaftervereinbarung als einfache Gesellschaft einzuordnen ist.

6. Im Hinblick auf die Reichweite des Regelungsgegenstands von Gesellschaftervereinbarungen ist einer weiten Auslegung, die auch Fragen umfasst, welche nicht in Satzung und per Gesetz vorgesehen sind oder welche einen Bezug zu einer anderen Gesellschaft aufweisen, der Vorzug zu gewähren. Proportionalitätsgrundsatz und Abspaltungsverbot beschränken den zulässigen Regelungsinhalt grundsätzlich nicht, da durch Gesellschaftervereinbarungen nur eine schuldrechtliche Bindung der Vertragspartner ermöglicht wird und kein Durchgriff auf die korporative Ebene stattfindet. Anders ist in Einzelfällen zu entscheiden, wenn die schuldrechtliche Bindung ein solches Ausmaß annimmt, dass dies einer Übertragung eines grundlegenden Mitgliedschaftsrechts gleichkommt. Eine derartige Regelung ist aufgrund Erfüllung des Rechtsmissbrauchs- bzw. Umgehungstatbestands als unzulässig anzusehen.

7. Beschränkungen des Regelungsinhalts von Gesellschaftervereinbarungen ergeben sich zunächst aus imperativen Gesetzen des Gesellschaftsrechts. So etwa aus der Wahrung zwingender Gesellschaftsstrukturen, Art. 67.2 Pkt. 2 ZGB RF, wonach durch die Gesellschaftervereinbarung kein Weisungsrecht der Gesellschaftsorgane gegenüber den Gesellschaftern, keine Änderung der Organstruktur und keine Änderung der Organkompetenzen vorgesehen werden dürfen. Weiterhin ist die Belastung Dritter nach Art. 67.2 Pkt. 5, Art. 308 Pkt. 3 Abs. 1 ZGB RF verboten und ein Regelungsinhalt, der nach dem Gesetz einer bestimmten Form, zum Beispiel der Satzungsform oder eines förmlichen Beschlusses, bedarf, kann nicht durch Gesellschaftervereinbarung mit absoluter Rechtswirkung vereinbart werden. Des Weiteren ergeben sich Beschränkungen aus allgemeinen Rechtsgrundsätzen, so etwa aus Rechten Dritter, bei einem Verstoß gegen die Grundsätze der Rechtsordnung oder gegen die Sittlichkeit sowie

bei einem Rechtsmissbrauch bzw. subsidiär bei einer Gesetzesumgehung. Durch eine Gesellschaftervereinbarung wird hingegen in der Regel nicht gegen das Verbot des Rechtsverzichts bzw. des Verzichts auf die eigene Rechts- und Geschäftsfähigkeit verstoßen.

8. Für das Gemeinschaftsunternehmen bietet sich die Wahl einer OOO als flexibelste Rechtsform mit Haftungsbeschränkung an. Eine nichtöffentliche AO kann in Betracht gezogen werden, wenn zu einem späteren Zeitpunkt ein Börsengang beabsichtigt wird.

9. Das Verhältnis von Grundlagenvereinbarung und Satzung legt das russische Recht bereits zu einem großen Teil durch die Satzungsform und durch imperative Gesetze fest. Sollten die Rechte oder Pflichten Dritter betroffen sein, ist aufgrund der absoluten Wirkung der Satzung diese vorrangig anzuwenden. Die eigentliche Frage nach dem Verhältnis zwischen Satzung und Grundlagenvereinbarung bzw. Gesellschaftervereinbarung stellt sich nur in dispositiven Regelungsbereichen. In diesen Fällen ist der Vorrang danach zu richten, welches der beiden Dokumente ein jüngeres Datum aufweist.

10. Die individuelle vom Einzelfall abhängige Interessen- und Gefährdungslage der Joint-Venture-Partner dient diesen als Grundlage für die rechtliche Gestaltung der Vertragswerke. Oberstes Ziel ist die erfolgreiche und ertragreiche Durchführung des Joint Ventures. Als Gefährdungen kommen beispielsweise Finanzrisiken, Kontrollverlust oder Risiken aus dem Zusammenwirken der Partner in Betracht. Im Kontext zu Russland ist zusätzlich auf die Instabilität der wirtschaftlichen, politischen und rechtlichen Lage sowie auf mögliche Risiken im Zusammenhang mit der gerichtlichen Durchsetzung und Rechtsprechung hinzuweisen. Eine offene und vertrauensvolle Kommunikation sowie die Beachtung von Mentalität und Sprache des Vertragspartners sind für den erfolgreichen Betrieb genauso bedeutend wie vertragliche Regelungen zur Verhinderung und Lösung von Konflikten sowie Anreize zur konstruktiven, kontinuierlichen und aktiven Förderung des Joint Ventures. Als Anforderungen an die Vertragswerke ergeben sich aus der Gesamtschau der Motive, Risiken und Interessen eine angemessene Regelungstiefe, die stete Wahrung der Konsistenz der Rechtsdokumente und eine strenge Rechtskonformität.

11. Das russische Recht der OOO ermöglicht es den Joint-Venture-Partnern, die Organstruktur an ihre Bedürfnisse anzupassen. Denkbar sind neben der klassischen Organstruktur, bestehend aus Gesellschafterversammlung, Direktorenrat und Generaldirektor, auch eine schlanke Organstruktur, welche lediglich aus den obligatorischen Organen, Gesellschafterversammlung und Generaldirektor, besteht, sowie weiterhin eine komplexe Organstruktur, die zusätzlich mindestens den Vorstand oder die Revisionskommission bzw. den Revisor vorsieht.

Entscheidungskriterien für eine bestimmte Organstruktur umfassen die Größe des Gemeinschaftsunternehmens, die Komplexität der Geschäftstätigkeit sowie spezifische Umstände der Gesellschaft, wie zum Beispiel die Eingliederung in eine Unternehmensgruppe oder eine beabsichtigte Beteiligung von Schlüsselakteuren des Gemeinschaftsunternehmens an Unternehmensentscheidungen. Des Weiteren ist zu berücksichtigen, inwiefern die Joint-Venture-Partner als Gesellschafter selbst beabsichtigen, in die Unternehmenstätigkeit involviert zu sein. Die Mustervereinbarung sieht die obligatorischen Gesellschaftsorgane als Grundfall vor und enthält zusätzlich Formulierungsvorschläge für die fakultativen Organe.

12. Bei der Bestellung der Gesellschaftsorgane ist den Joint-Venture-Partnern aufgrund einer nur geringen Zahl von gesetzlichen Regelungen ein großer Spielraum für die rechtliche Gestaltung überlassen. Dies erstreckt sich beispielsweise auf die Zahl der Organmitglieder, das Bestimmungsverfahren der Mitglieder und teilweise auf die Bestellungskompetenz. Durch die Gestaltung der Organbestellung, insbesondere durch die Gewährung von Bestellungsrechten, wird die Verteilung der Leitungsmacht der Joint-Venture-Partner im Gemeinschaftsunternehmen maßgeblich beeinflusst. Bei der Festlegung der konkreten Regelungen besteht stets ein Spannungsverhältnis zwischen dem Interessenausgleich und der Gleichberechtigung der Gesellschafter einerseits sowie der Entscheidungseffektivität und Verhinderung von Pattsituationen andererseits. Die Mustervereinbarung verfolgt im Hinblick auf die Bestellung der Gesellschaftsorgane einen eher konservativen Ansatz, was sich besonders bei der kommentarlosen Vorgabe eines Einzelgeneraldirektors zeigt. Das jeweilige Bestimmungsverfahren zur Besetzung von Organpositionen wirkt in der Mustervereinbarung nicht ausformuliert. Dies kann dem Umstand geschuldet sein, dass es sich lediglich um einen Vereinbarungsentwurf handelt oder dass entsprechende konkrete Regelungen in der Satzung vorzunehmen sind.

13. Im Hinblick auf die Verteilung der Kompetenzen unter den Gesellschaftsorganen ist eine rechtliche Gestaltung durch die Joint-Venture-Partner im Rahmen der alternativen und fakultativen Zuständigkeiten möglich. Sieht das Gesetz ausschließliche Zuständigkeiten eines Gesellschaftsorgans vor, ist den Joint-Venture-Partnern eine Übertragung auf andere Organe grundsätzlich verwehrt. Diesen Grundsatz weicht Art. 66.3 Pkt. 3 UPkt. 1) ZGB RF auf, indem er bei Erfüllung bestimmter Voraussetzungen Übertragungsmöglichkeiten auch ausschließlicher Kompetenzen auf andere Gesellschaftsorgane eröffnet. Dieser fügt sich in seiner aktuellen Form nicht widerspruchsfrei in das System der Organkompetenzen ein. Die Gestaltung der Kompetenzen richtet sich maßgeblich nach den von den Joint-Venture-Partnern verfolgten Zielen. Mögliche

Gestaltungsansätze umfassen den Aufbau von Kontrolle über die Geschäftsleitung, die Verhinderung und Beseitigung von Pattsituationen, den beabsichtigten Grad der Einbindung der Joint-Venture-Partner in die Gesellschaftstätigkeit sowie die individuelle Regulierung der Bedeutung einzelner Gesellschaftsorgane im Gemeinschaftsunternehmen. Die Mustervereinbarung enthält umfangreiche Kompetenzkataloge, welche an die Gegebenheiten des Einzelfalls angepasst werden sollen. Die Miteinbeziehung der Kompetenzregelungen in die Grundlagenvereinbarung erfolgt dabei mittels Stimmbindung der Joint-Venture-Partner, als Gesellschafter des Gemeinschaftsunternehmens für die Aufnahme entsprechender Regelungen in die Satzung zu stimmen. Von den möglichen Gestaltungsansätzen zur Verteilung der Organkompetenzen herrscht die Kontrolle des Generaldirektors als Richtmittel vor.

14. Die konkreten Regelungen in den Vertragswerken zu Organstruktur, Bestellung der Organe und Kompetenzverteilung beeinflussen in wechselseitiger Abhängigkeit die Verteilung der Leitungsmacht unter den Joint-Venture-Partnern. Durch die rechtliche Gestaltung erhalten die Joint-Venture-Partner die Möglichkeit, trotz einer paritätischen Beteiligung ihren Einfluss auf die Leitung des Gemeinschaftsunternehmens individuell untereinander auszuprägen, wobei jeder Partner beabsichtigen wird, den eigenen Einfluss möglichst zu vergrößern. Zusätzlich zu diesem Interessensgegensatz unter den Joint-Venture-Partnern ist bei jeder Entscheidung das Spannungsverhältnis zwischen einem gerechten, dem Beteiligungsverhältnis entsprechenden Machtausgleich und der Entscheidungseffektivität eines Organs aufzulösen. Diese Umstände spiegeln die Bedeutung der rechtlichen Gestaltung der Leitung des Gemeinschaftsunternehmens durch die Joint-Venture-Partner in der Vorbereitung eines Joint Ventures wider.

Anhang: Übersetzung relevanter Gesetzespassagen

Eine aktuelle, kohärente Übersetzung aller vier Teile des ZGB RF in die deutsche Sprache existiert zum jetzigen Zeitpunkt nicht.[719] Für eine frei zugängliche Übersetzung ins Englische mit einem Stand vom 25.02.2022 siehe die Veröffentlichungen auf der Webseite des Föderalen Dienstes für geistiges Eigentum der Russischen Föderation Rospatent: https://rospatent.gov.ru/en/regulations.

Im Folgenden werden Übersetzungen ins Deutsche der für die Forschungsarbeit bedeutendsten Gesetzesstellen zur Verfügung gestellt.

Art. 67.2 ZGB RF „Der gesellschaftsrechtliche Vertrag“

(eingeführt durch Föderales Gesetz vom 05.05.2014 Nr. 99-FZ; letzte Änderung durch Föderales Gesetz vom 29.06.2015 Nr. 210-FZ)

1. Die Gesellschafter einer Kapitalgesellschaft oder einige von ihnen haben das Recht, unter sich einen gesellschaftsrechtlichen Vertrag über die Ausübung ihrer Gesellschafterrechte zu schließen (Vertrag über die Ausübung der Gesellschafterrechte in einer Gesellschaft mit beschränkter Haftung, Aktionärsvereinbarung), gemäß welchem sie sich verpflichten, diese Rechte in einer bestimmten Weise auszuüben oder die Ausübung zu unterlassen (auf die Ausübung zu verzichten), unter anderem in einer bestimmten Weise auf der Gesellschafterversammlung abzustimmen, andere Handlungen im Hinblick auf die Führung der Gesellschaft aufeinander abgestimmt durchzuführen, Geschäftsanteile (Aktien) zu einem bestimmten Preis oder bei Auftreten bestimmter Umstände zu erwerben oder zu veräußern oder bis zum Eintreten bestimmter Umstände die Veräußerung der Geschäftsanteile (Aktien) zu unterlassen.

2. Der gesellschaftsrechtliche Vertrag kann die Vertragsparteien nicht verpflichten, auf Weisung der Gesellschaftsorgane abzustimmen, sowie nicht die Struktur der Gesellschaftsorgane und ihre Kompetenzen regeln.

Klauseln des gesellschaftsrechtlichen Vertrags, welche den Regelungen des ersten Absatzes dieses Punktes widersprechen, sind nichtig.

Im gesellschaftsrechtlichen Vertrag kann die Verpflichtung der Vertragsparteien vorgesehen werden, auf der Gesellschafterversammlung für die Aufnahme

719 Siehe jedoch zum 4. Teil des ZGB RF *Roggemann/Bergmann/Dubovitskaya*, Zivilgesetzbuch der Russischen Föderation (Vierter Teil) von 2016, 2016.

von Bestimmungen in die Gesellschaftssatzung zu stimmen, welche die Struktur der Gesellschaftsorgane und ihre Kompetenzen regeln, wenn gemäß diesem Gesetzbuch und den Gesetzen zu Kapitalgesellschaften Änderungen der Struktur der Gesellschaftsorgane und ihrer Kompetenzen durch Gesellschaftssatzung erlaubt sind.

3. Der gesellschaftsrechtliche Vertrag wird in Schriftform durch Ausfertigung eines Dokuments, unterschrieben von den Vertragsparteien, abgeschlossen.

4. Die Gesellschafter einer Kapitalgesellschaft, die einen gesellschaftsrechtlichen Vertrag abschließen, sind dazu verpflichtet, der Gesellschaft den Abschluss des gesellschaftsrechtlichen Vertrags anzuzeigen, wobei der Inhalt nicht offengelegt werden muss. Im Falle der Nichterfüllung dieser Verpflichtung haben die Gesellschafter der Kapitalgesellschaft, welche nicht Partei des gesellschaftsrechtlichen Vertrags sind, das Recht, Ersatz des ihnen entstandenen Schadens zu fordern.

Informationen über einen gesellschaftsrechtlichen Vertrag, welcher von Aktionären einer öffentlichen Aktiengesellschaft abgeschlossen wurde, müssen in den Grenzen, nach der Ordnung und unter den Bedingungen, die das Gesetz über Aktiengesellschaften vorsieht, veröffentlicht werden.

Wenn nichts anderes durch Gesetz geregelt ist, unterliegt die Information über den Inhalt eines gesellschaftsrechtlichen Vertrags, der von Gesellschaftern einer nichtöffentlichen Gesellschaft abgeschlossen wurde, nicht der Veröffentlichung und gilt als vertraulich.

5. Der gesellschaftsrechtliche Vertrag begründet keine Verpflichtungen für Personen, die sich nicht als Partei an diesem beteiligen (Art. 308 [ZGB RF; Anm. d. B.]).

6. Ein Verstoß gegen den gesellschaftsrechtlichen Vertrag kann Grundlage für die Unwirksamkeitserklärung der Entscheidung eines Organs einer Kapitalgesellschaft auf Klage einer Vertragspartei unter der Voraussetzung sein, dass im Zeitpunkt der Annahme der betroffenen Entscheidung des Organs der Kapitalgesellschaft alle Gesellschafter der Kapitalgesellschaft Vertragspartei des gesellschaftsrechtlichen Vertrags waren.

Die Unwirksamkeitserklärung der Entscheidung eines Organs einer Kapitalgesellschaft gemäß diesem Punkt an sich führt nicht zur Unwirksamkeit von Rechtsgeschäften der Kapitalgesellschaft mit dritten Personen, welche aufgrund einer solchen Entscheidung abgeschlossen wurden.

Ein Rechtsgeschäft, das von einer Partei des gesellschaftsrechtlichen Vertrags unter Verstoß desselbigen abgeschlossen wurde, kann durch Gericht auf Klage einer Vertragspartei des gesellschaftlichen Vertrags nur in dem Falle für unwirksam erklärt werden, dass die andere Partei des Rechtsgeschäfts von den im gesellschaftsrechtlichen Vertrag vorgesehenen Beschränkungen wusste oder wissen musste.

7. Die Vertragsparteien des gesellschaftsrechtlichen Vertrags sind nicht berechtigt, sich auf dessen Unwirksamkeit aufgrund seines Widerspruchs zu Regelungen der Satzung der Kapitalgesellschaft zu berufen.

8. Die Beendigung der Rechte einer der Parteien des gesellschaftsrechtlichen Vertrags an einem Geschäftsanteil (einer Aktie) der Kapitalgesellschaft führt nicht zur Beendigung der Wirksamkeit des gesellschaftsrechtlichen Vertrags im Verhältnis der restlichen Parteien dessen, wenn nichts anderes in diesem Vertrag vorgesehen ist.

9. Gläubiger der Gesellschaft und andere dritte Personen können mit den Gesellschaftern der Kapitalgesellschaft einen Vertrag schließen, in welchem sich letztere mit dem Ziel der Sicherung des rechtlich geschützten Interesses solcher dritter Personen verpflichten, ihre Gesellschafterrechte in einer bestimmten Weise auszuüben oder die Ausübung zu unterlassen (auf die Ausübung zu verzichten), unter anderem in einer bestimmten Weise auf der Gesellschafterversammlung abzustimmen, andere Handlungen im Hinblick auf die Führung der Gesellschaft aufeinander abgestimmt durchzuführen, Geschäftsanteile (Aktien) zu einem bestimmten Preis oder bei Auftreten bestimmter Umstände zu erwerben oder zu veräußern oder bis zum Eintreten bestimmter Umstände die Veräußerung der Geschäftsanteile (Aktien) zu unterlassen. Auf einen solchen Vertrag finden die Regelungen zum gesellschaftsrechtlichen Vertrag entsprechende Anwendung.

10. Die Regelungen zum gesellschaftsrechtlichen Vertrag finden auf den Gründungsvertrag der Kapitalgesellschaft entsprechende Anwendung, wenn nichts anderes durch Gesetz geregelt ist oder sich nichts anderes aus dem Wesen der Beziehung der Parteien eines solchen Vertrags ergibt.

Art. 66.3 Pkt. 3 UPkt. 1) ZGB RF

(eingeführt durch Föderales Gesetz vom 05.05.2014 Nr. 99-FZ)

[...]

3. Durch einstimmigen Beschluss der Gesellschafter (Gründer) einer nichtöffentlichen Gesellschaft können folgende Bestimmungen in die Gesellschaftssatzung aufgenommen werden:

1) die Übertragung von Fragen zur Erörterung auf ein kollegiales Gesellschaftsorgan der Unternehmensleitung (Art. 65.3 Pkt. 4 [ZGB RF; Anm. d. B.]) oder auf ein kollegiales Exekutivorgan, welche durch Gesetz zu den Kompetenzen der Gesellschafterversammlung der Kapitalgesellschaft zugeordnet sind, mit Ausnahme der Fragen:

Aufnahme von Satzungsänderungen, Neufassung der Satzung;

Reorganisation und Liquidation der Kapitalgesellschaft;

Bestimmung der Mitgliederzahl des kollegialen Gesellschaftsorgans der Unternehmensleitung (Art. 65.3 Pkt. 4 [ZGB RF; Anm. d. B.]) und des kollegialen Exekutivorgans (wenn dessen Bestellung zu den Kompetenzen der Gesellschafterversammlung der Kapitalgesellschaft zugeordnet ist), Wahl der Mitglieder und vorzeitige Beendigung ihrer Befugnisse;

Bestimmung der Anzahl, des Nominalwerts und der Kategorie (des Typs) der ausgegebenen Aktien und Rechte, die von diesen Aktien verkörpert werden;

Erhöhungen des Satzungskapitals einer Gesellschaft mit beschränkter Haftung nicht proportional zu den Geschäftsanteilen ihrer Gesellschafter oder zwecks Aufnahme einer dritten Person in den Gesellschafterkreis einer solchen Gesellschaft;

Verabschiedung von Dokumenten der inneren Ordnung, die nicht Gründungsdokumente sind, oder von anderen internen Dokumenten (Art. 52 Pkt. 5 [ZGB RF; Anm. d. B.]) der Kapitalgesellschaft;

2) [...]

Art. 1041 ZGB RF „Vertrag über die einfache Gesellschaft“

(letzte Änderung durch Föderales Gesetz vom 28.11.2011 Nr. 336-FZ)

1. Durch Vertrag über die einfache Gesellschaft (Vertrag über gemeinsame Tätigkeit) verpflichten sich zwei oder mehr Personen (Sozii), ihre Beiträge zu vereinen und gemeinsam zur Erzielung eines Gewinns oder zur Erreichung eines anderen, dem Gesetz nicht widersprechenden Zwecks ohne Bildung einer juristischen Person zusammenzuwirken.

2. Parteien des Vertrags über die einfache Gesellschaft, der zur Verwirklichung einer unternehmerischen Tätigkeit abgeschlossen wird, können nur Einzelunternehmer und (oder) Handelsgesellschaften sein.

3. Besonderheiten des Vertrags über die einfache Gesellschaft, der zur Verwirklichung gemeinsamer Investitionstätigkeiten abgeschlossen wird (Investitionsgesellschaft), sind im Föderalen Gesetz „Über Investitionsgesellschaften" geregelt.

Art. 1054 ZGB RF „Stille Gesellschaft"

1. Im Vertrag über die einfache Gesellschaft kann vorgesehen werden, dass seine Existenz dritten Personen gegenüber nicht offengelegt wird (stille Gesellschaft). Auf einen solchen Vertrag finden die in diesem Kapitel vorgesehenen Regeln über den Vertrag der einfachen Gesellschaft Anwendung, wenn nichts anderes in diesem Artikel vorgesehen ist oder sich nichts anderes aus dem Wesen der stillen Gesellschaft ergibt.

2. Im Verhältnis zu dritten Personen haftet jeder der Beteiligten der stillen Gesellschaft mit seinem gesamten Vermögen für Rechtsgeschäfte, die er in seinem Namen im gemeinsamen Interesse der Sozien abgeschlossen hat.

3. Im Verhältnis der Sozien untereinander gelten die Verpflichtungen, die im Verlauf der gemeinsamen Tätigkeit entstehen, als gemeinsame.

Literaturverzeichnis

Abakumova, Ekaterina: Dogovornoe regulirovanie korporativnych otnošenij v Rossii: k voprosy klassifikacii predmetov soglašenija (Vertragliche Regulierung gesellschaftsrechtlicher Verhältnisse in Russland: Zur Frage der Klassifizierung des Vertragsgegenstands), Sovremennoe pravo 2016, Nr. 10, S. 80–85.

Allenhöfer, Anke: Gesellschaftervereinbarungen bei Kapitalgesellschaften, Berlin 2018 (zugl. Diss. Regensburg 2016).

AHK Russland: Geschäftsklima-Umfrage 2022; abrufbar unter: https://russland.ahk.de/news/detail/geschaeftsklima-umfrage-russland-2022-der-wirtschaftliche-optimismus-ist-zurueck.

Andreev, Jurij: Dogovor v graždanskom prave Rossii: Sravnitel'no-pravovoe issledovanie Monografia (Der Vertrag im Zivilrecht Russlands: Eine rechtsvergleichende Untersuchung: Monographie), Moskau 2017.

Arzinger, Rainer/Galander, Tanja: Russisches Wirtschaftsrecht, 2. Aufl., Berlin 2002.

Asoskov, Anton: Kollizionnoe regulirovanie dogovorov ob osuščestvlenii korporativnych prav (korporativnych dogovorov) (Kollisionsregulierung von Verträgen über die Ausübung von Gesellschafterrechten (von gesellschaftsrechtlichen Verträgen)), Zakon 2014, Nr. 8, S. 31–42.

Baibak, Vsevolod: Obščie uslovija otvetstvennosti za narušenie objayatel'stv v st. 401 GK RF: starye pravila v novom kontekste (Allgemeine Voraussetzungen der Verantwortlichkeit für Pflichtverletzungen nach Art. 401 ZGB RF: Alte Regeln im neuen Kontext), Zakon 2016, Nr. 10, S. 132–143.

Ballin, André: Handelsblatt-Artikel „Siemens muss sich in Russland einen neuen Joint-Venture-Partner suchen" vom 02.03.2020; abrufbar unter: https://www.handelsblatt.com/unternehmen/energie/technologiekonzern-siemens-muss-sich-in-russland-einen-neuen-joint-venture-partner-suchen/25600274.html.

Bälz, Kilian: Ausländische Wirtschaftssanktionen als Leistungshindernis in internationalen Verträgen, NJW 2020, S. 878–883.

Beck'sches Handbuch der Personengesellschaften → siehe unter *Prinz/Hoffmann*

Bitter, Natalia: Schutz deutscher Investitionen in Russland, Baden-Baden 2014 (zugl. Diss. Mannheim 2013).

Bogdanov, Evgenij: Korporativnyj dogovor kak soglašenie o kollektivnom osuščestvlenii (neosuščestvlenii) sub"ektivnych korporativnych prav (Die Gesellschaftervereinbarung als Vereinbarung über die kollektive Verwirklichung

(Nichtverwirklichung) subjektiver gesellschaftsrechtlicher Rechte), Zakony Rossii: opyt, analiz, praktika 2015, Nr. 7, S. 54–60.

Borisov, Aleksandr: Kommentarij k Federal'nomy zakonu ot 8 fevralja 1998 g. N 14-FZ "Ob obščestvach s ograničenoj otvetstvennost'ju" (Kommentar zum Föderalen Gesetz vom 8. Februar 1998 Nr. 14-FZ "Über Gesellschaften mit beschränkter Haftung"), 3. Aufl., Moskau 2019.

Borodkin, Vadim: Graždansko-pravovoe regulirovanie korporativnogo dogovora v rossijskom prave: Monografija (Die zivilrechtliche Regelung des gesellschaftsrechtlichen Vertrags im russischen Recht: Monographie), Moskau 2017.

Boroduško, Irina/Kokorin, Igor': Ėvolucija normativno-pravovoj bazy prjamyx inostrannyx investicij v Rossijskoj Federacii (Evolution der normativrechtlichen Grundlage ausländischer Direktinvestitionenen in der Russischen Föderation), Leningradskij juridičeskij žurnal 2018, Nr. 1, S. 190–199.

Botschaft der Bundesrepublik Deutschland (Moskau)/GTAI/AHK Russland: Russland in Zahlen, jährliche Publikation; abrufbar unter: https://russland.ahk.de/infothek/medien/russland-in-zahlen.

Braginskij, Michail/Vitrjanskij, Vasilij (Hrsg.): Dogovornoe pravo. Dogovory o zajme, bankovskom kredite i faktoringe. Dogovory, napravlennye na sozdanie kollektivnych obrazovanij (Vertragsrecht. Darlehen, Bankkredite und Factoringverträge. Verträge zur Schaffung kollektiver Einheiten), Buch 5, Bd. 1, Moskau 2006.

Breidenbach, Stephan/Institut für Ostrecht München (Hrsg.): Handbuch Wirtschaft und Recht in Osteuropa: WiRO, Loseblatt, Stand: 163. Ergänzungslieferung Juni 2022.

Breig, Burkhard: Dingliche Rechte Privater an nichtlandwirtschaftlichen Grundstücken in Russland, WiRO 2002, S. 33–40.

Breig, Burkhard: Änderungen im russischen Aktiengesetz, WiRO 2019, S. 102–107.

Busch, Manuel: Joint Ventures in der notariellen Praxis, RNotZ 2020, S. 249–281.

Charitonova, Julija/Šitkina, Irina: Sostav i kompetencii rukovodjaščich organov obščestva s ograničennoj otvetstvennost'ju: kommentarij k st. st. 32 i 33 Zakona „Ob OOO" (Zusammensetzung und Kompetenzen der Führungsorgane der Gesellschaft mit beschränkter Haftung: Ein Kommentar zu Art. 32 und 33 GmbHG RF), Predprinimatel'skoe pravo, Beilage „Pravo i Biznes" 2020, Nr. 4, S. 4–40.

Clausen, Tilman: Ausgewählte Rechtsfragen bei der Gründung von Jointventures in Osteuropa (Polen und Ungarn) und Lateinamerika (Brasilien und Mexiko), Frankfurt am Main u.a. 1996 (zugl. Diss. Göttingen 1996).

Derevyanchenko, Alexander: Russland und die Hanse, OstContact 02/2020, S. 50–51.

Dubovitskaya, Elena/Kashanin, Andrey: Die Partnerschaftsgesellschaft im russischen Recht - Ein gesetzgeberisches Experiment und seine Folgen, RIW 2016, S. 268–277.

Ernst & Young Valuation and Advisory Services LLC: „EY Attractiveness Survey – Russia – June 2020"; abrufbar unter: https://www.ey.com/en_ru/attractiveness/21/european-attractiveness-survey-2021-russia.

Fëdorov, Ivan: Upravlenie v chozjajstvennom partnërstve (Geschäftsführung in der Wirtschaftspartnerschaft), Zakon 2012, Nr. 7, S. 95–104.

Fett, Torsten/Spiering, Christoph (Hrsg.): Handbuch Joint Venture, 2. Aufl., Heidelberg 2015.

Fleischer, Holger (Hrsg.): Personengesellschaften im Rechtsvergleich, München 2021.

Fleischer, Holger/Goette, Wulf (Hrsg.): Münchener Kommentar zum Gesetz betreffend die Gesellschaften mit beschränkter Haftung, Bd. 1, §§ 1-34, 3. Aufl., München 2018.

Frankfurter Allgemeine Zeitung: Artikel „Onkel Wanja statt McDonald's" vom 15.03.2022; abrufbar unter: https://www.faz.net/aktuell/wirtschaft/unternehmen/konzerne-verlassen-russland-drohung-mit-festnahme-und-enteignung-17876977.html?premium.

Galander, Tanja (Hrsg.): Russisches Wirtschaftsrecht, 3. Aufl., Stuttgart 2016.

Galander, Tanja: Lösung von Konflikt- und Pattsituationen bei russischen 50:50 Joint Ventures, DRRZ 2017, S. 136–143.

Germany Trade & Invest: „Wirtschaftsdaten Kompakt – Russland", November 2019; abrufbar unter: https://www.gtai.de/GTAI/Navigation/DE/Trade/Maerkte/Wirtschaftsklima/wirtschaftsdaten-kompakt,t=wirtschaftsdaten-kompakt--russland,did=1584670.html.

Gluchov, Evgenij: Korporativnyj dogovor (Der gesellschaftsrechtliche Vertrag), Moskau 2017.

Göthel, Stephan: Vertragsgestaltung bei internationalen Joint Ventures, BB 2014, S. 1475–1479.

Grabitz, Eberhard/Hilf, Meinhard/Nettesheim, Martin (Hrsg.): Das Recht der Europäischen Union, Loseblatt, Stand: 79. Ergänzungslieferung Mai 2023.

Gummert, Hans/Weipert, Lutz (Hrsg.): Münchener Handbuch des Gesellschaftsrechts, Bd. 1, BGB-Gesellschaft, Offene Handelsgesellschaft, Partnerschaftsgesellschaft, Partenreederei, EWIV, 5. Aufl., München 2019.

Gureev, Vladimir: Problemy zaščity prav i interesov akcionerov v Rossijskoj Federacii (Probleme des Schutzes von Aktionärsrechten und -interessen in der RF), Dissertation, Moskau 2007.

Gutnikov, Oleg: Korporativnaja otvetstvennost' v graždanskom prave: Monografia (Körperschaftliche Verantwortlichkeit im Zivilrecht: Monographie), Moskau 2019.

Habersack, Matthias (Hrsg.): Münchener Kommentar zum Bürgerlichen Gesetzbuch, Bd. 7, Schuldrecht - Besonderer Teil IV, §§ 705-853, Partnerschaftsgesellschaftsgesetz, Produkthaftungsgesetz, 8. Aufl., München 2020.

Harings, Lothar/Loets, Adrian: Auswirkungen personenbezogener Sanktionen auf privatrechtliche Verträge, RdTW 2015, S. 321–327.

Heidemann, Thomas: Die GmbH in der Russischen Föderation, GmbHR 2002, S. 732–735.

Hemmes, Linda: Haftungsdurchgriffe und ihre Steuerung im russischen Konzernrecht, Diss. Heidelberg 2022.

Hildebrandt, Burghard/ Koch, Eva: Smart Sanctions - Grundlagen und praktische Bedeutung der EU-Sanktionslisten, IWRZ 2016, S. 152–158.

Hohmuth, Markus: Wirtschaftliche Betätigung im Rahmen von Joint Ventures, ZIP 2016, S. 658–662.

Iann, Max: Deutsch-russische Joint-ventures als internationale Kooperationsform, Frankfurt am Main u.a. 1997.

Interfax: Artikel „Siemens, Sinara fold sales venture into Ural Locomotives" vom 20.11.2013; abrufbar unter: https://interfax.com/newsroom/top-stories/46781/.

Jauernig, Othmar/Stürner, Rolf (Hrsg.): Bürgerliches Gesetzbuch: mit Rom-I-, Rom-II-VO, Rom-III-VO, EG-UnthVO/HUntProt und EuErbVO, 17. Aufl., München 2018.

Karimullin, Rustem: Schiedsvereinbarungen nach neuem russischem internationalem Schiedsverfahrensrecht, SchiedsVZ 2017, S. 23–32.

Kassmann, Christian: Formen des Baulanderwerbs in der Russischen Föderation, WiRO 2010, S. 289–296.

Kindsvater, Erika: Aktueller Überblick über Importsubstitution und Lokalisierung in Russland - Teil 1, WiRO 2016, S. 257–262.

Knüttel, Maria: Erfolgsfaktoren deutsch-russischer Gemeinschaftsunternehmen - Aktueller Stand und Entwicklungstendenzen, Wiesbaden 2015 (zugl. Diss. Speyer 2014).

Koch, Jens: Aktiengesetz: AktG, 17. Aufl., München 2023.

Kononov, Vitalij: Problemy predmeta i soderžanija soglašenija učastnikov chozjajstvennych obščestv po rossijskomy pravu (Probleme des Gegenstands und Inhalts von Gesellschaftervereinbarungen in Handelsgesellschaften nach russischem Recht), Korporativnyj Jurist 2010, Nr. 10, S. 23–28.

Kononov, Vitalij: Problemy predmeta i soderžanija soglašenija učastnikov chozjajstvennych obščestv po rossijskomy pravu (Probleme des Gegenstands und Inhalts von Gesellschaftervereinbarungen in Handelsgesellschaften nach russischem Recht), Korporativnyj Jurist 2010, Nr. 12, S. 12–18.

Konsul'tantPljus: Gotovoe rešenie: Kak izbiraetsja revizionnaja komissija (revizor) OOO (Fertige Lösung: Wie wird die Revisionskommission (der Revisor) einer OOO gebildet), Aufsatz veröffentlicht auf SPS Konsul'tantPljus, Stand 10.01.2022.

Konsul'tantPljus: Gotovoe rešenie: Kak izbrat' sovet direktorov (nabljudatel'nyj sovet) OOO (Fertige Lösung: Wie wird der Direktorenrat (Aufsichtsrat) einer OOO gewählt), Aufsatz veröffentlicht auf SPS Konsul'tantPljus, Stand 18.03.2022.

Konsul'tantPljus: Gotovoe rešenie: Kak izbiraetsja pravlenie (kollegial'nyj ispolnitel'nyj organ) OOO (Fertige Lösung: Wie wird der Vorstand (das kollegiale Exekutivorgan) einer OOO gebildet), Aufsatz veröffentlicht auf SPS Konsul'tantPljus, Stand 22.03.2022.

Konsul'tantPljus: Gotovoe rešenie: Kakie voprosy otnosjatsja k kompetencii obščego sobranija učastnikov OOO (Fertige Lösung: Welche Fragen zählen zu den Kompetenzen der Gesellschafterversammlung einer OOO), Aufsatz veröffentlicht auf SPS Konsul'tantPljus, Stand 26.03.2022.

Kopplin, Ilka: FAZ-Artikel „Siemens zieht sich aus Russland zurück" vom 12.05.2022; abrufbar unter: https://www.faz.net/aktuell/wirtschaft/unternehmen/siemens-zieht-sich-aus-russland-zurueck-18026242.html?premium.

Kruse, Tilman: Die personalistische Kapitalgesellschaft russischen Rechts, Frankfurt am Main u.a. 2003 (zugl. Diss. Köln 2002).

Krylov, Vadim: Perspektivy razvitija korporativnogo dogovora v rossii (Entwicklungsperspektiven der Gesellschaftervereinbarung in Russland), Graždanskoe pravo 2018, Nr. 6, S. 14–17.

Künstler, Xenia: Razrešenie patovych situacij v sovmestnych predprijatijach s ravnymi doljami (Lösung von Pattsituationen in Joint Ventures mit gleichen Anteilen der Partner), DRRZ 2017, S. 20–31.

Kuznecov, Aleksandr: Nekotorye problemy sovmestnogo osuščestvlenija prav akcionera (Einige Probleme der gemeinsamen Verwirklichung von Aktionärsrechten), Vestnik VAS RF 2010, Nr. 10, S. 19–26.

Leible, Stefan/Reichert, Jochem (Hrsg.): Münchener Handbuch des Gesellschaftsrechts, Bd. 6, Internationales Gesellschaftsrecht, grenzüberschreitende Umwandlungen, 4. Aufl., München 2013.

Lenga, Gerd: Deutsch-russische Joint Ventures, in: Schaumburg, Harald (Hrsg.), Internationale Joint Ventures, Stuttgart 1999, S. 549–608.

Lomakin, Dmitrij: Korporativnye pravootnošenija (Gesellschaftsrechtliche Rechtsverhältnisse), Moskau 2008.

Lomakin, Dmitrij: Kommentarii ekspertov: chozjajstvennye partnërstva v rossii (Expertenkommentare: Wirtschaftspartnerschaften in Russland), Zakon 2012, Nr. 1, S. 23–25.

Luchterhandt, Otto: Völkerrechtswidrigkeit der Unabhängigkeitserklärung und des Referendums der Krim, Ost/Letter 2/2014, S. 4; abrufbar unter: https://www.ostinstitut.de/de/ost_publikationen/ost_letter.

Malovickij, Roman/ Baryšev, Maksim: Sovmestnoe predprijatie v Rossijskoj Federacii: preimuščestva i nedostatki sozdanija s točki zrenija korporativnogo upravlenija (Das Gemeinschaftsunternehmen in der Russischen Föderation: Vorteile und Mängel der Gründung im Hinblick auf die Unternehmensleitung), Vestnik Arbitražnogo suda Moskovskogo okruga 2016, Nr. 2, S. 65–78.

Marenkov, Dmitry: Vollstreckung von in Russland ergangenen Schiedssprüchen in Deutschland, DRRZ 2020, S. 90–98.

Markert, Stefanie: tagesschau-Artikel „Ein Rubel für die Russlandtochter" vom 16.05.2022; abrufbar unter: https://www.tagesschau.de/wirtschaft/unternehmen/renault-beteiligung-russland-101.html.

Masljaev, Aleksej: Akcionernye soglašenija v meždunarodnom častnom prave (Aktionärsvereinbarungen im internationalen Privatrecht), Dissertation, Moskau 2010.

Münchener Handbuch des Gesellschaftsrechts, Bd. 1 → siehe unter *Gummert/ Weipert*

Münchener Handbuch des Gesellschaftsrechts, Bd. 6 → siehe unter *Leible/ Reichert*

Mosgo, Oleg/Belova, Maria: Anerkennung und Vollstreckung ausländischer Gerichtsurteile in Russland, WiRO 2018, S. 321–326.

Münchener Kommentar zum Bürgerlichen Gesetzbuch, Bd. 7 → siehe unter *Habersack*

Münchener Kommentar zum GmbHG → siehe unter *Fleischer/Goette*

Noack, Ulrich: Gesellschaftervereinbarungen bei Kapitalgesellschaften, Tübingen 1994 (zugl. Habil.-Schr. Tübingen 1993).

Noack, Ulrich/Servatius, Wolfgang/Haas, Ulrich: Gesetz betreffend die Gesellschaft mit beschränkter Haftung: GmbHG, 23. Aufl., München 2022.

Nübler, Norbert/Trunk, Alexander: Einführung in die russisch-deutsche Rechtsterminologie, Hamburg 2016.

Nurtdinov, R. G.: Akcionernye soglašenija (Aktionärsvereinbarungen), in: Širvindt/Ščerbakov, Opyty civilističeskogo issledovanija (Erfahrungen der zivilrechtlichen Forschung), 1. Aufl. 2016.

Nußberger, Angelika (Hrsg.): Einführung in das russische Recht, München 2010.

Oda, Hiroshi: Akcionernye soglašenija: ostorožnyj šag vperëd (Aktionärsvereinbarungen: Ein vorsichtiger Schritt nach vorn), Vestnik graždanskogo prava 2010, Nr. 1, S. 132–161.

Oesterle, Michael-Jörg: Joint-Ventures in Rußland, Wiesbaden 1993 (zugl. Diss. Hohenheim 1992).

Osipenko, Kirill: Predmet dogovora ob osuščestvlenii prav učastnikov chozjajstvennych obščestv v rossijskom i anglijskom prave (Gegenstand des Vertrags über die Verwirklichung von Gesellschafterrechten im russischen und englischen Recht), Vestnik VAS RF 2012, Nr. 6, S. 100–123.

Osipenko, Kirill: Dogovor ob osuščestvlennii prav učastnikov chozjajstvennych obščestv v rossijskom i anglijskom prave (Vertrag über die Verwirklichung von Gesellschafterrechten in Handelsgesellschaften im russischen und englischen Recht), Moskau 2016.

Ost-Ausschuss – Osteuropaverein der Deutschen Wirtschaft: Russland-Update, Dezember/2019; abrufbar unter: https://www.ost-ausschuss.de/sites/default/files/2020-01/OAOEV_Russland-Update-Dez2019.pdf.

Paulsen, Björn/Saenko, Anna, Russische Föderation: Föderales Gesetz „Über das Verfahren der Durchführung ausländischer Investitionen in Unternehmen, die eine strategische Bedeutung für die Sicherung der Landesverteidigung und Sicherheit des Staates haben" - Teil 1, WiRO 2009, S. 78–83.

Pjatkin, Dmitrij/Andrejčuk, Tat'jana: Graždansko-pravovaja charakteristika osobennostej korporativnych prav (Die zivilrechtliche Natur von gesellschaftsrechtlichen Besonderheiten), Leningradskij juridičeskij žurnal 2016, Nr. 3, S. 134–141.

Plagemann, Florian: Satzungsstrenge im russischen Aktienrecht. Zum Spannungsfeld zwischen Vertragsautonomie und Satzungsstrenge im russischen Aktienrecht, WiRO 2011, S. 231–236.

Povarov, Jurij: Soderžanie ustava i soglašenija ob upravlenii chozjajstvennym partnërstvom: aktual'nye aspekty sootnošenija (Der Inhalt von Satzung und Verwaltungsvereinbarung in der Wirtschaftspartnerschaft: Aktuelle Aspekte des Verhältnisses), Jurist 2012, Nr. 18, S. 14–17.

Prinz, Ulrich/Hoffmann, Wolf-Dieter (Hrsg.): Beck'sches Handbuch der Personengesellschaften: Gesellschaftsrecht - Steuerrecht, 4. Aufl., München 2014.

Pritzkow, Sebastian/Schreiter, Diana: Beschränkung ausländischer Investitionen in Russland, Osteuropa Recht 2008, S. 157–167.

Roggemann, Herwig/Bergmann, Wilfried/Dubovitskaya, Elena (Hrsg.): Zivilgesetzbuch der Russischen Föderation (Vierter Teil) von 2016, Berlin 2016.

Rossbach, Markus: Internationale Joint Ventures: untersucht am Beispiel der deutsch-chinesischen Joint Ventures, Berlin 2015 (zugl. Diss. Gießen 2013).

Roth, Barbara/Wienold, Alesia: Russische Gegensanktionen und ihre Auswirkungen - ein Überblick, WiRO 2015, S. 321–324.

Rublëv, Vadim: Ponjatie i pravovaja charakteristika akcionernogo soglašenija kak graždansko-pravovogo dogovora, reguliruemogo graždanskim zakonodatel'stvom Rossijskoj Federacii (Verständnis und rechtliche Natur der Aktionärsvereinbarung als zivilrechtlicher Vertrag, welcher dem Zivilrecht der Russischen Föderation unterliegt), Advokat 2010, Nr. 10, S. 45–55.

Sattler, Sven: Einführung in das Sanktionsrecht, JuS 2019, S. 18–22.

Schmitz-Bauerdick, Frauke (Hrsg.): Deutsch-Chinesischer Joint Venture-Vertrag, Berlin 2012.

Schmolke, Klaus Ulrich: Joint Ventures: Vertrags- und gesellschaftsrechtliche Gestaltungsmöglichkeiten, in: Vogt, Hans-Ueli/Fleischer, Holger/Kalss, Susanne (Hrsg.), Gesellschafts- und Kapitalmarktrecht in Deutschland, Österreich und der Schweiz 2014, Tübingen 2014, S. 107–137.

Schneider, Uwe H./Jungkind, Vera: Kollateralschäden der Sanktionen gegen Russland vermeiden, EuZW 2019, S. 305–306.

Schramm, Hans-Joachim: Anerkennung und Vollstreckung von Entscheidungen staatlicher Gerichte im deutsch-russischen Rechtsverkehr, WiRO 2017, S. 72–74.

Schulte, Knut/Schwindt, Karl-Heinz/Kuhn, Christian (Hrsg.): Joint Ventures: nationale und internationale Gemeinschaftsunternehmen, München 2009.

Schulte, Norbert/Pohl, Dirk: Joint-Venture-Gesellschaften, 4. Aufl., Köln 2015.

Sedgarjan, Kristina: Sistema ispolnitel'nych organov upravlenija chozjajstvennych obščestv v rossijskom koporativnom zakonodatel'stve: posledstvija vlijanija germanskogo opyta (Das System der Exekutivorgane von Kapitalgesellschaften in der russischen Gesetzgebung des Gesellschaftsrechts: Folgen des Einflusses deutscher Erfahrungen), Graždanskoe pravo 2019, Nr. 3, S. 17–20.

Sergeev, Aleksandr/Tolstoj, Jurij (Hrsg.): Graždanskoe pravo: Učebnik (Zivilrecht: Ein Lehrbuch), Bd. 2, 4. Aufl., Moskau 2005.

Sevillano, Svetlana: Das russische Auslandsinvestitionsgesetz - eine erste Bilanz, WiRO 2000, S. 337–341.

Spiegel Geschichte: Ausgabe 1/2012, Das Russland der Zaren.

Süddeutsche Zeitung: Artikel „Daimler stoppt Bau von Trucks in Russland“ vom 28.02.2022, abrufbar unter: https://www.sueddeutsche.de/wirtschaft/daimler-trucks-produktionsstopp-1.5538125.

Šitkina, Irina: Soglašenija akcionerov (dogovory ob osuščestvlenii prav učastnikov) kak istočnik reglamentacii korporativnych otnošenij (Aktionärsvereinbarungen (Verträge über die Ausübung von Gesellschafterrechten) als Ursprung der Regelung von gesellschaftsrechtlichen Verhältnissen), Chozjajstvo i pravo 2011, Nr. 2, S. 36–47.

Šitkina, Irina (Hrsg.): Korporativnoe pravo: Učebnyj kurs (Gesellschaftsrecht: Ein Studienkurs), Bd. 1, Moskau 2017.

Šitkina, Irina (Hrsg.): Korporativnoe pravo: Učebnyj kurs (Gesellschaftsrecht: Ein Studienkurs), Bd. 2, Moskau 2018.

Šitkina, Irina (Hrsg.): Korporativnoe pravo: Učebnik (Gesellschaftsrecht: Ein Lehrbuch), Moskau 2019.

Šitkina, Irina (Hrsg.): Naučno-praktičeskij kommentarij k Federal’nomu zakonu „Ob obščestvach s ograničennoj otvetsvennost’ju“ (Wissenschaftlich-praktischer Kommentar zum Föderalen Gesetz “Über Gesellschaften mit beschränkter Haftung”), Bd. 2, Moskau 2021.

Šitkina, Irina/Birjukov, Denis: Korporativnyj dogovor kak pravovoj instrument strukturirovanija sdelok v sfere predprinimatel’skoj dejatel’nosti (Der gesellschaftsrechtliche Vertrag als rechtliches Instrument zur Strukturierung von Verträgen der unternehmerischen Tätigkeit), Chozjajstvo i pravo 2020, Nr. 3, S. 12–27.

Šmelev, Roman: Korporativnyj dogovor v graždanskom prave Rossijskoj Federacii (Die Gesellschaftervereinbarung im Zivilrecht der RF), Aufsatz veröffentlicht auf SPS Konsul’tantPljus, 2016.

Staudenmeyer, Carola: Das Wirtschafts- und Vertragsrecht transnationaler Gemeinschaftsunternehmen in Entwicklungsländern: Joint Ventures in der VR China, Indonesien, Malaysia und Kenia, Berlin/Boston 2020 (zugl. Diss. Bielefeld 1989/1990).

Stein, Sergej: Russische Föderation: Föderales Gesetz „Über die Investitionsgesellschaft“, WiRO 2013, S. 144–151.

Stein, Sergej: Russische Föderation: Föderales Gesetz „Über die Investitionsgesellschaft“ - Teil 1, WiRO 2015, S. 271–277.

Stein, Sergej: Russische Föderation: Föderales Gesetz „Über die Investitionsgesellschaft“ - Teil 2, WiRO 2015, S. 298–304.

Steininger, Andreas: Die wirtschaftliche Verflechtung zwischen Russland und Deutschland und die Konsequenzen von Sanktionen, Ost/Letter 2/2014, S. 3; abrufbar unter: https://www.ostinstitut.de/de/ost_publikationen/ost_letter.

Steininger, Andreas: Eine Zusammenfassung der wichtigsten Sanktionen der EU und der USA, Gegenmaßnahmen Russlands sowie der Lokalisierungspolitik, WiRO 2018, S. 46–49.

Steininger, Andreas/Olejnik, Dimitri: Die GmbH und die russische OOO im Vergleich - Teil 1, WiRO 2017, S. 129–135.

Steininger, Andreas/Olejnik, Dimitri: Die GmbH und die russische OOO im Vergleich - Teil 2, WiRO 2017, S. 172–176.

Steininger, Andreas/Schramm, Hans-Joachim: Die neue „lex Deripaska" und das CAATSA - ein Damoklesschwert für die deutsche Wirtschaft, WiRO 2018, S. 225–228.

Steininger, Andreas/Schramm, Hans-Joachim: Sanktionen und die Frage nach einer Haftungsbefreiung wegen höherer Gewalt in der RF, WiRO 2019, S. 161–163.

Stepanenko, Elena: Obzor sudebnoj praktiki: posledstvija primenenija inostrannych sankcionnych norm (Rechtsprechungsübersicht: Folgen der Anwendung ausländischer Sanktionsnormen), Vestnik Arbitražnogo suda Moskovskogo okruga 2019, Nr. 2, S. 74–81.

Stepanov, Dimitrij: Reforma zakonodatel'stva ob OOO: k principu svobody dogovora v korporativnom prave, Čast' I (Reform der Gesetzgebung zur OOO: zum Prinzip der Vertragsfreiheit im Gesellschaftsrecht, Teil I), Korporativnyj Jurist 2009, Nr. 6, S. 13–16.

Stepanov, Dimitrij/Vogel, Vadim/Schramm, Hans-Joachim: Korporativnyj dogovor: podchody rossijskogo i nemeckogo prava k otdel'nym voprosam regulirovanija (Der gesellschaftsrechtliche Vertrag: Herangehensweisen des russischen und deutschen Rechts zu einzelnen Regulierungsfragen), Vestnik VAS RF 2012, Nr. 10, S. 22–69.

Stoljarskij, Alex/Wedde, Rainer: Russland: Ausländische Investitionen in strategischen Branchen, RIW 2009, S. 587–592.

Suchanov, Evgenij: Zakon ob obščestvach s ograničenoj otvetstvennost'ju (Das Gesetz über Gesellschaften mit beschränkter Haftung), Chozjajstvo i pravo 1998, Nr. 5.

Suchanov, Evgenij: Kommentarii ekspertov: chozjajstvennye partnërstva v rossii (Expertenkommentare: Wirtschaftspartnerschaften in Russland), Zakon 2012, Nr. 1, S. 19–20.

Suchanov, Evgenij: Amerikanskie korporacii v rossijskom prave (o novoj redakcii gl. 4 GK RF) (Amerikanische Körperschaften im russischen Recht (über die

Neuregelung des 4. Teils des ZGB RF)), Vestnik graždanskogo prava 2014, Nr. 5, S. 7–24.

Suchanov, Evgenij: O nekotorych itogach reformy graždanskogo kodeksa RF (Zu einigen Ergebnissen der Reform des Zivilgesetzbuchs der RF), DRRZ 2016, S. 4–14.

Suchanov, Evgenij (Hrsg.): Graždanskoe pravo: Učebnik (Zivilrecht: Ein Lehrbuch), Bd. I, 2. Aufl., Moskau 2019.

Suchanov, Evgenij (Hrsg.): Graždanskoe pravo: Učebnik (Zivilrecht: Ein Lehrbuch), Bd. II, 2. Aufl., Moskau 2019.

Suchanov, Evgenij (Hrsg.): Graždanskoe pravo: Učebnik (Zivilrecht: Ein Lehrbuch), Bd. III, 2. Aufl., Moskau 2020.

Suchanov, Evgenij (Hrsg.): Graždanskoe pravo: Učebnik (Zivilrecht: Ein Lehrbuch), Bd. IV, 2. Aufl., Moskau 2020.

Sulejmenov, Majdan: Graždanskoe pravo i korporativnye otnošenija: problemy teorii i praktiki (Das Zivilrecht und gesellschaftsrechtliche Verhältnisse: Probleme der Theorie und Praxis), Vestnik graždanskogo prava 2016, Nr. 3, S. 286–317.

Süß, Rembert/Wachter, Thomas (Hrsg.): Handbuch des internationalen GmbH-Rechts, 3. Aufl., Bonn 2016.

Suvorov, Evgenij: Dogovory ob osuščestvlenii korporativnych prav (Verträge über die Verwirklichung von Gesellschafterrechten), Vestnik VAS RF 2011, Nr. 10, S. 44–72.

tagesschau: Artikel „Diese Firmen verlassen Russland", fortwährende Aktualisierung; abrufbar unter: https://www.tagesschau.de/wirtschaft/unternehmen/russland-rueckzug-unternehmen-103.html.

Tegen, Thomas: Joint-venture-Vertrag und Projektträgergesellschaft im amerikanischen und deutschen Recht, Frankfurt am Main u.a. 1998 (zugl. Diss. Saarbrücken 1997).

Telke, Jürgen: Russisches Konzernrecht, Berlin 2012 (zugl. Diss. Kiel 2012).

Thiel, Matthias: Joint Ventures in der Rußländischen Föderation, Berlin/Wien 1995 (zugl. Diss. Hamburg 1994).

Vajpan, Viktor: Revizionnaja komissija (revizor) obščestva s ograničennoj otvetsvennost'ju: kommentarij k Federal'nomu zakonu ot 08.02.1998 N 14-FZ (Die Revisionskommission (Der Revisor) in der OOO: Ein Kommentar zum Föderalen Gesetz vom 08.02.1998 Nr. 14-FZ), Vestnik arbitražnoj praktiki 2020, Nr. 4, S. 15–31.

Wächtershäuser, Friedrich: Das Gesellschaftsrecht des internationalen Joint-ventures, Frankfurt am Main u.a. 1992 (zugl. Diss. Frankfurt 1991).

Wagner, Katharina: FAZ-Artikel „Russlands schwere Krise beginnt gerade erst" vom 03.05.2022; abrufbar unter: https://www.faz.net/aktuell/ukraine-konflikt/russlands-wirtschaft-erscheint-stabil-lage-duerfte-sich-verschlechtern-17999867.html?premium.

Wambach, Martin: Unternehmerische Erwartung trifft ausländische Realität, 4. Aufl., Köln 2018; abrufbar unter: https://www.roedl.de/de-de/de/medien/publikationen/buecher/international/documents/unternehmerische-erwartung-roedl-partner.pdf.

Wedde, Rainer: Russische Föderation: Bodengesetzbuch, WiRO 2002, S. 109–114.

Wedde, Rainer: Neues im russischen GmbH-Recht, Osteuropa Recht 2009, S. 154–166.

Wedde, Rainer: Tagung zur Reform der russischen Verfassung, DRRZ 2020, S. 196–198.

Wellmann, Richard: Russland: Sanktionen, Offshore-Bekämpfung und Gesellschaftsrechtliches, IStR 2014, S. 663–668.

Wittmann, Hans-Jürgen: GTAI-Artikel „"Made in Germany" genießt in Russland sehr guten Ruf – Missbrauch des Labels nimmt zu" vom 13.08.2018; ursprünglich erschienen auf https://www.gtai.de; Hinweis zum Artikel auch bei AHK Russland unter: https://russland.ahk.de/infothek/news/detail/made-in-germany-geniesst-in-russland-sehr-guten-ruf.

Wittmann, Hans-Jürgen: GTAI-Artikel „Russland knüpft 2022 an vorpandemisches Wachstum an" vom 17.12.2021; abrufbar unter: https://www.gtai.de/de/trade/russland/wirtschaftsumfeld/russland-knuepft-2022-an-vorpandemisches-wachstum-an-584942.

Yankovskaya, Marina: Joint Venture: bewährte Methode für Russland, Business in Russland, Sonderausgabe der Moskauer Deutsche Zeitung, Wirtschaftsjournal 2017, Nr. 2.

Zacher, Thomas: Grundlagen der Gestaltung internationaler Joint-Ventures, IStR 1997, S. 408–415.

Zielke, Rainer: Das neue russische Auslandsinvestitionsgesetz, IWB 2000, S. 391–402.

Zschiedrich, Harald: Russlands Politik der Importsubstitution und Lokalisierung der Produktion auf dem Prüfstand, Ost/Letter 1/2019, S. 6; abrufbar unter: https://www.ostinstitut.de/de/ost_publikationen/ost_letter.

Zubova, Elena: Korporativnye soglašenija: pravovaja priroda i problemy pravoprimenenija (Gesellschaftervereinbarungen: Rechtsnatur und Probleme der Rechtsanwendung), Rossijskij juridičeskij žurnal 2017, Nr. 4, S. 143–154.

www.ingramcontent.com/pod-product-compliance
Ingram Content Group UK Ltd.
Pitfield, Milton Keynes, MK11 3LW, UK
UKHW021931290926
8980IPUK00016B/1561

9 783631 913222